ベン・アンセル
砂原庸介 監訳

Why Politics Fails

政治はなぜ失敗するのか

5つの罠からの脱出

Ben Ansell

飛鳥新社

本書を両親に捧げる

政治はなぜ失敗するのか

Why Politics Fails
The Five Traps of the Modern World and How to Escape Them
by Ben Ansell

First published as WHY POLITICS FAILS in 2023 by Viking, an imprint of Penguin General.
Penguin General is part of the Penguin Random House group of companies.
Japanese translation rights arranged with
Penguin Books Ltd.
through Japan UNI Agency, Inc., Tokyo

政治はなぜ失敗するのか　目次

はじめに
難しい政治がついてくる、単純な問題

ニューヨーク・タイムズ紙に「地球温暖化の原因は、大気中の二酸化炭素の増加か」との見出しが躍った。筆者のヴァルデマー・ケンプフェルトは、1861年に考え出され、今ようやく真剣に受け止められている、二酸化炭素の排出が温暖化の原因だと説いた。

ケンプフェルトによると、一見して小さな二酸化炭素の増加が、「極地を熱帯の砂漠やジャングルに変え、トラが歩き回り、樹上で派手なオウムが鳴く」ような深刻な結果をもたらす可能性がある。誇張された描写はともかく、ケンプフェルトが話を聞いた科学者たちは、「過去60年間」の気温の上昇は、「人間が大気中の二酸化炭素の量を30パーセント増やし、それが1世紀あたり1・1度上昇させた」ことによると主張した。

この先見の明のある論調の記事は、なんと1956年10月28日にニューヨーク・タイムズ紙に掲載されたものだ。ケンプフェルトのいう「過去60年間」の世界的な気温上昇とは、20世紀前半のことで、予測の根拠となった科学には、すでに100年ほどの歴史があった。

60年以上経った今、その警告はもっとリアルに感じられる。気温はそこからもう1度上がり、スピードは加速している。現在の最も楽観的なシナリオでさえ、さらに1・5度上昇するとされ、北極圏でオウムが鳴く未来予測を笑えなくなった。もっと可能性が高いシナリオは、南ヨーロッパ、インド、メキシコの大部分が砂漠化し、洪水が頻発、何十億人もの人々が避難を余儀なくされる事態だ。

1950年代後半、地球の気温上昇についての科学的な判断はすでに決していた。気候変動の懐疑論者がどう言おうと、私たちは「何が起きているのか本当はわからない」という言い訳はもはやできない。議論は、気候変動の原因が人類にあるか否かから、私たちが何をできるかに移っている。ある種の進歩だが、これは重要な問題を提起する。気候変動による重大災害に襲われつつあるのに、過去70年間、私たちはいったい何をしてきたのだろうか？

気候変動は、難しい政治がついてくる、単純な問題といえる。単純な理由は、AからBの関係、つまり二酸化炭素排出が地球規模の気温上昇に直接つながることがよく理解されており、二酸化炭素の削減や除去が解決策であることは明らかだからだ。私たちは科学を理解している。みんなに影響があるのに、わかっていないのは、解決のために誰に何をさせたらよいのかだ。気候変動が人類の根本的な脅威だと何十年も前から知っていたのに、なぜ人類はこれほどまで消極的なのか？

温暖化は地球規模の問題だが、私たちの政治はどうしようもなく国内的だ。私がもっと排出すれば、影響は国境内で抑えられず、あなたの問題にもなる。その逆もまた然《しか》りだ。この「私」を小国になぞらえると、排出しても大した影響はないと考える。もちろん、他のほとんどの国も同じように考える。私たちは皆、いつも通りに生活し、誰かが二酸化炭素削減のコストを負担してくれるよう望む。全員を制裁できる世界政府は存在しないので、効果的な国際的合意が結ばれない限り、私たちは皆、呑気に大気を温め続ける。私たちの政治は、存亡の危機に対応できるほど大きくはないようだ。

いや、それなりに大きいのかもしれない。少なくとも1992年のリオデジャネイロ地球サミット（国連環境開発会議）以降の過去数十年間、無策から何とか私たちを目覚めさせようと、協調した政治的努力がなされてきた。すべてが成功したわけではないが。1997年の京都議定書は、豊かな国に拘束力を持つ目標を設定したが、アメリカは署名せず、中国は拘束の対象外、カナダは脱退して終わった。京都議定書を復活させようとした2009年のコペンハーゲン会議（COP15：国連気候変動枠組条約第15回締約国会合）は大失敗だった。しかし2015年のパリ協定は、トランプ政権が短期間で離脱したにもかかわらず、今のところ有効だ。その成功は、柔軟性、意図的に表現をあいまいにし、決定を将来に先送りしたことに由来する。不完全ではあるが、政治が必ず失敗するわけではないことを示している。

気候変動は、私たちに五つの政治的課題を突きつける。それは私たちの民主主義のビジョンを試す。排出量の削減方法について、カオスや分断に陥ることなく、安定したグローバルなコンセンサスを形成できるか。

それは平等についての根源的な問いを提起する。気候変動解決のために、豊かな国はより多くの費用を負担すべきか。各国は平等に排出する「権利」を持つのか。

それはグローバルな連帯の問題について考えさせる。先進国の人々は途上国の人々にどのような借りがあるのか。海面上昇で住む沿岸の村やそこの財産が脅かされる人々を財政的に救済する気があるのか。

それは国際的な安全を脅かす可能性がある。気候変動による難民の大量発生にどう対処するか。国際的な警察や法制度がないのに、気候に関する国際ルールをどうやって執行するのか。

そして、最も根源的な課題は、それが人類の繁栄を脅かすことだ。短期的な利益を求めた環境破壊によって、私たちは干ばつや飢饉《ききん》、汚染の費用を払うのみでなく、孤独な太陽系の一惑星でなんとかやっていくための長期的な能力を危険にさらすのではないか。

これらは人類の実存にかかわる政治問題だが、新しい問いではない。私たち人類は、民主主義、平等、連帯、安全、繁栄といった集合的な目標に到達するため、種として何千年も格闘してきた。そして、気候変動以外にも、貧困、分断、パンデミックなど、他の大きな課題が私たちを待ち受ける。解決策がどうしても必要だ。いかに不完全でも、私たちに共通の基盤をもたらす最後の希望が、「政治」なのかもしれない。

共通点を探る

政治とは危うい言葉だ。ある人にとってはイヤな政治家の悪だくみを連想させる。ある人にとっては可能性を意味する。私だけではできないことを、集団で成しとげるチャンスのことだ。いや、その両方かもしれない。政治とは、私たちが集団で意思決定するやり方のことである。不確実な世界で、私たちはいかに約束をとり交わせるか。気候変動から内戦まで、世界の貧困から新型コロナの大流行まで、私たち共通のジレンマを解決するには政治が不可欠だ。

だが政治は諸刃《もろは》の剣でもある。問題解決を約束しつつ、新しい問題を作り出すので、私たちは政治を必要とするがしばしば嫌う。代わりに効率的な市場、高度な技術、物事を成しとげられる強い道徳的なリーダーを求める。だが政治のプロセスが機能しなければ、これらは画に描いた餅だ。テクノロジーによる素早い解決策も、完璧に設計された市場も、「人々のために」と語る高潔なリーダーも、私たち人間につきものの意見の相違、反対論、欠点から逃れることはできない。

この避けられない不一致のマネジメントこそが政治だ。私たちは政治を避けることも遠ざけることもできない。選挙は勝者と敗者を生み出す。不平等な世界では、ある人が他の人より多くお金を払う必要がある。私たちを守ってくれる警察や軍隊を持つことは、彼らから私たちを守るのは誰だ、という問題を生み出す。政治を特定の場所に押し込めようとすると、チューブの中の歯磨き粉のように、別の場所から飛び出してくる。つまり政治を嫌っても、身近な場所を超えて何か物事を成しとげたいなら、政治に縛られることになる。

表向き意見が対立するあなたと私がともに欲するものはあるのか。ほとんどの人は、表面上どんなに分断されているように見えても、いくつかの核となる点では同意可能だ。この共通点は、実は五つある。気候変動など、最も本質的な課題を克服する中核となり、同時に私たちが脱出しなければならない一連の罠《わな》を示してもいる。順番に見ていこう。

民主主義（デモクラシー）

民主主義は間違いなく論争的な概念だ。本書では、大衆がリーダーを選び、交代させる権利と能力と定義しよう。現在、世界の人口の約半数は、広義の「民主主義」とされる国々に住んでいる。世界の半分しか民主主義国家に住んでいないとしても、権威主義的な国から抜け出せない人々を含む、はるかに多くの人々にとって民主主義は魅力的だ。民主主義国家と非民主主義国家の双方の人々を対象にした「世界価値観調査」では、86パーセントの人々が、「民主主義は国を運営する上で『非常に』あるいは『かなり』良い方法だ」と考えている。中国、エチオピア、イラン、タジキスタンでも90パーセント以上の人が、このいずれかの考えに賛成した。民主主義は、アメリカよりもこれら権威主義的な4カ国でより人気があるように見える。おそらく、「民主主義」という言葉は人によって意味が異なり、民主主義国に住んでいるとこの言葉に疑い深くなるのかもしれない。しかし、人民の、人民による、そしておそらく人民のための統治は、私たちにとって魅力的なアイデアであり続けている。

とはいえ、過去10年間は民主主義に逆風が吹いた時期だった。1970年代半ばに始まり、1990年代前半にほとんどの共産主義政権を一掃した民主主義移行の「第三の波」は、21世紀初頭には一段落し、流れは逆転した。ロシアから中国に至る権威主義的な大国は、ますます軍事力を強化している。ギリシャからイギリス、アメリカに至る民主主義の「母国」は、物議を醸《かも》す国民投票、ポピュリスト政党の成功、主流メディアや官僚、専門家の知識への攻撃で揺らいでいる。

民主主義は、広く支持されている理想かもしれないが、高まる圧力にさらされている。私たちは、何も決められない民主主義国家のカオスや優柔不断ぶりを嘆く。またある時は、政党間の非難合戦にみる政治的分断の怒りや悪意を恐れる。しかし、私たちの多くにとり、民主主義は、欠点はあるにせよ、依然として必要不可欠なものだ。何が民主主義を効果的に機能させるのか考えることは、現代の重要な課題といえる。

平等（イクオリティ）

民主主義と同様、「平等」という概念も、人によって意味が異なる。しかしその根底にあるのは、誰もが同じように扱われるべきで、優遇されず公平に「等しく」扱われるべきだとする考えだ。明らかに人種差別や性差別が私たちの社会にはびこっているけれども、人々を体系的に不平等に扱うべきだと公然と主張する人はわずかしかいない。しかし、平等は、手続きとか公平な取り扱いを超えて、機会や結果へも及ぶ。そこで議論が加熱していくのだ。豊かな国の標準的な「左派と右派」の政治は、しばしば、裕福な人々の所得に課税し、恵まれない人々に再分配すべきか否かをめぐって展開される。

ここでも、意外かもしれないが、多数の人々のコンセンサスがある。２０１９年、「所得の差」が大きすぎるという意見に同意しない豊かな国の人々はわずか7パーセントしかおらず、70パーセントの人がこの格差を減らすため政府がもっと努力するよう望んでいる。さらにその70パーセントは、自国の政治家は所得格差の是正《ぜせい》に「関心がない」という悲しい意見に同意している。大多数の人々は、すべての人がまったく同じ収入を得ることを望んでいるわけではないものの、これらのデータは、私たちが日常生活で経験する不平等に、広く不満を持っていることを示す。

人々は不平等を嫌うが、それでも先進国全体で所得と富の格差が復活するのを止められなかった。私たちは明らかに「不平等のパラドックス」の時代にいる。中国やインドで何十億人もの人々が貧困から抜け出したため、世界の不平等は全体として減少したが、豊かな国では1980年代以降、不平等が劇的に増加した。先進国の工場閉鎖と賃金の低迷は、都市部の富裕層や貧困国との貿易への反発を生んだ。この反動の政治的影響は大きく、アメリカやヨーロッパの伝統的な「左右」の政治対立を覆《くつがえ》し、「グローバリスト」を非難するポピュリストが次々と選挙で勝つようになった。平等とその欠如の問題は、私たちの政治で再び中心的な位置を占めるようになっている。

連帯（ソリダリティ）

運命のいたずらから逃れられる人はいない。私たちはいずれ病気になり、死ぬ。明日バスに轢《ひ》かれるかもしれない。私たちの仕事人生で、A（貧しさ）からB（富裕）へとまっすぐ上り坂が続くことはほとんどない。不運に見舞われることもある。私たちは、うまくいっていないとき、現在うまくいっている人たちが、お互いに報いあうように、助けてくれることを望む。これが連帯であり、つらい目にあっている仲間を助けることだ。私たちは誰がどの程度、連帯を提供すべきなのか議論する。それが国家でも教会でも、国内でも世界の最貧国でも、連帯はいつも人間の道徳的な衝動を広く共有するものだ。

豊かな民主主義国で最も人気のある政策、つまりそれをカットしようとする無警戒な政治家が政治生命を失う「第三のレール」〔地下鉄軌道脇の通電した三本目のレール。不用意に手を出すと感電する〕は、アメリカの社会保障制度や、イギリスの「国民宗教」とされる国民保健サービス（ＮＨＳ）など、連帯主義に基づくものだ。先進国の95パーセントの人が、政府は病気の人に医療を提供する責任を負うべきだと考えている。医療分野の政府の役割は断片的なアメリカでさえ、85パーセントの人々が政府がもっと責任を持つよう望んでいる。

そして時には、グローバルな連帯が、私たちの想像をこえた身近な問題になる。グローバルな公衆衛生問題は、「あちら側」で起きることで、外国の援助や国際的な慈善活動の対象ではあるが現実的な心配事にはならない、一部の人のみに関連するテーマだと思われがちだった。新型コロナウイルスの大流行で、そのリスクバランスは劇的に変化した。富める者と貧しい者、豊かな西洋とグローバルサウスといった境界を越えて、病人と健康な人が結びつけられた。パンデミックは国境をやすやすと乗り越え、世界中で健康へのアクセスに深刻な格差があると明らかにした。私たちが誰に連帯感を抱くかが、以前よりずっと重要になっている。熱帯のスラム街で放置されたウイルスが、目に見えないままマンハッタンのきらびやかなペントハウスに移動することも、その逆も起こりうるからだ。

安全（セキュリティ）

人間の最も基本的な欲求は、安全が確保され、生き残ることだろう。私たちが同意できる基本的なラインは全員が生きていけること、元気でいられる望みだろう。世界的な調査で、70パーセントの人が自由よりも安全を優先すると答えた。その数は最近戦争を経験した国々で最も多くなった。人類が生まれてこのかた、戦争の暴力は悲劇的な事実としてつきまとってきた。しかし、ウクライナ戦争開始までのここ数十年、国家間の戦争は影が薄くなっていた。

日常生活も以前より安全になっている。人類の歴史の大半で、平和の維持は「自助努力」で達成するものだった。私たちは自分たち自身で犯罪者を捕まえていたわけだ。今日では私たちには、公平からはほど遠いことも多いが、広範に公共の秩序を維持する能力を持った専門的な警察サービスがある。アメリカ、イギリス、ドイツ、日本では、4分の3以上の人々が警察に「高い」または「非常に高い」信頼を寄せている。ブラジル、グアテマラ、メキシコなど、殺人や犯罪が多い国では、警察への信頼は当然低く、自由よりも安全への要求が特に高い。

過去数十年間、内戦やテロリズム、人権侵害など国内での暴力レベルが高まった。警察の暴力は、今や多くの豊かな国々で政治的議論の的となっている。ある説では、2016年は第二次世界大戦以降、最も暴力的な年だった。コンゴ民主共和国からアフガニスタンまでの国々を覆う風土病のような暴力をどうにか回避することは可能なのか。私たちを守るために雇った警察や兵士に食い物にされないと確証を持てるだろうか？　そして、ロシアのウクライナ侵攻は、国家間戦争の「悪しき時代」への回帰を意味するのだろうか。

繁栄（プロスペリティ）

私たちは皆、生きていくために十分なお金が欲しいと願う。少なくとも、今の暮らしと同じレベルは維持したいと思っている人がほとんどだろう。私たちの多くは幸運にも、先進国に住む一人ひとりが、10世代前の祖先が夢見た以上の贅沢な暮らしをしている。一世代の短い間でさえ、私たちはより豊かになることに慣れてしまった。世界中の80パーセントの人々が、自分は両親と同じかそれ以上の生活を送っていると考えており、中国では両親より良い生活を送っていると考えている人々が90パーセントに達している。

しかし、無限の経済成長には否定的な意見も少なくない。私たちは、後先を考えずにエネルギーを使い続けられない。地球を温暖化させ、その許容量を超える可能性があり、迅速に行動しなければならないのだ。気候変動に関する政府間パネルは、２０４０年頃までに地球の気温上昇が「耐えられる」レベルの2度を超えてしまうと推計している。

干ばつ、洪水、熱中症など、その影響は計り知れない。「１００年に一度」とされる地滑りや洪水など自然災害の頻度が高まるにつれ、私たちの未来は不安なものになる。オーストラリア、ドイツ、イタリアなどの豊かな国では、経済成長よりも環境保護を重視する人が2倍もいる。このトレードオフが牙をむき始めている。皆が繁栄を望んでも、それを維持するには、地球の破壊を食い止めるか、少なくとも大幅に和らげる必要がある。

政治経済学

民主主義、平等、連帯、安全、繁栄。達成の手段や、細かいバリエーションに議論の余地はあっても、私たちの多くが同意できる素晴らしい目標だ。これらの集合的な目標は、私たちの手の届くところにあるべきで、たとえ完全に実現することはできなくても、少なくともその方向に向かって進むことが望ましい。

では、私たちが目標に向かって進むことを妨げているのは何か？　目標を危うくしているのは何か？　答えは「私たち」なのだ。というよりむしろ、私たちの政治だ。私たち個人の自己利益と集団目標がぶつかり合うところに私たちの政治はある。そして、私利私欲はしばしば集合的な目標を圧倒してしまう。例えば、私たちはＳＵＶ（スポーツ用多目的車）を運転し、週末にパリに行くため安いガソリンを求めるが、同時にそれが地球をゆっくり温めている。本書では、こうした自己利益と集団として望ましいことのギャップがいかに生じるか、政治をうまく利用して、目的達成のために効果的に機能させるにはどうすればよいかを紹介する。政治の失敗を阻止するのだ。

私の主張と論拠は、個人と社会がどのように相互作用するか真剣に考える政治経済学の知見に基づく。私たち一人ひとりのモデル化（何を望み、どのようにそれを手に入れるか）から出発し、社会全体を俯瞰《ふかん》して、最善の計画が、私たちによっていかに損なわれてしまうかを知ることができる。私たちの私利私欲がどのように集団としてカオスに帰結するか、そして、私たちが自ら作り出した罠からどう脱出できるかを見ていく。

私は歴史学から政治経済学に転じた。他の社会科学と同じく（歴史学とは異なり）政治経済学は過去と現在の人間の行動を説明する一般的な法則やパターンを見つけ出そうとする。多くの転向者がそうだったように、私は歴史学の訓練から引き離され、歴史分析の偶発性や特殊性から、政治経済学の普遍性、シンプルさ、そしてわかりやすい有用性に惹《ひ》かれた。

政治経済学者は、利己的な個人の単純なモデルから始め、それらの個人がどのように相互作用し、互いに制約し合うかを見ていく。私たちは、行動を説明し予測する数学的モデルを導き出す。その理由は、物理学に見当違いにあこがれているからではなく、これらのモデルが、私たちが人々について作る仮定が生み出す帰結について考えさせるからだ。

政治経済学は「家を買うとき公的年金の財源をどう考えるか〔持ち家の人は社会保障の財源拡大に反対する傾向がある〕」という私たちの日常生活のミクロな問題から、「格差の拡大が政治の安定を脅かすか」というすべての人の生活に関わるマクロな問題まで、さまざまな問いを設定し、それに答えることができる。そんなことができるのは、権力者である政治家も有権者も、貧富の差のある人々も、同じ誘惑や罠に直面し、個人として見ればだいたい同じと仮定するからだ。本書では、このような世界についての考え方が、力強く、洞察に富み、時には美しいこともあると説く。

政治経済学の基本的なモデルは、誰もが利己的であり、少なくとも自己利益を追求するというものだ。自分には欲しいものがあり、それを手に入れるため最大限の努力をする。自己利益は私たちの行動の理由を説明する。そして他人も同じように行動すると期待する。

えらく皮相な方法で世界を見ているんじゃないか、と思われるかもしれない。だが自己利益を仮定するのはそれを容認することではなく、自分の人生をどう生きるべきかの倫理的な指針にすることでもない。自己利益は分析ツールとして有用で、人間の行動を説明する理論の基礎となる。政治経済学者は、自己利益に基礎をおくモデルを使って、個人の行動を記述・説明・予測するだけでなく、政府への提言をも行う。もし全員が利己的だったとしても、私たちみんなにとって物事を良くするだろう政策だ。

自己利益に焦点を当てるのは、世界を個人が構成しているものと考えることを意味する。階級や文化、その他の中間集団について語るのではなく、まず個々の人間から始め、そこから積み上げていく。実際、人々の集団が「利益」を持つとする概念そのものが疑わしい。なぜ集団の中の個人が皆同じように行動するのか？　集団がそれ自身の好みを持つと言えるのだろうか？　集団は単一の考えを持たない。

だが個人は一つの考えを持つ。私たちには好きなもの、嫌いなものがあり、その好みを順序立てて考えることができる。好みを基にして、どうすれば好ましい結果が得られるか計算する。理念的な世界では、私たちは可能な限り最良の選択をする。数学的な言い方をすれば、最高の「効用」を与えてくれる選択肢を選ぶことで、選択肢の中で幸福を「最大化」しようとする。つまり私たちは、起こるかもしれないこと、あるいは得られるかもしれないことについて一連の選好を持つ。そして、その中から最も好きなものを選ぶ、というのが自己利益に基づいた考え方だ。

政治経済学の核心となる洞察は、人々が選好を持ち、好みの選択肢を選ぶと仮定するだけで生まれるわけではない。これでは、人は得られるだけ多くのものを選んで手に入れるという、つまらない答えになる。高い所得は私を幸せにする。そして、多くの所得を稼げばより幸せになり続ける。そんなことが果てしなく続くのか。そうではなく、おそらく何かが、私たちが単により高い効用を得るのを阻《はば》むことになる。その何かというのは、私たちを取り巻く世界だ。

人は常に、自分が望むものを手に入れるのを阻む何らかの制約に直面している。その制約とは、地球上に存在する天然ガスや金《ゴールド》の量が限られているという物理的なものかもしれないし、社会制度の制約かもしれない。国中の銀行を襲って収入を最大化しようと思っても、法律がある限り達成できない。多くの場合、社会的な制約もある。他人の行動が、私を制約するのだ。

制約があると、私たちはトレードオフに直面せざるを得ない。欲しいものをすべて手に入れることはできないため、何を犠牲にするか、決断を迫られる。トレードオフは私たちの生活で日常的に存在する。私たちがお店に行き、ある銘柄のコーヒーを買うとき、私たちはいくつかのトレードオフをしている。他ではなくある銘柄を選ぶこと、紅茶ではなくコーヒーを買うこと、そしてコーヒーを飲むことで得られる利益とお金を交換しているのだ。お金は働くことで得られ、コーヒーから得られる利益は、私たちの存在の最も基本的な要素である時間とトレードオフされている。

政治生活はトレードオフそのものだ。投票所にいるとき、私はある候補者か別の候補者かどちらかを選ぶ。暗黙のうちに、「私はある政党の好きなところを選ぶ代わりに、別の政党の好きなところを失っている。例えば、私は安い税金を望むが、社会的には非常にリベラルであるといった具合だ〔一般的に社会的にリベラルな政党は福祉を向上させるために高い税を求める〕」。イギリスなら労働党か保守党、アメリカなら民主党か共和党、フランスなら社会党、「再生［マクロン大統領率いる政党］」、共和党のどれを選ぶかは、それらの好みの重さをどう考えるか次第だ。

そもそも投票所に行くこともトレードオフ関係にある。投票には時間と労力がかかる。自分の好きな政党が勝つことのメリットは、投票所に並ぶコストに勝るかもしれない。しかし、自分の一票が勝利の決め手となることはほぼない。わずかな確率で自分の一票が決定的になって自分が支持する政党が勝つことによる利益を真面目に考えれば、間違いなく投票に行って負うことになるコストのほうが大きくなる。つまり、投票に行くことはおそらく合理的でない。そこで、政治経済学者は、人々の選好には「義務」の要素があるはずだと主張し、それを補うことで実際の投票行動の予測に役立てる。もし自分が政治に変化をもたらす感覚を楽しみたいとか、政治に興味があるとか、仕事を休むことができる人なら投票に出かけるだろう。対照的に、無関心な人々や政治に関心のない人々、仕事を休む余裕のない困窮した人々の間では投票率が低くなる。

政治家も利己的に行動する。アメリカの国会議員は、政策よりも寄付者への電話に膨大な時間を費やしているとよく文句を言っている。なぜ彼らは電話を置いて議員の仕事をしないのか。その理由は、選挙に勝たなければ法律が作れないからだ。選挙に勝つためには、有権者からの支持が必要だ。有権者はどうやって投票するかというと、選挙広告を見て決めるのだ。現職にも挑戦者にもお金がかかる。したがって、どちらの候補者も選挙に勝つために、キャンペーンを大きくする競争に駆り出される。政治家がカネで買収されたり、愚かだったりするわけではない（中にはそういう政治家もいるが）。政治家の行動を説明するのは、当選のために強いられる選択肢とトレードオフなのだ。

政治といえば私利私欲を連想するのは一面的かもしれない。でも私は、これは非常に自由なことだと主張したい。ある人々が他の人々よりも崇高な理由で行動するとか、ある人々を単に理解することができないと仮定する必要はない。一見無欲に見える人の行動や、慈善的で啓発的な公共の利益のように見えるようなことの根底には、利己的な論理があることが多い。

教育を例にとろう。ほとんどの世論調査で、公教育への政府支出は高い割合で支持される。おそらく人々は本当に支出を増やしたいと望んでいるか、学校の資金にあまり関心がないと答えるのはまずいと思っているかもしれない。しかし、その裏を探ると、人々の本音には非常に大きな違いがあり、それは基本的な自己利益と密接に関わっていることがわかる。特に富裕層は、公教育の拡充に脅威を感じる傾向がある。他人の子どもの教育のために税金を多く払わされるばかりか、新たに教育を受けた子どもたちは、就職市場で自分たちの子弟の競争相手にもなる。公的な教育支出は、富裕層にとって「二重の悪」なのだ。

教育には自己利益がついてまわる。富裕層に牛耳られた権威主義的な政権は、公的支出を抑制し、義務教育から手を引くと考えられる。事実、フランコ総統〔1936〜75年在任〕のスペインやF・マルコス大統領〔1965〜86年在任〕のフィリピンがそうだった。右派政党は、教育への公的支出を好まずマニフェストで教育に触れることが少ないと予想されるが、ドイツからイギリスまでヨーロッパ中の国々で実際にそうである。最後に、富裕層は政府の教育支出をあまり支持しない傾向があると予想されるが、先進国の世論調査では明らかにその結果が出ている。富裕層は実際、大学進学率がすでに高くなっているとき、低所得者向けの政府支出に最も反対する傾向がみられる。高等教育の大衆化によって、自分たちの子弟が取得する学位の価値が「切り下げられる」可能性があるからだ。自己利益の追求を仮定することは、人々がどのように行動するか理解するのに役立つ。しかし利己的な個人が集まるとどうなるか。私たちは集合行為問題に足を踏み入れることになる。

政治学では数少ない確立された法則の一つに、民主主義国家同士で戦争が起きないというものがある。しかし、NATOの同盟国イギリスとアイスランドの間で起こった「タラ戦争」は、奇妙な例外だ。1950年代から70年代にかけて起きたこの紛争は、かつて豊富に獲れた北東大西洋のタラ（鱈）と、それを漁獲するための排他的な領域の権利を拡張しようとするアイスランドの要求をめぐるものだ。数十年間でタラの資源量は激減し、アイスランドとイギリスの漁師たちの間に緊張が走った。両者の争いで感電死する事故が1件発生し、発砲、船の衝突、フリゲートの発進、ジェット機の偵察が行われた。アイスランドは沿岸警備隊にワイヤーカッターを装備させ、通りかかったイギリスのトロール船の網を切断した。

なぜアイスランドは排他的な漁業権を重要視したのか。問題は、両国の漁師の利益が直接ぶつかることだ。魚は独特な資源で、供給量は限られるが、他人が獲るのを防ぐことは難しい。もしこれが酪農場を所有している場合、そこの牛と彼らが生産する牛乳も所有することになる。他人が牧場への立ち入りを望むなら、あなたの所有権が邪魔をする。あなたの牛や牛乳を手に入れるには、お互いに納得できる金額を支払わなければならない。

一方、海は、所有することも監視することも難しい。「排他的経済水域」を超えた深海では、誰も漁獲に対する権利を設定することはできず、基本的には自由だ。アイスランドのように独占的な権利を主張しても、広い海で常に漁船を監視できないので、イギリス漁船を効果的に排除できない。その結果、同じ海で漁をすることになり、多すぎる漁師のために資源がどんどん枯渇してしまう。

漁業は、「共有地《コモンズ》の悲劇」の典型的な例だ。私的所有権がない場所では、誰もが思う存分、釣りができる。しかし、私が釣ればそれだけ、あなたが釣れる魚は少なくなる。私の利益があなたを害し、その逆もまた然りだ。もし強制力のある協定を結んで、それぞれが適切な分け前を得つつ乱獲を防げれば、お互いに幸せで、集団としてより良い結果を得られる。だがこの協定は、強制力を必要とする（嵐の多い北大西洋では難しいことだ）。強制力がなければ協定は結局守られず、私たちはその場限りの自己利益に従い、魚がいなくなるまで漁をするだけとなる。

経済学では、この漁師の行動が互いに及ぼす影響を「外部性」と呼ぶ。スコットランドの漁師とその魚を買うグラスゴーのレストランオーナーの市場取引によって、アイスランドの漁師という第三者が影響を受ける場合、外部性が発生する。政治の世界も、このような外部性に満ちている。そのほとんどは負の外部性だ。エネルギー生産に補助金を出す政府の政策が汚染を引き起こし、地元のビーチや、その地域でホテルやレストランを経営する人々の生活を破壊することもある。ロンドンのある地区の交通量を規制して減らせば、ドライバーは別の地区を渋滞させてしまう。ときには嬉しいことに、正の外部性も存在する。園芸の才に恵まれた隣人が育てた新しいバラ園が、それを一望できる物件の価値を高める場合などだ。どのような場合でも、ある集団による利己的な行動が、他の人々の生活に影響する可能性がある。

こうした「集合行為問題」は、利己的な個人の集まりが、だいたいは意図せず、より広範な集団の目標を損なう形でお互いに影響しあうとき、いつでも発生する。私たちが相互依存関係にあるから生まれるのだ。私が選択したことが、あなたの環境に影響を与え、そしてあなたの選択にも影響を与える。本書で、私たち全員が望むものを手に入れようとして直面する問題は、この緊張関係に集約される。私たちは、それぞれの利益を無視して「正しいことをする」つまり漁業をやめる、運転をやめる、汚染をやめるよう他の人々に約束させることはできないし、自分たち自身もそんな約束はできない。それが悲劇を生むのだ。

約束としての政治

政治経済学を魅力的かつ難しいものにしているのは、研究対象である人間が、他人の行動に反応するだけでなく、他人が何をしようとしているか予想できることだ。集合行為問題は、私たちが賢く計算するからこそ生まれる。「愚か」に行動する人々のせいで問題が起きるというよりも、賢いことで解決が難しくなる。私たちが問題を解決したいなら、私たち自身を巧みに誘導しなくてはいけない。そして、私たちは政治を通じてそういうことをするのだ。

政治とは何か。表面的には政党が選挙でキャンペーンを行い、議員が法律を制定し、政策を実行することや、国同士が同盟や条約を結ぶことなどが思い浮かぶ。しかしもっと根本的に言えば、政治とは互いに約束を交わすことだ。

あなたも私も、常に約束事をしている。配偶者とリラックスした休暇を過ごすと約束する。上司に「期限内に仕事を終わらせる」と約束する。約束は必ずしも良いものばかりではない。ギャングのボスも約束をして、保護を拒否した店員を打ちのめすこともある。しかし、これらはすべて個人間の約束だ。政治とは、政治家と有権者、大統領と議会、同盟国と敵対国など、私たちが集合的な約束をどのように交わすかに関わる。

約束とは、将来何かを行うとする合意のことだ。しかし、約束が契約と異なるのは、約束は第三者によって法的に強制されることがない点だ。約束は履行されない可能性があり、そうなると多くの場合、救済措置がない。もしパートナーが約束を破ったとしても、約束をした二人の問題だ。

政治の世界でも、約束が破られた場合の救済措置は保証されていない。政府がマニフェストを実現できなくても、訴訟はできない。ある政党が連立政権から離脱を決めたら、他の政党は運が悪かったとしか言えない。あなたの国が攻撃されたとき同盟国が逃げ出しても、その国を出頭させる国際法廷は存在しない。約束は強制できず、信頼と期待に依存する。約束には不確実性がつきものだ。

政治とは不確実な約束の上に成り立つ。政治それ自体より上位の権力は存在しないからだ。政治は、私たちの経済や社会の相互作用を強制する法制度を作ることができる。しかし、政治そのものへ効果的に同じような強制をできるわけではない。誰が権力を行使すべきか、誰がどのような権利と責任を持つかについて私たちが行うすべての決定は、根本的には、私たちがお互いに交わしてきた約束のまとまりでもある。政治の外から私たちにこれらの約束を守らせるものはない。さらに、政治は社会的に構築された偶発的なもので、政治決定は永続的なものではない。ちょうど約束のように、政治的な選択は私たちの考えの中だけで意味を持ち、何度でも作り直される。

北大西洋での漁業問題に立ち戻ろう。海は誰のものでもない。仮に所有者がいたとしても、不法侵入者を監視することは不可能に近い。どんな法的な契約を結ぼうと、すべての違反行為を監視することはできないので、強制力はない。国際警察も、陪審員も、裁判官もいないので、不正を働いた者を捕まえて罰することはできない。その代わり、各国は漁師を代表して政治的な約束を交わす必要がある。このような約束は、短期的には期待を持たせ、乱獲を食い止めるのに役立つ。しかし、アイスランドが漁業権を拡大し続けたことに見られるように、自分たちの利益になると思えば約束を反故《ほご》にするし、それを防ぐことも不可能だ。そこで、そのたびに新たな約束をする必要がある。したがって政治は終わらない。

本書を通して、政治は民主主義、平等、連帯、安全、繁栄という五つの目標の実現を助けるような約束ができることを確認する。しかしこれらの約束はもろく、一時的なものに終わるかもしれない。

民主主義があれば、選挙規則や立法制度を整備することで、人々のバラバラな選好に限定をかけることができるが、こうした規則《ルール》は政敵によって解体される可能性が常にある。

平等の理念がある社会なら、革命や大衆の不満に直面したとき、裕福なエリートは人々への再分配を約束できる。しかし、人々が一度従えば、エリートは約束を反故にして人々を抑圧するかもしれない。

連帯があれば、困難な時代には、社会保険制度に喜んで賛成する人が多いかもしれない。しかし、うまくいっている時代の人々は必要な負担を嫌い、社会保険制度を弱体化させるかもしれない。

安全を確保するために、私たちは自分たちを確実に守ってくれる強い警察力を望む。しかし、強大な力を持つ者は、その力を利用し、私たちに向けて行使することもできるかもしれない。

繁栄とともに、私たちは気候変動のような根本的な課題にみんなが協力するよう期待する。しかし、同時に車の燃料が安いことも望む。

私たちは常にお互い約束を交わし、その約束から逃れようとする。どうすれば政治的な約束をもっと効果的に交わせるようになるのか。政治はなぜ失敗するのか、そして、どんなときに成功するのか?

政治的な約束は、それ自体が自己強化的であるとき成功するのだ。集合行為問題を解決するには、約束にそれ自体を安定させる根源や種を持たせないといけないし、約束を反故にしづらくさせる必要もある。そのためには、政治的制度(正式なルールや原則)を確立し、社会規範(私たちがどのようにふるまうべきかの非公式な期待)を発展させることで、約束にある程度の持続性を持たせることが最善の策となる。これらの制度や規範は、その創造の時点を越えてずっと生き続ける。それらは、過去の政治的約束の種から大きく育った、繁栄する森なのだ。

政治制度とは、意思決定を安定させ、永続させるための公式の法律、規則、組織のことだ。私たちは政治制度といえば、裁判所から議会まで、それを作成し施行する人々や、彼らが働く建物に関連付けることが多い。しかし、制度で重要なのは建物のような実体ではなく、政治的約束を正式に書き記すことなのだ。制度は、私たちの選択を縛る。他人が何をやりそうか、期待を作り出すことで、私たち自身の効果的な選択を可能にする。制度は過去の約束からなる遺産で、現在の私たちのニーズと完全に一致するとは限らない。政治は前進するからだ。しかし、以前のやり方が現在のニーズに合わなくなったからと言って、それを捨ててしまうことには慎重でなければいけない。

その典型的な例が、米上院のフィリバスター・ルールだ。フィリバスターとは、アメリカの上院議員100人のうち、わずか40人で法案を阻止できるとするルールだ。当初のフィリバスターは個々の上院議員が法案成立の阻止のために発言し続けるのを認めるもので、それで審議が進むのを止めることができた。しかし1970年代には、特定の法案をフィリバスターする場合、どちらの党も意思表示をするだけでよいという合意がなされた。それ以来、上院でほとんどの法案を可決するには、60人の上院議員の賛成という圧倒的多数が必要になった。

フィリバスターは、地方の小さな州の意見を代表する側面があり、1960年代に公民権改革を阻止し続けた原因となるなど、あらゆる点で欠陥がある。しかし、だからといってフィリバスターを廃止してしまうのもリスクがある。2009年から2015年にかけて、民主党は、上院で少数派だった共和党がオバマ大統領の改革を阻止するのを防ごうと、フィリバスターを難しくするよう主張した。最終的に民主党は、最高裁判所判事を除くすべての行政と司法の人事承認について、フィリバスターを外した。

しかし、すぐに立場が逆転した。2016年に共和党が上院と下院の多数派と大統領を掌握すると、最高裁判事の任命についてもフィリバスターを取り除くことができて、3人連続で50票強という僅差で可決してしまった。2022年にはその判事たちが、アメリカで長年守られてきた中絶の合憲性を否定する判決を下したのだ。制度はしばしば機能不全に陥るかもしれないが、政治家が入れ替わってもその期待や行動をある程度構造的に制約するものでもある。もし制度がないと、「力が正義」という状況になって、力がある者がない者を不当に扱うことになる。

政治規範とは、他者が従う非公式な行動パターンで、私たちもまた従うことにするものだ。これには肯定的な理由と否定的な理由のどちらもある。私たちが規範を受け入れるのは、他人がそうしているのを見て、自分にとってどうするのがベストかわかるからだろう。また、規範に従わなければ、他人から罰せられるという理由もある。規範は、私たちの考え方、世界の捉え方、誰を信頼するかを導いてくれる。規範は目に見えないが、公的な政治機関の命令よりもはるかに効果的に集合的な行動を動かしていく。

規範は公的ルールよりもあいまいで、強制するのが難しい。政治家が規範に力を与え、動かすのも困難だ。ケネディやオバマのように多くの国民を説得できて、新しい目で世界を見ることを促し、行動を変えさせることのできる大統領ばかりではない。また、国民全員がケネディやオバマに魅了されたわけでもない。だからこそ規範は効果的な政治解決を理解するのに重要だが、法律や制度をよりきっちりと強化しない限り、規範が気候変動、警察の暴力や政治的分断などの問題を解決することはできない。

政治は制度や規範に大きく依存するため、世界各地で異なる展開をみせる。民主主義国家には、独裁国家とは明らかに異なる行動を規定する規範がある。権威主義国家の国民は、自分の本当の好みを偽ったり、誤魔化したりする強い動機があり、政府や同胞を強く信頼することはまずない。

民主主義国家間で根本的な違いもある。多くの学者が、包摂的な選挙制度、高い社会的信頼と低度の腐敗という特徴を持つデンマークやスウェーデンのような国々の成功に関心を抱いている。しかし、これらは北欧の神が与えた傾向ではない（ヴァイキングの時代を考えてみよう）。これらの国の特徴は、他の国では再現困難な政治行動の長期的なパターンであって、相互に連結された制度や規範の網《ウェブ》に依存している。本書では、政治の成功と失敗を制度や規範がどのように支えているか明らかにするため、多くの国の比較やそれぞれの歴史的な経験を探っていく。

民主主義、平等、連帯、安全、繁栄は賞賛に値するものだ。しかし、それらを追求するとき、私たちは自己利益が引き起こす政治的な罠に直面し、集合的な目標への到達を阻まれる。こうした罠を、不可避の悲劇的宿命とみなす必要はない。しかし、それらの罠は狡猾で、広く行き渡っており、ときには魅力的でさえある。

私たちには二つの選択肢がある。第一に「野生の状態の」罠を見分ける術《すべ》を学び、慎重に回避すること。第二に、残念ながら私たちはすでに罠にかかっているかもしれないので、罠から逃れる方法を学ぶこと。政治がなぜ失敗するのか正しく理解できれば、政治がうまくいく方法を見つけることができるはずだ。

第一部
民主主義

「民意」などというものは
存在しない

第1章
ウェストミンスター　2019年3月27日水曜日

私たちはロンドンの英国議会下院の入口に、長蛇の列を恐れて1時間早く到着した。テリーザ・メイ首相〔当時〕がブレグジット法案の成立を目指していた3度目の試みが虚《むな》しく敗れて以来、メディアは騒然とし、イギリス政界は、次の段階、次の動きの話題で盛り上がっていた。イギリスの政党は、自党の国会議員をコントロールできなくなっていた。民主主義は機能していないように見え、カオスが発生していた。議会の行き詰まりを打破する方法はあるのか。本当に議会は何か合意できるのか？

イアン・マクリーン〔オックスフォード大学政治学教授〕と私は、解決策を見出そうとする国会議員に助言を与えるため、国会に招待された。私たちは、かつての政治指導者たちの銅像の横を通り、2階の委員会室に向かった。誰もいない廊下で、緑色のスエードの椅子に座り、待った。イアンは、『イギリス憲法の何が問題か』という本を書いた、おそらくイギリスきっての選挙制度専門家だ。この問題を解決するシステムを考案できるのは、彼しかいない。私は、政治制度の専門家として、彼のバックアップで参加した。だが私はともかく、もしイアンですら解決策を見出せなかったとしたら？　ブレグジットが複雑すぎて、いかなるシステムも解決できなかったとしたら？

こんなに単純にしないほうがよかったのだろうか？　２０１６年のＥＵ離脱の可否を決める国民投票は、イギリスの政治史に残る重大な出来事だった。「ブレグジット」、欧州連合からの離脱という予想外の決定が有名になったが、「イギリスは欧州連合に加盟し続けるべきか、欧州連合を離脱すべきか」という単純な問いの投票だった。52パーセントの支持を受けた離脱派が48パーセントの残留派を下し、国が分裂している表れかもしれないが、それでも明確な勝利を収めた。民主主義が機能したのだ。

本当のトラブルは国民投票の後、政治家がいかにブレグジットを実施すべきか、具体的に決めなければならなくなったときに起きた。人々の声は示されたが、具体的にはどうしたかったのか？　ヨーロッパには、ノルウェー、スイス、トルコ、ロシアなど、ＥＵ（欧州連合）に加盟していない国々がたくさんある。ノルウェーやスイスのように、欧州連合の法律を自国の法体系に反映させ、欧州の人々の自由な移民を認めるなど、非常に緊密な関係を築いている国もある。トルコのようにＥＵと同じ貿易政策をとっている国はあるが、似た国は少ない。さらに、ロシア、アルメニア、アゼルバイジャンなど、ＥＵから距離をおく国もある。ではイギリスはどの意味で「ＥＵから離脱する」のか。しかもどうやって？

過去3年間、テリーザ・メイはその答えを導き出そうとしていた。単純な賛否の対立を越えて、40年以上にわたり属してきたＥＵからイギリスを切り離す方法を具体的に考えることは悪夢だった。投票用紙にはなかったさまざまな決断を迫られた。イギリスはＥＵの「単一市場」の一部であり続けるべきか、そうなるとＥＵからの移民を制限することはできないのか。ＥＵの「関税同盟」の一員であり続け、他国と独自の貿易協定を結ぶ機会を失うべきか。それとも、EUとの協力関係を一切放棄し、経済的な影響を顧みず、完全に単独で出発すべきなのか。

とりわけ北アイルランドが問題だった。何世代もの激しい対立を経て、1998年の「聖金曜日協定」で、カトリックとプロテスタントの間に20年にわたる平和がもたらされた。しかしこの協定は、イギリスとアイルランドのEU加盟に依存したもので、アイルランドと北アイルランドの間に経済的な国境がないことが前提だった。イギリス国民は、EUからの離脱に投票したが、それはイギリス（および北アイルランド）とアイルランドとの間に「ハードな国境」ができる見通しを意味し、平和を不安定にする恐れがあった。シンプルだったブレグジット投票が、有権者も政治家も予想していなかったより複雑な結果をもたらすことが再び判明した。

メイ首相は、流氷の上に立つ極地探検家のように不安定なバランスをとりながら、これらの課題をまとめて扱おうとした。まず、移民を管理できるようにするため単一市場から離脱する。貿易取引の主体になるべく関税同盟を離脱する。しかし彼女は、アイルランド問題に何らかの解決策が見出されるまで、EUのルールや貿易政策からの離脱を延期する「バックストップ（緊急対策）」も提示した。これは、イギリスはまだ何年にもわたってEUの法律の範囲にとどまることを意味した。

その妥協案は少数の人々しか満足させなかった。メイ首相は2019年早々にブレグジット法案を3回通そうとした。そのたびにかなり奇妙な連合に敗北した。ブレグジットを支持する保守党の政治家の中には「適切なブレグジット」でないと反対票を投じた人もいた。彼らはEUから完全に離脱することを望んでいた。死ぬ気で、何があろうとも。ブレグジットに反対の労働党の政治家たちは、法案がブレグジットであることを理由に反対票を投じた。彼らは新しい答えを求めてもう一度国民投票することを望んでいたのだ。

加盟か離脱かの二つの選択肢から選ぶ単純な国民投票は、「ブレグジット」の方法が三つ以上あることが明らかになった時点で、とんでもない混乱に陥った。メイ首相の法案は、一般市民が要求した、イギリスが正式に欧州連合から離脱することを確実に保証するものだったのに否決された。問題は「どのように」でまとまらないことだった。民主主義の難しさが証明されていた。

イアンと私が、静まり返った廊下を歩いて国会委員会室に入ると、馬蹄形《ばていけい》のテーブルの前で保守党と労働党の2人の国会議員が待っていた。イギリス政治で、保守党議員が労働党議員に味方して政府案に反対することは非常に珍しいが、この問題に限っては2人とも協力する必要性を認識していた。政府案が否決され、少なくとも5種類のブレグジット法案が宙に浮いていて、さらに全部なかったことにするかどうかの国民投票が取りざたされている中で、民主主義を機能させるために議会が選択すべき方法があるかどうか、知りたかったのだ。

そこでイアンと私は、国会が選択できるよう、いくつかの異なる投票システムを提示した。それぞれに長所があり、妥協案に有利になるものもあれば、極論でも明確な決定を生み出すものもある。他の投票システムは何らかの選択肢が議員の多数派の漠然とした承認を得ることを目指していた。

私たちがそれぞれの投票ルールの長所と短所を説明すると、保守党の議員が私たちの話を止めた。彼は明白な結論に達したのだ。国会議員はいずれにも同意できないので、何かに合意するためのルールにも合意できない、と。それぞれの投票システムは、異なる最終的な結果にとって有利になる。つまり、投票システムを選択すること自体が、議論の代用になってしまう。私たちは振り出しに戻った。しかし、議員はすでに計画を持っていた。その日の夜、一連の示唆的投票（indicative votes）が予定されていた。最も単純な手続きであり、「是認投票（approval voting）」、つまり各選択肢は個別に検討され、国会議員たちが個々の提案を認めるかどうかを単純に問われるものだ。確かに、これなら国会議員が納得できる選択肢を見つけることができ、その中からどれかを選ぶ難しい仕事は別の日に回すことができる。

私たちがウェストミンスターを後にしようとすると、投票が始まった。採決を知らせるベルが鳴り響き、国会議員たちは、どの選択肢を支持するか書き記すため、慌ただしく走っていった。ビッグベンの時計が9時を回った直後、国会議事堂の向かいにあるパブで、イアンと私は一杯やりながら情報交換し、ツイッター〔X〕を見て投票数の推移を確認した。さまざまな政策を提示した投票は次々と運命に翻弄《ほんろう》されて否決され、過半数の議員に支持されたものは一つもなかった。無数の異なる選択肢を前に、議会制民主主義は凍りついた。

概して言えば、私たちは原則的に民主主義を望むが、実際には実現不可能なことが多い。そして、これが民主主義の罠の核心である。「民意」などというものは存在しないのだ。イギリス国民は声を上げた。しかし、議会はそれを実現できなかった。民主主義を離脱・残留の二元論に煮詰めても、それを実際にどう実行するか見つけ出すのは不可能に思えた。人生は単純な「はい」「いいえ」の質問よりも複雑で、複数のトレードオフがあり、実際に実行するにはさまざまな方法がある。実際にブレグジットを実行するとなったとき、本当に明確な「民意」はあったのか。どうやらそうではなかった。

第2章
民主主義とは何か

民主主義は、私たち全員が同意できる目標のように見える。民主主義国家に住んでいない人々でさえそうだ。世界価値観調査では定期的に「民主的に統治される国に住むことは、あなたにとってどの程度重要ですか」と尋ね、その答えを0から10のスコアで採点している。デンマークやドイツのような確立された民主主義国で、4分の3の人が民主主義を10点満点で評価しているのは驚かない。しかし、中国、エジプト、ジンバブエ、ベネズエラなど、民主主義からほど遠い国々でも、約3分の2が民主主義の重要性を少なくとも9／10以上と答えているのだ。中国では一党独裁を「人民民主主義」だと考えている可能性もあり、すべての人が「西洋的」な民主主義を望んでいるわけではないだろう。しかし原則的には、ほとんどの人が自国の運営について発言できるようになることを望んでいる。

民主主義の考え方は、文字通り「人民による統治」で、これは強力かつ普遍的なものだ。学者によって民主主義の正確な定義は異なるが、核になるのは、私たちに影響を与える政治的な決定にはすべての人々が関与すべきだ、とする自治の考え方である。

しかし、民主主義は定期的に、合意できない結果を生み出す。多くの場合、人々は意見を異にする。そしてこの意見の相違こそが、民主主義の罠の核心だ。「民意」などというものは存在しない。ブレグジットで見たように、人々の意見が一致しないとき、投票結果はカオスと化す。自分たちの望むものを手に入れるため、政治家は戦略を練り、民意を操作し歪《ゆが》めるからだ。望む結果を得ようとする個々のインセンティブは、何らかの安定した集団の合意に至る能力を圧倒してしまう。コンセンサスがいったん得られたように見えても、その結果に不満を持つ人からの新たな提案で挫折することもある。

たとえカオスを避けて最終的に集合的な意思決定にたどりつけたとしても、意見の相違が解消されたとは言えない。民主主義はしばしば勝者と敗者の怒鳴り合いに発展し、友人や隣人を引き離し、私たちを分断する。民主主義を機能させること――政治を破綻させないこと――は、私たちにカオスと分断の間にあるナイフの刃の上でバランスを取ることを強いるのだ。

ウィンストン・チャーチルの有名な格言の通り、民主主義の最強の擁護者でさえ、その不完全さを認めている。「民主主義は最悪の政治形態である。ただし他に試みられたあらゆる形態を除けば」なのだ。だがそこで「民主主義」とは何を意味するのか。その不完全さを認めつつも、なぜ民主主義が望ましいか、政治学者は何世代にもわたり激しい議論を重ねてきた。民主主義がいかに争点となってきたかは、これまでの長い議論が物語る。この議論の中核に、いくつかのコンセンサスが埋もれている。最も有名で、私たちにとって有用な定義は、1883年に現在のチェコ共和国に生まれたオーストリア人のヨーゼフ・シュンペーターによるものだ。

シュンペーターは、自分に自信があった。世界一の経済学者、オーストリア一の馬術家、ウィーン一の恋人になることが彼の野望だった。彼はこのうち二つの目標に成功したと主張したが、それがどれかはあいまいにされた。それに比べてシュンペーターは、私たちが民主主義についてどのように考えるべきかについてはずっと明確だった。シュンペーターにとって、民主主義を論じるときに他に大事なことがあったとしても、その核心は「〔政治決定に到達するために〕民衆《ピープル》の投票をめぐる競争的な闘争を通じて決定力を得る」ことにあるという。

このシンプルな文章には、三つの大きな意味がある。第一に、「人々（人民、国民）の投票」、誰が統治するか最終的に決定するのは人々である。第二に、「競争的な闘争」、投票する選択肢が一つしかないなら投票の意味はなくなる。そして第三に、「決定権の獲得」、成功した候補者が実際には何もできないなら、投票する意味がない。

ここには、民主主義国家が良い政治家を得る保証が何もないことに注意が必要だ。ただし少なくとも「人々」は、ひどい政治家ならば投票で追い出すことができるだろう。素晴らしい話でもないが、チャーチルの辛辣《しんらつ》な格言を説明するものだ。だが、シュンペーターの民主主義の三つの原則のどれかが失われたらどうなるか、考えてみよう。

もし「人々の投票」がなくなれば、誰が決定権を持つことになるか。アリストテレスが「寡頭制《かとう》」と呼んだ、一部のエリートになるだろう。エリートはたいてい自分に関わる部分的な利害しか持たない。富裕層は課税されたり、古くからの特権がなくなるのを嫌う。さらに「人々」全体で決定できなければ、ある集団全体が排除され抑圧されたりする。１９１８年以前のイギリスでは女性が、

1965年までのアメリカではアフリカ系アメリカ人がそうだった。

むろんこれは「人々」とは誰なのかという非常に難しい問題につながる。ルーマニアのように外国に住むすべての自国民に選挙権を与えている国もあれば、イギリスのように一部の移民(英連邦出身者)には選挙権を与え、その他の移民(EU市民)には与えない国もある。ごく最近まで、21歳未満の人には選挙権がなかった。それでも、普通選挙は「民主主義」に欠かせないものであることは、(ほぼ)すべての人が認めるところだ。

「競争的な闘争」をなくしたらどうなるか。99パーセントの人が「たまたま」サダム・フセインに投票したような選挙になってしまう。世界中の(独裁的)指導者が選挙で圧倒的多数を獲得するのを見ても、私たちの多くは「すごい、あの指導者は人気者だ、私たちの国にも90パーセントに支持される指導者がいたなら」とは思わない。民主主義国に住む私たちは、当然ながら、より懐疑的になる傾向がある。民主主義国の人は、自分たちには本当の選択肢がない、政党はカルテルだとよく批判するが、ロシアのように選挙結果が初めから決まっているような国に比べれば、その主張は誇張に過ぎないことがわかる。アメリカの左派は「右派政党と中道政党のどちらかしか選択肢がない」と嘆くことが多いが、この二つの政党は、少なくとも勝つために徹底して戦っている。共通の問題に対して、それぞれが違う解決策を提示する競争をしているのだ。

最後に、「決定力」をなくしたらどうだろうか。19世紀ヨーロッパの多くの君主制国家は、選挙や立法府を認めても最終的な権力を手放さなかった。貴族や教会は、選挙で選ばれた政治家に対する拒否権を持つことが多く、例えばイギリスの貴族院は1911年までこの権利を維持し、自分たちの土地への課税をたびたび阻止した。19世紀末のドイツでは、皇帝ヴィルヘルムが選挙で選ばれた議会を無視し、首相オットー・フォン・ビスマルクとともに、脅威である社会主義運動が選挙によって権力を獲得するのを妨害した。今日でも、タイやモロッコのように、政党、議会、選挙があり、表向き民主主義の装いを持つ国では、君主が、どんなにおとなしい自らへの批判であっても罰する権利を留保している。

つまり、民主主義の核心部分は、人々が投票し、リーダー候補が競争し、どんな政策が作られるかという点で選挙が実際に意味をもつかどうかにある。これだけだとあまりにそっけない定義だと思うかもしれない。しかし、自由で公正、かつ競争的な選挙で統治者を決める基本が確立されたとしても、民主主義国家間には非常に多くの違いがある。

特に、民主主義国家が個人の権利や自由をどの程度保護して、選挙で選ばれた多数派が少数派の利益を侵害するのを防いでいるかが重要になる。言論、結社、良心の自由の保障、政府による恣意《しい》的な収用からの財産の保護、これらのルールを守らせる法制度、議会における長年の規範の尊重、これらすべてが自由民主主義の要《かなめ》となる。

現代の自由民主主義国家は、シュンペーターが提唱した選挙制民主主義国家を強化したような存在だ。この国家は、単なる「人民の統治」ではなく、勝利した政党がその望みをすべて実現してしまうのを阻止することで、「人民」を制約する制度を整えていることが多い。これらは勝者を鎖につないで、敗者を搾取《さくしゅ》させないようにする措置《そち》だ。裁判所、オンブズマン、中央銀行、宗教団体、新聞社、労働組合など、必ずしも民主的に選出されたわけではない機関を創設し、維持することで実現できる。また、選挙で当選した者が議会を閉鎖したり、任期を勝手に延長したりするのを防ぐ規範や手続きも整備されている。

本書の読者の多くが住むであろう自由民主主義国家の中心に、あるパラドックスが存在する。民主主義の罠から逃れるには、選挙の勝者に望むものをすべて与えないような制度や規範によって民主主義を飼い慣らす必要がある。人民の統治は、まったく制約のないものではあり得ない。実際、民主主義を機能させるには、民主主義を制約する必要があるのだ。そのための規範や制度は、民主主義の罠によるカオスや分断を防ぎ、政治の失敗を食い止めるのに役立つ。

民主主義は人気のあるアイデアかもしれないが、実際に良い結果を生むのだろうか？　中国の経済的台頭に関する息を呑むようなジャーナリズムの記事には、しばしば自由民主主義に対する暗黙の批判が含まれる。「権威主義国家が、小難しい規則に従う心配をせず、いかにきらびやかな新しいインフラを建設できるか見てみよう」という具合だ。スターリンによるソ連の工業化、１９６０年代軍事政権下のブラジルの経済的「奇跡」、１９８０年代の権威主義的リーダーシップの下で好景気に沸いた台湾や韓国の「アジアの虎」など、同様の話は数え切れないほど語られてきた。

しかし、権威主義国の好景気には終わりがくる。石油資源の豊富な湾岸諸国と現代の中国を除けば、今日の豊かな国々はほとんどすべて民主主義国家だ。民主主義国家では、政治家を交替させることで軌道修正が可能なため、経済成長がより持続する傾向がある。権威主義的な国では、官僚や地域のリーダーたちが政権にとって都合の悪い情報を報告して処罰されることを恐れ、嘘をついたり、情報を歪めたり、隠したりすることがある。ウクライナ侵攻でのロシア軍の惨状は、軍指導者がプーチン大統領に自分たちの準備不足を正確に伝えなかったことを反映していると言ってよい。経済発展にも同じようなパターンがある。アマルティア・セン〔ハーバード大学経済学・哲学教授でノーベル経済学賞受賞者〕は、民主主義国家が飢饉に見舞われないのは、報道機関が飢饉の到来を警告し、指導者が対応しなければならなくなるからだと主張している。

最後に、人民による統治である民主主義国家は、人々のための立法を行う可能性が高い。特に中所得層の有権者は、普遍的なサービスや給付を要求するケースが多い。民主主義国家は、選挙によって政党に人々と約束をさせ、約束を果たせない場合は責任を取らせることができるため、こうした政策を提供するインセンティブが生まれる。例えば民主化した国では、公教育への支出が3分の1程度増加し、エリートのための大学への支出よりも大衆の初等教育へと予算の重点が移される傾向がみられる。また民主主義国家は、乳幼児死亡率を下げ、識字率や予防接種率を向上させるなど、より良い人間的成果を生み出している。民主主義の罠という課題は残るが、民主主義国家は権威主義的なライバル国よりも国民を養う能力に長《た》けている。民主主義の歴史的台頭が、前例のないほど高い生活水準の時代を世界的に生み出したことは偶然ではない。次はその歴史に目を向けてみよう。

民主主義の歴史

民主主義の歴史は、民主主義の罠の歴史でもある。今日の私たちの多くが暮らす安定した自由民主主主義国家は、罠との戦いの生き残りであり、それらは民主主義の罠から逃れる幾重もの制度と、長年にわたり形成されてきたルールを遵守《じゅんしゅ》する規範を備えている。民主主義は古典期のアテネに起源を持つが、それはほんの一瞬のことに過ぎなかった。何世紀にもわたり、人民の統治はもろく、簡単にカオス、デマゴギー、最終的には圧制に陥った。安定して統合された民主主義が確立されてから、まだ1世紀も経っていない。

民主主義の確立は比較的最近で、歴史が浅いと言えば読者には意外かもしれない。常識では、民主主義の起源は古代ギリシャ、あるいはアメリカ独立宣言、フランス革命、ヴィクトリア朝イギリスとされることが多い。しかし、シュンペーターの三つの原則――人々の投票、競争的闘争、決定権――にこだわると、「民主主義」の歴史的に高名な例の多くが、必ずしも適格ではないことに気づく。

例えばボリス・ジョンソン元首相が、イギリスは「民主主義の母国」だと主張したが、初めから母国だったのではなく、徐々に建設されてきた。まず1215年にマグナ・カルタに署名したことで、君主の権力に制限が設けられた。しかし、その合意の勝者は、中世イングランドで土地を所有していた人々であり、土地を耕すはるかに多くの人々ではなかった。イングランドで勝者が「決める」権利が保証されたのは、1911年に世襲制の貴族院が下院の立法を阻止する力を失って以降だ。そして1928年に初めて普通選挙が拡大され、男女対等になった。そのときでも、事業主は自宅と事業を持つということで2票の投票権を持ち、大学選挙区のあったオックスフォードとケンブリッジの卒業生も2票を持っていた。このダブルカウントは1950年まで続いた。このように見ると、イギリスが民主主義国家になってわずか70年余りの歴史しかないことがわかる。

アメリカという長い民主主義の歴史を持つとされる国についても、同様の物語があてはまる。1776年の独立宣言の後、幅広く選挙権が認められたのは確かだが、それは自由人男性にのみ適用された。1920年に憲法修正第19条が批准されるまで、女性には参政権がなかった。アフリカ系アメリカ人は、1865年に奴隷解放されたにもかかわらず、その1世紀後に公民権法が制定されるまで、選挙権を持たず、常に暴力的な扱いを受けていた。

民主主義とされるものについて長い歴史を持つ他の国々でも、市民権を持つ男性を超えてそれを拡張するのに失敗してきた。20世紀までニュージーランドを除くすべての国で、女性は投票を禁じられていた。フランスは革命後の1792年に男性普通選挙を導入し〔その後再び制限選挙になっていた〕、1848年の第二共和政から再び男性普通選挙を導入したが、女性に選挙権を与えたのは1世紀後の1945年だ。スイスは1848年に男性に選挙権を与えたが、1971年まで女性に選挙権を与えず、アッペンツェル・インナーローデン準州〔スイス北東部の直接民主制を採用する、最も人口の少ない州〕は1991年まで女性に選挙権を与えなかった。スイスの完全な民主主義は、典型的なミレニアル世代と同じくらい若い。

民主主義の先駆けとされる古代アテネの民主主義を調べてみると、時代を超えて受け継がれた輝くイメージとは異なる、後ろめたい姿も見えてくる。アテネの民主主義は極端なまでに参加型だったため、ひどく疲れるものでもあった。選挙民の約10分の1が年に40回集まる市民集会があり、毎日の議題を決める評議会があり、200〜500名の市民陪審員はくじ引きで選ばれた市民が務めねばならない。このようなスーパー参加型システムを現在のアメリカにあてはめると2500万人規模の集会となり、実現が困難なことは明らかだ。しかし、そのシステムは、すべての市民が自分たちの決定のすべての面に完全に関与することを意味しており、アテネ以降の無関心な市民を懸念する人々から賞賛されてきた。

しかしこの参加は、アテネの住民のごく一部、つまり男性市民にのみ可能だった。女性は完全に排除されていたのだ。また奴隷も排除されていた。外国人、そしてアテネの血統を持たない者も同様だ。アテネが参加型民主主義を実現できたのは、労働や商業のほとんどが女性や奴隷によって行われていたからである。19世紀のアメリカと驚くほどよく似ている。アレクシ・ド・トクヴィル〔19世紀フランスの政治家、政治思想家。主著『アメリカの民主政治』岩波文庫〕が賞賛したスーパー参加型民主主義は、自由な白人男性にのみ政治的権利を与えるものだった。また、「若者の心を堕落させた」とソクラテスに死刑を宣告したのがアテネ市民だったように、アテネの制約のない民主主義は、極論に走りやすく不安定で、数世紀にわたり圧制と寡頭制《かとう》に落ちていった。

つまり、私たちが考える近代デモクラシーは、言い伝えられているよりずっと若い歴史しかない。個々の事例から離れ、民主主義の全体的な流れはどうか。政治学者はしばしば民主主義の三つの「波」を語る。最初の波はアメリカ革命とフランス革命の衝撃から始まり、イギリスではより緩やかな選挙権の拡大が続き、第一次世界大戦後の西ヨーロッパで民主共和国が広く誕生したことで頂点に達した。

だが波は性質上、頂点に達した後に砕ける。1920年代と特に30年代には、ドイツ、イタリア、スペインでファシスト政権が民主主義を覆《くつがえ》し、スターリンはソビエト・ロシアの権威主義を深化させた。

この揺り戻しの後、第二次世界大戦が終わるとドイツとイタリア、そしてインドをはじめとする多くの旧植民地が民主化され、第二の波が来た。1960年代から70年代にかけては、チリのピノチェト、アルゼンチンの将軍たち〔クーデターで実権を掌握した軍事政権のトップ、ビデラ、ビオラ、ガルティエリ大統領〕、リビアのカダフィ、コンゴのモブツ、ウガンダのアミンなど、多くのラテンアメリカ・アフリカ諸国が軍事政権や個人独裁統治に移行し、再び揺り戻しの時代が訪れた。

そして最後に、1974年のポルトガル〔軍事政権を無血で倒したカーネーション革命〕に始まる第三の民主化の波は、1980年代にかけてスペイン、ギリシャ、アルゼンチン、ブラジルで加速し、1990年代初頭のソ連崩壊と東欧の民主化によって爆発的に拡大した。フランシス・フクヤマの『歴史の終わり』（三笠書房）という本が出版された頃で、彼は、自由民主主義の考え方がおそらく永遠にライバルに勝利したと主張した。

そうした考え方は今でも根強い力を持っている。だが、シュンペーターの民主主義の選挙による定義が、「自由民主主義」と同じものではないことはすでに述べた。現在、世界のほぼすべての国で、すべての成人に投票権が認められている。投票を制限しているのは、中東の数カ国（アラブ首長国連邦〔UAE〕、サウジアラビア）くらいだ。しかし行き詰まっているのは、投票に意味があるかどうかという点だ。21世紀に入ってから、選挙制度はほぼすべての国で広がり続けているが、民主主義を構成する他の制度は、攻撃にさらされている。ロシアやトルコ、ベネズエラは、選挙は行われるが実際には何も変えられない「選挙権威主義」に逆戻りした。ポーランドのように民主的な選挙が自由かつ公正に争いなく行われている国でさえ、自由民主主義の中核をなす他の制度（裁判所、報道の自由）

が圧力を受けている。

自由主義的な制度に支えられない民主主義は、しばしば攻撃的なポピュリズムに堕落する。ハンガリーのポピュリスト、ヴィクトール・オルバン首相は「非自由主義」の民主主義を創出しているのだと主張している。100年前ならこの区別は意味をなさなかったろう。選挙権の付与を始めたほとんどの国では、すでに言論や結社の自由などへの実質的な法的保護があったからだ。しかし、過去数十年の間に、言論や結社の権利が保障されない民主主義国家が数多く生まれたため、民主主義の罠が持つ牙の鋭さも最も大きくなった。

私たちはすべての選挙民主主義を否定しないよう注意すべきだし、投票権があることは選挙がまったくないよりも望ましい。しかし以下に説明するように、権力者を制約する自由主義的な制度がない民主主義は、カオスになり分断される可能性がある。制限のない多数決は危険なのだ。悪い指導者が、自分を退場させる選挙結果を無視するのをどう阻止できるか。政治家に約束を実行させるために私たちが頼れる第三者はいないことを思い出そう。悪いリーダーは、その反対派を封じこめることができるはずではないのか。この脅威は、2021年1月6日のアメリカの連邦議事堂襲撃事件後、豊かな民主主義国家の国民にさえ、より現実味を帯びて感じられるようになった。民主主義を維持するためには、強力な制度が必要になる。

民主主義は古くもあり、現代的でもある。大衆の真の統治に関する考え方の一部は、古典時代にまで遡《さかのぼ》ることができる。だが世界中の実際に存在している民主主義は、トランジスタラジオとさほど変わらない古さしかない。私たち自身を統治する権利を獲得するために何世紀もの闘いがあり、民主主義の後退《バックスライディング》の脅威が常にある。それでも民主主義は不完全なシステムで、私たちが実際に良い政治家を手に入れる保証はない。しかし不完全だとしても、民主主義には明らかなメリットもある。

私たちは代表権を手にしている。何かを求めたい場合、そのために投票する権利があり、それを主張するために立候補する権利もある。だからといって政治家の物の見方、考え方が私たちと同じとは限らない。実態はそれとかけ離れている。しかし、私たちが本当に関心のあることならば、自分自身で立ち上がり変えることができる。民主主義国家のほぼすべての有権者は、その国のリーダーになることが可能だ。

少なくとも理論的には、私たちはアカウンタビリティ（説明責任）を手にしている。政治家が悪い仕事をすれば、投票で不祥事を罰し、落選させることができるからだ。また、政党がマニフェストを作れば、次の選挙でどれだけ約束を守ったか判断することができる。

最後に、私たちは自治を手にすることができる。選択と決断を自分自身で行えるのだ。民主主義は、私たちが自分たちの間違いを正すことや、先人の選択に従順に従うのを避けることを許す。臣民ではなく市民として、政治システムから敬意をもって扱われる。民主主義は私たちを自由にし、思い通りに世界を形作ることを可能にする。ただ一つだけ問題がある。「私たち」とはいったい誰なのだろうか？

第3章
民主主義の罠

民主主義が望ましいものなら、なぜ民主的な決定がそんなに難しいのか。民主主義の問題は、国家が個々人とは違うという事実に起因する。国とは利己的な個人の集まりだ。私たち個人の意思決定は、集団で行う意思決定には明確に反映されないどころか、各自が望むものを得ようとするインセンティブが集団での合意形成の妨げとなり、政治が完全に破綻してしまうこともある。「民意」などというものは存在しないからこそ、私たちは民主主義の罠にはまるのだ。

民意が存在するのは最も凡庸なケース、つまり私たち全員がすでに同意しているときしかない。異なる投票ルールなどの民主的な制度をいかに工夫しようとも、利己的な有権者の戦略的操作の餌食《えじき》になるか、無意味な答えを出すかのいずれかに終わり、集団が一つにまとまるビジョンを生み出すことは期待できない。ブレグジットを思い出してほしい。離脱か残留かの単純な選択と思われたものが、無数の異なるブレグジット方法に変わり、国会議員たちは投票システムの決定にさえ合意できなかった。

選択肢が三つ以上になると、民主的な投票は常にカオスと決定の欠如を生み出す可能性がある。ただし常にカオスに陥るわけでもない。政党が秩序を押しつけることができるからだ。その代償として政治的分断がますます進む。私たちが下す決断は国を真っ二つにする可能性があり、両サイドの恨みが蓄積していく。ブレグジットではイギリス政党政治がまさにこの状態に置かれ、保守党は離脱支持、労働党は残留支持になり（両党とも最初は意見が分裂していたにもかかわらず）、政治家たちは悲しんでいる「残留派」を見て嘆き、「離脱派」を満足気に眺めていた。

意見が一致しないときにどうやって民主政治を成功させ、カオスや分断の苦悩を避けられるだろうか。この問いに答えるには、民主主義の罠をもっと探求する必要がある。

民意とは何か

「民意」なるものがあるというアイデアには長い歴史がある。20世紀半ばまで、ナショナリズム、自由主義、共産主義の争いの壮大な議論のほとんどは、誰が民意を代表しているのか、あるいは民意とは何かをめぐるものだった。民意が存在しないという考え方は、ほとんど考慮されなかった。ゆえに民意を代弁すると主張する「強い」あるいは「道徳的」な指導者に、人々がいまだに惹《ひ》かれるのも不思議ではない。

この議論の中心にはジャン＝ジャック・ルソーの提唱した「一般意志（volonté générale）」がある。ルソーは、個人の意見の相違をもたらすのは、分断と個別の利害を生む近代文明が作り出したものだと考えた。しかし、解決策はあるとする。民主的な共和国だ。すべての人が意思決定に参加すれば、熟慮の末に共通の目標、つまり一般意志を理解するようになる。民主主義が参加型で活発であればあるほど、すべての人々の意思の集約は、真の共有利益に近づくだろうという。

ルソー以降、まったく別々の伝統の思想家たちがこぞって、もし個々の利益を脇に置くことができれば、集団は共通の利益を見出せると主張した。ナショナリストの「民意」は、単に国境や、想像の共同体としての同じ民族《フォルク》によって定義される。社会主義者はまた別の見方をする。カール・マルクスは、共通の利益が人々の経済関係で定義されると主張した。世界のすべての労働者は利益を共有しており、世界の全資本家も同様だ。マルクスにとって階級間の分断がある限り、全員に共通の利益はあり得ない。しかし、革命が起きてすべての財産が共同で再分配されるようになれば、すべての人が同じ利益を共有するようになるという。ルソーの共和主義、ナショナリズム、社会主義などのまったく異なる世界観がすべて、単一の共通利益が存在するという仮定から出発していたのだ。

さしあたり、共通利益が存在することにしておこう。だが仮に単一の民意があったとしても問題は残る。もし私たちが社会的に合意したとして、各メンバーが共通目標の達成を助ける努力をしなくても、達成による利益を得られるとしたら、他の人の努力に「ただ乗り」したいと思うだろう。そうすると、例えば民主主義の維持自体が困難になる。私たちは民主的な社会に住みたいと願っているかもしれないが、民主主義の維持コストを一人ひとりが支払う気はあるだろうか。アメリカ、イギリス、フランスなど、過去10年の選挙における投票率の低下は、それが危ういことを示している。仮に私たち全員が同意した結果であろうと、それを目標として達成する努力にも全員が同意しない限り、「民意」

は美人投票の参加者がとりあえず願っているとする「世界平和」みたいなものだ。

しかし、ほとんどの場合、私たちは意見が一致することはない。とすると、民主主義が「民意」を生み出すには、いったい何人の意見が一致すればいいのか。それは定義次第で、全員が同意したときのみ民意が存在すると極端に包摂的に主張することも、わずかでも多数派になれば「民意」だと極端に排他的な主張をすることもできる。歴史は、どちらのアプローチも危険だと教えている。

全会一致でなければならない政治システムは設計可能だ。最も簡単なのは、すべての人に拒否権を与える方法である。拒否権（veto）という言葉はラテン語に由来し、単純化すれば「反対する」という意味だ。誰も反対しないなら、その決定が民意であるのは自明だ。すべての人に拒否権を認める政治体制ならそう主張してもいい。しかしここに問題があることもわかるだろう。全員が賛成するようなケースはほとんどなく、個人の拒否権を認める政治体制は、麻痺《まひ》状態に陥りがちだ。

その最も有名な例が、17世紀から18世紀にかけてのポーランド・リトアニア共和国の全国議会「セイムSejm」である。「私は自由に反対する」と訳される「リベルム・ベト」のルールがあり、議員が一人でも立ち上がり審議中の法案を糾弾《きゅうだん》すれば、立法を阻止できた。１６５２年には、たった一人の代議士が拒否権を発動したため、議会全体が解散させられた。18世紀には3分の1以上の議会の会期中に一つも立法できず、この慣習が広く知られると、外国勢力はポーランドの国会議員を買収して拒否権を行使させ、法案の成立を頓挫《とんざ》させていった。

「リベルム・ベト」は、敵対国に四方を囲まれ、すでに脆弱《ぜいじゃく》だったポーランドをさらに弱体化させた。最終的に１７９１年に撤廃されたのは良かったが、残念ながら遅すぎた。２年もたたないうちに、

1793年の第二次ポーランド分割において、セイムは、国土の約半分を、議員を操りリベルム・べトを使って議会を弱体化させた国々である、ロシアとプロイセンに割譲することにサインした。「民意」に対するこうした非常に狭い視野が、独立を奪ったのである。

他方の極端な例として、民意を主張する少数派の意見に基づいて意思決定する国はどうだろうか。そこでは利害対立が非常に大きいため、選挙結果そのものが争点になる。敗者は選挙の正統性を攻撃し、勝者は薄氷の勝利を補おうとして極端な行動に出る。

ブレグジットの国民投票は、「民意」についての一連の大騒動を引き起こしたことで注目された。デイリー・メール紙は見出しで、国民投票でEU離脱が決まったにもかかわらず、実際に手続きを進めるかどうかを決める権利は議会にあるべきだとの判決を下した3人の裁判官の写真の上に「人民の敵」と大書した。この記事では欧州懐疑派のイアン・ダンカン・スミス議員の発言が引用され、裁判官たちは「文字通り、議会を民意と戦わせている」と叩かれたのだ。2016年の国民投票で離脱派が僅差《きんさ》で勝ち「人々」の声は決まったが、議会や司法といったイギリス民主主義の他のさまざまな制度が、その声を覆した。もちろんイギリスの人々とその代表者がすべて同意していたわけではなく、意見が食い違っていることは「デイリー・メール紙のような」「民意」アピールでも簡単に払拭《ふっしょく》できなかったし、議会がブレグジットを確定する法案を可決しようとして失敗した時点で、これ以上ないほど明らかだった。

もう一つの鮮明な例は2000年のアメリカ大統領選挙での、フロリダ州の数百枚の怪しげな投票用紙の集計に行きつく。11月7日の夜、ジョージ・W・ブッシュとアル・ゴアは、選挙結果を決定づける選挙人団の議席があったフロリダ州の開票の混乱のため、どちらも勝者と敗者の両方を宣告された。翌日、フロリダとアメリカの運命、さらにはアフガニスタンやイラクといった遠い国の運命も、300票の数え直しにかかった。汚れたり、不完全だったりする投票用紙をどう数えるのか、再集計のプロセスをどの程度の期間で行うのかは、結局、最高裁が決定することになった。ここでもまた、わずかな差で決定が下された。5対4で、裁判所は再集計を打ち切り、ブッシュを大統領に任命する判決を下したのだ。

ブッシュの勝利は信じられないほど僅差で、多くの民主党議員が正統ではないと考えた大統領が就任した（少なくともブッシュは一般投票で負けていたため）。しかし、勝者と宣言されたブッシュは、あたかも圧倒的多数派であるかのように政治を行い、アメリカ史上最大の減税策を打ち出し、9・11以降は中東への大規模な軍事介入を行った。勝者には戦利品がもたらされた。しかし敗者には、選挙結果は正しくないとの熱い思いと、結果を受け入れようとしない気持ちが残った。少なくともゴアは、選挙の敗北をしぶしぶ受け入れたが、対照的にドナルド・トランプは、2020年大統領選のはるかに大差の敗北を認めず、翌年1月6日の米議会議事堂への暴力的な占拠事件につながった。

これは「敗者の同意」の問題である。選挙に負けた側は不正があったと泣き言をいうか、それとも結果を受け入れるのか。それは勝者がどう反応するか、あるいは勝者がどう反応すると敗者が考えるかに左右される。古典的な例は、1936年のスペインで左翼の人民戦線が、保守系の野党を僅差で破ったことだ。選挙前に両陣営は、相手側が勝てば内戦は避けられないと宣言していた。そして左翼連合が勝利すると、不満を抱いた右翼の政治家たちが政権転覆をはかり、スペイン内戦勃発と36年にわたるフランコ将軍の統治につながった。

多数決は「民意」を保証しない。選挙で僅差だった勝者が、支持の薄さを過剰に補おうとして、あたかも地滑り的勝利者のように政治を行うことがある。するとその政権が倒されることもあるし、そうでなくても、誰も何も合意できなくなるようになる場合もある。

カオス

啓蒙思想家のニコラ・ド・コンドルセ侯爵は、フランス革命に参加した中でも特に英雄的で重要な人物だった。そのため獄死したが、早すぎる死を前に、彼は将来の社会科学者に楽観的なものと悲観的なもの、二つの古典的な定理を残した。

楽観的なほうの貢献は「陪審定理」であり、真に有罪の者を罰し、無罪の者は放免する、私たち全員が同意する結果が存在しうると主張した。私たちは被告人が本当に有罪か無罪か、よくわからない不確実性に直面する。そこでコンドルセは、私たち一人ひとりの判断が正しい可能性が高いなら、十分な数の人数が参加すれば、多数決で下した判断が確実なものに近づいていくと主張した。これは「群衆の叡智《えいち》」の最初の近代的な定式化で、個々人は確信が持てなくても、集団で判断すれば確信が持てる。これは民主主義にとって素晴らしいニュースであり、ポジティブな結果につながることを、本章の後半で触れる。

では、私たち全員が望む結果について意見が一致しない場合はどうなるだろうか。ここで、より悲観的なコンドルセの定理が関係してくる。「コンドルセのパラドックス」として知られる、私たち一人ひとりがある結果の順位付けを明確にできても、集団では一貫した選択を行うのが不可能な場合がある。それどころか、好ましい結果を求めて終わりのない循環に陥るかもしれない。とりわけ三つ以上の選択肢がある場合、こういったことが生じやすい。

コンドルセのパラドックスの例として、ブレグジットでの国会議員の合意不能に話を戻そう。そこでは国会議員の選好が大きく異なる三つのグループに分かれ、（少なくとも）三つの可能な結果が存在した。①メイ首相が提案した取引案（ディール）、②取引なしでのEU離脱（ノーディール）、③新たな国民投票の実施、である。

保守党議員の大部分と労働党の一部の政治家は、メイ首相の取引案を通過させたいと考えていた。必要ならば、彼らは取引なしでの離脱を支持するが、新たな国民投票を容認することは絶対にない。

保守党の別の議員グループ（自称「スパルタ派」）は、最も純粋なブレグジット、つまり取引なしの離脱（ノーディール）を信奉していた。彼らはメイ首相の取引案（ディール）を、イギリスを永遠にEUに縛りつける「売り渡し行為」だとみなしており、それが通るくらいなら、新たな国民投票のほうが望ましいとさえ考えていた。

最後に、野党の多くの議員はブレグジットに強く反対していた。彼らは新たな国民投票を望んでおり、それが不可能な場合にのみ、メイ首相のディールを受け入れるつもりだった。このグループは、ノーディールを最悪とみなしていた。

個々の政治家は、異なるブレグジットの方針について、一貫した合理的な選好を持っていたのだ。

しかし議会全体としてはカオスになっていた。最も単純な民主的投票ルールである、一度に二つの選択肢の中から多数決で決めるという方法を用いても、議会は合意に至ることができなかっただろう。

まずメイ首相のディールとノーディールとの選択の場合、メイ首相の支持者はディールを望み、野党もノーディールよりディールを望んでいた。したがって多数決ではディールが勝つ。

しかしその後はややこしい。野党は自分たちの第一希望である新たな国民投票とディールのいずれかを多数決で選択しようと主張する。スパルタ派も、適切なブレグジットではないメイ首相のディールを受け入れるよりは、新たな国民投票でチャンスをつかみたいと考えていた。つまりこの新しく結成された連合では、新たな国民投票が多数決で勝つ。

そうなると、メイ首相の支持者は「人々がブレグジットを支持したのだから、やり方はともかく実行するべきだ、ノーディールで国民投票に対抗しよう」と言うだろう。首相支持派とスパルタ派は、この投票でノーディールを支持し、多数決となる。

こうして、私たちはメイ首相のディールがノーディールを打ち負かすところから始まったふりだしに戻ってしまう。投票に次ぐ投票のサイクルが延々とくり返され、議会は最終的な決定を下すことができず、空回りし続ける。

ブレグジットの問題解決が非常に難しかった理由の一つは、多くの人々が「多峰性を持つ選好」を持ち、中間の妥協案よりも、どちらかの極端な案を好むからだ。右の例でスパルタ派は、メイ首相のディールよりはノーディールか国民投票を選好していた。より限定的な介入よりも、完全撤退か全面戦争のどちらかを好む、というように極端な選択肢を好むことは戦争のときにも生じる。アメリカでは、ベトナム戦争でしばしばこのような特徴を持っていた。そういうタイプの極端な選択肢への選好が、決定の循環をもたらしてしまうのだ。カオス状態を終わらせる方法の一つは、人々がより中庸な選好を持つよう説得することだが、それは逆に人々の選択の自由を侵害し、民主的とは言いがたくなってしまう。

コンドルセのパラドックスは、民主主義で起きる興味深いがレアなバグに過ぎず、ゲームのようなもので、集合的意思決定の真の脅威ではないと思う読者もいるかもしれない。しかしそれは間違いだ。1950年代にケネス・アロー〔アメリカの経済学者でノーベル経済学賞受賞者、1921〜2017〕は、あらゆる形式の民主的な投票がカオスか独裁のいずれかにつながることを数学的に証明した。

アローは、各個人が異なる選択肢をランク付けしたものを、投票メカニズムを通じてグループ全体の集合的なランキングにまとめるとどうなるか調べた。この集団は首尾一貫した「意志」を持つと言えるか？　アローの「不可能性の定理」によれば、公正な民主主義に必要だと思われる左記すべての条件を満たす投票ルールは存在しない。

第一に「集合的合理性」：決定の循環に陥らないために、一つの集合的選択が必要である。
第二に「非独裁制」：誰か1人の人間の選好が常に勝つことはあり得ない。
第三に「定義域の普遍性」：個人の選好はすべて認められるべきで、可能な組み合わせからなる特定のランキングを好むことは禁止できない。

第四に「全会一致」：もし皆がAをBより好むなら、それを無視してBを選んではいけない。
最後に最も厄介な「無関係な選択肢からの独立性」：社会が二つの選択肢から行う選択は、無関係な他の第三の選択肢への選好に依存してはならない。

例えばブレグジットでは、単純多数決が集合的合理性の条件に違反した。多くの人が妥協よりも極端な選択を望んだため、結局、ある選択肢から別の選択肢へ永遠に循環することになった。他の投票ルールも、それ以外の条件に違反して破綻した。重要なのは、アローの条件をすべて同時に満たすことはできないことだ。投票システムがある種の固定した結果を生み出そうとするなら、条件のいずれかに反するか、その代わりにカオスを受け入れるしかないのである。

ブレグジットの例でいえば、2回投票したらそこで止めることはできないだろうか？　そうすれば結局、三つの選択肢はそれぞれ少なくとも一度は検討されたことになるからアローは満足するのではないか？　問題はこの例で、野党EU残留派のグループだけが選好していた新たな国民投票の選択肢が、メイ首相のディールやノーディールよりもましと判断されてしまったことだ。2回の投票後に中止を主張すれば、議会の決定に対する独裁者となり、これは二つ目の条件、つまり非独裁的であることに違反する。しかし、誰かが主導権を握らない限り、私たちは循環から抜け出せなくなる。3回目の投票ではノーディールが国民投票に勝ち、4回目の投票ではディールがノーディールに勝ち、といった具合に無限に続く。シンプルな決断を下すための公正で民主的なプロセスがあるにもかかわらず、議論は永遠にくり返されることになる。

3グループの投票者や三つの選択肢は特別なことだろうか。そんなことはないし、さらに選択肢を増やしたり、投票者を増やしたりすると、誰かがこのようなカオスな循環に陥る選好を持つ可能性が高くなる。スパルタ派や反対派に、彼らの選好は間違っていると説得して問題解決しようとするのはどうか？　うまくいくかもしれないが、民主主義のもう一つの基本原則である、すべての人に自分の好きな順位を選ばせること、ある人々にとって一番良いということを他者が勝手に決めない、ということを捨ててしまう。三番目の条件を破ってしまうのだ。

「確かに原理的には問題があるが、政治はとても安定しているし、これらは非常に興味深いけれども、結局は重要ではない」と思う読者もいるかもしれない。というのも、私たちの政治制度は実際、日々の政治でこうした条件のいくつかに背くように作られているからだ。

私たちの制度はカオスの可能性を減らすことで、政治的約束を信じるに足るものにし、安定したものにできる。イギリス議会では議事日程表《オーダーペーパー》を通じて、アメリカ議会上院では議会委員会を通じて、政治課題をコントロールすることで、慎重に投票に付される選択肢の数を減らしたり、投票できる回数を制限したりする。もしブレグジットのやり方の選択肢を最初に二つに減らすか、多数決を2回しか行えないと設定していたら、私たちの議会は決断を下すことができただろう。しかしその場合、進め方をそのように設定した人が最終的に選ばれた結果を左右することになり、民主主義ではなく独裁的になる。私たちは、民主主義の条件に背くことで民主主義を実行しているのだ。

政府が一つの政策も選択できないと、カオスが発生する。ときには政府を作ることさえ難しい場合もある。2011年末までにベルギーではこの状況が極限に達した。589日間も、選挙で選ばれた政府がまったく存在しなかったのだ。

これはかなり奇妙なことで、選挙で選ばれた大統領がいる国や、政党が定期的に多数派を獲得している国では簡単に起こらない。だが比例代表制の選挙制度を持つベルギーでは、特定政党が20パーセント以上の票を獲得することはほとんどなく、オランダ語圏の〔経済的に豊かで分離独立を志向する〕フランドルとフランス語圏の〔経済的に劣る〕ワロンの大きな地域格差もある。

2010年のベルギーの選挙では、最大政党である保守系「新フラームス同盟」の得票率はわずか17・4パーセントだった。次点の「ワロン社会党」はそれとはまったく逆の政治的、言語的、地域的な支持を得ていたが、議席数はほぼ同数(26議席対27議席)となった。加えて、全部でわずか150議席の国会で十数議席を持つ政党が五つもあった。ベルギーの政治ではよくあることだが、過半数に近い政党はなく、政権を作るには妥協が必要だ。しかし2010年6月、そんな妥協は見つからなかった。

ベルギーは、多くのヨーロッパの小国と同様、まだ君主制を維持している。国王の仕事は、軍隊を率いて戦いに赴《おもむ》くことよりも刺激に欠ける、「情報提供者《アンフォルマトゥール》」(議会の過半数に達する連立交渉のまとめ役を担う政治家)を選ぶことだ。国王は、連立を交渉させるために新フラームス同盟のリーダーを選んだが、失敗した。国王は次にワロン社会党の党首に任せたが、これもダメだった。3カ月が過ぎた。そして国王は各党の「調停者《メディアトゥール》」に託したがうまく行かず、再び新フラームス同盟の指導者のところに行き、彼を「解明者《クラリフィカトゥール》」に任命したが、名前を変えてもダメだった。次に国王はフランドル社会党の調停者に託し、２００日が過ぎると、この調停者は60ページに及ぶ提案を出したが却下された。その後、新しい情報提供者、新しい調停者、そして最後に「組閣調整者《フォルマトゥール》」が登場した。いずれも進展はなかった。

最終的に、選挙から1年半後の２０１１年12月にようやく合意が成立し、政権が発足した。この間、学生たちはパンツ一丁の抗議集会を開き、政治家から俳優までさまざまな著名人が「男はヒゲを剃《そ》らないストライキを、女の政治家は性交渉のストライキを」と提言した。国中が熱狂の渦に包まれたようだった。

いったい何が起きていたのだろう。ベルギーでまったく合意できなかったのは、経済格差、地域の権利、言語対立、さらにはフランドル人のナチス協力者に恩赦を与える問題についてなどで根本的な意見の相違があったからだ。どの政党も似たような規模なので、どこも連立政権のパートナーになる可能性があり、すなわち全政党が拒否権を持つことを意味した。各政党は多くの問題で立場が異なり、ある政党とは合意できるが他の政党とは反対という新しい理由を見つけて、気に入らない連合を挫折させることが常に可能だ。また、物事が落ち着いたと思ったら新たな対立軸が生まれ、交渉プロセス全体が崩壊することもあった。

集合的選択による解決が困難な理由はもう一つある。それは、アローの5番目の条件、「無関係な選択肢からの独立性」である。二つの選択肢での選択は、無関係な第三の選択肢の存在に影響を受けてはならない。レストランで、ロブスターではなくステーキを食べようと決めたのに、ウェイターがスズキ（鱸）のスペシャルメニューがあると告げると、ロブスターを選んでしまうようなものだ。単純な二者択一と思われたものが、新たな選択肢の登場で混迷を極める。第三の選択肢に左右されてしまうと、突然の新しい選択肢の登場でプロセス全体が頓挫しかねない。さらに悪いことに、真に望むことを表明せず利益を得ることを狙う戦略的投票という問題にも悩まされる。

少なくとも三つの選択肢が存在し、人々の好みを制限しない投票システムでは、独裁的になるか、戦略的な投票が可能になってしまうかのどちらかになる。つまり、二つしか選択肢のない国民投票以外では、人々が直面する投票のほとんどすべてのケースが、戦略的投票の餌食になるということだ。しかし、戦略がいつでも機能するとは言い切れない。オーストラリアやイギリスでは、戦略的投票が行われた場合も3分の1は裏目に出たとする研究結果もある。とはいえ戦略的投票の正否にかかわらず、投票が人々の心底からの選好を常に引き出すことはできない。

戦略的投票は、有権者だけでなく、議会でも現れる。他の政治家と「票の取引」をすることで、自分が望むもの（例えば軍事基地誘致）が実現できる場合、政治家は自分が選好しない政策（例えば砂糖生産者への補助金）に投票してしまうことがよくある。こうした相互に利益を求める結託は「ログローリング」〔利害が重ならない別々の法案に、米議員がお互いの票を取引して採決する行為。本来の意味は「丸太転がし」で開拓者が協力して巨木を運んだことに由来する〕と呼ばれ、一度の採決では議員の過半数の支持が得られない、多数の異なる政策が、オムニバス法案として一括採決されることを意味する。例えば1930年にアメリカ議会で可決されたスムート・ホーリー関税法案は、世界恐慌を悪化させたとよく非難される。この法案は、各議員の相互取引で、それぞれの政治家がお気に入りの産業を保護しようとして、何千もの無関係な商品の関税を引き上げたものだ。これで平均関税率は40パーセントから60パーセントに上昇し、その後の数年間、貿易と雇用は崩壊した。

投票システムに執着する人々は、アメリカ、カナダ、イギリスなど多数決投票で代表を選出する国では、潜在的な第三党の支持者が実際に勝つ可能性のある二大政党のいずれかに戦略的に投票するため、結局は第三党を排除してしまうと主張することがよくある。より幅広い選択肢を与えるとして、そうした人々は単記移譲式投票〔有権者が複数の候補者に順位をつけて投票し、当選確定者の余分な票が順位に従って他の候補者へ移譲され、死票がなるべく少なくなるように当選者を決める方式〕や後述する代替投票のような順位選択式投票システムを推奨《すいしょう》する。近年、これらの投票システムは、ニューヨーク市長選挙、アラスカ州やメイン州の上院議員選挙、スコットランドやウェールズの議会など、地方レベルで採用されている。しかしこれらも戦略的な投票の餌食になりうる。

再度ブレグジットの例に戻ると、イアン・マクリーンと私が、国会議員にどうにかして投票させるシステムを考えるようイギリス議会から依頼された際、最も有望なルールは代替投票システムだった。代替投票では、各有権者が自分の好きな順番をつけて選択肢を選ぶ。もしどの選択肢も過半数の支持を得られなかった場合、1位の数が最も少ない選択肢は除外されるが、この最少を選んだアンラッキーな有権者も無視されない。彼らが2番目に選んだ選択肢に票を移し、過半数の選択肢が決まるまでこのプロセスを続けるやり方だ。

代替投票の問題点は、有権者の選好が分断されている場合に発生する。ブレグジットの場合、ほとんどの議員が、ノーディールか新たな国民投票かの分断された選好を持っていた。妥協的な立場の議員はほとんどいないため、1位の得票数が最も少ない選択肢を排除する代替投票では、妥協的な選択肢が、たとえ誰もが納得できるものだったとしても、第一ラウンドで排除される可能性があった。代替投票の目的は、決定事項へのコンセンサスを探ることなのに、このシステムを採用することで極端な選択肢が選ばれる可能性が生まれてしまう。

そこで私たちは予備の案として、クームス方式（Coombs rule）を用意していた。これは最下位の選択肢、つまり多くの人が最低ランクをつけた選択肢を最初に削除する方式で、妥協案が生き残り、過半数に選ばれる可能性もある。しかし妥協案を嫌う議員が、自分が最も嫌う選択肢を偽り、ごまかしてしまえばクームス方式も成立しない。国会議員が妥協案を嫌うふりをするのを止めさせることも、投票システムを操作して最も好みの選択肢を勝たせようとすることも止めることはできなかった。

最終的に、議員たちは「是認投票」を選んだ。選択肢から一つを選び、その選択肢を引き続き検討すべきかどうかを投票するだけだったが、これも戦略的投票のせいで失敗に終わった。一部の野党は、再度の国民投票がうまくいかなくなると懸念して、EU単一市場への残留を認めなかった。スパルタ派は、より極端な選択肢が勝つのを期待して、メイ首相の妥協案への支持を拒否した。議員たちは、自分たちの好みに合う選択肢が新たに出てくるのを期待し、どのような取引なら許容できるかについての選好を偽ったのだ。戦略的投票の結果、ブレグジットの選択肢は一つも是認投票で生き残ることができなかった。

戦略的投票は、個別の利得計算が最善の計画を台無しにしてしまい、カオスをもたらす。誰もが自分の望む結果を得るために嘘をつく動機がある。全員がシステムを操作しようとすれば、正しく行動する者はいなくなり、戦略的な循環が無限にくり返される結果となる。

この問題は、決定するときの決め方にも及ぶ。もし人々がすでにある投票システムの中で戦略的に投票しているなら、投票システム自体の選択についても戦略的に投票するかもしれない。つまりカオスは、私たちが政策について行う選択から、私たちがどのように選び方を選ぶかにまで広がってしまう。集団として、私たちは決め方を決めることができない。私たちは民主主義の罠にはまりこんでいるのだ。「民意」などというものは存在しないのである。

民主主義はこの問題を解決できない。それこそが問題なのだ。即効性のある解決策は存在しない。アローの不完全性定理は、民主主義にふさわしい選好を集合的に実現できる技術的解決策がないことを意味している。かといって強権的な指導者が「民意」をアピールするのも説得的ではない。人々が異なる選択肢から選べるようにしたい、つまり反対が許されるというなら、民主主義が必要だ。しかし民主主義を機能させるには、すなわち政治を機能させるには、民主主義を安定させる何らかの方法が必要になる。

分断

あらゆる投票制度の背後にカオスが潜んでいるとしたら、なぜほとんどの投票制度は安定しているように見えるのだろうか。安定した政治は常に可能だが、それは人々の選択肢の幅や、投票方式を制限した場合にのみ可能である。私たちは政治に制約と構造とを与えなければならない。民主主義を鎖でつないでおけば、決定が循環するカオスを終わらせることができる。

豊かな国の政治はほとんどの場合、一つの問題がすべての政治的競争を左右する、一元的な競争に沿って動いている。フランス革命にさかのぼる「左」と「右」という用語は、この単一の対立軸を意味するものとして今でも使われている。単一軸の政治的競争の一般的な例は、お金をめぐる争いだ。お金について、人々は明確な選好を持つ。富裕層は通常、税金や公共の支出を低くするのを好み、貧困層は高くすることを好む。国全体では、最も高い支出を望む人（最貧困層）から最も低い支出を望む人（最富裕層）まで、人々を選好の順に並べることができる。

公的支出の望ましい水準に順位をつけてもらえば、一貫した見解が得られるはずだ。例えば、公教育への支出の「好ましい」レベルが国民所得の5パーセント（豊かな国の平均）だとすると、2パーセントよりも4パーセントを、10パーセントよりも6パーセントを好むと予想される。あなたが選好する支出水準から遠ざかれば遠ざかるほど、幸福度は低くなる。

これら「単峰性の選好」には、低い支出水準を最も選好するが、二番目に〔次点として〕きわめて高い支出水準を好むといった奇妙なランク付けは存在しない。もし私たちが単峰性の選好を持っていたら、それは良い知らせだ。民主政治のカオスが払拭《ふっしょく》されるからだ。しかし悪いニュースもある。カオスが政治的分断に取って代わられることだ。

「単峰性の選好」を得るためには、税金の使途をめぐる政治のような一元的な争いであることが必要だ。カオスと無限循環を生み出すのは、複数の対立軸で競争する政治である。もし何らかの方法で一元的な政治に物事を還元できれば、安定が得られる。理論的には、中道のコンセンサスを得ることができるかもしれない。しかし現実では物事を単一の対立軸に還元すると、しばしば政敵と永続的な対立に陥ることになる。カオスのジレンマは政治的分断という新たな問題に取って代わられるのだ。政治的分断は国民の間に対立と相互嫌悪を生み出す。敵対する政党同士が合意しなくてはいけないときには行き詰まりとなり、抑制なく統治できるときは一方的な焦土化政策になる。この毒は、ときに民主主義自体の終焉《しゅうえん》にまで波及する場合がある。

アンソニー・ダウンズ〔アメリカの政治学者、主著『民主主義の経済理論』成文堂、1930〜2021〕はかなり変わった経歴の持ち主だ。キャリアの前半は、民主主義の経済理論に関する代表的な著作を発表し、後半は不動産投資コンサルタント会社の会長になった。この二つはぱっと見たところよりも近くて、ダウンズの民主主義論は、「場所」に関わりがあった。

彼は、有権者が単一の対立軸に分かれて散らばっている場合、政治家はその真ん中にいるべきだと主張した。これは店舗について同様の主張をしていたハロルド・ホテリング〔アメリカの経済学者、1895〜1973〕からアイデアを借りたものだ。大通り沿いに店舗を開く場合、通りの中央（中心近くに開店すべきだ。そうすると、一番遠くの買い物客が歩かないといけないのは通りの半分ということになる。もしあなたが通りの北端に店を構えたら、通りの中央のライバル店が、通りの南端から中央までと、中心から北端との中間点までにいるすべての客を獲得してしまう。自分も中心に店を出さないと商売が成り立たないから、店舗は集積していくのだ。

ダウンズは、政党の政策も中央（中道）に集まると考えた。政治スペクトルの極右に位置する政党は、ライバルが中道にとどまった場合、中道から左寄りの人々だけでなく、中道からやや右寄りの有権者の支持までも大きく失うからだ。1964年のアメリカ大統領選挙で、バリー・ゴールドウォーターは現職のリンドン・ジョンソンに大差で敗れた。ゴールドウォーターは、票になりそうもない、核兵器を戦争の常套《じょうとう》手段にすることや、社会保障を任意にすることを提案した。「自由を守るためなら過激さは悪ではない」との有名な発言もあった。そうかもしれないが、それは理想的な選挙戦略とは言えない。

ダウンズの見方は「中位投票者定理」と呼ばれ、政党は政治スペクトルのちょうど真ん中に位置する有権者の政治的選好に収斂《しゅうれん》していく。中位投票者が支持する政策が、各政党のマニフェストや、政権獲得後に政党が実行していく政策の種類を決めるのである。

これは直観的な議論で、時として有効だ。1990年代後半から2000年代前半にかけて、イギリス、カナダ、アメリカの有権者は、政治家は「みんな同じ」だと不満を漏らすことがあった。ダウンズに従うなら、選挙で勝てる政治家のポイントはまさにそこなのだ！　政治家は、政治スペクトルの真ん中に位置する浮動票をターゲットにしたアピールにかなりの時間を費やしている。アメリカでは「レーガンデモクラット〔大統領選だけは共和党のレーガンを支持した民主党員〕」や「サッカーマム〔子どもたちを音楽教室やスポーツ活動に連れて行くことに多くの時間を費やす中産階級の母親〕」がそれだ。イギリスでは最近発見された旧石器時代の人骨のような名前の「モンデオ・マン〔1997年の総選挙で労働党トニー・ブレア党首がターゲットとした、フォード車のモンデオと公営住宅を購入し、元は労働党支持だったが増税と住宅ローン金利の引き上げで保守党を支持するようになった中道寄り男性〕」、「ウースター・ウーマン〔生活の質を重視し政治にはほとんど関心がない、2人の子どもを持つ30代の労働者階級の女性有権者。元は保守党の地盤だったがブレア旋風で1997年と2001年総選挙で初の労働党議員を選出したイングランド中西部のWorcester選挙区に由来する〕」、「ワーキントン・マン〔大学の学位を持たずラグビーを愛好し、以前は労働党を支持していたが2019年の総選挙で保守党に投票した45歳以上の男性。イングランド北西端のWorkingtonに由来〕」などの名前がついている。

とはいえ21世紀に入ると、状況は変わってしまったかもしれない。今日の中高年は政治的に無風の1990年代および2000年代前半に成人した世代である。しかし、1980年代は、ロナルド・レーガンとマーガレット・サッチャーの下で政治と政策が右傾化した「信念の政治」に特徴づけられた時代だった。2003年のイラク戦争と2008年のリーマンショック不況以降、北米と欧州の政党は過去数十年で最も分断された状況にある。中道の有権者の落ち着いた影響力はどこに行ってしまったのだろうか。

問題は、一元化された政治は分断によって簡単に「中道から外れる」ことだ。政治は大通りのどこに店を開くかよりも複雑で、政治家は一般の有権者だけでなく、党員や寄付をくれる支援者にも好かれねばならない。政治において単一の対立軸が重要性を増すほど（特にお金はかなり重要）、党員や寄付者の政治的傾向は分断され、極端な意見が政治家に対して影響力を持つ可能性が高くなる。

まず党員から見てみよう。政治参加にはコストがかかる。何らかの付随的な利益が得られない限り、例えば支持政党の勝利で経済的利益を得るか、政党のイデオロギーを深く信じている人でないと、政治参加を楽しめないだろう。つまり党員は中道よりも極端な意見に走りやすい。

経済的利益の面では左派政権が所得を保証する政策を展開した場合、最貧困層が最も恩恵を受ける。同様に富裕層になるほど、右派の政府の減税政策の恩恵を最大限に受ける。要するにどちらのグループも、もし中位投票者理論が正しければ、左右どちらの政党でも変わらないと感じるような中道の人たちよりも、政党に加わるインセンティブを多く持っている。イデオロギーの面ではさらに話が簡単で、政党の使命を本当に信じている人、福祉国家には経済的機能だけでなく道徳的機能もあると信じている人は、浮動票になる可能性は低く、党員になる可能性が高くなる。

なぜ人々は政党に参加するのか？　多くの国では、党の候補者や指導者は、まず何らかの予備選挙を通じて党員の中から選ばれる。場合によっては、党の実際の政策綱領さえも党員によって決定される。党員は、自分の好みに合った指導者、候補者、政策ポジションを推すことができる。一元化された政治では、選好は極端な方向に向かう。

共和党のドナルド・トランプ大統領と社会主義者のジェレミー・コービン英労働党党首のような一見正反対の人物の台頭は、党員が左右の両極端に寄っていく同じ現象の産物である。議員たちもまた予備選挙が生み出す分断の影響を受ける。１９７０年代以降、アメリカ議会では、特に共和党の政治家が右傾化することで、分断の傾向が顕著になっている。その帰結は税をめぐる政治でこれまでになく明らかだ。トランプ大統領は２０１７年の税制改正で法人税率を前代未聞の低水準に引き下げたが、対照的にエリザベス・ウォーレンとバーニー・サンダースは２０２０年の民主党大統領選で、有名な億万長者を直接標的とする富裕層向け税制を掲げて立候補した。

こうした隔たりの拡大は、党員だけの責任ではない。選挙運動にはお金がかかる。政治献金をする者も党員と同様、極端な主張に惹かれる。自分に有利な税制を維持することで得られるヘッジファンド・マネージャーの投資収益は、中流階級の有権者が入手可能などんな利益よりもはるかに大きく、ヘッジファンド・マネージャーは、もちろん、中産階級よりもはるかに多額の政治献金をすることが可能だ。選挙での献金は富裕層が好む政策に政治家を引きつけ、特に右派の候補者はそこに支持の軸足を置いている。政治学者はこれがアメリカ政治を「中道から外れる」方向に向かわせたと主張する。1940年代から60年代初頭まで、アメリカの政治はよりコンセンサス的で、より中道で、銀行家がより高い税率を払っていた時代だったと指摘するのだ。

1940年代と50年代は、表面的にはコンセンサス・ポリティクスが成立したのどかな時代に見えるかもしれない。しかし、アメリカ政治は複数の対立軸で競争していたからこそ、分断が少なかったのだ。アフリカ系アメリカ人の公民権問題は、経済的な左右軸を越えていた。民主党はジム・クロウ法〔アメリカ南部諸州で公共交通や学校などでの人種隔離を規定した差別的な法制度〕の人種差別的な現状を維持しようとする南部民主党と、公民権改革を支持する北部民主党とに分裂していた。民主党は1960年代にかけて、この政策をめぐって分裂を深め、共和党も1960年代には公民権を大きく支持するようになり、南部の旧民主党の議席を奪うようになっていたが、ニクソンの時代になると、共和党も分裂してしまった。戦後は、両党とも比較的高い税率と、似たような冷戦戦略で合意しており、表面的にはコンセンサスがあったように見える。しかし、こうした超党派の合意は、人種抑圧の維持をめぐり深刻な党内分裂を抱えていたことが大きな要因だったのだ。分断は望ましくないだろうが、分断の不在が必ず改善を意味するわけではない。政治に礼節やコンセンサスを求める声には注意が必要だ。ときに人種的敵意の暗い流れが隠れていることがあるからだ。

現代の分断は、党派性をかつてなく強め、政治を終わりのない主導権争いに変えるという別の代償をもたらした。党派のアイデンティティが人々の自己イメージを規定するようになり、勝者総取りの精神が支配的になった。２０１６年のピュー・リサーチセンターの世論調査によれば、民主党員と共和党員の半数弱が、相手政党を国家の安泰を脅かす存在とみなしていた。トランプの安全保障顧問だったマイケル・アントンは、２０１６年の大統領選挙を「（ユナイテッド航空）93便の選挙」〔２０１１年9月11日の同時多発テロでハイジャックされたが乗客の抵抗で目標に突入することなくピッツバーグ郊外に墜落した航空機〕、つまり「コックピットに突進」しない限り共和党の生死が分かれる選挙だと、趣味の悪い言い方をした。脅威というほどではないが、やはり気が滅《め》入《い》るのは、共和党員の38パーセントが、自分の子どもが民主党員と結婚したら「とても」または「やや」動揺すると答え、民主党員もまったく同数が、自分の子どもが共和党員と結婚することに同じ感情を抱くことだ。イギリスでは、労働党支持者の3分の1が、自分の子どもが保守党支持者と結婚することに同じ感情を持つ。

分断は行き詰まりを生み出すこともある。２０１１年、アメリカは政治的大混乱に陥り、ぞっとするような破滅の叫びと、ウォール街の暴動に続く市場のパニックに見舞われた。その原因は、何十年も前に議会自らが設定した奇妙なルールで、意図に反して政治的対立の火薬庫になってしまった「債務上限」の問題である。

ウッドロー・ウィルソン大統領が米国を第一次世界大戦に参加させることを渋々許可したとき、議会は財務省の債務借入要求を毎回、直接承認するのではなく、戦争努力で柔軟な支出を可能にするために、債務の上限だけを設定した。長年にわたり、政府に柔軟性を与えるはずのものが、結局、政府の足かせになった。アメリカの国家債務は増加傾向にあり、そのため議会は定期的に債務上限の引き上げに投票して、政府が支出計画を実行し維持できるようにしなければならなかった。その都度、議会は支出の増加を嘆きつつ、否決することなく、上限を引き上げた。

いや、ほぼ否決することなく、というべきか。民主党と共和党のどちらの大統領でも、どちらの党が多数派の議会であっても、ほぼ間違いなく債務上限は引き上げられてきたが、2011年のアメリカ政治は異常なほど緊張し、分断されていた。オバマ大統領が反財政支出運動であるティーパーティー運動で盛り上がる共和党主導の議会と対峙《たいじ》していたからだ。大統領も議会も、伝統的な礼儀作法に従う気になれず、議会はオバマ大統領が債務上限の引き上げを望むなら、支出削減に同意しなければならないと要求した。もし債務上限を引き上げなければ、最終的にアメリカは国家債務不履行《デフォルト》に陥るが、これは一度も経験したことのない事態だ。

オバマ大統領も共和党も強硬な態度を崩さず、市場はパニックに陥り、夏の間にダウ平均株価は約20パーセント下落した。議会がかたくなな態度を変えないため、デフォルト回避の奇抜なアイデアが次々と生まれた。例えば財務省が2枚のプラチナ製1兆ドル硬貨を鋳造して連邦準備銀行に預け、国の負債を減らすという驚くべき計画まで浮上した。この計画は、歴史において最大規模の強盗が出てくる映画の筋書きを作りそうだったが、デフォルトの2日前に、議会とオバマ大統領が債務上限引き上げに合意したため、実現しなかった。とはいえ信用市場は好感せず、米国ソブリン債を史上初めて格下げした。ようやく極端な対立による行き詰まりは終わった……少なくとも2年間は。2013年、まったく同じ瀬戸際政策とカオスが再び発生したのである。

分断はカオスと同様、行き詰まりだけでなく、憎しみをもたらす。政党が制約を受けず、選挙のたびに両極端を行き来する結果になると、行き詰まりは解消されるが、代わりに目まぐるしい変化に陥る。１９８３年の民主化以降のアルゼンチンの歴史はその典型例で、経済ポピュリズム（ペロニズム）と中道右派リベラリズムの間を行ったり来たりする特徴があった。ペロニスト勝利の後には公的支出の急増と国有化、保守派の勝利後には支出の大幅削減と通貨危機が待っていた。

こうした不安定化は、アメリカや西ヨーロッパの党派的対立が平和に見えるほどの、過激な政策提案につながることがある。過去10年の例を挙げると、ペロン派のクリスティーナ・フェルナンデス・デ・キルチネル大統領の政権は、すべての個人年金を国有化し、外国為替取引を制限してアルゼンチンの債務不履行を引き起こした。その後継者のマウリシオ・マクリは、ペソを30パーセント暴落させた外貨規制の撤廃を行い、最終的にはできなかったが、所得税の全廃を約束した。

１９７６年から83年まで続いた軍事政権も経済的に破綻しており、アルゼンチンの経済問題のすべてが民主主義の不安定さに起因するわけではないが、同国の経済的不安定の常態化は、政治的な機能不全が大きく影響している。サイモン・クズネッツ〔アメリカの経済学者でノーベル経済学賞受賞、１９０１～85〕は、世界には先進国、途上国、日本、アルゼンチンの4種類の経済しか存在しないと主張した。むろんほめ言葉ではない。

最後に、分断された片方が常に負け組となる場合、行き詰まりや不安定よりもさらに悪い結果をもたらすことがある。ブライアン・バリー〔イギリスの政治哲学者、１９３６～２００９〕は、民主主義がうまく機能するのは、今日は負けても、明日は違うトピックで勝てるかもしれない「多数派が移り変わる」場合だけだと主張した。政治が一元的だと、争点は一つしかなくなり、敗者は永遠に負け続ける。それが、ひいては民主主義そのものを脅かすことになりかねない。敗者が自分たちは決して勝者になれないと考えるなら、勝者を認めることすら不可能になる。１９３０年代のスペインのファシストや、１９７３年のチリのピノチェトのように、軍事クーデターで民主的な選挙を葬り去るかもしれないのだ。

民主主義を救い、効果的に機能させ、政治が破綻しないようにするには、カオスと分断を終わらせる方法を考えねばならない。民主主義の罠から逃れる方法を見つける必要がある。

第4章 民主主義の罠から逃れる

21世紀になって民主主義はうまくいっていない。かつては民主化の波が世界中に押し寄せ、止められないと思われたが、いまやすっかり干上がった。むしろトルコ、ミャンマー、ハンガリーなど類似点のない国々がいっせいに逆行し、民主主義はあらぬ方向に向かっている。習近平とプーチンは「新しい世界秩序」を提唱し、アメリカが主導する民主化の推進に代わって、権威主義の中国とロシアが支配する影響圏が現れた。

民主主義は攻撃にさらされている。自由民主主義の妥協を軽蔑し、わかりやすい「強いリーダーシップ」を賞賛する欧米ポピュリストの台頭は、過去10年間の決定的な政治的出来事だった。書店のベストセラーも、有権者は民主主義をこなすには非合理的すぎるとか、民主主義はテクノロジーの進歩や消費者の要求の進化に追いつけない、民主主義はエリートに取り込まれるだけ、などと論じる。民主主義の罠がもたらすカオスと分断が、こうした批判を打ち消して民主主義を擁護するのを難しくしている。

私たちは民主主義を救えるのか？　カオスと分断の間を行ったり来たりする運命にあるのか。民主主義は失敗から逃れられないのか。いや、諦めるべきではない。少なくともチャーチルの名言の通り、民主主義以外の選択肢はもっと悪いからだ。しかし、民主主義ができないことだけは認識しておく必要がある。民主主義が私たちを同意させることはできない。民主主義は私たちが何をすべきか決める手助けにもならない。投票のルールによって私たちの選好をシンプルな答えにまとめあげることもできない場合がある。投票のルールが機能しているときですら、私たちは皆、自分が本当に望むものを得るために、プロセスを操作する利己的な存在なのだ。私たちは、民主主義に何を要求するかについて現実的になる必要がある。

私たちにできることはある。より一貫性のある民意を作り出すこと、政治制度を設計し直し、社会規範を強化することで、カオスと分断の打撃から自らを守ることもできる。しかし政治を完全に回避することはできない。非自由主義的ポピュリスト、テクノリバタリアン〔サイバー技術による制限のない自由を志向する政治哲学〕、独裁者など民主主義に懐疑的な人々は、政治的な違いや、政治的な約束をお互いが守る難しさを回避しようとして、結局は破滅的な選択肢を提示するのだ。

民主主義を救うために、対立や争い、カオスなど、好ましくない部分だけを取り除いて、より単純かつ効率的な意思決定方法に置き換えることはできないのか。問題は政治という厄介な事業を私たちからきれいに切り離すことができないことだ。ある場所で取り除いても、また別の場所に政治は出てきてしまう。

現代のポピュリストは、右派も左派も、〔職業〕政治家さえ排除すれば意思決定ができるかのように政治を語るが、それは沼地で排水を試みるようなものだ。政治家がいがみ合うのは、私たちがいがみ合うからである。ほとんどの問題で全国民的な合意などあり得ないし、完全なコンセンサスも得られないのが普通だ。すべての人に拒否権を与えたらどうなるか、17世紀のポーランド議会（セイム）で、私たちはすでにその「何も決められない」運命を見た。

もちろん、ポピュリストは私たち全員が同意するとは考えていない。彼らは「人々《ピープル》」を、あいまいな「エリート集団」に敵対させようとする。しかしそのエリートが誰なのか問いただすと、非常に規模が大きく多様な人々からなるグループで、それぞれ異なる利害を求めていることがわかる。実際のところ、神話上の人々と変わらないのだ。だから「物事を成し遂げる強力な指導者」は、指導者を支持する（わずかに）多数派の人々が望むことを実現して、敗者を次の選挙まで見捨てるか、より懸念される事態として、自分を邪魔する自由民主主義の制度を解体するかの二つの方向性のいずれかに進んでいく。どの結末も、民主主義が抱える問題の真の解決策にはならず、民主主義の終わりを告げるものとなる。

ポピュリズムに代わる見かけ上の選択肢として、高度な技術や専門知識、市場を活用し、より「効率的」な意思決定を行うテクノクラート（技術官僚）型の政治が考えられる。自由民主主義国家にはすでに、裁判所、中央銀行、科学機関など、意思決定のために投票を数えるのではなく、専門知識と判断力を用いる、独立した政治的に中立な機関や組織が数多くある。民主主義国家では、民主主義の手続きで選ばれたわけではない機関にも重要な役割が与えられているのだ。例えば裁判所やオンブズマンは、多数派の横暴から少数派の権利を守ってくれる。科学アドバイザーや中央銀行は、私たち、特にその代表である政治家が、短期的な誘惑に負けた政策で、長期的に害を及ぼすことを防ぐ助けになってくれる。しかしどちらのケースでも、自分たち自身を統治するという民主主義を薄めてしまう。

民主的な投票から敗者を保護することは、多数派による差別に苦しむ少数派を考えれば、道徳的で合理的なことのように見える。しかしその敗者が、民主的に選ばれた政府が課す増税や厳しい規制を避けようとする億万長者なら、意味合いは大いに変わってくる。また専門知識は、より広範な政治的問題と切り離すことができない場合もある。科学者は新型コロナウイルスでロックダウンを決める権利をどこまで持つべきか？〔中央銀行ではなく〕民主的に選ばれた政府が、投票権を持つ一般市民の幸福に影響を与える政策金利を直接変更することができないのはなぜか？

さらに、統治形態としてのテクノクラシーは、政治的な攻撃を受けることが多くなっている。専門家を、その決定で影響を受ける人々から姿を隠して隔離することはできない。民主主義国家は、有権者に「黙って専門家の言うことを聞け」と言うだけではダメだ。有権者が専門家の応答に反対や不服なら行動に移せるのが民主主義国だ。やがて新しく選ばれた政治家がその専門家たちをクビにするだろう。民主主義の罠から逃れるためには、多数決の荒々しい力に対抗する制度が必要だが、それは民主主義にとって代わることはできない。

大所高所からの専門知識で政治を解決できないなら、ボトムアップで政治を再構築できないだろうか。市場の論理を借用して、有権者に直接、政策に価格をつけさせて、職業政治家を排除することもできるだろう。しかし消費者市場では物やサービスにいくら使うか選択できるのに、「民主主義市場」

の政治では1票しかないという悩ましい問題が生じる。

エリック・ポズナー〔アメリカの弁護士、シカゴ大学ロースクール特別功労教授〕とグレン・ワイル〔経済学者で社会工学者、マイクロソフト首席研究員、イェール大学客員研究員〕は、この問題に対して、人々がさまざまな政策をどれくらい選好するかを示すために、何度でも投票できる画期的な解決策を開発した。すべての人に1票ではなく、複数の政策や候補者に投票するために使える投票トークンの「予算」を提供するのだ。ある課題に対して投票する際に、モバイルアプリを使って一定数のトークンを投票券の購入に充てる。

注意点は、投票のたびに必要なトークンの数が増えていくことだ。最初の投票では1トークン、2回目に同じ選択に投票するには4トークン（2の2乗）、3回目は9トークン（3の2乗）かかる。各投票のコストが2乗になることから、これを「二次の投票（quadratic voting）」と呼ぶ。多くを望む人ほど投票に重みをつけるために、どんどん払わなければならない。

二次の投票のメリットは何か？　人々がそれぞれの政策にどれだけ関心があるかを示すことができる。しかし人々は厳しい選択を迫られる。何度も投票するほど、より多くのトークンを使うことになり、望めば望むほど、政治的影響力を買うには高くついてしまうのだ。すべてのドルが同じ価値を持ち、だからこそ大金持ちがいくらでもドルをつぎ込むことができる選挙資金と比べると違いは明らかだ。二次の投票は、数の不足を補うために多くの投票を認めることで、少数派が希望を叶《かな》えられないという民主主義の問題を防ぐことができる。

しかし、二次の投票が実現しても、民主主義から政治を取り去ることはできない。複数の選択肢を検討できる場合、選択肢に順位をつける戦略的な投票が行われるため、結局はカオスに陥ってしまうかもしれない。さらに悪いことに、二次の投票は分断を促進する可能性もある。政策に最も高いコストを支払う人々は、おそらく最も極端な選好を持つ人々であり、彼らは少ない数を補うために複数投票できる重みを利用することが可能だ。

技術の進歩によって、二次の投票のようなアイデアは実現可能かもしれないが、民主主義の罠を完全に取り除くことはできないし、むしろ悪化させるかもしれない。過去10年間で機械学習アルゴリズムは非常に進歩し、人々の政治的選好を非常に正確に予測し、モデル化できるようになった。フェイスブックのビジネスモデルは(おそらく意識せずに)人々が興味を持つ情報や意見をより多く提供することで、この傾向を強めている。問題は、人々は自分がすでに持っている信念や偏見を強化する情報に惹かれることだ。人々は必然的に「情報のサイロ化〔孤立した情報環境に閉じこもること〕」に陥り、自分と同じ意見しか聞けなくなり、ネット上の政治的分断はますます大きくなっていく。

テクノロジーも民主主義のカオス問題を解決できない。私たちは、アルゴリズムを使って政治的選好を構造化し、新しい問題が出てきたとき私たち有権者がどんな好みを示すか予測することができる。インターネット上には、地方から国政までの選挙でどう投票すればよいか調べることができるアプリがあふれている。こうしたアプリは、私たちの合理的な意思決定に役立つかもしれないが、結局、集団としてはカオスに陥ることになる。テクノロジーがいくら進んでもアローの不可能性の定理は克服できない。私が何をしたいかがいくら明確になっても、私の意見とあなたの意見を簡単に足し合わせることができないからだ。集合的な意思決定が難しいのは、私たち全員が異なる好みを持っているからだ。もしこうしたアプリに投票する権限を与えても、マイクロプロセッサのスピードで、カオスの循環が発生するだけかもしれない。

政治を回避することはできない以上、民主主義が機能するように政治を形づくるにはどうすればいいのか。私たちは、カオスを避け、分断を抑制するのに役立つ政治制度を設計し、社会規範を開発しなければならない。

まず最も簡単なケース、つまり私たちがすでに同意できている場合から始めよう。民主主義の罠は、私たちの意見が一致することがほとんどないために生じる。しかし人々が共通の見解を持つようにする方法は存在するだろうか。もし私たちが同意しコンセンサスが成立しているなら、投票ルールが定まらなくても心配する必要はなくなる。同意していることであれば、どんな投票ルールでも同じ結果を生み出すのだ。

「なぜみんな仲良くできないんだろう」というとややナイーブに聞こえるかもしれない。しかし集団はその構成員の総和以上のものになることがある。時には全員が正しい答えにたどり着くのを助けてくれることも可能で、人の心を変えることもできるかもしれない。

私たちはすでに「群衆の叡智」の初期バージョンであるコンドルセの「陪審定理」で、その議論に触れた。私たちはしばしば、何かについて真実かどうか知りたいと思うことがある。それぞれ直観的に推測していても、確信にいたるにはかなり時間がかかるかもしれない。コンドルセは、個人よりも集団全体の推測のほうが正しい可能性が高くなると主張した。例えば、私たちの推測が正しい確率は

55パーセントで、それほど高くはないがコインをはじくよりはましだとする。コンドルセの定理によると、1万人がそれぞれ55パーセントという高くない確率をもって多数決で決めると、95パーセントの確率で集団として正しい答えが出る。数には力があるのだ。そして民主的な政治とは、根本的には、多くの人々の意見を集めるプロセスなのである。

これが「認識的民主主義（epistemic theory of democracy）」と呼ばれるもので、民主主義はより大きな知識を私たちに与えるとする。大きな問題に正しい答えを出すことができるので、民主主義が必要なのだ。独裁制や貴族制は少数の意見しか反映されないため、重大な問題に誤った答えを出す可能性が高くなる。さらに悪いことに、専制国家では、正確だが上層部をがっかりさせる情報提供をためらう動機が生まれる。自分の立場や人生が、上層部が喜ぶ情報を伝えることにかかっている場合、正しい情報よりもミスリードするほうが簡単かもしれない。

民主主義国家が飢饉に見舞われないのは、食糧不足の情報が上層部の政治家に広がるからだ、という議論を思い出してほしい。これと対照的に、毛沢東主席の大躍進政策は、何千万人もの中国人を栄養失調のため死亡させたが、その理由の一つは、怯《おび》えた官僚が穀物生産量をミスリードして上に報告し「生産過剰の幻想」を作り出したからだ。誤った情報に基づき、中国の指導部は穀物生産を換金作物に置き換えるよう指示し、外貨獲得のため穀物輸出を増やしたため、飢饉はさらに加速した。穀物が底をついても、毛沢東の中国はごまかしが情報を押し流し、自己修正する能力を欠いていたのだ。

問題に対する答えが必要ということで合意して、それが何かわかったら、答えに従っていくということでも合意できるなら、民主主義は役に立つ。病気や軍事的な敵など共通の敵に直面したときや、天気やスポーツのスコアや選挙結果を予測するときなど、多くの問題でこうした解決が可能になる。「群衆の叡智」は専門家の予測よりも優れていることが多い。専門家は、現場のファクトよりも世界の仕組みについての理論に導かれている場合がある。民主的なツールを使って人々の意見をできるだけ多く集めることができれば、人々は参加の実感が得られ、自分の意見を聞いてもらえると感じ、同時に私たちはより良い結果を生み出していることがわかるだろう。

皮肉なことに、群衆の叡智は、当の群衆がどのように行動するか予測するのにも長けている。政治世論を調査するビジネスは、米英とヨーロッパで数百万ドル規模の産業となった。しかし最近の一連の衝撃的な選挙で、その正確性に疑問符がつくようになった。世論調査会社は回答者が示した投票意向に頼るしかないが、回答者が自分の意向を偽って伝えたか、あるいは重要なグループの意向（特に都市部以外の低学歴層）が完全に見落とされた可能性がある。

しかし、アンケートで「自分がどう投票するか」ではなく「他の人がどう投票すると思うか」を尋ねたら、より正確な結果が得られることが多い。人々は自分のコミュニティやネットワークを使って友人や隣人がどう投票するか予測するため、調査会社にはない情報を与えてくれるのだ。異なる選挙区に住む人々の集団を対象として、自分の選挙区の投票結果についてどう考えるかを尋ね、あとはコンドルセの魔法に任せることで、最も正確な結果を得ることができる。世論調査会社が完全に間違えた2015年のイギリス総選挙（キャメロン率いる保守党が労働党と拮抗《きっこう》する予測を覆して過半数を上回った）でも、1988年から2012年までのアメリカ大統領選挙でも、市民の予測は世論調査よりもかなり正確だった。認識的民主主義は、民主主義を理解するのに長けているとさえ言える！しかしその予測も、ブレグジットとドナルド・トランプの勝利は、世論調査会社と同じく完全に外した。私たちは皆、分断に特徴づけられる現代を的確に理解できず苦労している。私たちのコンセンサスは明らかに間違っているときがあるのだ。

政治生活では、ほとんどの場合で合意形成に至ることができず、結果としてカオスと分断という古い敵のところに戻ってしまう。カオスを避けるには、皮肉だが、人々の選好が一つの対立軸に分布しているときに生じる分断から学べることがある。時折私たちは、政治がカオスと化して不安定なサイクルに陥ることを懸念し、意見の対立についてはそれほど気にしないことがある。そういうとき、政治を単一の軸にコンパクトにまとめるよう努力すべきだ。

具体的にいうと、その方法の一つは人々を同じ部屋に入れて議論させることだ。争点となっている問題の複雑性や複数の対立軸にわたる問題を熟考してもらい、お互いの違いに何らかの構造を与える。それは違いを消去するのではなく、本当に重要な対立軸を明確にすることを意味している。

市民集会を活用することで、その規模を拡大できる。アイルランドでは、中絶に関する憲法改正の国民投票や、高齢化から気候変動まで、社会的な重要課題に関する国民投票の前に、このような市民集会を実施した。市民集会のメリットの一つは、対立陣営の本当の意見や相違点が何なのか明確にできることだ。高齢化問題では、年金の額、定年の年齢、高齢者ケアなど、各分野の複数の課題について、毎回、討論・議論することが求められた。

これらの問題をすべて考え、討議することで、市民集会はよりわかりやすいレベルで議論を構造化するのに役立った。会話によってカオスを抑制できたし、市民は政治においてすべての望みをかなえることは不可能だと認識し、トレードオフを認識することを余儀なくされた。そして自分たちとは意見の異なる人たちの主張を（同意はしなくても）理解する必要に迫られた。それによって意見の違う人に耳を傾け、建設的に対応する新しい規範を作り上げることができ、実際にコンセンサスが存在しているかどうか、合意がない場合でも少なくとも過半数が納得できる選択肢があるかどうかがわかるようになった。

また、議論に長い時間を割くことで、市民集会はさまざまな考慮すべき事柄について議論できた。激しく対立するトピックである中絶について、集会は中絶が促されるさまざまな状況（母親の生命に現実的な危険がある場合から、メンタルヘルスのリスク、社会経済的理由、完全な自由中絶まで）と、中絶の期限（期限なしから12週間、22週間まで、さらに中絶を認めない選択）を検討するよう求められた。市民集会の参加者は、極端な選択肢に分断されるのではなく、中道に集まる傾向があり、寛容に、しかし無制限ではない条件で中絶を合法化するよう検討する方向を望んだ。２０１９年にアイルランドで実施された中絶の正式な合法化は、結局この穏健なモデル——12週まではいかなる理由でも中絶を合法化するが、それ以降は一定の厳しい条件の下でのみ合法化する——になった。中絶は常に議論が対立するトピックだが、市民集会の提言に従うことでアイルランド政府は、平均的な市民が妥当だと考える難しいトレードオフの理解の仕方にかなり合致したのだ。

情報技術の発達で、私たちは物理的に同じ部屋にいる必要なく話し合えるようになった。インターネットとソーシャルメディアは、政治的なカオスや分断の原因だと常に非難されているが、それは人々がネット上のエコーチェンバーに閉じこもり、どんなにニッチな（狭い）ものでも同意する意見しか聞かなくなる傾向があるためだ。しかし、他のテクノロジーと同様、インターネットが私たちを助けるか傷つけるかは、その使い方と政治的選択にかかっている。

心強い例は、台湾の電子政府の実験だ。ハッキングの天才で35歳という史上最年少で閣僚になったオードリー・タンを中心に、合意形成のモデル開発が進められている。タンは「vTaiwan」や「Join」など共通のモデルから離れた複数のアプリを作った。それらにおいて、論争の的となる問題は人々がオンラインでコメントすることによって議論される。他の人々はそのコメントについて支持するか反対するか投票できる。ただしタンのアプリがYouTubeやReddit〔アメリカの掲示板型ソーシャルニュースサイト〕のコメント欄と異なるのは、返信ができない点だ。タンは、返信がされないことで、アプリが絶え間ない荒らし行為や侮辱合戦に発展するのを防ぐことができると主張する。

その代わり、同意できない場合は新しいコメントを書いて投稿する必要があり、そのコメントに支持か反対か、さらに投票が行われる。このシンプルな設定のおかげで、アプリ開発者は、異なるグループの間で交わされる特定のコメントへの賛成や反対のネットワークを検証できるようになった。他のユーザーが自分と同じ立場でないことに気づくと、違いを埋める新しいコメントを書く反応につながる。ユーザー間で新しい規範が形成され、より多くの人が納得できる解決策を見つけるように努めるようになる。こうしてより多くの合意を得るコメントがさまざまなユーザーネットワークで人気を集めるようになると、アプリは徐々に、最初は激しく対立していたユーザー同士がどんな立場なら共有できるか、特定できるようになる。

タンが内閣にいたおかげで、台湾政府はこのモデルを使って、Ｕｂｅｒの規制やオンラインでのアルコール販売の許可などインターネット関連の政策に限ってではあるが、合意形成に成功した。その結果、政策はだいたい漸進主義的なものになった。すなわちＵｂｅｒを許可するが強い規制を課す。オンラインでの酒類販売を許可するが、子どもたちが酒を入手するのを防ぐため、店舗での受け取りを義務づけるなどの取り決めがなされたのだ。コメントによる政策提案が無限に許されているにもかかわらず、カオスが支配することはない。ユーザー同士のやり取りがあるために、自分の意見がどの程度共有されているかわかるからだ。インターネットはカオスだけでなく、秩序をもたらすこともできるのだ。

もし私たちの懸念がカオスよりも分断のほうにある場合、どうすればよいだろうか。議論のために人々を同じ部屋に入れると、比喩だけでなく現実に床を血で汚すことになるかもしれない。分断には二つの問題がある。第一に同胞国民間の衝突と相互不信を引き起こすこと、第二は敗者の問題だ。負けることは誰も好まないので、敗者がどんな反応をするかが、国の進路を決定づけることもある。ドナルド・トランプが２０２０年のアメリカ大統領選での敗北を受け入れず、２０２１年１月６日の議事堂突入の暴動に帰結したことは、最も豊かで古い歴史を持つ最大の民主主義国家でもこの問題で苦しむことを示した。

私たちは、人々の考えを変えるか、あるいは彼らが所属する政治システムを変えることで、こうした紛争を解決しようとすることができる。人々の共感を増やすことは、紛争を減らすのに役立つ。言い換えれば、人々が従う政治的規範を変えようとするのだ。心理学者は、より高いレベルの共感を促すことで、不利な立場の集団に対して偏見を持つ可能性を減らすことができると発見した。バラク・オバマは、アメリカの「共感力の欠如」を嘆き、共感力がこの国の政治的分断を解決できると主張した。

他人の視点や苦しみを理解しようとすることは確かに賞賛に値する。だがここでも慎重であるべきだ。政治学者は、より共感的な人が自分たちの「内集団（in-group）」にいる他者に対して最も関心を示しやすいことを発見しており、これは皮肉にも、より大きな分断を引き起こす可能性がある。内集団という考え方に与《くみ》しない人たちの間でさえ、これは起こりうる。例えば英労働党のジェレミー・コービン党首を支持するコスモポリタンは、普遍的な権利や偏見のない社会を信じる人々なのだが、彼らの中には、ブレグジットを支持する年配の白人労働者階級への固定観念にとらわれる者がいた。しかし、このグループの多くの人々こそが長期間にわたりイギリス経済の敗者だったのだ。共感はいつも、私たちが望むほどには広がらない。

人々の考えを変えることができないなら、彼らのインセンティブを変えることはできるだろうか。予備選挙と巨額の選挙資金は、政党が極端な立場に傾くことを促し、分断を激しくする。政治資金の規制を厳格化すれば分断を抑制できるはずだ。しかしアメリカでは選挙資金集めを言論の自由と等しいとみなす連邦最高裁によって、その規制は難しくなっている。

予備選挙をなくすことに法的な問題は少ないが、党内政治〔党内予備選挙〕への民主的な参加は有害で、政党間の選挙なら有益だと言っているようなものだから、物議をかもすというだけでは済まないだろう。しかし党員内の民主主義は、政治家を極端な立場に導き、国民全体が望むものからますます遠ざける。純粋に民主主義の観点から見れば、より多くの人々の意見を集約するには、予備選挙がないほうがいいかもしれない。

解決策として考えられるのは、特定政党の党員ではない人も候補者に投票できるオープンな予備選挙だ。理想を言えば、候補者は無党派層やライバル政党の説得可能なメンバーの利益にも配慮する必要があるため、投票者の選好の中道に向かって候補者を動かしていくことになる。しかし民主主義では何一つシンプルなものはないことを忘れてはいけない。他党の党員は、オープンな予備選挙を利用して、本選挙で勝てないと思われる候補者に戦略的に投票する可能性があり、これではカオスが分断を助長することになってしまう。2008年の大統領選で共和党の有権者の中には、民主党の予備選挙でバラク・オバマがより手ごわい候補者になるかもしれないと懸念し、ヒラリー・クリントンに戦略的に投票した人がいた。しかしこれらの「フェイク民主党員」は、共和党の予備選挙でジョン・マケインに投票した真っ当な共和党員と同様、本選挙でマケインに投票したのである。

総選挙期間中に政治参加する人を増やすことで、分断を制御することはできないだろうか。アメリカでは激しい予備選挙が行われ、政治の分断が進んでいる。しかし大統領選挙や連邦議会選挙の投票率は、他国と比べて非常に低い。これは分断の進行が政治に無関心な人々を投票から遠ざけてしまうためだ。もし投票が義務化され、投票率が上がれば、この問題は解決するだろうか？

オーストラリアやアルゼンチンを含む20カ国余りで、何らかの形で義務投票制が実施されている。よくあるのは、投票しない人は罰金を支払わなければならないというものだ。政党のために投票するのを強制されるわけではなく、投票用紙を破棄することも認められているが、選挙には参加しなければならない。罰金はそれほど高額ではなく、例えばオーストラリアのほとんどの州では20ドル程度だが、ちゃんと支払わないと10倍になることもある。棄権の費用は安くても、投票率に与える影響は大きい。１９２０年代に義務投票制が導入されて以来、オーストラリア人の90パーセント以上が投票に参加してきた。

強制投票は分断を抑制するだろうか？　１９９２年までオーストリアでは多くの州で義務投票制が実施されていた〔州法で義務とすることが可能だったが92年に完全廃止〕。平均してみると、政治にあまり関心のない無党派の有権者を取り込み、分断を抑制する効果があった。だがいつでもそうとは限らない。オーストラリアではこの法律の導入後、恩恵を受けたのは労働党で、得票率は最大10パーセントポイントも上昇した。皮肉なことに、労働党のライバルである自由党は、この法改正で自分たちが勝者になると考えていた。貧しい層ほど投票に行くようになった。なぜならほとんどの国で棄権という選択肢があると貧困層が投票に行かない傾向があって、貧しい層ほど罰金の痛手が比例的に大きくなるためである。しかしこれは左派政党にとって大きなジレンマとなる。義務投票制は選挙に勝つのに役立つかもしれないが、左派の支持層が投票に来ない場合に厳しい経済的な罰を科すことにもなるからだ。

最後に、分断の敗者がいつまでも敗者であり続ける場合、何ができるかという問題がある。民主主義が最もうまく機能するのは、多数派が移り変わるときだ、という議論を思い出してほしい。これを実現する一つの方法は、政治的な議論にそれまでの敗者が勝者になれるような新たな対立軸を導入することである。ウィリアム・ライカー〔アメリカの政治学者、1920〜93〕は、これを「ヘレステティク」と呼び、政治的議論を再構築する才能と定義した。

ライカーお気に入りの例は、奴隷制の問題をめぐりアメリカ政治を大きく転換させたエイブラハム・リンカーンだ。1800年から南北戦争が始まる〔1861年〕までの間、その源流となった連邦党・ホイッグ党を含め、リンカーンの所属した共和党が大統領の職を保持したのはわずか9年間だけで、ライバルの民主共和党、のちの民主党が52年間も統治し続けた。当時のアメリカの政策決定は、土地所有者（民主党）と商業者（連邦党、ホイッグ党、共和党）のどちらが主導権を握るかが争点だった。人口の多数派は土地を耕していたため、民主党が勝利していたのだ。

1858年、イリノイ州の上院議員選挙に立候補した共和党員のエイブラハム・リンカーンは、常に選挙で負ける側で、見込みは厳しかった。共和党は政治的勝利のために、政治の議論を組み立てる新しい方法を探し求めていた。リンカーンは奴隷制反対が新しい分断線として機能し、この制度に反対している北部の民主党支持者を味方につける方法であると認識した。彼らは奴隷制度には反対だったが、民主党と連合していたのだ。奴隷制に対する不満を高めることで、リンカーンは彼らを民主党から引き離し、共和党支持に引きこむことができる。

現職民主党上院議員スティーブン・ダグラスとの有名な討論会でリンカーンは、アメリカの新しい領土内で奴隷制を禁止することをダグラスが受け入れるかどうか質問した。これだけでダグラスの支持基盤を半分に切り崩すことができた。ダグラスは「イエス」と答え、イリノイ州の反奴隷制の北部民主党の票を維持し、リンカーンに勝つことができたが、これは最終的に、ダグラスにとって勝ち目のない状況を作り出した。2年後、ダグラスが大統領候補として出馬すると、ダグラスの回答に怒っていた奴隷制賛成派の南部民主党員が独自候補者を選び、民主党は分裂したからだ。このときはもちろんリンカーンが勝利した。

リンカーンのように政治的議論を再構築すること（リフレーミング）は、政治に新たな軸を生み出す。政治を活性化させ、声が届かない無力を感じていた人たちに再び「声を聞いてもらえた」と感じさせることができる。リンカーンの勝利がアメリカ南北戦争を引き起こしたように、それで全員が仲良くなれるわけではない。リフレーミングは私たちが極度に分断されている問題を変える方法を提供し、長い間敗者だった人々が政治的勝利の栄光に浴することができるようになる。ブレグジットという新たな軸で自分たちの意見を表明し、最終的に選挙に勝利したときのイギリス有権者の反応を見ればわかるだろう。しかしブレグジットの例は、政治的空間が新たに開かれたことでカオスが入り込む余地が生まれたことも思い起こさせる。

政治的起業家たちが議論を再構築するときだけでなく、敗者の声が常に届くようにする方法はあるだろうか。どの民主主義システムもカオスや分断の問題を完全に回避することはできない。しかし一部の選挙制度は、その両方の問題を緩和し、民主主義の罠から逃れる手助けをしてくれるように思われる。

最もわかりやすいのは比例代表制だ。ある政党が獲得する議席の割合は、その政党に投じられた票数に比例する。比例代表制には、当選のために基準となる票数、選挙区の大きさ、候補者の順位付けなど、数え切れないほどの種類があるが、ここではオランダの選挙制度を例に、シンプルに考えてみよう。オランダ国会には150の議席があり、全国的な得票数に比例して政党に議席が配分される。総投票数の150分の1以上の得票があれば当選となる。イスラエル、スウェーデン、デンマークなどで区別され、他の国でもよく似た仕組みがあるが、大きな政党をわずかに有利にするような、参入のために必要な最小限の得票率（閾値《いきち》）が設定されている。比例代表制では、どの政党も議会で過半数を占めることはまれであり、連立政権が必要になる。

2010年に苦労したベルギーの前出の例でわかるように、連立政権づくりはうまくいかないこともある。しかし全体的にみれば選挙後の交渉はスムーズに進むことが多い。そして交渉では敗者の声にも耳を傾けることができる。比例代表制では通常、最も多くの議席を持つ政党が最初に連立を組むよう要請されるため、小政党と取引し、その提案に耳を傾ける必要がある。そしてここで、少しのカオスが分断を防ぐのに役立つ。小政党は、社会の異なる利益やアイデンティティを代表し、連立与党として参加することで自分たちの選挙民〔支持者〕をしっかり守ることができる。しかし野党にとどまる場合でも、ある程度の権力を持つ。もし連立政権のある政党の政策に不満がある場合、他の連立政党に裏取引を提案することで、連立政権の崩壊を図ることができるからだ。

もちろんこれは不安定につながる。比例代表システムでは首相が定期的に交代し、政権を作る連合の構成が変化していくことが知られている。しかし同時に、それは議会のほとんどの政党が定期的に政権につく可能性があることも意味する。例えばオランダ右派の自由民主国民党（VVD）のマルク・ルッテ首相が率いた最近の政権を見よう。最初の内閣はキリスト教民主党と組み、極右政党の自由党（PVV）が暗黙の支持を与えていた。第二次内閣はオランダ労働党（PvdA）だけで、第三次と第四次内閣はキリスト教民主党、リベラル派の民主66（D66）、宗教政党であるキリスト教連合と組んでいた。10年以上にわたり政権を担ったことのある政党は他に五つもある。

比例代表制の包摂性が高いのは、このシステムで公的支出が増えていく傾向から説明できる。政党の数が多いほど、さまざまな異なる種類の支出に関心が払われるようになり、また英米の多数代表制と比較して左派政党を頻繁に政権につかせる傾向があるためだ。比例代表制を導入している国では、不平等が小さく政策の安定性も高いようだ。政府は多数制を採用しているライバル国よりも政権基盤が弱く、決定力に欠けるように見えるが、摩擦を減らすコンセンサスで補っているのだろう。

どうすれば民主主義の罠から逃れられるか？　制約のない民主主義は、カオスや分断を生む。私たち一人ひとりに、集合的な決定を戦略的に覆そうとしたり、他者へのコストを無視して自分の立場を押しつけたりする動機がある。そのエネルギーや軌道修正ができる能力、有意義な自治を提供する力を維持しつつ、不安定や揺らぎを減らすために民主主義に縛りをかけることが必要になる。

ここまで検討した解決策は、公的な政治制度を通じて正式に、あるいは行動規範によって非公式に、民主的な意思決定の構造を提供するものだ。これらの一部は反多数決的な制度で、「自由民主主義」の「自由（リベラル）」な側面を担う権利保護のための裁判所、政府から独立した機関、政府を監視し責任を負わせる報道機関などを通じて実現される。

しかし、民主主義を縛るために非民主主義的な制度だけに頼らなくてもよい。私たちはより多くの実践を通じて民主主義を改善できる。例えば市民集会を開いて意見が対立する人々が妥協点を見出し、そこから一つずつ合意を積み上げるのを支援することで、きわめてローカルなレベルで民主主義の改善を実現できる。国家レベルでも、より穏健な意見を持つ人々を含め、より多くの人々を投票プロセスに参加させるような変更を検討することで、政治が分断の両極端からの大きく偏った声によって支配されるのを防ぐことができるだろう。それは義務投票制だけでなく当日の有権者登録を認めることや期日前投票など、投票をより簡単にする改正もあるだろう。あるいは比例代表制など選挙制度改革も含まれる。重要なのはこうした制度を安定的に維持することである。市民集会を偶発的な論争のたびに開くことでも、選挙ごとに投票法を変更することでもない。

また、傾聴と熟慮の規範を促進することも、民主主義の罠から逃れる方法だ。カオスは私たちの個人的な戦略から、分断は他人の意見への嫌悪感から生まれる。私たちが人間である以上、こうした衝動を根絶することはできない。しかしこうした衝動を抑え、抗《あらが》うことはできる。ｖＴａｉｗａｎアプリの実験のように、荒らしや罵倒の応酬を排除した新しい政治討論の場を開発するのも一つの方法だし、市民集会もその一つだ。さらにカリスマ政治家に可能なことは、激しく対立する問題から人々の議論の軸を変えようと試みることである。民主主義とは究極的に人々の意見に関するものだ。自分の意見を効果的に表現し、他の人の意見を容認することを学ぶのが、コンセンサスに達する唯一の方法だ。私たちはいつも不一致を抱えている。しかし、最終的には何らかの合意に達する必要があるのだ。

第二部
平等

権利の平等と
結果の平等は互いを損なう

第5章
ジェフ・ベゾス、宇宙へ行く

２０２１年7月、自分の会社「パーソナルスペース社」が運営する短時間のプライベート宇宙飛行を終えて着陸した後、当時世界一の富豪だったジェフ・ベゾスは、次の言葉を口にした。「アマゾンの従業員全員とアマゾンの顧客全員に感謝したい、あなた方がこのすべてを負担してくれたからだ」。ベゾスは記者会見でさらにくり返した。「カメラの向こうにいるすべてのアマゾンの顧客と従業員に対して、心の底からありがとうございます。本気で、とても感謝しています」と。

アマゾンの従業員は、ジェフ・ベゾスよりもはるかに小さなスケールで仕事をしている。ＢＢＣによれば、ベゾスは「10秒に1回ごとに、アメリカのアマゾン従業員の年収の中央値を稼ぐ」という。すなわち彼は一般的な同社従業員の３００万倍強の収入を得ていることになる。給与の不平等だけでなく、アマゾンの労働条件も批判を浴びた。調査報道ジャーナリストのジェームズ・ブラッドワースは、イギリスのスタッフォードシャーにあるアマゾンの倉庫で働き、長時間労働や時間厳守の強制で、トイレ休憩を取ることさえほとんど不可能だと報告した。ベゾスの従業員への感謝が、快く受け止められたかは明らかではない。

ベゾスの飛行は、アメリカが初めて月に人を送ってから50年以上後に行われた。１９６９年の月面着陸当時、宇宙に出られるのは高度に訓練され、国家に雇われた宇宙飛行士だけで、アメリカ人の不平等は歴史的に低い水準に抑えられていた。地球に帰還した宇宙飛行士たちが送った家族生活は、当時のアメリカのホームドラマそのままの核家族、男性が稼ぎ手で専業主婦の妻、郊外の庭付きの一戸建てからなる典型的なものだった。

月面着陸直後、アメリカの富裕層と貧困層の運命は分岐を始めた。１９７０年代には、アメリカの最も裕福な１パーセントの稼ぎ手は国民所得の11パーセントを手にしていた。最も貧しい50パーセントの成人が稼いだ総額は国民所得の20パーセントをわずかに超え、こちらのほうが多かった。しかし２０１４年になると、最も裕福な１パーセントが全体の20パーセントを手にした一方で、最も貧しい50パーセントはわずか12パーセントしか持てなくなり、二つのグループの立場は完全に逆転した。

「私たちは99パーセントだ」というスローガンがウォール街占拠の格差反対運動のスローガンとして登場したのは驚くことではない。むしろ「99・9パーセント」にするべきだったかもしれない。２０１８年にはアメリカ人の上位０・１パーセント（つまり1千人中のトップ１人）が、すべての富のほぼ20パーセントを保有していた。一人あたりにすると7千万ドルだ。そして、ジェフ・ベゾスには、多くの億万長者の仲間がいた。

アメリカはどうしてこうなったのか？　不平等が急速に拡大する中で、なぜ政治的反発が功を奏さなかったのか？　いくら豊かでも１パーセントしかいないのだから、民主主義的な選挙で下位50パーセントを打ち負かすのは不可能なはずだ。にもかかわらず不平等を是正せず、むしろその拡大を支持しているアメリカ政治は失敗したように見える。政治家たちは何もできないか、あるいはやる気がないかのどちらかで、不平等はますます拡大し、わずかな多数派に恩恵を与え続けている。

アメリカ政治はなぜ不平等に対応できなかったのか。アメリカは、「権利の平等と結果の平等は互いを損なう」平等の罠に陥ってしまった。アメリカ人が大切にする経済的自由の平等は、結果の不平等に厳しく対処することを難しくする。加えて一般の人々や政治家、億万長者までの、それぞれの個人的なインセンティブがこの罠から脱却することをさらに困難にしている。

ベゾスに戻ると、2008年の金融危機《リーマンショック》以降、アマゾンからウォルマートまでの大手アメリカ企業が、州や連邦政府の補助金に依存して常に低い賃金を補填《ほてん》することへの不満が、一部の政治家たちの間で高まっていた。社会主義者のバーニー・サンダース上院議員は2018年に「補助金停止で悪徳企業を止めるStop Bad Employers by Zeroing Out Subsidies」法案を議会に提出し、頭文字をとって「Stop BEZOS（ベゾスを止める）」法案と呼んだ。そして2019年、さらに高い目標を設定した。それはジェフ・ベゾスと富裕層に向けられたものだ。

2019年は翌年の大統領選挙に向けた民主党内の予備選挙が本格化した年で、主要候補にはサンダースや進歩派のマサチューセッツ州上院議員で法学教授のエリザベス・ウォーレンがいた。その夏、両者はアメリカ富裕層の財産に直接課税する提案を公表した。例えばサンダースは10億ドルを超える資産に年間8パーセントの税金を課し、より控えめな閾値である3200万ドルから課税を段階的に強化する案だ。この富裕層課税が1982年以降に実施されていたら、ベゾスの2018年の富は

1600億ドルからわずか430億ドルに減少していただろう。富裕層への課税は、平等の罠からの脱却の道を示唆している。

しかし、ウォーレンやサンダースは大統領になれず、富裕層課税の約束は、予備選挙で彼らを勝たせるのに十分ではなかった。そして本選の勝者ジョー・バイデンも富裕層課税を実施しなかった。共和党は完全に反対で、民主党の多くも同様だったのだ。富裕層課税で恩恵を受ける1億5千800万人のアメリカの有権者の利益は、損害を受ける7万5千世帯とこの問題に関心を示さない政治システムに阻まれたようだ。

これははっきりとした疑問を提起する。なぜアメリカを含む多くの民主主義国家は富裕税を課さないのか。税金を支払う富裕層はごくわずかで、とても多くの人が恩恵を受ける。民主主義の政治的平等は、経済的不平等を縮小させるべきではないのか。なぜ私たちの政治はここで失敗してしまうのか？

億万長者への課税は「平等の罠」にぶつかる。私たちは、自分が望むようにお金を使い、働き、投票する平等な権利を持つ。だがこの平等な権利は、収入、資源、機会の分配の平等を保証できないし、それどころかしばしば分配を不平等なものにする。個人のインセンティブは集合的な結果を不平等にする。

億万長者も私たちと同じようにお金をどう使い、どこに住み、どうふるまうか平等な権利を持つ。そのことが所得格差の均等化を目指して彼らに効果的に課税することを難しくする。自分たちの富への課税に直面した億万長者は財産の浪費を選び、豪邸や宇宙ロケット、植毛などに大金を費やすかもしれないし、富裕層課税に反対する政治運動に資金を提供して対抗するかもしれない。

経済的権利の平等を認めることで生じる経済的不平等は、政治制度の根本的な変革、より平等な結果に向かうための立法を困難にする。実際、億万長者が政治を「中道から外れる」方向に引っ張ることができるのは、民主主義の下、ロビー活動で立法を止めさせる平等な権利が認められているからだ。2010年の「シチズンズ・ユナイテッド」裁判〔選挙中のテレビコマーシャル規制を表現の自由の侵害で違憲だとした米最高裁判決〕以来、ベゾスのようなアメリカの億万長者は、最小限の規制しかない政治広告に思いのまま資金提供する権利を持った。私たちの政治が億万長者を抑えられない理由の一つは、政治が彼らに取り込まれてしまっているからだ。

事実、富裕層は民主主義から非常に大きな利益を受けている。民主主義国家は権威主義国家に比べて、財産権や言論の自由を守ることについてはとても優れているからだ。中国やロシアで億万長者になるのは危険と隣り合わせだ。財産を収用され、逮捕され、または生きていくことさえできないかもしれない。民主主義における一般大衆が持つ政治力は、富裕層から問答無用に収奪することに使われることはなく、むしろその反対だ。民主主義国家は課税もするが富裕層を守っているのだ。平等な政治的権利は、経済的な結果の平等を損なうことがある。これは私たちを板挟みにする。私たちは平等な権利を大切にするが、それはしばしば不平等の増大と密接に関わっている。

新型コロナのパンデミック、大統領選での民主党勝利、ウクライナ戦争勃発を経験しても、アメリカの億万長者たちには手がつけられないままだ。だがみんながあきらめたわけではない。バーニー・サンダースは「超富裕層に公平な負担を求めなければならない」とツイート〔現「X」への投稿〕した。するとこ2022年にジェフ・ベゾスの後を継いで世界一の富豪となったイーロン・マスクが「あなたがまだ生きているのをずっと忘れていたよ」と返信した。税の「公平な負担」という考え方は、いまだに紛争の火種になるようだ。

ベゾスについては、彼が宇宙飛行から「故郷」に帰還した1週間後、大統領にはなれなかったものの、民主党が支配する上院で依然として有力なプレーヤーであるエリザベス・ウォーレン上院議員が、富裕税の主張を継続して行っていた。CNBCに出演した彼女は、次のように警告した。「私たちは富に課税すべきだと思います。あなたの財産が何で形成されているかは関係ありません。不動産を持っていようが、現金を持とうが、アマゾンの株式を何十億株も持っていようが関係ないはずです。そう、ジェフ・ベゾス、私はあなたを見ているのです」

第6章 平等とは何か

何世紀にもわたり、人々は平等なユートピア生活を夢想してきた。この言葉は1516年に書かれたトマス・モアの『ユートピア』(中公文庫)に由来する。モアは財産が共有され、誰もが農民として働き、家も10年ごとに市民の間で持ち回りになる社会を思い描いていた。モアの『ユートピア』では各家庭に2人の奴隷がいたため、絵に描いたような平等の描写は損なわれてしまったが、哲学者たちは、伝統的な階級から解放された平等な社会のアイデアに長い間魅了された。ジャン＝ジャック・ルソーからカール・マルクス、ジョン・ロールズ〔アメリカの政治哲学者、1921〜2002〕に至るまで、社会を再設計しようとする思想家たちは、平等を理想の共同体の中核的な原理にしてきたのだ。

私たちも新しい社会をデザインする気まぐれに付き合うとすれば、どうすれば社会を平等なものにできるだろうか。モア〔奴隷はなしとする〕やマルクスのように、誰もが同じ財産を共有することから始める。モアのユートピアでは玄関に鍵がかかっていないことからわかるように、財産権をまったく持たず、すべてが「共有」される。ジョン・レノンの「イマジン」の有名な歌詞「何も所有しないことを想像してごらん」である。あるいは、それぞれが消費しないわけにいかない食べ物にだけは私的所有を認めることもできるが、その量は他者とまったく同じにする。いずれにせよ所有物という点では、誰もが平等な結果を得られることが保証される。

そうなれば社会は平等なのか。あるレベルでは完全に平等だが、その財産を生み出すのは誰かという問題に直面することになる。市民たちは私たちが望むように懸命に、平等に働いてくれるのか。そうでないなら、囚人のように鎖でつないで働かせないといけないのか。もし人々が好きな場所で好きな時に、好きなだけ働ける平等な権利を与えることを重視すれば、見返りに平等な分け前を提供するだけでは私たちが生き残るだけの十分な生産を行うことができるかは不透明になる。

また、結果の平等が徹底された社会は、私たちの公正な感覚を損なうかもしれない。人々は自分の努力や生産の価値に見合った報酬を受け取っているだろうか。もし誰かがより多く働き、より優れた仕事をして、より多くの利益を社会にもたらすなら、その人はより多く報われるべきではないか。重要なのは働く機会の平等で、働いた結果の平等ではないと考える人もいるだろう。

しかし個人が好きな場所で好きな時に、好きなように働けば、結果の平等という集合的目標の達成は不可能になる。一所懸命働く人がいればそうでない人もいるし、特別なスキルを持っている人もいて、最終的には異なる収入を得るだろう。結果として、経済格差が拡大し、億万長者の寡頭制が出現してしまうかもしれない。

その結果、二つの極端な社会が生まれる。いずれも快いとは言えないが、異なるやり方で平等ではある社会だ。一方は財産が完全に平等な社会で人々に労働を強制する、つまり権利や自由の不平等を受け入れなければならない社会。もう一方は人々に平等な経済的権利を与え、市場に委ねるが、結果的に大きな不平等が生じ、特権に安住し続けるエリートが生まれる危険性がある社会。いずれも政治は失敗している。

どちらのケースも私たちは平等の罠に直面する。権利の平等と結果の平等は互いを損なう。平等な権利を与えれば平等な結果を得ることはできなくなるし、平等な結果を人々に強制すれば、人々が望む人生を送る自由に関して、平等な権利を制限しなければならなくなる。私たちは、間をとってあらゆる種類の平等が好きだ、などと言ってはいけない。ここには固有のトレードオフがあるからだ。ある種の平等を重視するなら、別の平等を犠牲にしなければならない。理想は、勝者総取りのディストピアを解き放つことなく、トレードオフがある中でも多くの大切な自由への権利を維持できるようなバランスを見つけることだ。

政治的権利、教育を受ける権利、市民権、経済的成果、幸福追求など人間生活の特定の領域を平等にしようとすると、平等のトレードオフの問題が必ず出てくる。これらのうち一つを平等にすると、別のところが不平等になるのだ。歴史上の経済的、政治的、社会的権利の平等な拡大は、その結果における大きな不平等の発生と裏表だった。そして経済的不平等の劇的な縮小は、戦時中から共産主義支配まで、自由が崩壊した時期によく起きる。これは偶然の一致ではない。

政治全般に言えることだが、私たちはここでも歯磨き粉のチューブの問題に直面している。もしチューブの一部で不平等を押し込めば、別の部分に不平等が溜まっていく。トレードオフが存在しないかのように偽り、全員にあらゆる平等を約束するような政治は必ず失敗する。

平等に関するあらゆる議論の根底にある核心的な問いは「何についての平等か」である。社会主義者、自由至上主義者《リバタリアン》、功利主義者などの多様な思想家が、権利の平等か結果の平等か、絶え間なく対立してきた。しかし彼らには基本的な共通点がある。それは全員が何らかの形の平等が基本的に重要だと考えている点だ。私たちは皆、ロナルド・ドウォーキン〔アメリカの法哲学者、1931～2013〕が「平等主義の土台(egalitarian plateau)」と呼んだ場所の上にいる。まともな政治論議で、人々が本質的に不平等で異なる扱いを受けるに値すると主張するものはほぼない。平等はほぼ普遍的に善とされているが、何をもって平等とするかは人によって違い、そこが問題なのだ。

ミルトン・フリードマン〔アメリカの経済学者でノーベル経済学賞受賞者、1912～2006〕からフリードリヒ・フォン・ハイエク〔オーストリア生まれの経済学者でノーベル経済学賞受賞者、1899～1992〕、ロバート・ノージック〔アメリカの哲学者、1938～2002〕までの市場を信奉する《フリー》自由主義《マーケッター》者や自由至上主義者は、人々が平等に資源を受け取るべきとか、人々が努力や必要性〔ニード〕、資格を理由に平等に報われるべきとは考えない。しかし彼らはすべての人が財産を所有し、市場で取引し交換する権利を平等に持つべきだと考える。また特定の民族、宗教、ジェンダーに属する人々が平等な取り扱いに値しないと決めつけるようなことはない。

同じようにマルクス主義の伝統に基づく社会主義思想家たちは、すべての人々が「生産手段」と平等な関係を持つべきで、社会の生産能力に対して平等な権利を持つべきだと考える。くり返すがこれは普遍主義的な主張だ。革命が起これば私たちは皆平等になり、肌の色や信条、特徴によって異なる取り扱いを受けることはない。しかしマルクス主義者は、人々が私有財産を購入、使用、売却する権利を平等に持つべきとは考えない。私有財産をまったく信じないからだ！　彼らは機会均等よりも結果の平等を優先する。「能力に応じて各々から、必要に応じて各々へ」という言葉の通りだ。

平等主義の土台の上で苦しい中でも共通するのは、人々は別の領域ではそうではないかもしれないが、ある領域では平等に扱われる、という主張である。ウィル・キムリッカ〔カナダの政治哲学者、クイーンズ大学教授〕の言う「平等主義の理論は、政府が市民を平等に扱うことを要求する。それぞれの市民は平等に配慮され、尊重される資格がある」というものだ。アマルティア・センもほぼ同じ意味で「不偏性」という言葉を使っている。この中核的な関心は、左派から右派までの多様な哲学にいずれも共通している。しかし平等主義の土台の問題点は、ある次元で人々を平等に扱うことが、別の次元で不平等に扱うことになりかねないことだ。

私たちはいつも平等主義者というわけではないことを忘れがちだ。過去の哲学者は、人間を根本的に不平等な存在として扱うことが多かった。プラトンは高度な訓練を受けた「哲人王」が残りの人々のために物事を決める共和国を理想としていた。アリストテレスは、奴隷や女性は男性の市民と同等の扱いを受けるに値しないと主張した。17世紀には絶対主義的統治の支持者や王権神授説の提唱者たちが、統治者は被治者に対し無制限の権利を持つべきだと主張した。また、ある宗教の信者はそうでない者と必ず異なる扱いを受けるべきだとする宗教的主張も、平等主義の土台から落ちる。

実際、啓蒙思想の時代までは、社会はどのように組織されるべきかという理論のほとんどが反平等主義に基づいていた。それ以降は反平等主義の考え方は排斥されるようになったが、消滅したわけではない。19世紀末の最も有名な哲学者の一人であるハーバート・スペンサーは、生物学的決定論者である。彼は不平等は進化上の違いの結果であるとし、そのような違いをあごや頭の大きさと平気で結びつけていた。フリードリヒ・ニーチェも明確に平等主義に反対していた。平等主義者を非難する次の引用を見てほしい。「『平等な権利、自由な社会、主人も召使いもいらない』などの謳《うた》い文句は何の魅力もない。我々は、正義と調和の領域が地上に確立されることは絶対に望ましくないと考える……我々は自分たちが最後に勝つと考えるからだ」。20世紀半ばのあからさまな人種差別的ファシスト運動は、何世代もの知的偏見の積み重ねの上に成り立っていた。

過去数十年間でこうした考え方は、まず学問的に、そして世間でも相手にされなくなった。しかしシャーロッツビル〔米バージニア州の都市、白人至上主義運動で有名〕からブダペスト〔オルバン首相が統治するハンガリーの首都〕まで、現代のラディカル右翼の暗い色調の中に、その影を見ることができる。不平等の本質についての疑似科学的な力強い主張には、今なおファンや狂信者がついている。しかし現代のポピュリストの時代にあってもなお、彼らは周辺に追いやられている。平等主義の規範はそれなりの理由があって、いまもなお我々の議論を支配しているのだ。

いま私たちは平等主義の時代に生きているが、それは逆説的に経済的不平等が激しくなった時代でもある。2008年の金融危機《リーマンショック》以来、アメリカだけでなくヨーロッパやその他の地域でも、豊かな民主主義国家内の格差について、メディアの関心や政治的な懸念が非常に高まっている。現代の民主主義国家は名目上、人々に平等な政治力と、自分が選んだ人生を生きる権利を与えている。しかし、人々がどれだけ稼ぎ、所有するかについては、高いレベルの不平等を容認しているようだ。

不平等には大きなコストがつきまとう。平均寿命や識字率の向上、薬物使用率や学校中退率、刑務所入所率の低下、殺人事件の減少など、所得がより平等な国には、他のさまざまな利点もあることが多くの証拠によって示されている。

一部の民主主義の国々は、資本主義と結びつく政治的・経済的権利の平等を維持しながら、他の国より結果の平等に近づくことができている。さらに一部の国々では最高位の所得者に課税して貧しい国民に再分配することが容易なため、日常的に経験される不平等を縮小することができている。

格差を国別に比較するにはジニ係数と呼ばれる指標を使用する。ジニ係数は0から始まり、すべての人が正確に同じものを受け取る場合は0、1に近づくほど1人がすべてを独占し、他の全員が何も持たないという意味だ。数値が高いほど不平等が高く、数値が低いほど平等に近づく。

収入だけを見るなら、先進国の多くはかなりの不平等を抱えている。一部の国はジニ係数が0・50を超える。多くの人が想起するはずのアメリカやイギリスだけでなく、イタリア、フランス、ギリシャなどもここに含まれる。一方、スウェーデン、ノルウェー、韓国、スイスなどは0・45未満で、やや平等だが、この差は実際にはかなり小さな違いに過ぎず、民主主義における国民の政治的平等は、収入の平等を保証するなどということはない。

しかし、話はそこで終わらない。人々が稼いだ額と、銀行口座に入金された額は同じではなく、政府が税を吸い上げ、給付を与えることで、富裕層から貧困層への再分配を行い、ジニ係数を減らすことができる。ここに政府の活躍の場がある。フィンランド、フランス、ベルギーなど、政府が再分配に積極的な国々は、格差を40パーセント以上も縮小させている。フランスのジニ係数は政府介入後に0・30に低下する。一方、アメリカ、韓国、イスラエル、スイスでは、政府も重要な役割を果たすものの、格差を約20パーセントしか縮小しない。アメリカは、収入だけではフランスと同じくらい不平等だが、再分配によってジニ係数を0・40まで減らすのみだ。

この違いは何に起因するのか？　政治の役割だ。政府は私たちが平等の罠から脱け出すことを手助けし、より平等に近づけることができる。しかし後に見るように、それにはコストがかかる。高い税金は、経済的自由をより大きく制限するため、税を取りすぎると成長を妨げる可能性が出てくる。平等の罠をうまく切り抜けるには、こうしたトレードオフに真剣に取り組む必要がある。

不平等の統計データの多くは、人々の所得に焦点を当てる。それは実際に私たちが銀行口座で毎月見るものだし、政府は税収の大部分をそこから得ている。しかし所得における不平等だけが重要なわけではない。資産の不平等は所得格差よりはるかに大きいからだ。アメリカの所得の不平等を示すジニ係数は0・50をわずかに超えるレベルだが、資産の不平等を示すジニ係数は驚異的な0・90だ。最高位の所得者の5パーセントが全体の約3分の1を稼ぎ出し、最も富を持つ5パーセントのアメリカ人が国富全体の70パーセント以上を保有している。

所得面で平等だと見られている国も、資産に関してはそこまで素晴らしいわけではない。収入面で最も平等な国であるスウェーデンとノルウェーでは、資産の不平等を示すジニ係数が0・80を超えている。平等と思われる国でも、多くの場合、財産を蓄積した一握りの富裕な一族がいて、彼らの資産には手がつけられないのだ。

ここにパラドックスが生じる。普遍的な政治的・市民的・社会的権利を与えられながら、不平等な格差社会を維持してきたのはなぜか？　事実、不平等の歴史を見れば、平等な権利と不平等な結果、ときには不平等な権利と平等な結果という不思議な関係が何世紀にもわたって存在してきたのである。

平等の起源

世界で最も豊かな国々の歴史は、権利の平等と結果の平等の衝突に彩られてきた。今日の私たちは、言論、職業、移動の自由を一、二世代前の祖先よりも多く持っているが、同時に貧富の格差が激しくなっている。最も豊かな人の富は、平均的な所得の１００万倍もある。市民的、経済的、政治的な権利の平等が、幸福に共存しているように見えても、その結果はきわめて不平等なのだ。私たちはこうなる運命だったのか。

私たちがホモ・サピエンスとして生活を始めた当初は、ほぼ平等だったはずだ。石器、骨のネックレス、毛皮の服など、私たちが最初に所有したものは、手作りで持ち運び可能でなければならなかった。狩猟採集民が所有できる財産がとても多かったとしても限られていた。不平等には限界があり、たとえ１人の部族民が部族のほとんどの財産を所有していたとしても、それほど多くはなく、他の部族民にも生き延びるのに十分な食べ物や衣服がまだ残されていた。そのため、狩猟採集民のジニ係数は０・25程度だった（現代の一般的な資産格差を示すジニ係数は０・70以上だ）。

ちょうど1万年あまり前、最後の氷河期が終わったとき、格差が急激に拡大したことがある。温暖化した地球がなぜ不平等を生み出したのか。気温が高く、雨が多いため、エネルギー豊富な穀物の種子を作る野生植物がより広く生育するようになった。人類は栄養価の高い種子の植物を選んで栽培する方法を学び、定住型耕作が可能になった。また植物が豊かになることで、家畜化した大型の草食動物に餌を与えることもたやすくなった。温暖化で農耕が可能になり、農耕は同時に不平等を生んだのだ。

ウォルター・シャイデル〔アメリカの歴史学者、スタンフォード大学教授〕は、私たちの歴史のこの時期を「偉大なる不平等化（great disequalization）」と呼ぶ。農耕は人間を解放したが、土地に縛りつけた。つまり狩猟採集民が野生の食物を得る上で避けて通れない偶然の気まぐれから解放され、常に放浪するために多くを持てない物質的な制限からも自由になった。しかし土地に縛り付けられると、その土地で今度は天候や夜盗、襲撃といった不確実性に直面することになった。農業は未曾有《みぞう》の豊かさをもたらしただけでなく、その富を管理し保護する高度な階層社会も生み出した。自由には不平等がつきものなのだ。

農業がもたらした決定的に重要なものは食料の余剰である。さまざまな種類の工芸品を作り交易を行う人々を養うのに十分な量の食糧があったため、新しい品物を次々と生産できた。そしてこうした新しい資源を人々に比較的平等に分配することができた。また定住型農業は、近隣の遊牧部族や他の定住社会にとっても、魅力的なターゲットとして狙われる可能性が高い。初期の農業社会が収穫物を守るには武装した警備者や兵士が必要で、彼らは組織化され指揮される必要があった。

その結果、ほとんどの農業社会は、兵士、行政官、少数の聖職者に率いられた階層的な政治構造を発展させた。所有権が初期の法制度で規定され、不平等が強化された。近隣の部族が襲撃され、その市民を奴隷として連れ去ると、さらなる不平等として奴隷層が加わった。

こうしたシステムを動かす政治的な力は、大きな底辺と小さな頂点のピラミッド構造にあったので、経済格差もその構造を反映して拡大する。不平等の絶え間ない増大に歯止めをかけるのは、人々が生きていけるだけのものを充分に持たせなければならないという事実くらいしかなかった。遠慮せずに言うと、生きていない者が統計にカウントされることはない。まず生存を考えると、貧しい社会では食糧余剰はかなり限られるため、不平等が実際どれほど拡大するかには上限があった。食糧生産が豊かな場所ほど、より多くの余剰を不平等に分配することができるので、格差はより大きくなる。

例えば紀元14年の皇帝アウグストゥス死去時のローマ帝国を考えてみよう。古代ローマ時代の可処分所得のジニ係数は約0・39と推定され、西暦2000年のアメリカ並みであり、それほど悪くはない。しかし古代ローマ人の平均所得は、生存維持レベルの2倍程度に過ぎなかった。つまりローマの全生産収入の半分を均等に分配しなければ、人々は死んでしまうのだ。そのために、古代ローマのジニ係数は、どんなに高くても0・53程度だ。1999年のアメリカ人の平均所得は自給自足レベルの77・7倍だった。これが工業化の力なのである。理論的には、アメリカのジニ係数は0・99にまでなる可能性があり、これは非常に高いが、それでも人々の生存の維持はできる。現代社会の比類ない豊かさによって、私たちは不平等を急拡大させることができたのだ。

中世以降、全体的な生活水準の向上につられて不平等が拡大した。市民的・政治的自由が高まった時代は、不平等が拡大した時代でもあった。これは偶然ではない。農民は、農村との封建的な結びつきがなくなり、成長する都市部へ移住していった。君主やギルドが課していた生産物や生産者の制限が徐々に緩和され、商人たちはより広い市場にアクセスし、新しい商品をより自由に生産できるようになった。

都市の経済的重要性が増すにつれ、格差も同時に拡大した。都市で生産される商品の量が増えれば、不平等に分配する余剰が増える。新しく建設された工場や、よく耕された畑を所有する人々が、この新しい成長の恩恵を受けた。どこにでも住む権利と、自由に生産する権利を平等にすることは結局、より不平等な結果を生むことになったわけだ。今日も私たちは同様のパターンを見ている。発展途上国が都市化し工業化すると、当初は格差が拡大することが多いが、それは不具合ではなくそういうものなのだ。

しかし前の氷河期が終わって以来、不平等の歴史的な拡大が途切れることなく続いているわけではない。増減は常にあった。黒死病（ペスト）は14世紀の西ヨーロッパで不平等を急激に縮小させた。大量死による労働力不足が、生き残った人々の賃金を押し上げたからだ。さらに最近では第一次世界大戦から1970年代半ばまでの時代、先進国全体で格差は劇的に減少し、この現象を「〔賃金格差の〕大圧縮（Great Compression）」と呼んでいる。「ハッピーデイズ〔1950年代が舞台のアメリカの学園ドラマ、1974〜88年放映〕」、郊外化〔suburbanization、都市の周辺が住宅地化し都市圏に組み込まれていくこと〕、庭付き一戸建て住宅などの時代は、実際に今よりも平等だった。何が起こったのか？

いい面とそうでもない面がある。前者は、人口密集地の都市部で労働者がより高い賃金を求めて組織化することができ、政治的には富裕層に課税し格差拡大を抑制できた。特に初等・中等教育の普及は、旧来のエリートの識字率や計算能力といったプレミアムを削ぎ落とし、所得格差の是正に役立った。つまり経済開発によって貧しい人々が自分たちの正当な権利を主張できるようになったのだ。

教育や労働者の力は、大圧縮の間に拡大した。不平等が急減した時期は両世界大戦と重なり、戦争の暴力とその結果だったと指摘できるのはよくない面だ。戦争による不平等の縮小は、部分的には資本の破壊を通じて起きたが、主として戦時経済が生み出した大量の労働需要によって可能になった。例えば軍需工場における女性の労働力参入である。

税引き後の所得格差も、富裕層への課税の大幅な引き上げと公的支出の拡大によって縮小した。アメリカの連邦所得税は南北戦争中に創設され、アメリカが第一次世界大戦に参戦した年には最高税率が15パーセントから67パーセントに引き上げられ、アメリカが第二次世界大戦に参戦したときには最低税率が4倍に上がった。両大戦終結時、政府は頻繁に新しい社会プログラムを約束し、1918年〔第一次大戦終結直後に始まった総選挙のキャンペーンでの伝説的な演説で〕、イギリスのロイド・ジョージ首相が「(戦争を戦った)英雄にふさわしい国」と呼んだものを作り上げた。第二次世界大戦後の数年間には、イギリスはNHS、年金・疾病保険制度、大規模公営住宅を創設した。現代史の記憶の中で最も自由が制限された時代、つまり戦時中は、不平等が最も抑制された時代でもあった。不平等な権利が、より平等な結果をもたらしたのである。

1980年以降に流れは逆転し、先進工業国では所得と富の不平等が劇的に拡大した。この傾向は顕著である。第一次世界大戦以前はほとんどの国で1パーセントの富裕層が所得の20パーセント前後を占有していた。両大戦後、特に第二次世界大戦後にこの割合は低下し、1970年には10パーセント以下にまで落ち込んだ。しかしその後、逆転が始まった。

例えばアメリカでは2000年代半ば、上位1パーセントの富裕層が国民所得に占める割合は1900年と同じ20パーセントに戻ってしまった。カナダ、イギリス、ドイツは15パーセントまで戻っている。富裕層が他の国ほど富を独占していないスウェーデンとオーストラリアでも、富裕層の所得全体に占める割合は1970年から倍増している。

ほとんどの国で格差がこれほどまで激増したのは、過去数十年間に私たちが享受するようになった多くの自由、そこで認められた権利の平等が、不平等を加速させたからだ。グローバリゼーションは、その顕著な例である。私たちが他国の国民に貿易や投資、豊かな国への移住を平等に認めるようになったことで、西欧や北米の労働者の賃金が下がっている証拠がある。反面、より自由になったグローバル市場は、欧米の高学歴層や投資資金を持つ人々に有利な新しい機会を生み出している。

もう一つの原因はテクノロジーだ。コンピュータや携帯電話は、コンサルタント、銀行員、エンジニアなどの熟練労働者の収入増に貢献したが、組立ラインやバックオフィス〔事務処理・事務管理部門〕では非熟練労働者にとって代わった。同時に、高収入の仕事に就くための大学教育の重要性がますます高まり、熟練労働者と非熟練労働者の差が広がっている。能力主義《メリトクラシー》は諸刃の剣であり、教育は出自に基づく旧来の序列よりも平等な出世の機会を提供するが、新たな勝者たちは、機会を独占する「学歴貴族」を新たに作り出すのだ。

最後に、労働市場と製品市場の規制緩和は、不平等をさらに拡大させた可能性がある。デンマークのように労働組合が広くいきわたり、雇用保護が強い国では、不平等の拡大はより限定的だった。市場の自由度が高い国では市場は上位者に報いる。つまり「勝者総取り」の経済形態となっている。不平等が最も顕著なのは上位10パーセントや1パーセントの国民とそれ以外の人々の比較よりも、0・1パーセントや0・01パーセントといった、より小さな最上位グループの富裕層メガエリートなのだ。

豊かな国々での過去10年間の政治的混乱は、こうした格差を増大させる力に対する反動の側面があった。特に左右両派のポピュリスト政治家は、平均所得の低下と不平等の拡大をグローバリゼーションと「グローバリスト」のせいにして非難してきた。高等教育も富裕なリベラルエリートのカルテルだと標的にされ、ハイテク企業はますます新しいポピュリスト、特に右派から疑いの目を向けられるようになった。貿易の自由、移民の自由、イノベーションや教育の自由を擁護するリベラル派は、これらの自由を経済的、政治的コストなしに達成できると考えたが早計だったかもしれない。

何十年もの間、私たちは同じような物語を目撃してきた。それは権利の平等と結果の平等との緊張関係だ。不平等は戦争や疫病、飢饉など、権利が制限された時代においてのみ大幅に減少したのである。世界がグローバルに開かれ、人々が自分の望む仕事、取引相手、住む場所を選ぶ権利をより平等に持つようになると、不平等のしっぺ返しを受けた。そんな私たちは平等の罠にはまったままだ。富裕層が財産権を確保し、好きなとき好きなものに投資できる平等な権利は、豊かな国々で結果の平等を根本的に脅かしているようだ。それは本当に避けられないことなのだろうか。

第7章 平等の罠

　等しく扱われたいと誰もが望む。しかしそれは手段なのか目的なのか。私たちは平等な自由を大切にする。好きな場所で働き、好きなように投票し、好きなことを言い、好きな人と結婚する権利がある。しかし私たちは平等な結果にも関心を抱く。煌《きら》びやかな大豪邸の足元のスラム街など、激化する不平等が私たちを不快にさせる。

　私たちには貧富の差を縮める平等という集団としての目標がある。しかし同時に平等な権利を行使して、できるだけ自由に自分にとって最高の人生を生きたいという個人の願望があり、それが結果の平等という共通の希望を押しのけてしまっている。もし完全に平等な結果が得られるなら、等しく自由であることは犠牲にすべきなのか。平等の罠にはまった私たちの政治では、権利の平等と結果の平等が互いを損なう。

　私たちが何世紀にもわたる政治的闘争の末に獲得した平等な各権利は、結果の平等という目標と緊張関係にある。これは経済的権利の平等、つまり財産を取得し、保有し、処分する経済的自由について最も明らかだ。私たちの経済システムである資本主義が強く抵抗するのに経済的な結果を完全に平等にしようとすることは、経済的権利のみならず市民的・政治的権利も強制的に抑圧してしまうかもしれない。しかし経済的自由の「徹底的」な追求も、富裕層が政治を支配する社会となって、経済的再分配の可能性は永久に閉ざされるだろう。政治の失敗を防ぐには、慎重に経済的権利の平等と結果とのバランスをとる必要がある。

民主主義に随伴する平等な政治的権利も、結果の平等と常に相性がいいわけではない。実際、民主主義の実現は、新しい富裕層が貪欲な独裁者から自らの財産を守ろうとする、不平等の結果であることが多い。平等な権威主義国家では、指導者に挑戦しうる競合的な勢力が残されていないため、人々はずっと平等に抑圧され続ける。政治が圧制に陥り続けないようにするためには、不平等を減らすのではなく、むしろもっと不平等にすることが必要かもしれないのだ。

最後に、社会的権利が平等でも、経済的結果がより平等になるとは限らない。１９５０年代を思い出してほしい。当時の家庭は所得面でより平等だった一方、女性を労働の外で生きるように強いてきた。以来、私たちは、女性への平等な権利付与で大きく前進したが、他方で世帯間の格差拡大も経験してきた。人々を平等に扱うべきだとする私たちの願望は、不平等の存在を示す統計に必ずしも反映されない。人々がどのように扱われるか、どのように報われるかの両方について、政治システムがより多くの平等を創出するのを望むなら、私たちはもっと改革して先に進まなければならない。

自由の平等 対 結果の平等

先進各国はパラドックス（逆説）を体現している。その大半が民主主義国で、最終的な決定は一般投票で行われる。彼らは資本主義国でもあり、経済的成果は企業や消費者が自発的に行う数十億の個別の決定の反映だ。財産所有の権利は平等で、彼らの資産は恣意的に奪われないと保証されている。なぜこれがパラドックスなのか？　民主主義は政治的権力を一般有権者に広く拡散させる。それが人民の統治、一人一票だ。資本主義は経済力の集中を生み、すでに大きなシェアを持つ人々がより大きな富を蓄積していく。

だが、政治的な力は経済的な力を圧倒することができる。民主主義国家は主権を持ち、法律の条文や強制力の脅しによる統治が可能だ。政治的権力が大衆に、経済的権力は少数のエリートに与えられている場合、前者が後者の財産を奪い、所得を平等化しようとするのを止められるだろうか。場合によっては銃口を向けられるかもしれない脅威に直面した経済エリートが、それを避けるために民主主義を損なおうとするのを止められるだろうか？

ここに平等の罠の核心がある。資本主義は（理論的には）人々に平等な経済的自由を与え、誰もが同じように財産を所有し処分する権利を持つが、これは結果の平等を損なう。経済的な結果の平等を達成するには、資本主義の受益者に利益を放棄するよう強制しなければならず、潜在的に彼らの経済的権利の平等を侵害してしまう。

民主的な資本主義の中心に、この避けられないジレンマが存在しているのだ。ジレンマの緊張関係を放置すると、民主主義の存続すら脅かされる。完全な結果の平等をを目指していけば、全員が同じ状態を受け入れるよう強制してしまうことになる。これは経済的な平等だけでなく、市民的、政治的な平等も奪うことを意味する。ジャコバン派から共産主義者まで、所得を完全に同じにした過去の無数の例で実際に起きたことであり、いずれボルシェビズム〔レーニンに率いられて暴力革命を主張し、武装蜂起でソビエト政権を樹立したのち、国会を解散させて独裁を確立した〕に行き着くのだ。

他方で経済的権利の平等を神聖視し、資本主義にゆだねる方向を目指していくと、勝者総取りの経済になり、少数のオリガルヒ〔経済の寡占《かせん》的支配者〕がシステムからさらに多くの利益を蓄積する危険が生じる。ごく少数の経済エリートがロビー活動やメディア支配、腐敗を通じて民主的な意思決定を歪めることで、民主主義にとって明確な現在進行形のリスクが生み出される。これは結局、寡頭制に行き着くのだ。

ヨーロッパと北米の豊かな資本市場を重視する民主主義国家は、過去半世紀にわたり、この二つの危険を回避してきた。経済的権利の平等と経済的な結果の平等との間でうまくバランスをとってきたのだ。しかし100年前の先人たちが発見したように、このバランスは必然ではない。政治の失敗を避けるには、大切な自由を放棄することなく経済的不平等を低く保つよう、この緊張をどう抑制できるか学ばなければならない。

政治的権利が拡大するにつれ、資本主義と民主主義の間のジレンマは当初、富裕層への課税で解決をみた。豊かな国々での民主主義の長い歩みは、不完全で失敗も伴ったが、平均的な国民は1世紀前よりはるかに多くの政治的権力を持つようになった。そして前世紀を通じて、特に当初は急激に税金が上がり、ヴィクトリア朝の貴族が鼻血を出すような厳しいレベルに達した。

だがあるとき、税金の上昇はほぼ止まってしまった。1970年代後半には国家の成長は限界を迎え、その政治的な反動でマーガレット・サッチャーやロナルド・レーガンのような指導者の下、1980年代の緊縮的な減税が行われた。1970年代以降、所得と富の不平等は劇的に拡大した。この新しい「金ぴか時代《ギルデットエイジ》」への反応は厳しい税制ではなく、むしろさらなる減税を求める声が高まった。これは私たちに一つの謎を投げかける。なぜ民主主義国家は所得の平等を追求しなくなったのか。

不平等、民主主義、税制の相互作用を研究する学者は、アラン・メルツァー〔アメリカの経済学者、1928〜2017〕とスコット・リチャード〔アメリカの経済学者、ペンシルベニア大学教授〕にちなんでメルツァー＝リチャード・モデルと呼ばれる経済理論に大きく依拠している。アラン・メルツァーはカーネギーメロン大学で長く教鞭《きょうべん》をとり、憧れの的である自身の名を冠した教授職（アラン・メルツァー政治経済学教授）に任命された。

メルツァーとリチャードは、誰もが所得に対して同じ税率を支払う最も単純な課税モデルを想定した。このモデルでは課税額は所得によって異なるが、誰もがまったく同額の給付金を受け取る〔所得に定率で税を課して定額の再分配を行う〕。例えば収入の多い人にとっては所得の20パーセントを税金で支払うのは大金だが、収入の少ない人にとってはそうではなく、どちらにも同額のお金が給付として戻ってくる。したがって平均以上の所得がある人は課税を望まず、貧しい人は可能な限り高い税率を望むはずだ。このモデルのメッセージはシンプルで、所得が低い人ほど税金を好み、所得が高い人ほど税金を嫌う。

では、民主主義と不平等にどのような示唆があるだろうか。民主主義の政府とは、大衆による、より明確に言えば、民主主義の罠で見た「中位投票者」による統治を意味する。メルツァーとリチャードにとって、所得が最も低い人から高い人まで並べた分布の中でのちょうど真ん中、中央値の所得の人々がこの有権者になる。二大政党制なら、彼らは選挙ごとにどちらの政党を選ぶか決める浮動票になるため、彼らが望むものが政策を左右するはずだ。

不平等は中位投票者が望むものを変えるはずだ。富裕層が財産を増やしているのに中位投票者の所得が停滞すれば、不平等は拡大する。これは政治的な誘惑になる。中位投票者の所得額が同じでも、富裕層のポケットにはより多くのお金があるので、そこに課税することがいっそう魅力的になる。そこでメルツァーとリチャードは、民主主義国家で不平等が増大すれば、税金も劇的に上がるはずだと主張した。民主主義は、資本主義をチェックする役割を果たすべきだというのである。経済的自由の平等は、経済的な結果の平等に置き換えられるべきだ。これは民主主義の手段による社会主義への道である。

民主主義国家は「金持ちから盗んで貧乏人に与える」べきだが、1970年代以降に格差が拡大し、同時に大規模な減税が行われたように、実際の民主国家はそれをしない。政治経済学者はこれを「ロビン・フッドのパラドックス」と呼ぶ。なぜ民主的な政府は、昔のイギリスの羽飾りのついた帽子をかぶった盗賊のように、金持ちから奪って貧しい人々に分け与えることができないのか。

最もシンプルな答えは、厳しい税率を課しても人々が行動を変えない、とは期待できないことだ。人々は余暇を楽しみたいので、税金が高くなりすぎるとあまり働かず、パーティーをしたり、あるいは税率の低い気候のよい場所に引っ越したりする。つまり、課税される所得が少なくなり、税収が減る。

ここで平等の罠が見えてくる。結果の平等を実現するには、増税しても各個人を働かせ続ける必要があるが、そうするとどれだけ働きたいかを個人が決める平等な権利を奪ってしまう。

完全な結果の平等を求めた極端な例に1930年代のソビエト連邦がある。労働の努力への報酬が最低限しかなかったため、人々は罰を受けない程度にできる限り仕事の手を抜いた。そこでスターリン政権は人々を扇動し奴隷化する手段に訴えた。1935年に1日のノルマの14倍も達成した鉱夫アレクセイ・スタハノフを手本にするよう国民に呼びかけ、自分のためではなく、国家のために働くことが道徳的教訓とされたのだ。

ジョージ・オーウェルの小説『動物農場』（岩波文庫）を読んだことのある人なら、豚が起こした革命のために身を粉にして働き、最後は食肉処理場に売られた馬、ボクサーを思い浮かべるだろう。スタハノフは、ボクサーと違って栄誉とともに引退することができた。オーウェルの寓話《ぐうわ》が現実よりも恐ろしい、珍しいケースである。しかし、すべての国民が自然にスタハノフになるわけもなく、スターリンは彼らを集団農場や評議会組織（ソビエト）や収容所で強制的に働かせた。平等な経済的、市民的、政治的権利を奪って結果の平等が強制されたのである。

全体主義的な体制と違って自由民主主義では、完全な結果の平等は可能だろうか。ジェラルド・アレン・コーエン〔カナダ出身、オックスフォード大学教授を務めた哲学者、1941〜2009〕は、この和解は「平等主義的エートス（精神）」が存在する場合にのみ可能だと主張した。もし人々が好きな場所で、好きなだけ働く権利を平等に与えられたら、結果の平等を実現する唯一の方法は（努力や「才能」によって）より多く稼ぐことができる人々が、他のすべての人と同等の報酬を受け入れることを望む場合である。そうでなければ、彼らは労働やスキルを提供しないだろう。コーエンは、結果の平等が可能なのは、稼げるだけ稼がないことで実質的に損をするようになる人々も含めて誰もがそれを望み、受け入れた場合だけだという。それには平等の重要性についての、自己強化的な社会規範が必要だ。

これは牧歌的な世界で、人々が他人より裕福になることを進んであきらめるなら、自由を制限することなく結果の平等が実現可能になる。だがそれは私たちが生きるこの世界とはちょっと距離がある状況に思える。なぜなら多くの人にとって重要なのは、結果が常に不平等であることを受け入れながらも成功のための機会が等しいことだからだ。

実際、人々を努力させるためには、結果の不平等が必要かもしれない。簡単に言うと、個人的な利益を得られないのに、なぜさらに努力をするのかということだ。言い換えれば、平等と「効率」の間にはトレードオフがある。1970年代にアーサー・オークン〔アメリカの経済学者、1928〜1980〕はこのトレードオフを表現するため、「漏れるバケツ」という印象的な概念を考案した。これは富裕層から貧困層への再分配をバケツにたとえたものだ。バケツの底には小さな穴が開いていて、そこからお金が漏れてしまう。バケツを貧困層に運んでいくと、富裕層に課税した税収がすべては残っていないのに気づく。何かを失うことなしに所得を平等にすることはできない。富裕層が働かなくなってばら撒くお金が少なくなったのかもしれないし、官僚主義や腐敗のために政府が浪費したのかもしれない。税制が不公平だと考えた人々が税金逃れをしてお金を隠しているのかもしれない。いずれにせよ、結果を平等にしようとするのは無駄が多い。

本当にバケツに穴が開いているのか。極端な話、100パーセントの税金をかければ、強制されない限り誰も働かないだろう。しかし現実の税金は、それほど厳しくはない。経済学者によると課税の非効率は60パーセントや70パーセントを超えるような高率で初めて現れてくるという。ジョージ・ハリソンがビートルズの名曲「タックスマン」を作ったのも、1960年代イギリスの95パーセントという「スーパータックス」への苦言だった。しかし1980年代以降、政府はこうした極端な課税を放棄した。なぜなら富裕層は抜け道を使って課税を回避するか、移住してしまうからだ。結果の平等と自由の平等との戦いで、政府は後者にシフトした。

この自由の平等へのシフトにも、独特な政治の罠が存在している。政治的な力が経済的な力に変換されるように、その逆もまた起こる。民主主義国家は一人一票を基本に機能しているが、私たちの政治は多くの場合、平等とは言い難い。選挙資金やロビー活動ほかの政治的影響力は「一ドル一票」の論理にはるかに依存している。

不平等と政治的分断の関係は特に油断できない。不平等が拡大すると、富裕層と貧困層の政治的選好はますます異なるものになる。富裕層は再分配を嫌い、貧困層はいっそう支持するようになる。たくさんのお金を持つ富裕層にとって、ロビー活動や選挙広告はお金を守る手段が増えることに直結し、その価値はさらに高まる。

それは富裕層が支持する政党（典型的には右派政党）が政権を取ると、より大きく、より早く減税を進めるインセンティブが働くことを意味する。しかし左派が政権を取ればその逆が起こる。つまり分断による変動はあっても、結局は平均的なところに落ち着く。しかし、アメリカのように権力分立が強調され、議会の少数派の政党が法案を阻止できる国では、右派政党が野党になっても増税や歳出増を阻止できる。その結果、一度下がった税金が上がることがないラチェット（歯止め）効果が発生する。こうして不平等は、富裕層が政治を「中道から外れる」方向へ押す力と相まって強化される。

アメリカやその他の国のリベラルな富裕層についても、同様のことが言える。仕事や収入の見通しで教育の重要性が高まり、一流大学進学や大学院の学位取得へのプレミアムが過去数十年で上昇した。教育を受けた裕福な親はこれをよく理解しており、高所得を活かして子どもに入試のハードルを越えさせる教育を私的に受けさせることができる。これが「機会蓄積」という現象を引き起こし、すでに裕福な人々がアッパーミドルになるために必要な資源を独占する。機会蓄積の受益者の多くは、集合的な目標としては平等を志向する高学歴リベラル層だ。しかし彼らの個人的なインセンティブは、常に自分の子どもを成功させることにある。多くの人がそう考えれば、エリートになる障壁はますます高くなっていく。

どちらのケースも、不平等が拡大すると「ロックイン」効果が生じる。政治における不平等は自己強化され、起業や教育への平等な権利、つまり機会の平等の権利として始まったものが、結果の平等を阻む結果となる。私たちの政治は、私たちの多くが不平等の是正を望んでいると主張しても、実質的には不平等の是正からますます遠ざかり、失敗しているのだ。

しかし厳しい平等の強制と超資本主義的不平等という、これら二つの結果は極端すぎる。平等を保ちつつ経済的自由を維持できる方法はあるはずだ。

現実の世界では、平等と効率の間に本当にトレードオフがあるのかどうか、考えてみる必要がある。各国の不平等の水準を一人あたりの所得水準と比較すると、基本的にまったく関係がないことがわかる。アメリカやオーストラリアといった豊かで不平等な国、デンマーク、ノルウェー、スウェーデンといった豊かで平等な国、そしてスイスなど豊かで中程度平等な国もある。同様に、ギリシャのように豊かではなく不平等な国、チェコのように豊かではないが平等な国もある。平等の罠から逃れる国もあれば、不平等かつ非効率という悪いところどりとなっている国もあるようだ。

スカンジナビア諸国が豊かで平等であることは、どちらも本当に手に入れられることを示す。特にスウェーデンのモデルは、真の「経済民主主義」を約束し、社会主義者が市場経済を内部から改革できた事例として、世界中の左派政党にとって魅力的だ。先に触れた富裕税導入を提唱した社会主義者の米上院議員バーニー・サンダースは、「デンマーク、スウェーデン、ノルウェーのような国に目を向けるべきだ」と主張する。熱狂的な「新左翼《ニューレフト》」運動は、スウェーデンを「民主的社会主義」のモデルと捉えている。

だからといって、スウェーデンなどの国々が平等の罠を完全に回避できたわけではない。実際のスウェーデンは、選挙演説でユートピア的に語られるほど順調ではなかった。

１９５０年代から70年代にかけて、スウェーデンは収入の不平等を低く保ったまま（可処分所得のジニ係数はわずか０・22）、自由民主主義と比較的自由な市場を両立させ、表面的には平等の罠を回避できているように見えた。この「成功」の背景には、いわゆるレーン＝メイドナー・モデルがあった。

これはスウェーデンの主要な労働組合に所属する2人の経済学者〔イェスタ・レーンとルドルフ・メイドナー〕にちなんで名づけられた。労働組合はほとんどの企業で全国的な賃金協約に従うよう主張し、最も賃金の高い労働者と最も賃金の低い労働者の間のギャップを小さいまま保つ。すべての企業が同じような賃金を支払わなければならないので、最も効率の悪い企業は存続できずに消え、スウェーデン経済の生産性を維持することができる。最も効率的な企業は、その見返りに大きな利益を得る。最も高度な技術を持つ労働者に他と同じ賃金を支払うだけでよくなり、より収益性が高くなるからだ。賃金は企業間で圧縮され、不平等が小さくなり、最も生産性の高い企業が繁栄するという、良いことずくめだった。

しかし、このシステムにも緊張関係があった。中央集権的な賃金設定は、最も生産性の高い労働者の自由を制限し、彼らは制限のない場合よりはるかに少ない収入しか得られなかったからだ。実際、そのような労働者を雇う企業の経営者は、大きな利益を上げていた。そこで、利益を生産性の高い労働者に還元するのが次の計画になった。1971年に作られたメイドナー計画で、各企業は利益の20パーセント分を労働者に株式を発行して投資する、いわゆる「労働者基金」を設立することにしたのだ。この計画で労働者は徐々に会社の経営に重要な役割を果たすようになり、民主的な社会主義が実現するかに見えた。

だがそうはならなかった。労働者基金は政治的にきわめて不人気だと判明した。より大きな結果の平等の名の下に、企業が最適と考える投資を行う平等な権利を制限したからだ。労働組合が立案したこの政策を推進せざるを得ないと考えていた社会民主党は、実際の推進にはとても消極的だった。反対派は、労働者基金のせいで企業がスウェーデンから逃げ出し、投資を拒否するだろうと主張した。企業の国外移転や投資計画を決定する自由の平等は、結果の平等に真っ向から対立していたのである。結局、社会民主党は１９８２年に、骨抜きにされた労働者基金を実現した。それでもストックホルムの中心部で何万人もの人々が反対デモを行った。選挙で不評だったため、１９９０年に社会民主党が政権を失うと労働者基金は廃止され、その後数十年間、「基金」という言葉は党内で非公式に禁止された。民主的社会主義が最高潮に達して以来、スウェーデンは大きく右傾化し、不平等が拡大し、税金も減らされている。しかしバーニー・サンダースが考えを変えるわけではない。彼は２０１９年、〔スウェーデンに倣って〕アメリカの企業利益に2パーセント課税し、労働者が企業株の20パーセントに達するまで株式を購入することを提唱した。

結果の平等を追求する試みが裏目に出たとしても、経済的不平等が良い結果をもたらすなどとは言えない。実際、権利も結果も不平等になることも少なくない。経済学者の言う「グレート・ギャツビー曲線〔ジニ係数と親と子の所得の連動性をかけあわせ、格差の拡大と固定化を表したグラフ。２０１２年に米大統領経済諮問委員会のアラン・クルーガー委員長が発表〕」は、不平等が高まると社会的な流動性が低下し、貧しいが潜在的に生産性の高い人々を排除する結果となり、経済成長に打撃を与えるとする。ここでは効率のために平等が必要だ。

多くの工業国では、格差は大きく、個人の所得は高くない。スペインやギリシャといった国々は、高度に規制された保護主義的な製品市場や労働市場を有している。政治的コネクションを持つ少数の企業が主要産業を支配し、専門職に就くには家族・親族のコネが必要だったりすると、結局は平等と経済の両方に害を及ぼす。悪いことは往々にして同時に起きてしまうものだ。

特にイタリアのケースが参考になる。2000年代以降、イタリアでは平均所得がほとんど伸びていないが、アメリカやイギリスと同様、不平等は大きいままだ。その責任の一端は、所得階層の下層と上層の両方で厳しく規制された労働市場にある。イタリアには十分な保護を受けられる正規の労働市場から排除された低賃金の非正規労働者がたくさんいる。専門職にも無数の保護があり、少数の幸運な人たちに非常に有利な機会を作り出している。

こうした保護の恩恵を最も受けているのはイタリアの公証人「ノタイオ」だろう。10年以上前、私はフィレンツェに1年間住んでいた。毎日バスを利用していた私はフィレンツェの最も富裕な地域をよく通った。そこにはルネサンス様式の宮殿を利用したフォーシーズンズホテルがある。大邸宅には「notaio」と書かれた金色の看板が掲げられていた。それらは公証人の事務所であることを示すが、アメリカの路面商店街で見かけるような小汚い公証人役場とは大違いだ。とはいえ仕事についてはだいたい同じで、家の売買から契約まで、2006年以前なら中古車売買も含む、日常的な文書の法的有効性を証明する仕事だ。イタリアの公証人は、弁護士や不動産権利保証会社〔不動産取引のトラブルを予防するため売買契約の前に物件の所有権や担保権の調査や保険を提供する〕などの参入から自分たちの業界を守ることができた。公証人でなくてはいけない手続きを残すことは大きな利益につながり、平均で年間数十万ユーロの収入を得ることができる。その代わり、住宅の所有者が住宅の売買を法的に有効と認められるためにノタイオに支払うコストは、価格の2パーセント程度となっている。

この例が示すように、平等と効率はいつでもトレードオフの関係にあるわけではない。非効率が不平等を生み、不平等が非効率を助長することもある。これは経済的不平等だけでなく、より一般的な権利の不平等にも及ぶ。特に顕著な例は、アメリカの人種的偏見が経済成長に及ぼした悪影響だ。リンチ（私刑）やジム・クロウ法によるアフリカ系アメリカ人への組織的な政治的抑圧は、アフリカ系アメリカ人のイノベーション能力も抑圧した。リンチがピークに達した20世紀初頭、アフリカ系アメリカ人の特許取得率は激減した。政治的・市民的権利の不平等が、低成長、人種的不平等、国家による暴力のまん延をもたらす最悪の事態が起きたのだ。個人の機会損失と集団としての富の損失が同時に起きた悲劇である。

権利の平等と結果の平等の両方を達成するのは容易ではないが、悲しいことに、だからと言って権利の不平等と結果の不平等が同時に起きないわけではない。世界中の抑圧された集団にとって、それは不幸だが、決して珍しくない経験だった。

投票権の平等 対 結果の平等

資本主義の民主主義国には、強制された平等と寡頭制的な不平等に向けた強い遠心力が働いている。しかし非民主主義国ではどうか。結果の平等の追求は、そもそも平等な政治的権利を得る機会にどんな影響を与えるのか。不平等な独裁政権は生き残る可能性が高いのか、それとも倒されるのか。

平等な政治体制は、経済的にすでに平等な場所で生まれやすいと考える読者もいるかもしれないが、実はそうではない。むしろ平等の罠の反対で、より平等な結果を実現しても平等な政治的権利が得られるわけではない。つまり民主主義の実現には、かなりの程度の不平等が必要かもしれない。

民主主義の興隆は、何世紀にもわたる氷河のようにゆっくりした一様でない過程だった。19世紀以前は大衆が一線を超えるとエリートがすぐに武力で抑え込んだため、人々による統治が長続きしたことはほとんどなかった。アテネの民主主義は、明らかに非民主的な響きを持つ「30人の僭主〔ペロポネソス戦争敗北後に成立した寡頭制政権〕」に取って代わられた。2千年後、人々に選ばれたフランス国民議会はロベスピエールとジャコバン派がギロチンにかけられ、はじめはテルミドールの反動で、のちにはナポレオンにとって代わられたことで、力を失った。

なぜエリートは人々の直接統治を受け入れようとしなかったか。私は違うと思うが、よく言われる説は「ロビン・フッド〔義賊〕を恐れた」というものだ。エリートが裕福で人々が非常に貧しい場合、エリートには多くの懸念材料があった。人々が統治すれば、自分たちの土地を分割して農民に分配したり、贅沢な収入に税金をかけられて貧しくなるかもしれない。フランス革命では、貴族や教会の土地が平民に再分配され、貴族の税制上の特権も撤廃されたが、これは人々の統治への長年の懸念が現実化したものだった。カール・マルクスの有名な言葉を借りれば、「妖怪がエリートの間をさまよっている。再分配という妖怪が」ということになる。

研究者仲間のデビッド・サミュエルズ〔アメリカの政治学者、ミネソタ大学教授〕と私は、これを「再分配主義的な」民主主義の理論と呼んでいる（不格好な用語なのは認める）。この考え方は、不平等が民主主義の実現をより困難にするというものだ。きわめて不平等な独裁国の統治エリートの立場に自分を置いてみよう。政治権力のみならず、国富である農場、鉱山、石油も支配しているあなたが、人々にも政治的な力を与えるか、その是非を検討するよう求められたと仮定する。ひとたびそれを認めてしまえば、あなたは課税や国有化などの自分の富を奪われる不快な「変化」を阻止する力をすべて失ってしまう。

人々はあなたに言うだろう。「心配いらない、私たちはあなたに重税を課さないと約束するので信頼してほしい」と。しかしあなたが政治権力を手放した瞬間、人々が「やはりあなたの城や豪邸やマンションの一部が欲しい」と思うのをどうやって阻止できるのか。人々のほうは「コミットメント問題」を抱えているのだ。つまり、約束の信頼性を確保することができない。同様に独裁国家がエリートの税金を上げ、人々にお金を分配すると約束しても信用できない。制約を受けないエリートの約束は、さらに信頼性に欠ける。エリートや人々に政治的な約束を守らせることができる第三者は存在しないのだ。

人々ができることは、独裁的なエリートが権力を渡さなければ騒動になると脅すことだ。そうなると、エリートは人々を抑圧するコストと民主主義を我慢して受け入れるコストを比べなければならなくなる。つまり自分の独裁下に人々を押し込めるため、いくら払うか。人々に統治させると、自分たちにとってどれほど不都合になるか。

この葛藤が私たちに平等を回復させる手がかりとなる。民主主義は、平等のレベルに応じて、多かれ少なかれ許容される。経済的不平等が低いレベルの国では、エリートと人々の差はそれほど目立たない。人々が権力を握っても、おそらく懲罰的な重税は課さないだろう。なぜなら自分たちの税負担も増えるし、エリートは重税を課す価値があるほど豊かではないからだ。しかし、きわめて不平等な独裁国家では（現実にはこれが一般的だが）、現在のエリートが権力を手放すことの脅威が非常に大きくなる。彼らは広大な土地、生産性の高い鉱山や油田、無数の工場、銀行、住宅を所有しているだろう。これらすべてが貧困層の権力奪取で脅かされる。だから民主化は平等な国でしか実現せず、不平等な国は権威主義的なエリートに支配されたままとなる。

「再分配主義的な」世界観では、経済的成果の平等と政治的権利の平等が同時に実現可能だと考える。表面だけ見れば平等の罠から脱出できるようだ……。

もっともらしく聞こえるし、本当なら喜ばしいが、いくつか疑問点が湧いてくる。今、世界で最も貧富の差が激しい国はどこかと問われれば、多くの人はアメリカを思い浮かべるだろう。ブラジルやメキシコ、南アフリカと答える人もいるかもしれない。すべて民主主義国家だ。工業化時代の豊かさの中の貧困を描いた偉大な作家たち、チャールズ・ディケンズ、スコット・フィッツジェラルド、ジョン・スタインベックは、民主主義社会で富める者と貧しい者が直面する、似たような苦悩について書いた。

代わりに、前世紀に最も平等だった国をいくつか見てみる。スウェーデンやノルウェーでは先に触れたように、所得よりも富の不平等が広がっている。しかし毛沢東時代の中国、フルシチョフのソビエト連邦、現代のベラルーシは、きわめて平等な独裁政権である（ベラルーシは特にそうだ）。なぜこれらの国の「エリート」は、人々に支配権を渡さないのか。最初の答えは、共産党独裁政権だから「平等」は共産主義のパッケージの一部だというものだろう。しかしそれでは、結果の平等が、本当に民主主義的な権利が平等に与えられることにつながるのか、という疑問が湧いてくる。

経済的に平等な独裁国家は共産主義だけではない。19世紀末の清帝国も経済的には非常に平等で、ジニ係数はわずか0・24と推定される。当時の中国ではほとんどの人が平等に貧しかったのだ。そして統治する少数エリートがいたとはいえ、統計に現れるほど彼らに不平等に集まる「モノ」が中国で生産されていたわけではない。清帝国は政治的には反平等主義だったが、経済的にはそれほど不平等ではなかった。

今では不平等な民主主義国家と平等な専制国家という、再分配主義的な民主主義の理論とは反対のパターンの状況がある。民主主義を生み出すのはしばしば不平等なのだ。

私にはこちらの主張がより説得力があると思われるので、以下に推論を述べる。不平等をより大きくする方法は二つある。一つ目はすでにあるものを不公平に分割し、少数グループにより多くのパイを分けるようにすること。二つ目は、新しいものを作って不公平に配り、少数グループが不釣り合いなほど多くの新しいパイを手に入れること。

ここでパイを経済に置き換えて考えよう。経済が停滞している場合、不平等の拡大は富裕層が貧困層から資産を奪い取ることが原因のはずだ。しかし経済が成長している場合、不平等が生じるのは、この新しい成長の取り分をより多く主張する集団がいるためだろう。格差が拡大するには、その集団が他よりも富裕にならないといけないが、ここで重要なのは、それが統治エリートである必然性はないという点である。

この物語にもう少し肉付けをしてみよう。産業革命の例を考える。1600年頃のイングランドでは、国富のほとんどは農業で生み出された。不平等が拡大したのは、貴族階級の地主がより多くの羊を放牧して貴重な羊毛を売ろうと、農民を土地から追い出したときだ〔エンクロージャー〕。しかしまれに大規模な土地所有権の分割が起きたり、ペストで貧しい農民がたくさん死んだりすると、平均的な農民がより多くの土地を持つようになり、不平等は縮小した。

産業革命が本格化すると、想像を絶する大量の新しい富、土地に依存しない富が生まれた。モノが増え、モノが不公平に広がっていった。その利益は工業化の進展で豊かになった都市工場主や商人といった、新たな集団の手に落ちた。貧しい人々の生活は産業革命後の1～2世紀の間、物質的には変わらなかった。彼らは耕作地でも工場でも貧しかったのだ。しかし新しい経済エリートが出現した。問題は当時の政治体制が彼らの力を認めなかったことだ。

19世紀にイギリスが徐々に民主化されていった過程は、この新しいエリートの政治的代表権の要求に対応したからだった。それは勤勉な「富裕層」の参政権獲得、新たな工業都市の議会からの代表権の獲得、農業エリートの長年の特権との激闘を意味した。経済成長で不平等が拡大し、それは、まだ政治エリートではない、新たな経済エリートの出現を意味した。

こうした新旧エリート間の争いは、注意してみるとあらゆる場所に存在する。不平等が減るときではなく拡大する時期に起こる現象なのだ。不平等は新しいプレーヤーを登場させるので、民主主義にとって良いことだ。平等は停滞であり、独裁を継続させる。これは平等の罠の反対側、つまり結果の平等が権利の平等を損なうことを意味する。対照的に不平等は伝統的なエリートを揺さぶり、民主主義の福音となる。

新しいエリートがなぜ民主主義に関心を持つのか。自分たちが国家を支配し、他の者より優位に立ちたいだけではないのか。そうかもしれないが、より一般的にいって、新たなエリートは国家からの保護を拡大しようと試み、憲法の規定でそれを認めることが多い。新しい富裕層が登場する場合、彼らは通常、土地と結びついた農業やその地下の鉱物の所有よりも、商業や産業で稼ぐことが多かった。工業や商業は、土地から価値を抽出するよりもはるかに複雑で、大量の契約書、高度に差別化された製品、世界中に張り巡らされた貿易ネットワーク、そして活発な消費者といった基盤が必要になる。

独裁者は、このような社会的・経済的なつながりを提供し、保護するのに苦労する。制約を受けない独裁者は、契約の破棄、貿易の遮断や富の収用を行わないことを、信頼される形で約束するのが難しいからだ。独裁者の政治的約束は、銃口の脅しとともに撤回される可能性が常にある。そのため、独裁政権下で台頭する新しい経済エリートは、政権に富を収用されたり、身代金を要求されたりするリスクに直面している。

ロシアのオリガルヒ（新興財閥）とプーチン政権との間の不穏な関係は、その好例だ。オリガルヒは共産主義崩壊後、それまで国有だった企業や利権に特権的にアクセスすることで財を成した、主に男性の集団である（いつもほとんど男性だ）。

プーチンがロシアの権威主義を深化させるにつれ、政権に反対する財閥幹部は深刻な法的問題、あるいはそれ以上の悪い結果に直面するようになった。

2003年、ガス大手ユコスのトップで当時ロシア第一の富豪だったミハイル・ホドルコフスキーが逮捕されたのは、非常に重要な出来事だ。ホドルコフスキーは「開かれたロシア」をはじめとする野党やシンクタンクの支援をしていた。シベリアのノボシビルスクで自家用飛行機に乗り込むところで逮捕され、詐欺と脱税の罪で起訴された。彼はユコスの支配権をすべて奪われ10年間投獄された。他のオリガルヒはさらに悲惨で、メディア王でプーチンの対抗馬だったボリス・ベレゾフスキーはロンドン近郊の邸宅の浴室で遺体で発見された。それ以外にも亡命先で不可解な死を迎えた者が多い。ロシアのウクライナ侵攻後、少なくとも7人のオリガルヒが謎の死を遂げた。彼ら裕福なビジネスマンにとって、専制のもとで運命を翻弄されるより民主主義のもとで高い税金を払うほうがましだったかもしれない。

民主主義下では支払う税金が増えるかもしれないが、司法があり、統治者への制約がある。少なくとも課税されるときは代表がいる〔代表なくして課税なしの原則〕。だからこそ不平等は必ずしも民主主義の敵ではないのだ。アメリカ独立戦争は、富裕になった植民者が代表権のない課税を嫌うようになり、ボストン、ニューヨーク、フィラデルフィアの新興商業都市の指導層が主導して起きた。独立を勝ち取った後、彼らは自分たちでアメリカの君主をかつぐことには乗り気でなく、ジョージ・ワシントンが言ったように「維持できるなら民主主義」を求めた。アメリカの政治モデルは、一つの機関の支配を防ぎ、財産権を保護するために権力分立を基本としていた。商業の新しい勝者にとって民主主義は良いものだった。

しかし、経済的不平等が政治的権利の平等を呼び起こす可能性が高いと断定する前に注意すべきは、アメリカの民主主義は白人男性市民の平等に過ぎなかったことだ。国家や課税から自分の財産を守るため、平等な権利を要求したのは白人男性だった。奴隷の苦役によって成り立つ広大なプランテーションは、19世紀まで元のままの状態で残った。田舎の、暴力で強制された後進的な不平等は、アフリカ系アメリカ人から自由と、法の適正な手続き（デュープロセス）と、あらゆる政治的権利を奪うことでしか維持できなかった。このような不平等は、深く権威主義的なものであった。

平等な取り扱い 対 結果の平等

経済的自由と政治的権利の平等を求める戦いは、第二次世界大戦終結までに、今日の西欧民主主義諸国でほぼ勝利を収めた。それから過去半世紀にわたり、これらの国々で繰り広げられた偉大な戦いは、伝統的に、そして法的にも白人男性と比べて、非常に不平等な扱いを受けてきたグループが平等な社会的権利を求めるものだった。公民権運動、女性の権利運動、同性愛者の権利運動は今日もなお、不公平な条件と戦い続けている。しかし労働市場や政治一般における差別は、数十年前と比べてもはるかに少なくなった。

人々の平等な取り扱いが画期的に改善したにもかかわらず、１９５０年代以降、経済的な結果はますます不平等になった。どの指標を見ても、高給取りと低賃金労働者の間の格差は、過去数十年間で大幅に拡大した。これは逆説的に感じられるが、平等の罠のもう一つのしかけを表している。

経済的不平等の拡大の理由に、労働力の構成が大きく変化したことが挙げられる。特に、より公正な採用プロセスの結果として女性の社会進出が進んだ結果、労働者間の給与格差が拡大した。女性はパートタイムで働くことが多く、それを考慮せずに年収で比較すると、労働時間が短いために不平等が大きくなる。もちろん女性が男性よりも賃金の低い仕事に就くなら、これも不平等を拡大させることになる。

これは１９５０年代以来、職を得る機会だけで見ると平等になったにもかかわらず、採用と報酬は性別に公正ではないことを表している。完全に公平な待遇への途上にあるこの不完全な実態は、女性が男性よりも体系的に低い賃金しか得ていない一方で、新たに生まれた一連の経済的不平等が根強く残っていることを示す。表向きはジェンダー中立であるスカンジナビア諸国でも、女性の賃金は男性よりも約20パーセント少ないのが実情だ。

平等な待遇の実現が、より不平等な結果を生むことを確認するため、経済発展の段階が異なる国々で女性の労働力参入がどのように行われたか見てみよう。平均年収が5千ドル前後の国では女性の労働力参加率が著しく低く、男性よりも50パーセント・ポイントほど低い。こうした国の賃金格差はさらに大きく、女性の賃金は男性よりも65パーセントも低い。平均所得が4万5千ドル前後の豊かな国々では、労働参加率の差は10パーセント未満であり、男女の賃金格差も低くなっているが、それでも40パーセント弱ほど違う。

不平等への含意が二つある。一つは労働市場にいる女性の数が少ないほど給与の男女格差が大きくなり、女性の社会進出の初期段階では男性に比べて給与の低い仕事に就いているため不平等が広がる。単純に貧しい国々では女性の働く時間が短いから給与が低いというわけではなく、実際には国の豊かさで男女の労働時間はほとんど変わらない。第二に最も豊かな国々でさえ、女性は労働市場で体系的に不利な立場に置かれ、持続的で頑固な不平等を生んでいる。１９８０年代以降、豊かな国々での男女格差は根強く、差は10パーセント・ポイント強しか減少していない。

なぜ男女格差はこれほどまで根強いのか。ほとんどの豊かな国では、男性よりも女性が多く大学に進学しており、これが男女格差を逆転させているはずだと考えると、特に顕著である。女性が出産によって職業面で罰を受けるようになっていることが、労働市場を不公正なものにさせている重要な原因である。経済学者によれば、男性の収入は第一子出生後も安定しているのに対し、女性の収入は出産から長くて10年にわたって出産前のほぼ半分にまで落ち込む。

この違いは、まず労働を続けているかによる。男性の労働参加率は出産後も変わらないが、女性の労働参加率は産休に入ると急激に低下する。出産後も同じ時間働き続ける女性の場合、すぐに時給が下がることはない。しかし数年後には同時期に子どもをもうけた男性と大きな差が開く。これは二つのことを反映している——第一子出産後も職場に残った女性でも昇進の見込みに格差があること、そしていったん休職した女性の再就職時の賃金が低いことである。経済学者は、子どもを持つことで賃金に差がついてしまう理由を、子どもができた後の職歴の喪失と、女性がより柔軟な雇用形態の職業に就くことでほぼ完全に説明できることを発見した。このペナルティ（罰）は、潜在的な収入が高い高学歴女性ほど大きくなる。

問題は、明確な雇用差別はなく平等とされる労働市場で、なぜこのような格差が存在するのかだ。その答えは、形式的な法的平等の陰で、家庭内での深刻な不平等がまだ存在しているから、というものだ。どの先進国でも女性は男性よりはるかに長く無報酬家事労働を行っている。スウェーデンでは1時間弱、ポルトガルや日本では3時間以上の男女差がある。このような家事労働の不平等が、男女で異なる雇用のあり方と関わっている。新型コロナのロックダウン期間中にイギリスで行われた家事労働の調査では、母親が父親より収入が多い家庭でも、結局、女性は男性よりも多くの家事や育児を行い、家事労働に中断されない有給労働を続ける割合は少なかった。

スウェーデンのように性別にとらわれない育児休暇政策をとっている国でも、家事の分担は頑固に女性に偏っている。スウェーデンでは、各親に２４０日の有給休暇が与えられ、そのうち１５０日はもう片方の親に譲渡することができる。つまり、父親の休暇のうち90日は譲渡できない。この「〔父親が家族のために〕使うか、さもなければ失うか」の休暇日数を「パパ・クオータ（daddy quotas）」と呼ぶ。だが男性は有給休暇の総日数の25パーセントしか取得しておらず、両親の休暇の日数がほぼ均等な家庭はわずか13パーセントに過ぎない。また制度導入後に「パパ・クオータ」で休んだ父親たちは、休暇を取らなかった男性と同様、病気の子どもの世話をする率が低かった。表面的には公平な政策のように見えても、自分のキャリアをフルスピードでまっとうするのは誰で、犠牲を強いられるのは誰かという家庭内の既存の不平等を覆い隠している。

両親に均等に育児休暇を与える制度が実際に家庭内での平等を作り出すには、社会的な規範が広く変わる必要があるだろう。父親による育児休暇の利用は雪だるま式に増えていくのだ。ノルウェーのデータでは、兄弟や同僚が育児休暇を取得した男性は、自身も育児休暇を取得する可能性が非常に高くなる。また、職場の規範も男性の育休取得を阻む強い効果がある。日本では世界で最も寛大な父親の育児休暇制度があり、最長で12カ月、給与は約60パーセントが支払われるものの、実際には日本の父親の6パーセントしか取得していない。研究者の調査で、父親が消極的なのは他の男性の否定的な反応を過大評価するためだと説明されている。同時に一部の日本企業では、育休を取得した男性を評価せず閑職に追いやると批判されている。こうした不平等な規範は、表向き公平な政策が結局は不平等の強化につながってしまうことを示す。

また、世帯間の不平等を比較すると、平等な取り扱いが他の不平等を隠してしまう複雑な現実が見えてくる。1950年代はほとんどの家庭で男性1人の収入だったので、世帯収入を比較することは基本的に男性の収入を比較することだった。しかし女性の社会進出が進み、現在では共働きの世帯がほとんどだ。結婚や同棲が特定のパターンに従うかどうかで、世帯間の不平等のあり方が根本的に変わってくる。

選択結婚〔同類婚ともいう、assortative mating〕の考え方は、似た者同士が結婚することだ。高スキル・高収入の専門職女性は、高スキル・高収入の専門職男性と結婚する。同様に低賃金の女性は低賃金の男性と結婚する。そうなると世帯の家計収入の格差が増幅され、貧富の格差が倍増してしまうことになる。

簡単な例で考えてみよう。労働者階級の仕事に従事する年収4万ドルの男性1人しか働き手がいない世帯と、年収8万ドルの管理職の男性1人が稼ぎ手の世帯がいるとする（1950年代が舞台のテレビドラマ「ハッピーデイズ」の時代）。世帯間の年収格差は4万ドルだ。次に男女共働き（1990年代のテレビドラマ「フレンズ」世代）の世帯を考える。もし違う者同士がひかれ合った結果、労働者階級の男性が女性管理職と結婚し、男性管理職が労働者階級の女性と結婚するかもしれない。そうなれば、それぞれの世帯収入は12万ドルになり、世帯間の不平等は消滅するだろう。

だが現実はそうなっていない。その代わりに同類婚によって労働者階級世帯の平均年収は8万ドル、経営者の世帯が16万ドルで、その差は8万ドルにもなった。相対的に見れば、経営者世帯は労働者世帯の2倍裕福なままだが、絶対的な格差は2倍に広がっている。さらに、裕福な夫婦ほど離婚率が低い傾向にあるため、16万ドルの収入のある裕福な家庭がそのまま残り、他方では離婚により4万ドルずつ稼ぐ労働者階級の単身世帯が二つできる可能性が高い。

世帯間の不平等と同類婚の関係を示すデータはどうか。さまざまな証拠があるが全体として、過去半世紀にわたって豊かな国々が経験した所得不平等の拡大のかなりの部分を、同類婚が担っているようだ。研究者たちは、もし同類婚が1960年代前半の水準にとどまっていれば、1967年から2005年にかけてのアメリカの所得不平等の拡大が約25～30パーセント減少していただろうと推定している。また社会学者は、親の所得と子どもの長期的な所得の相関関係の半分までが同類婚を要因としており、世代間の流動性を低下させていると推定した。

同様の効果は、デンマークからイギリス、ドイツ、ノルウェーまでの多くの国々で見出されているが、相違点も指摘されている。労働市場に強い規制がかかるスカンジナビア諸国では同類婚の傾向が最も低く、規制が緩い英米圏や東欧の労働市場で最も高くなっている。スカンジナビア諸国のように労働市場に強い規制がかけられ、男女の所得の平等性が高い国では、高賃金が圧縮されて収入の格差が小さくなるので、例えば弁護士と教師などが、よくあるカップルとなる。

同類婚は世帯間の結果の平等を損なうのである。ただし、同類婚という現象は当初、女性を労働力として平等に扱う公正の観点で注目された。法律、金融、医療など専門職への女性のアクセスが改善されたことで、弁護士、銀行員、医師の共働き世帯が多くなったからだ。労働における平等な待遇と、望む相手と結婚する平等な権利は、世帯所得という異なる次元の不平等を生み出す。クリスティン・シュワルツ〔アメリカの社会学者、ウィスコンシン大学マディソン校教授〕が言うように「過去数十年間、夫と妻はより平等になった。しかし配偶者の類似性の増大は予期せぬ結果、つまり世帯間の不平等を増大させた」。

私たちはここでも、古くからある平等の罠のジレンマに直面する。人々に望み通り行動する平等な権利を与え、彼らを公平かつ公正に扱っても、彼らの個人的な決断が非常に不平等な結果を生んでしまうことがある。平等に取り扱えば経済的不平等が解消されると安易に考えてしまうと、政治は失敗する。その代わり、育児休暇のような政策では、雇い主が復帰した労働者に対応する際の既存のジェンダー不平等や、長く続く家庭内の不平等が望ましい制度を損なうことについて、真剣に検討しなくてはならない。

第8章 平等の罠から逃れる

民主主義的な自由を守りつつ資本主義の行き過ぎにストップをかけるには、どうすればよいのか。完全な平等の強制は私たちの権利を制限しかねないので、それを望む人は少ない。代わりに私たちは、豊かな国々で拡大し続ける貧富の差を縮めることから始めたい。不平等を押し返し、民主主義の破壊を防ぐためだ。スカンジナビア諸国のように、より平等な所得と活気に満ちたリベラルな民主主義文化が共存する国もある。だが政治なくしてそこに到達することは不可能だ。

市場やテクノロジーの魔法で不平等を解消できると考えるのは無謀であり、政府の介入や労働の組織化がない自由市場はほとんどの場合、富の一方的な蓄積を促す。すでに裕福な人々がエリート教育を通じて自分たちの子どもも富裕層にできる場合はなおさらだ。市場のショックで不平等が解消されることがあるのも事実だが、歴史を見れば飢饉や疫病、戦争、不況などによるもので、逃げ場がほとんどない。

ではテクノロジーによって私たちは平等になれるのか？　それはテクノロジー次第であり、安価な通信技術は国内およびグローバル市場から従来締め出されていた人々に新たな機会をもたらすかもしれない。しかし最近のテクノロジーは、すでに貧しい人々に有利には働かなかった。むしろＩＴ・通信技術はそれを活用できる熟練労働者に不釣り合いな利益をもたらし、教育の重要性を高め、労働者ではなく専門家や管理者を裕福にした。

結局、私たちの不平等の是正に外部の力を頼ることはできない。政治的決断を通して、自分たちで是正するしかないのだ。労働者層に今までと違う教育を施し、産業や労使関係をより効果的に規制し、そして何よりも不平等な経済が生み出す膨大な富に課税する方法を見出すことだ。もし死と税金だけは私たちにとって避けがたいものなら、せめて課税のほうは効果的にやりたいところだ。

ラリー・サマーズは、書類を置いて壇上に上がった。財務長官、ハーバード大学学長、バラク・オバマの首席経済顧問を歴任したサマーズは、経済専門家と米民主党の接点でプロフェッショナルのキャリアを積んだ。彼はまさに、経済政策における彼の王座を狙う者たちにお灸を据《す》えようとしていた。

彼は、エマニュエル・サエズ〔カリフォルニア大学バークレー校准教授〕の後にステージに上った。サエズはガブリエル・ズックマン〔同校教授〕やトマ・ピケティ〔パリ経済学院教授〕とともに、影響力のあるフランス出身の経済学者の一人だ。サエズとズックマンは、アメリカの億万長者を視野に入れた富裕税を提案した。その目的はアメリカのフォーブス誌が毎年発表する全米純資産総額４００人ランキングに登場する、国富に占める割合が１９８２年の０・９パーセントから２０１８年の３・３

パーセントへと約4倍になった超富裕層をターゲットにすることだ。

サエズは10億ドル以上の資産に対し毎年10パーセントの課税を行う計画を発表した。彼の提案は２０２０年民主党大統領選の有力候補だったエリザベス・ウォーレンとバーニー・サンダースの富裕層向け課税の提案に触発されたものだ。

ウォーレンの提案は5千万ドル以上の資産に2パーセントの課税、さらに10億ドル以上の資産に4パーセントの追加税を課すもので、わずか7万5千世帯が10年間で約4兆ドルもの税金を負担することになる。サンダースは３２００万ドル以上の資産への1パーセント課税から始めて１００億ドル以上の資産には8パーセントまで段階的に上昇する富裕税で、さらに多くの歳入が得られると主張した。アメリカで最も富裕な上位15人の２０１８年の資産はほぼ1兆ドルだった。ウォーレンの税制が実現すれば４３４０億ドル、サンダースの税制では１９６０億ドルの税収となる。富裕層は買うつもりのプライベートアイランドをもっと安いものにしなくてはいけなくなる。

どの富裕税を選んでも、政治と経済の両面で、その意味するところは明確だ。政治的には10万人以下のアメリカの富裕層と、それ以外の人々との対決である。民主主義に意味があるとすれば、それは大多数の人々が少数の人々の富を抑制する能力ではないだろうか。もしサンダースの税制が１９８０年代から実施されていたら、アメリカの資産ランキング上位４００人が所有する国富のシェアはほとんど伸びなかっただろう。だが現実には3倍以上増えた。

サマーズは提案に納得せず、サエズのデータと計算方式を批判した。そして富裕税自体が成功しないと主張した。第一に億万長者の財産を減らしても、政治権力に影響を与えるとは考えられない。彼の考えでは、政党も特別な利益団体も、富裕層のはるか下層の人々によって主に資金が提供されているので影響はほとんどない。むしろ富裕層に課税すると、課税免れのためのロビー活動により多くの資金を費やすようになるかもしれない。

第二に、資産の不平等の増大は所得の不平等の増加に追随するものだと主張した。つまり資産自体ではなく、所得の不平等の増加こそが問題だという。第三にサマーズは、富の不平等を研究する多くの学者を困惑させてきた事実に言及した。セーフティネットが充実している国、つまり公的な年金制度がある国では、それに加入しているおかげで人々が保有する資産が少なくなる結果、富の不平等は高い水準になる。例えばスウェーデンでは中流階級の人々は将来、国や職域の年金が保証されているため、個人年金基金に加入して資産形成する必要がない。

最後にサマーズは、財産への課税は、潜在的には投資への課税を意味することになるとした。なぜなら金持ちが将来の投資のために貯蓄すると課税されてしまうが、その財産を贅沢な世界旅行や選挙の寄付に使えば課税されない。自由が認められている国では富裕層は、富裕税の支払いを最小限に抑えるように適応した行動をとることができる。さて富裕層はどのように行動するだろうか。サマーズに言わせれば、私たちは平等の罠にはまる。選挙キャンペーンに献金する権利、好きなようにお金を使う権利、国を移動する権利、市民権を変更する権利などの他の平等な権利を制限しない限り、富裕税で結果の平等を確保できると信じることは難しい。

平等の罠から逃れる富裕税の使い方はあるだろうか。『21世紀の資本』（みすず書房）で有名なトマ・ピケティが考案した解決策はグローバルな規模の富裕税だ。現状では、資産を移してくれた外国人投資家に低税率を提供するミニ国家、つまりタックスヘイブンが多すぎるほどある。集合行為としては、私たちは億万長者に公平な負担をさせたほうがよいだろうが、彼らが国境を自由に移動できる場合、これらのミニ国家は個々の利益を優先するだろう。億万長者にごく少ない税率をかけることで得られる貴重な収入を計算するのだ。あらゆる国を包摂するグローバルな富裕税は、この動きを抑制する。国境を越えて資産を移しても課税逃れにならなくなるからだ。これは法人税をめぐる国際的な合意にすでに成功した経験に基づく解決策であり、2021年、136カ国が法人税の最低税率を15パーセントとすることで合意した。しかし億万長者は企業よりも課税が難しいのか？

グローバル富裕税の問題は、政治を考慮しないことであり、この問題はピケティ自身も認めている。税金逃れの億万長者に対するテクノクラート的な解決策としては文句ないように見えるが、やはり平等の罠に陥ってしまう。億万長者にも自由に移動する平等な権利を認めつつ、結果の平等のために富裕税を課すことで解決したように見えても、結局は他の平等に認められるべき権利、つまり民主主義国家の人々が自分たちの税率を自由に選択する権利を奪ってしまうのだ。大企業や億万長者に簡単に振り回されるミニ国家［タックスヘイブン］だけが相手ではない。グローバル富裕税は、税率をどうすべきか、誰が利益を得るのか、国境を越えて税率を変化させられるのかをめぐって、アメリカとヨーロッパ、中国やインドの間で確実に激しい争いを引き起こす。つまり国際政治という難事にぶつかる。一つの政府だけでなく、すべての政府を説得して税制を導入しなければならないからだ。

富裕税をめぐる政治は世論を見ても複雑だ。富裕税によって影響を受ける人は少ないから人々の支持を得やすいと思う人もいるだろう。しかし一般論では富裕層への課税を支持する人が多くても、いざ具体化すると世論は急に消極的になる。富裕層への課税が「正しいこと」だと理解するように一般市民を説得できる「道徳的指導者」に頼っても、今度は人々が納得しないという不都合な問題にぶつかる。

その典型的な例が2001年のブッシュ減税だった。この減税でアメリカでは2010年までに相続税が実質的に廃止された。ブッシュ税制の恩恵は富裕層に偏っており、2010年までにその恩恵の51・8パーセントが、最も裕福なわずか1パーセントの世帯にもたらされた。アメリカ人は金持ちは税金を十分に払っていないと考えていたにもかかわらず、この法案は非常に人気があったのだ。

2005年にラリー・バーテルス〔アメリカの政治学者、ヴァンダービルト大学民主主義研究センター共同ディレクター〕は「ホーマー、減税を受ける」という論文を公刊した。記事には数枚のドル紙幣を抱えて喜ぶホーマー〔アメリカのテレビアニメ、ザ・シンプソンズのキャラクター〕と紙幣を詰めた多くの袋の前で「おめでたい奴だ」とあざ笑うバーンズ社長〔同〕が描かれた一コマ漫画がついていた。このマンガは表現の微妙さにおいては評価できないが、アメリカ人の意識に明白な断絶があることをよく表している。バーテルスの調査によると、アメリカ人の52パーセントが金持ちの税金は少なすぎると考える一方、富裕層の税金負担をさらに減らすブッシュ減税に反対と答えた人は20パーセント未満だった。

なぜ人々は金持ちへの課税を望むと同時に、主に富裕層が支払う特定の税金の減税を支持してしまうのか？　バーテルスは人々が「偏見にとらわれた自己利益」を持っているからだと主張した。自分が（より正確には自分の死後に生前の財産が対象となるが）支払わなければならないと考えていたものが、実際には自分よりはるかに裕福な人々にしか影響しない税金だったのだ。人々は、自分の自己利益で行動しているつもりが、金持ちの利益で行動することになったのだ。ブッシュ減税に対する人々の態度は、金持ちが税を取られすぎていると考えるかどうかではなく、自分が税金を取られすぎているという思いによって形成されていたのである。

富裕税が嫌われる理由は他にもある。住宅はほとんどの世帯で財産の最大の構成要素であり、相続税は主に家族で住む住宅に課税される。家族の住宅、農地、事業がアメリカ内国歳入庁〔日本の国税庁に相当〕のグレーのスーツの役人に差し押さえられるのを見たくない感情的な理由はある。実際にはほとんどの人がこの財産を失うことはなくても、税に反対する政治家は、不運にも財産を失った家族の同情的な例を見つけることができる。また、富裕層への課税に反対する道徳的な理由もある。資産は貯蓄の形でもたらされることが多く、苦労して稼いだ労働の対価に「二度」課税されること〔収入を得たときにすでに税金を支払っているのに、貯蓄にも二重に課税される〕に反対する人は多い。富に課税するしくみを作るのが難しいと懸念する人々もいる。所得や取引についてはそれが発生したときに課税できるが、資産の場合は納税のために売却したり、借り入れをしなくてはならないからだ。

一般の人々に尋ねると、富裕税を懐疑的にみている傾向がある。２０１５年の世論調査で、イギリス政府が課す各種の税金が公正かどうか尋ねたところ、アルコールやタバコに対する課税は多数が公正と答え、所得税は約半数が公正だと回答した。しかし相続税が公正だと思う人は約20パーセントであり、約60パーセントが不公正だと答え、住宅取引に課せられる印紙税と同じくらい不人気だった。

イギリス国民は富裕層に最も厳しい税金に最も反感を持ち、貧しい人々にかかる税金に最も肯定的だった。問題は、なぜそうなのかということだ。

２０２１年に私がイングランドとウェールズで実施した調査では、相続税のような財産課税は依然として非常に不人気で、相続税が低すぎると考える人は20パーセント未満しかおらず、60パーセント以上が高すぎると考えていた。しかし２０１９年に相続税を実際に支払った人は４パーセント未満しかいない。みんな払っていないのに、とにかく嫌がるのだ。富裕税に対する彼らの意識について自由回答で記述してもらったところ、共通して使われるのは「すでに課税されている」「税なら払っている」「懸命に働く」「節約し貯金する」というフレーズだ。つまり富裕税を二重課税とみなして、実際には払わないのに不公平だと感じているのだ。

一方で、財産は能力や努力ではなく運によってもたらされると確信できた人々は、財産課税を公平と感じるようになるかもしれない。２０２０年に私と同僚は、20人程度の参加者を一つのグループとし、複数のグループに対してオンラインで実験を行った。参加者同士が税金をかけあう場合、所得や財産にどのような意識を持つかに注目した。

実験開始の数日前に参加者に電子メールを送り、何もしなくてもまずお金がもらえると知らせた（これが彼らの「財産」）。そして実験では、所得を得るために非常に退屈な仕事をこなし、その成果に応じて報酬が支払われるようにした。財産の価値も、仕事で得られる報酬の額も、実験的に変化させた。

実験の最後に他の人と比べて財産と所得の合計額でどれだけの収入を得たか全員に伝えた。そして財産と所得に別々の税率を設定し、集めた税金を均等に分配した。まずわかったことは、意外ではないが、人々は利己的であり、所得が多い人と財産が多い人は、ともに税金を安くするのを望んだ。

驚くべきなのは、あるグループにだけ追加情報を提供したときのことだ。自分の収入が他の人と比べてどれくらいか、全体だけでなく所得と財産に分けて教えた。つまり自分の収入が一所懸命仕事をしたから得られたものか、それとも運が良かっただけかを知らせたのだ。

このグループは所得分布の追加情報に反応して、自己利益にさらに固執するようになった。多額の所得がある人ほど、課税にますます反対するようになった。仕事を実行するには退屈に耐える努力が必要で、人々は他人と比較して自分の所得がどれくらいかに高い関心をよせた。彼らは一所懸命働いたからこそ、そのお金を受け取るにふさわしい。他の人は明らかに怠惰だった。しかし所得ではなく財産の額の他人との比較については、同様の効果はなかった。財産に関しては誰がいくら得るかが完全にランダムであるのを人々は知っていたため、追加情報は重要ではなかったようだ。

その結果、もし人々が財産について努力でなく運によってもたらされると考えているなら、所得よりも財産に課税するほうが対立を生まないことがわかった。人は、恣意的な予期せぬ利益を手にしたとき、自分がそれに見合うことをしていなかったと認識できるのだ。だからその一部を手放すよう説得できるかもしれない。また、予期せぬ財産を得られなかった人々も、得られた他人は運が良かっただけだと認識し、課税を支持するようになる可能性がある。

これは、ある種の財産への課税が他よりも容易であろうことを示唆する。人々は自分の貯蓄に課税されることを強く嫌う。それは過去の努力にもう一度課税されるようなもので（つまり二重課税）、違和感を覚えるからだ。相続税についてはもう少し複雑で、相続人の観点からは予期せぬ利益である一方、その財産は通常、両親の貯蓄から来ており、つまり一代前の努力の成果である。また非常に裕福な家庭でない限り、相続は生涯収入に大きく貢献することはめったになく（多くの人にとって年間に均《なら》すと5パーセント以下）、格差を減らすにはそれほど効果的ではない。より妥当な策は、投機的な資産から得た利益に課税することだ。投機資産は人々の努力とあまり（もしくはまったく）関係なく価格が上昇する。暗号通貨や株式、投資目的の住宅などがそれにあたる。

効果的な富裕税はどう設計すればよいか。私たちは政治に特有の癖を理解しておく必要がある。つまりほとんどの人は富裕税に懐疑的だから、実際に支払う可能性は非常に低くても、透明性の高い説明を行い、課税対象を明確に絞る必要がある。対象とする財産の形態で最も政治的に実現可能なのは、努力でなく運に左右される不労所得のような予期しなかったタイプの資産だ。既存の相続税はこの点を一部満たしているが、家族と住宅という二つの感情を揺さぶるところを直撃するものでもある。もし私たちの懸念が、大金持ちが世代をこえて富を移転することにあるなら、相続税は非常に大きな資産だけに限定し、徴税を強力に執行するほうがより理にかなっているかもしれない。

その代わり資産が増えた場合の課税と所得税を等しくしていくことに焦点を当てるのが良いだろう。多くの国では、キャピタルゲイン（資産売却益）にかかる税金は、個人の所得税に比べてはるかに低い税率に抑えられている。運による利益と努力による利益の違いを強調し、上記の実験で見られた予期せぬ利益よりも労働に価値を置く社会規範に拠って立つことができる。どんな税制でも私たちの根底にある公正な感覚に合致してこそ、政治的に効果的になり、長続きするのだ。

人々に課税するのが難しいなら、反撃できない（少なくともそうであってほしい）ものにターゲットを移すのはどうか。例えばロボットだ。「ロボット税」はニューヨーク・タイムズ紙やウォールストリート・ジャーナル紙で議論され、ビル・ゲイツが支持している。かつて人間が行っていた作業をロボットが自動化することで労働市場の主要部分が空洞化したとされ、数百万人がまともな賃金を得ていた仕事がなくなったことで不平等が拡大した。この税は、企業が労働者をロボット（あるいはＡＩ）に置き換える動きを、税制によって負のインセンティブを与えることで止めようとするものだ。この税金は、ロボット一台あたりで徴収することもできるし、労働者がロボットに置き換えられた後も社会保障の雇用者負担額を企業が払い続けるようにするなど、失われた労働力と関連づけることも可能だ。ゲイツは、ロボットを人間と同じように扱うよう提唱し、ロボット（もしくはその所有者）は、置き換えた労働者と同じ所得税などを支払うべきだとする。

ロボット税は、平等の罠の脱出に役立つだろうか？　ロボット税のメリットは二つある。一つは、労働者が解雇されたとき政府が失う税収源をこれで補うこと。二つ目は、雇用主が雇用削減を考え直し、既存の労働者の生産性を高める方法を検討するよう促すことだ。個々の企業がコスト削減のためにロボット導入のインセンティブを持つ場合、社会全体の利益のために人間の従業員を育て続けるよう説得するのは難しい。ロボット税は人間の労働者がシリコン製のライバルに対して有利な立場を与えることができ、長い目で見れば人材育成を最優先とする規範を企業間に定着させるのにも役立つだろう。

現在、ロボット税はまだ実施されていない。韓国には「ロボット税」とも呼ばれる政策があるが、これはロボットへの投資に税制上の優遇（控除）措置を与える補助金を廃止したために控除がなくなっただけのことだ。ロボット税がないのは、ロボットが有権者として怒ることを恐れているからではない。「ロボット」の定義が大きな問題だからだ。例えば製造業のロボットアームは米国勢調査局の製造業調査に含まれるが、自動運転フォークリフトは含まれていない。ソフトウェアの領域になると定義はさらに難しくなる。各々のアルゴリズムがロボットなのか、あるいは一連の接続されたアルゴリズム全体をロボットとするのか。企業がＡＩに投資することで、どれだけ多くの人々が失業し、雇用されるチャンスを失ったか、どうやって測るのか？

ロボット税のより広い問題は、それが政治を回避する税だというような考え方だ。ロボットへの課税が支持されるのは、文句を言わず、感情を持たない存在に対して税をかける感じがするからだ。しかし、もちろん、ロボット税は最終的には人間にかかる税金だ。ロボットを所有する人、または使用する人が支払わなければならず、結局、不平等を減らすべきか、誰が支払うべきか、についての政治的な議論に戻ってくる。私たちの関心がテクノロジーの爆発的進化によって生じる不平等にあるのに、テック企業の富裕な所有者という生み出されたもの《アウトプット》より、ロボットという生産のために必要な技術に注目するのは、的外れな感じがする。平等の罠を効果的に解決したいなら、社会で最も裕福な人々を無視することはできない。彼ら富裕層の資産に議論を戻そう……。

富裕税やロボット税は、賛否は別として、結局は不平等を「事後的に」繕《つくろ》う方法である。税には再分配機能があり、市場によって生み出された不平等を、より多くの財産を持つ国民からお金を徴収し、より少なくしか持たない国民に与えることで是正する。しかしこれでは問題の核心に迫れない。こうした政策はある集団が他の集団よりも常に、おそらくは圧倒的に裕福であるのを前提としており、根本的な不平等の解決にはならない。

税金や所得移転の前に、政策で不平等を減らす方法はあるだろうか。市場での所得をより平等にするアイデアは「事前分配（predistribution）」という少し気難しい名がついている。国家は不平等をその根源から減らすことに焦点を当てるべきだというシンプルなアイデアの割には長い名称だ。その中身は、課税よりも先に規制や投資を行うことである。例えば国家の規制は、最低賃金によって直接的に、あるいは労働組合の賃金交渉を促進することで間接的に、収入の低い人たちの賃金を押し上げることができる。欧米の労働組合員数の減少は、間違いなく不平等を増大させる主要な要因の一つだ。

収入を立て直し、平等に向かわせるもう一つの方法は、経済全体を見ることだ。中央銀行は金利を低く保ち、信用へのアクセスを緩和することで、雇用主に多くの労働者を雇うよう促すことができる。失業率が低くなれば、労働市場のひっ迫で雇用主が競って採用する〔売り手市場〕ので、労働者の交渉力が高まる。しかし、ポストコロナの経済が示すように、それはインフレーションを促進することにもなる。

最後に、これは多少の公的支出を伴うが、政府は教育、スキルアップ、研究開発を通じて、人々の生産性向上に投資できる。市場がこうしたスキルに報酬を与え、また国の投資がなければスキルアップの機会を受けられない貧しい人々を対象にするなら、国の生産性を上げながら賃金を押し上げ、不平等を減らすことができるはずだ。

この最後の戦略は魅力的だ。平等を実現できる特効薬のような解決策かもしれない。このアイデアはしばしば「社会的投資」として推進され、高齢者や病気の人、貧困層、失業者に資金を移転する「社会的消費」政策と対比される。社会的投資は私たちを平等の罠から解放してくれそうに見える。社会的投資は貧しい労働者のスキルと生産性と賃金を上げ、単にお金を給付するだけの「悪いインセンティブ」を回避できるからだ。また、労働市場で人々が望む仕事に就く平等な自由を侵害することも少ないように見える。しかし平等の罠から逃れる、このような単純で技術的な解決策が本当にあるのだろうか？

あるかもしれない。教育支出は確かに平等をもたらす可能性がある。民主化が進み、貧しい人々にも投票権が与えられるようになると、教育への支出が拡大する。一般的に貧しい国民を代表する左派政党も同様に教育支出を増やす。しかし、教育への支出増が必ずしも平等な社会へと単純に変換されるとは限らない。「能力主義」の考え方は、表面的には魅力的に映る。なぜ、より多くのスキルや才能を持つ人がより良い報酬を得てはいけないのかと。しかし人々がどのようにスキルや才能を身につけるかは、特に平等というわけでもない。

これは教育費の出どころを見れば明らかで、教育費が平等に使われることはほとんどなく、比較的裕福な生徒が恩恵を受けることが非常に多い。高等教育への支出は、国の生産性向上にとって良いことかもしれない（そのように主張することは、大学に雇われている私の関心事であることは間違いない！）。しかし高等教育機関への入学は所得と強い相関がある。つまり富裕層は初等教育よりも高等教育に、自分たちと政府のお金を使うことを好む。民主主義国家では初等教育への支出が多いのに対し、権威主義国家では大学への支出が多く、初等教育への支出が少ない傾向がある。

豊かな国々の政党には、興味深いパターンがみられる。大学進学率が低い時代には右派政権が高等教育支出を増やす。しかし大学入学者数が増加するとこのパターンは逆転し、代わりに左派政権が高等教育により大きな支出をするようになる。大学の学生数が増えると、平均的な学生のバックグラウンドが貧しくなり、政治的インセンティブが変化する。痛む虫歯をなかなか抜けないように、教育政策から政治を切り離すことはできないのだ。大学など高等教育への支出は、異なる信条を持つ人々、そして政党にとって、異なる時期に魅力的になる。

スキルの向上と大学の大衆化は、平等を掲げる左派政党には魅力的に映るかもしれないが、いつものように落とし穴がある。現代の労働市場はますます多くの熟練労働者を求めているが、経済が大卒者を吸収する能力には限界がある。学位取得者が（高価な費用をかけて習得した）スキルをほとんど活かせない仕事に就いてしまうこともある。

こうした「ミスマッチ」な卒業生は、民主主義や経済、生活全般への満足度が低く、政治家に対しても不信感を抱いており、同じ大学を卒業した仲間で適職に就いた者たちよりも、過激な右派政党に投票する可能性が高い。社会的投資の考え方で連立政権をまとめ、経済を活性化させ、より平等な社会を作ろうとする中道左派の政党が、その代わりに過激化した失業中の「ミスマッチ」な卒業生の集団を抱え込むことになるかもしれないのだ。

能力主義で平等の罠を解決するには限界がある。高等教育は、ハイテク化した複雑な経済に不可欠な要素だが、18歳で教育を終えてただちにデータサイエンスや製薬、金融などの業界に就職できると期待するのは非現実的だ。だが現在、大卒レベルの仕事を全人口に提供することも不可能だ。大規模な非大卒者層を抱えるか、適職に就けず失意の卒業生を大量に抱えるかのどちらかになる。

自分のスキルや努力が仕事の地位に反映されるとする能力主義的な主張は、このシステムの超高学歴の勝者たち（そのほとんどが裕福な家庭の出身者）の自己正当化と自己弁護にたやすく陥ってしまう。2000年代に入り、トニー・ブレアやビル・クリントンなどの政治家は、教育をより高い成長と平等を達成する、非政治的な解決策とみなした。しかし教育には勝ち組と負け組がある。過去10年間、教育は現代の選挙における重要な政治的分断線として浮上してきた。教育を平等の罠の解決策と考えるなら、人口の半分を大学に進学させてそれで終わりとするわけにはいかない。大学に行かない残りの半数は、それを見透かしているのだ。彼らのために私たちは何ができるだろうか？

解決の糸口は、経済的スキルアップにつながるのは大学教育に限らないことにある。多くの政治家は、職業教育（見習い制度、ＯＪＴなど）に魅力を感じている。低所得の学生を対象にしやすく、生産性を直接向上させることが期待できるからだ。何世代にもわたって、ヨーロッパ中の政治家がドイツの「デュアルトラック」見習い制度を導入しようと熱心に取り組んできた。

ドイツの学生は15歳から3年間のプログラムを選択でき、雇用主のもとでスキルを学ぶ時間と、教室で学ぶ時間を同時並行させる。ドイツの学生の約40パーセントがデュアルトラックを選択し、1週間のうち70パーセントの時間を「職場」で、残りを学校で過ごす。この制度は、ドイツの伝統的な高級製造業や熟練の基盤であると同時に、所得の低い層や中間層の人々のスキルや賃金を向上させると考えられてきた。これは活気ある民間セクターを通して平等を改善する、平等の罠を解決できる策なのか。

デュアルトラックは、中世ドイツの職人ギルドが発展させた徒弟制度に基づく歴史的なシステムであり、他国の教育制度にそこだけを切り取って貼り付けることができるような社会的投資政策ではない。それでも政治家は移植の挑戦を止めない。

政治制度は複雑なものだが、私たちが将来どのようにふるまうかについてお互いに約束するために必要な手段だ。人材育成にかかわる制度も同じだ。学生が見習い制度で学ぶスキルは特定の企業や業務に特化しており、その会社が倒産したり機械が古くなるとせっかくのスキルが水の泡になりかねない。企業側も、学生を育てるコストを支払ったのに、当人がライバル企業の高い賃金を目当てに辞めてしまわないか心配する。つまりこのシステムを機能させるには、企業と実習生がさまざまな約束を交わし、信頼し合うことが必要なのだ。

労働者の立場からすると、政府や企業は、労働者の企業特殊的なスキルへの投資に補助するか、そのスキルが不要になった場合に労働者を救済する方法を見つける必要がある。企業側は新しく訓練された労働者を引き抜かないことに合意する。こうした労働者の訓練にどれほど時間がかかるか考えると、企業は銀行を説得して長期融資を受ける必要があるかもしれない。労働者は労働組合を共同で組織し、企業が自社内でしか通用しない訓練を受けた労働者を不当に扱わないよう働きかける。また学校側は、高度な技術訓練を受けるために週の30パーセントしか来ない学生にもしっかり教育を行う必要がある。

ドイツのモデルは、企業が労働者を引き抜くことや、最も生産性の高い労働者に高い賃金を支払うこと、そして金融機関による融資の引き揚げに制限を設けることで経済的平等を実現している。言い換えれば、平等な結果を得るには選択や機会の平等を制限する必要があるのだ。

労働者の賃金が比較的高いが均一であることは、企業にとって諸刃の剣となる。高い賃金を払うということは、各従業員の能力を最大限に引き出すよう工場の生産性を高めることが重要となり、これがドイツ企業を最高級の自動車、国産品、機械を生産する「価値連鎖」の上位に押し上げているのは間違いない。しかし均一の賃金は、ドイツ企業が最も生産性の高い労働者に「価値に見合った」賃金を支払わなくてよいという利益をもたらす。「ドイツの奇跡」は、このようなバランスに依存していて、労働者と企業の双方が、自分たちのふるまいについて一定の制限を受け入れているのだ。

ドイツのモデルは、他の国々が簡単に真似できるような見習い制度だけではない。それを機能させるためには、調整された企業グループ、強力な労働組合、我慢強い銀行、寛大な失業保険が必要になる。つまり、ピーター・ホール〔アメリカの政治学者、ハーバード大学教授〕とデヴィッド・ソスキス〔イギリスの経済学者、オックスフォード大学教授〕が主張する「資本主義の多様性」論に含まれる特定の類型の資本主義が必要なのだ。

イギリスのように、こうした支援制度をまったく持たない国で見習い制度を導入しても、効果はあまり期待できない。20世紀初頭のイギリスの職人組合は、雇用主とは協力関係ではなく敵対関係にあり、雇用主は徒弟制度を避けるようになった。またイギリスの銀行は製造業への融資に消極的で外国への投資を好んだ。また、失業保険はドイツに比べてかなり手薄だった。

まず1960年代、次に90年代と2000年代初頭に、イギリス政府が不平等の是正のために職業教育の充実を図ろうとしたとき、その都度、雇用主の関心の低さ、学生側の疑念、職場で評価される訓練を提供できない学校制度の問題に直面した。その結果、イギリスの職業訓練は平等への道というより、むしろ行き止まりとみなされるようになった。つまり改革は、単に見習い制度を導入する以上のものを求めているのである。

しかし、そのような変化は新しい時代をつくるようなものだ。英労働党党首だったエド・ミリバンドが２０１５年の選挙キャンペーンでイギリスをドイツモデルに向かわせようとしたとき、まさに「資本主義の多様性」論の生みの親であるデヴィッド・ソスキス自身、全面的なシフトは実現不可能で、イギリスは「アメリカにずっと似ている」ことを受け入れ、そちらの方向性へ向かう必要があると示唆していた。

どうすれば平等の罠から逃れられるのか？　平等の罠に対する解決策は、断片的なものではうまくいかない。資本主義の自然な傾向が、果てしない資本蓄積にあるとすれば、私たちの政治は、資本主義が収奪に傾かないように、着実に押し戻さなくてはならない。選挙の勝者が移り変わっても持続可能な、安定した制度を構築する必要がある。

「事前分配」のアジェンダは、競争に対する規制と、企業の利幅を押し下げ組織化された労働者が賃金を押し上げるのを助けるような生活資金を守るための機関の設立を提唱する。これは私たちの平等な経済的権利の一部を放棄することを意味する。規制は、企業が利益追求のために何でもしてしまうのを防ぎ、組合は労働者が個別に労働条件を交渉することを防ぐ。しかし、こういうことは、貧富の格差を縮めるために、あくまでも自由市場の精神の枠内で行われなくてはならない。また労働組合の制度は、大陸ヨーロッパで盛んな職業教育システム支援に役立つ。スウェーデンやデンマークのように、強力な規制機関と労働組合を持つ国では、収入の不平等が際立って低く、平等の罠から抜け出す一つのルートを示している。

しかし、国ごとの不平等の実質的な違いは、税制が介入した後に生じることもわかっている。人々の生活水準の不平等を是正するには、強固で透明な税制が必要だ。1960年代の所得税率90パーセントの時代に戻ることはあり得ないし、戻らないのが賢明だ。したがって不平等の拡大に対処するには、依然として貧富の差がきわめて大きい資産に焦点を当てるほうがよい。つまり、富裕税を支払う可能性の低い、平均的な有権者を脅かさない税制の設計だ。また、億万長者の国境を越えた節税を防ぐ国際的な協力も必要だろう。

平等の罠から逃れるには、市場を重視する民主主義国の多くの国民が持つ社会的規範について真剣に考慮する必要がある。税が支持を受けるということは滅多になくて、特に二重課税や努力が報われないことに憤りを感じる人が多いため、予期せぬ利益への富裕税に焦点を当てることが最も効果的だ。性別役割分担の規範は、性別に中立的であろうとする育児休暇の有効性を左右する。男性従業員が育児休暇を完全に取得するものであると雇用主の期待を変えることは、法律を定めるのと同じくらい効果的かもしれない。

最後に、教育に関する規範も重要だ。エリート教育の恩恵を受けた人々が、その地位を完全に能力によって得たものと考え、その獲得に有利に働いた要素を無視するなら、教育格差が階級格差に取って代わることになる。平等と効率を同時に追求したいなら、私たちは学生の半分を大学に進学させ、残りは見捨ててしまう現在の教育システムとは違うモデルを開発する必要があるのだ。

第三部
連帯

私たちが連帯を気にするのは、
自分に必要なときだけ

第9章
オバマケア　2010年3月20日土曜日、ワシントンDC

公民権運動の英雄であるジョン・ルイス下院議員は、オバマケアとして知られる「医療保険制度改革法」の議会での討論の最終日に、連邦議会議事堂に向けてデモ行進した。ところがルイスと同僚のアフリカ系アメリカ人議員アンドレ・カーソン、エマニュエル・クリーバーらは、近くに集まった群衆から人種差別的な中傷を投げつけられ、恐怖を感じた。クリーバーは唾を吐きかけられ、当時下院の序列第3位〔院内幹事〕だったジェームズ・クライバーン議員は、「私がバスの後部座席だけに無理やり座らされること〔人種隔離〕に抵抗してデモ行進していた1960年3月15日以来、一度も聞いたことがないひどい言葉を今日聞いた」と述べた。あれから50年。抗議のために集まった群衆は公民権法案を非難していたのではなく、穏健な医療に関する法案に賛成する政治家を人種差別的に罵倒していたのだ。

他の豊かな国に住む人々から見て、アメリカの医療制度をめぐるひどい政治は、はっきり言って正気の沙汰ではない。2010年初頭、アメリカは先進国の中で圧倒的に最小限の公的医療の提供しか受けられない国であった。「提供」と言ったのは、医療への公的支出が特別に少ないわけではないからだ。アメリカ政府は一人あたり年間平均3857ドルを医療に投じており、額だけならカナダ、フランス、ドイツ、スウェーデン、イギリスより少し多い程度だ。しかしこれらの国は住民の100パーセントを公的な保険がカバーしている。一方2010年のアメリカでは、18パーセント以上の人々、4800万人が保険に加入していない〔無保険状態〕。

しかも一人あたり3857ドルというのは、あくまでも公的支出部分だけだ。アメリカの医療制度で一人あたりに使われた総額は8千ドル弱だった。つまり、アメリカ人の5分の1をカバーできていない公的支出は、アメリカで医療に使われる額の半分以下に過ぎない。

2010年当初、アメリカで医療を受けるのは信じられないほど高価で、しかもすべての人を対象としていないという二つの問題があった。アメリカの医療制度は、さまざまな制度が複雑に絡み合ったパッチワークのようなものだ。他の多くの先進国とは異なって、戦後まもなくのアメリカは、普遍的《ユニバーサル》な医療提供体制を作らなかった。イギリスのNHSのような直接的なサービス提供も、カナダのように民間の医療サービスを受けるときの公的保険もない。

ほとんどのアメリカ人は医療費を個人で負担する。あるいは彼らの雇用主が負担してきたというべきか。アメリカ人は通常、雇用主が提供する医療保険に頼っている。1930年代にはほとんどの人が医者に直接治療費を払っていた。当時の健康保険は病気で失った所得をカバーする「疾病保険」であり、病院や医者の費用をカバーするものではなかった。しかし1940年代になると民間医療保険会社が登場し、保険加入者を選別するようになった。当然、最も健康な人々を加入させるのを好む。

病人なのに治療を受けるのが困難という、今日のアメリカの医療制度の倒錯した構造を予見させるものだった。

アメリカの医療制度が作られた決定的な瞬間は１９５４年に訪れた。連邦政府が雇用主の提供する医療保険を非課税にしたのだった。雇用主は「団体医療保険」市場に殺到し、保険会社は大規模なグループに似たようなリスクをまとめ、個人保険よりも安くすることに成功した。雇用主が提供する保険は、自分で加入するよりもずっとお得だったため、ほとんどのアメリカ人は医療を雇用主に依存するようになり、医療は報酬パッケージ全体の一部となったのだ。職に就いていない人や自営業者は、苛烈《かれつ》で高価な民間保険市場に放り込まれた。保険料が高額すぎると加入を見送ることもある。

政府は、健康保険にかかる費用を免税とすることで税収を諦め、医療をめぐるゲームに裏口から参入した。医療技術から医師の給与まで、医療のあらゆるコストが数十年にわたり上昇していったことで、財務省にはお金を吸いこむブラックホールが生まれた。医療を利用する一般の従業員は、雇用主が健康保険料を負担したことでコスト上昇から保護され、医療への需要にほとんど制約がなかった。アメリカは、「コンシェルジュ医療〔高額の会費を払ってかかりつけ医に24時間、至れり尽くせりの医療サービスが受けられる〕」や「キャデラック・メディカル・プラン〔数万ドルにもなる非常に高額な医療保険〕」によって、ますます医療の「消費者」になっていった。トータルの医療費支出は、１９６０年には国民所得の約5パーセントだったが、現在では18パーセントに増加している。

雇用主がいない人たち、つまり退職者や失業者はどうか。１９６５年、リンドン・ジョンソン大統領は、高齢者向けのメディケアと貧困層向けのメディケイドを創設して支援した。これらの制度は、民間の医師や病院を利用しながら、公的な補助金を提供するものだ。メディケアは政治的に非常に人気があり、数十年の間に入院治療から外来治療、処方薬へと拡大した。一方、メディケイドは貧困層のためのプログラムとして、政治的に偏見の対象となり、各州と提携して実施されたが、その多くは特に民族的な少数派に非常にわずかな補助金を支給するものだった。

２０１０年にバラク・オバマ大統領と民主党議員が改革しようとしたのは、このシステムだった。むろん手をつけたのは彼らが最初ではない。１９７０年代にテッド・ケネディ上院議員〔ケネディ大統領やロバート司法長官の末弟〕が国民皆保険制度（universal national health insurance）を成立させようと試みた。ニクソン大統領はより制限された、しかし寛大なプランを推進したが、いずれも失敗した。20年後にクリントン政権は、ファーストレディのヒラリー・クリントンを中心に新たな試みに着手したが、その計画は「ヒラリーケア」だと揶揄《やゆ》されただけだった。この最後の失敗で、民主党はもう改革は成功しないのではないかと不安を抱くようになった。

なぜアメリカの医療改革は困難なのか。オバマ大統領が推進した医療保険制度改革法は、革命的なものとは言い難い。主な内容は、連邦政府から補助を受けるメディケイドの大幅な拡大、既往症への適用と治療費用の制約を目的とした個人向け医療保険市場の規制、すべてのアメリカ人への医療保険に加入するか税金のペナルティを支払うかの義務づけだ。それでも２０１０年の同法成立から10年後の２０２０年時点で、人口の8・6パーセントが保険未加入のままだ。

比較可能な他の国の医療制度と比べてみよう。イギリスにはＮＨＳがあり、医師は国に雇用され、病院は国が運営し、すべての国民を対象としたもので自己負担はなく、医療費は国民所得の8パーセント強で、アメリカ人の医療費総額の半分だ。カナダではすべての国民が公的な保険に加入する権利があり、医師や病院は民営、非営利、公的機関が混在している。フランスでは国民は非営利の保険会社に健康保険料を支払わなければならず、医師は民営だが政府が費用の大半を払い戻してくれる。国民皆保険の実現にはさまざまな方法があるが、フランスのようにアメリカと大きな違いがないものもある。では「オバマケア」の最初の一歩への反応はどうだったか。

　一般市民の支持は心もとないもので、新たに結成されたティーパーティー運動はこの法案に大反対した。最近、副大統領候補になったサラ・ペイリン知事（アラスカ州）は、法案が、国民の命を救う医療へのアクセスを独断で決める「死の委員会《デスパネル》」と呼ばれる不正な法廷のようなものを導入すると主張した。混乱した多くの国民はオバマケアをメディケアに対する攻撃だと考えたようで、オバマ大統領は困惑気味に述べた「先日、ある女性から手紙をもらった。彼女は『私は政府主導の医療はいらない。社会化された医療はいらない。私のメディケアに手を出すな』と」。だがメディケアはもちろん公的資金で運営されている。

　オバマケアのような穏健な改革でさえこれほどの物議を醸《かも》したのは、「私たちが連帯を気にするのは、自分に必要なときだけ」という連帯の罠を作動させたからだ。アメリカ政治は、いま治療が必要な人々と、明日治療を必要とするかもしれない人々を連帯させることに失敗した。

　オバマケアは人々に健康保険への加入を強制すること、つまりは義務づけによって連帯の罠を解消しようとした。しかしこの義務化が不評だった。いま元気な人は「私は健康で病気になることもない。なぜ必要ない保険に加入させられなければならないのか？」と、元気な自分が病気の人々のために負担したくないと考えた。そして、具合が悪くなったときに何が起こるか心配しようとはしなかった。たとえ保険未加入として税金のペナルティを払わなくてはいけないとしても、である。

健康保険加入の義務化は、医療における古典的な問題の解決策として法案に盛り込まれた。それは「逆選択」、つまり最も保険に入りたがるのは最もリスクの高い人たちという問題である。しかし保険会社にとっては、リスクの高い人しか加入しないのでは保険自体が機能しない。会社が保険を成り立たせるにはリスクの低い人々の加入が必要だ。オバマケアは保険会社に対し、申し込みを断ることなく誰でも保険に加入できるよう保証し、リスクの高い人々を受け入れるよう義務づけた。義務づけをするには、保険業が破綻することを防ぐためにリスクの低い人たちを加入させる必要があった。わざわざ保険料を払いたくないというリスクの低い人たちの自己利益と、国民皆保険を実現したい集団としての論理との間に、緊張関係があることがわかるだろう。

人々はアメリカの医療制度にも困惑していた。医療への新たな公的支出は、怠け者、貧乏人、役立たずなどのらく印を押された「あの人たち」に使われるものとみなす一方で、メディケアへの同様の公的支出はそれなりの価値があるものだと信じていた。政府の医療費の多くが雇用側の健康保険料の税控除を通じて支出されているため、人々は自分の望むことと政府が実際に行っていることを結びつけるのがさらに難しかった。「私の会社が負担しているのであり、なぜ政府が関与しなくてはいけないのか」と彼らは考えた。しかしもちろん、政府はわかりにくい税制を通じて、雇用主が提供する医療保険に補助金を出していたのだ。

本章冒頭のエピソードに戻ると、人種政治につながる特に恥ずべき動機があった。政治学者は、異なる民族間の連帯を生み出すのは難しいことをよく知っている。なぜなら多数派民族の多くは、自分たちのためにカネを使うのを好み、少数民族のために公的資金を使うことに積極的に反対するからだ。アメリカの福祉プログラムの多くは、フードスタンプから生活保護に至るまで、人種的な少数派と結びつき、その結果、偏見の対象になってきた。

2010年に行われたメディケイドの拡大も、同じような途《みち》をたどった。オバマケアはメディケイドへのアクセスを拡大したが、最高裁はこれを強制すべきではないとの判断を下した。連邦政府の補助金を拒否する選択をした州のパターンは明らかだった。2021年夏までに、メディケイドの導入を選ばなかった州は12州しかなく、そのうち8州は深南部《ディープサウス》の、かつて南部連合に属していた州だった。アフリカ系アメリカ人の約75パーセントが、ほぼ全州でメディケアの拡大を支持したのに対し、白人の意見は大きく異なり、アラバマ、ルイジアナ、ミシシッピといった深南部の州で特に支持が低かった。アメリカの人種政治は国民皆保険の可能性を阻んでおり、アメリカ人同士の連帯はなかなか実現しない。

第10章
連帯とは何か

人生は不公平だ。病気になり健康や生計を失う人がいる。工場が閉鎖され職を失う人。貧困に生まれ、落ちこぼれの学校に通う人。私たちは、健康状態、働く場所、家族構成など、運が人生を左右することを知っている。そこである種の安全《セキュリティ》、つまり人生の浮き沈みから身を守ることを切望する。しかしそれはどうやって可能か。そして誰から得られるのか。

100年前、私たちの多くにとってその答えは家族であり、家族がいなければ自分で解決するしかなかった。今日、私たちは国家に頼っている。国家は私たちを保護し、教育し、病気からいやす。だがそれは私たちが税金を納め、互いに助け合うから可能になる。国家が私たちのために何をすべきかは、終わりのない政治的議論のテーマだ。私たちはお互いに助けが必要だと願うが、それは助けを必要とするときだけだ。私たちは連帯を望んでも、そのための十分な資金の提供はしない。このギャップを埋めることができないとき、政治は私たちを失望させる。「私たちが連帯を気にするのは、自分に必要なときだけ」という連帯の罠にはまるのだ。

連帯とは何か？　この言葉はフランスの社会学者エミール・デュルケーム〔1858～1917〕に由来する。彼は過去と、急速に工業化した19世紀のフランスのそれぞれにおいて、コミュニティがどのように結びついていたか説明しようとした。連帯感とは「共通の感情」であり、コミュニティで運命を共有している感覚だ。幸運な人が同じ社会の中で不幸な人、貧しい人、病気の人、高齢者を助けるとき、その感覚を見ることができる。デュルケームの課題、そして私たちの課題も、小さな農村で何世紀にもわたって発展してきた社会的紐帯《ちゅうたい》や相互扶助を、匿名性の高い都市的な現代社会にどう移行させるかである。

連帯とは、同じコミュニティに属する人々の間での慈善行為、あるいは保険のことだ。今日ではほとんどの人が、コミュニティは恵まれないメンバーを助ける責任を持つことに同意する。しかし連帯を実践する責任を国家が負うべきか、社会全体が負うべきかは、人によって考えが違う。国家が関与する場合、どのような政策が最もよく連帯を促進するだろうか。

具体的に、どのような政策や援助があるのか。最も基本的で長い歴史を持つのは、貧しい人々への援助だ。ほとんどの宗教では、これは「施《ほどこ》し」という慈善行為になる。近代国家ではこれは「福祉」と呼ばれる。連帯はここから始まったが、現在、人々に送られるお金のほとんどは貧しい人々ではなく、引退によって永久に、あるいは失業や病気によって一時的に、雇用から離れた人々に支払われる。老齢年金、失業保険、病気や障害の給付である。最後に、「現金」ではなく「現物」で支給される種類の連帯がある。最もわかりやすい例は医療と教育だが、職業訓練やデイケアといった現代的なサービスもある。こうしたさまざまな形の連帯を総称して、私たちが「福祉国家」と呼ぶものが構成される。

このリストは受給者が、福祉がなければ決して買えないものを与えられるタイプの連帯（長期的な貧困救済）、人々が理論上あらかじめ個人で貯蓄して備えることのできる制度（年金や失業保険）、人々が理論上、そして実際にやっているように、完全に個人で支払えるサービス（健康、教育、育児）までを含む。

連帯の種類によって政治は大きく変わってくる。自分には必要ないと考える人は、貧困の救済のためにお金を払いたくないだろう。自分自身ですでに払っているとか、今は必要ないと思う人は、他人の医療や育児のためにお金を払いたくないだろう。これが連帯の罠を発動させてしまう。人々が連帯を気にするのは自分にとって必要なときなのだ。

連帯の罠がここまで広がっているのは、連帯にお金がかかるからだ。資金は完全に私的な慈善事業か完全に公的な保険から提供される。どちらも幸運な人は恵まれない人にお金などの資源を提供するよう求められるが、強制の度合いや要求される金額は違う。連帯についての今日の議論では、不運な人を助けるのは原則として良い考えだと多くの人が同意する。しかし国家がそれをどのように行うか、そもそも行うべきかについては激しい議論がある。

極端な意見では、国家は「人々が連帯して行う事業には手を出すべきではない」という主張がある。連帯は個人の責任で行われる、宗教的・道徳的な原則に動機づけられたもので、自発的な寄付や施しに基づくものだ。教会や慈善団体を通じて組織されることもあるし、本当に厳しい状況では、純粋に個人の利他的な行為によって行われることもあるだろう。

もう一方の極論は、経済的なものであれ、社会的なものであれ、健康面についてであれ、成功についての個人的な違いはほとんどが何かのはずみで決まるものなので、国家によって補償されるべきだとする立場だ。国家は巨大な保険代理店となり、保険料を徴収し、支払いを行うべきとする。

表面だけ見れば、国営の社会保険は拠出金を負担する金持ちに嫌われ、貧しい人には支持されると思われるかもしれない。確かに世論調査でも、年金や失業保険などは貧しい人のほうが支持する傾向がある。しかし実際はもっと複雑であり、豊かな人ほど失うものが大きいので、手厚い保険に加入したほうがいい。生命保険はそうやって機能している。国が支給する年金や失業手当が所得に連動している場合、退職時や失業時に豊かな人ほど多く払い戻される。つまり平等の罠のときとは対照的に、富裕層は、リスクのある仕事をしている限り、社会保険への公的支出を支持する可能性がある。

貧しい人々への慈善事業とリスクへの社会保険のほかに、「脱商品化（decommodification）」と呼ばれる考え方について議論されている。美しくはないが便利な言葉だ。これは福祉を労働市場の経験から切り離すという意味だ。労働市場で人々は企業に商品として評価され、その価値に応じて賃金が決まる。大規模な公的支出を行う福祉国家は、市場の気まぐれに任せた場合に人々が経験するであろう生活と、誰もが同じ給与をもらった場合に起きるであろうこととの差を縮めることができる。したがって連帯を促進する政策は、同時に平等を促進することもできる。しかしそれは連帯の罠を、先述した平等の罠にまつわる問題から切り離せないことも意味する。非常に高い税金は労働意欲をそぎ、労働力の国外脱出を招きさえするかもしれない。

今日、ほとんどの豊かな国々では、このような議論の両極端に対応する制度の組み合わせを通じて連帯が提供されている。カトリックの病院、イギリス国教会の学校、イスラムのワクフ（waqfs）〔慈善事業のための基金〕はすべて、公的に運営される福祉制度と共存している。とはいえ、現代世界の先進国のほとんどでは、公的財源が連帯を促進する支出の大部分を占めている。

では各国がどの程度の支出をしているか明らかにしよう。国民所得に占める社会支出の割合は、一般的に貧しい国ほど低く、例えばメキシコ政府は国民所得のわずか7・5パーセントしか費やしていない。世界で最も豊かな国では、フランスが国民所得のほぼ3分の1を社会支出に費やしているが、アイルランドはその半分以下と大きな違いがある。豊かな国々は、いくつかのまとまりに分けられるようであり、英語圏の国々は社会サービスへの政府支出が少なく（GDPの15〜20パーセント）、スカンジナビア諸国は大きな支出をしている（同25パーセント以上）。

この違いは何によって説明されるか。私たちはすでに国民所得のレベルが重要であることを見た。しかし最も豊かな国々の中には、個人の私的支出による連帯に依存している国もある。とはいえ現実的には、慈善活動は国の支出のごく一部しか占めておらず、最も多いアメリカでも、慈善活動は国民所得の1・5パーセント以下だ。本当の違いは福祉国家の構造に由来している。

第一に、連帯を受けられる人に違いがある。福祉国家のプログラムの中には、国民なら誰でも利用できる普遍的なものがある。また、そうではなくて、資力調査を必要として、貧しい人や生活困窮者を対象とするものもある。後者は効果的にターゲットを絞った慈善事業のように見えるが、貧しい人だけが受給できる政策は往々にして貧弱で、政治的な支持を欠き弱体化しやすい。ほとんどの人は受給資格がないので、税金を払っても給付を受けられないという一般的な不満が生じる。さらに給付を受ける人々はしばしば、受給に値しない怠け者かさらに悪い人とみなされる。このようなプログラムは受給者を偏見の対象としかねない。福祉を最も必要としている人たちとの連帯を望むことと、こうした給付の枠組みが非常に不人気であるという政治的現実との間には、トレードオフの関係がある。

第二に、福祉制度の全体的な寛容度に違いがある。どの程度手厚いかという問題だ。ほとんどの国には普遍的な公的年金制度があるが、それがどれくらい寛大か、費用をかけるかは、国によって大きく異なる。イギリスの公的年金は平均的な所得者の退職時の収入の28パーセント強を補うに過ぎない。カナダやアメリカでは約50パーセント、オーストリアではほぼ90パーセントを補うことができる。オーストリアに移っておくべきだった。イギリスでは通常、このギャップを埋めるために職業年金や個人年金に加入する。それは国家の寛大さの低さに対応している。

また失業手当を請求できる期間についても、寛大さが大きく違う。ベルギーでは原則として無期限で失業保険を請求できる（支給開始当初は失業前収入の65パーセントをカバー）。スウェーデンでは失業手当は収入の80パーセントと手厚いが、請求期間は300日に制限されている。またイギリスでは失業者はわずか182日間分の低額かつ定額の給付金しか受け取れない。

最後に、福祉国家の政策はその可変性の高さにおいて異なる。ある国では福祉を受ける人は皆、まったく同じものを得ることができる。このようなプログラムを「一律給付」と呼ぶ。その好例がイギリスのNHSであり、すべてのイギリス国民は同じように公的に提供される医療を受ける権利を持ち、かかる費用も同じように前払い……というか無料だ。貧富の差に関係なく、誰もが同じ順番で列に並ぶのだ（むろんイギリス人はこれが大好きだ）。ボリス・ジョンソン元首相が2020年に新型コロナに感染して死にかけたとき、彼はプライベートクリニックの外科医に治療されたわけではない（間違いなくそうする金銭的余裕はあったはずだが）。代わりに彼はＮＨＳが運営するセント・トーマス病院で、ＮＨＳに雇用されたスタッフの治療を受けた。

これに対して他の多くの保険では、支払った額に比例して給付が行われる。アメリカの年金制度や社会保障制度がこの仕組みだ。最終的に受け取る年金額の多寡《たか》は、掛け金を支払った年数だけでなく、拠出した金額に左右される。つまり所得の高い人ほど良い年金をもらえるのだ。大陸ヨーロッパでは年金制度も失業保険も払った額に応じて返ってくる仕組みになっているのが一般的だ。何が戻ってくるかは、何を払ったかによって決まる。こうした国々では、表面的には非常に多額の公的社会支出を行っているように見えるが、主な受益者は貧困層ではない。多くの社会支出は、中流階級の人々が失業したり退職したりしたときに、その高い所得を補うために行われる。

どんな福祉政策でも、それが対象を絞ったものでも普遍的なものでも、貧弱でも寛大でも、拠出に比例した給付でも一律給付でも、最後に考えなければならないのは、誰が連帯すべき人々で、誰がそうではないのか境界線を引くことだ。これまで論じてきた政策はすべて国家的なものであり、受給者は国民か永住者である。移民がサービスを利用できる場合もあれば（通常は教育サービスが受けられるし、掛け金を納めていれば年金も受け取れる）、利用できない場合もある（失業保険や貧困者への給付など）。海外に移住した住民が母国から年金を受け取れる場合もあるが、通常は難しい。移民を含む国内の多様な集団間で連帯を実現するのは難しいし、国境を越えて連帯を広げることはさらに難しい。

連帯の歴史

今日、私たちは国家が文字通り誕生から死までを世話する世界に住んでいる。私たちは公営の（あるいは公的補助金を受けた）病院で生まれ、公的な資格や訓練を施された助産師や医師によってこの世に送り出される。私たちのほとんどは公費で運営される学校や大学に通う。病気になれば公営の病院にかかるか、家にいて公的に定められた疾病手当を受ける。仕事を失えば公的な失業手当や障害者手当を請求する。そして退職すれば公的に支給される年金を受け取る。

連帯は無から生まれない。私たちは連帯を基礎としたサービスに拠出している。生涯を通じて所得税や消費税を支払うことで国家の基金が補充され、所得移転に必要な資金が確保される。私たちは社会保険に資金を蓄えていて、社会保障番号を通じて私たちに紐づけられた資金が積み上がっている。私たちは皆、国家の制度を通じて連帯を支える側であると同時に、受け手でもある。私たちは給付を考えながら、より多く、またはより少なく支払いたいと望むかもしれないが、現代社会では、本当に国家から独立している人はいない。私たちは皆、連帯の確保に関わりがあるのだ。

しかしこうなったのはごく最近の現象だ。17世紀のヨーロッパで農民だったと想像してみよう。鳥を追い払い、豚に餌をやり、小麦を集められるようになると、すぐに労働作業に就く。そして文字を知らないまま大人になり、死んでいったことだろう。病気になったら、自然に回復するか死んでしまうかしかない。収穫に失敗して貧しくなったら、教会からおそらく生きていくだけなら十分な額の施しを受けられたかもしれない。あるいは腕に覚えがあれば封建的な義務を破って村を出て他の場所でチャンスをつかむこともできる。盗賊のような生活かもしれないが。もし町に住んでいたら、地元の職人に弟子入りしたり、貧しくて働けない場合は救貧院に住んだり、もっと良い運が開けたかもしれない。しかしその場合も友人や家族、教会の不規則な慈善活動に頼らざるを得なかった。

現在のような公的な連帯が浸透している世界はほんの数世代前からのことで、驚くほど新しい。誕生、幼年期、病気、死、これらの運命的な人生の節目は、伝統的に家族や教会の問題だった。もちろん多くの点で今もそうだが、政府は常に目を光らせている。しかし19世紀後半までは、まだ国民の福祉を確保することが、国家の仕事というわけではなかった。ではどのようにして今日の連帯的な国家に至ったのか。その旅路は、連帯の維持がなぜ難しいかについて、何を語るのか。

連帯の罠は、人々が連帯を必要とするとき、つまり自分が受益者になるときだけそれを要求することで発生する。前近代の世界では、そうした要求の実現はそもそも困難だった。民族や宗教の対立で社会が分裂しているとき、連帯は難しい。あるいは人々がほぼ予測可能な人生を送り、生涯同じ場所や同じ仕事にとどまる場合も、老後の援助が必要なほど高齢まで生きる人が少ない場合も同様だ。そしてもちろん、連帯を提供するには、苦境に備えて貯めておく十分な資金が必要になる。19世紀以前は、国家的な連帯プログラムへの需要はほとんどなく、公的支出の能力もずっと小さかった。

こうした条件が変化するにつれて連帯は拡大することができた。国民国家がばらばらになった地域社会に取って代わり、連帯を要求する大規模な国民としての「私たち」を作り出した。都市化と工業化によってリスクの高い仕事と複雑な経済が生まれ、労働者は社会保険を要求した。平均寿命が徐々に延びると、老齢年金の需要が高まった。こうして引き起こされた経済成長は、国家に社会保険に支払うための余剰収入を生み出したのである。

公的な連帯の発展は、近代国家の成長の集大成と考えられる。この発展には、外向きの克服、内向きの克服、連帯的な国家という三つの重要な段階があった。

外向きの克服とは、国民国家が他国から自らを守り、必要であれば攻撃する能力のことだ。政治学で最も有名な格言のひとつに、チャールズ・ティリー〔アメリカの歴史社会学者、1929〜2008〕の「戦争が国家を作り、国家が戦争を作った」というものがある。戦争を引き起こす過程で国家は、国民を徴兵して軍務に就かせ、徴税してそれを賄うという、国民から資源を引き出す新しい能力を開発する必要があった。これは強制力をもって国民を保護する国家だ。中世からナポレオン戦争まで、国家が官僚制と税制を拡大したのは、戦争を起こして勝つためであり、連帯は最初から国民国家が「彼ら」に対して「我々」を定義するものだったのだ。

内向きの克服とは、国家が戦争のための純軍事的必要性を超えて国民の日常生活に関与し始めた時期を指す。19世紀初頭以降、国家は保護者から提供者に転じた。国家は、秩序（刑務所や警察）、知識（学校教育や図書館）、「健康」（精神病院やワクチン）に責任を持つようになった。

この時代の国家は、自らの利益を度外視して学校や精神病院、刑務所などを建設し整備したわけではない。それは慈善事業ではなく、国家が社会生活の日常的なリズムに関与することで秩序ある社会を作り出そうとしたのだ。これは産業革命によって貧しい農民がカオスと化した都市に引き寄せられると、特に急を要する課題となった。犯罪や病気、労働災害といった新たなリスクが連帯の必要性を高めたからだ。

これは人々が人生の節目で経験するさまざまな事柄を管理してきた教会の伝統的な役割を奪い、国内での行動規則、子どもの学習、国民の健康を管轄するのはいまや政府となった。こうしてまとまりをもつ統一国家が発展し、その中では方言を使う遠く離れた地域の住民も国家に組み込まれていく。18世紀の国家が「我々」と「彼ら」の区別に注力していたのに対し、都市化と工業化という課題に直面した19世紀の国家は、その国民を束ねる必要があった。よりまとまりのある「我々」を作り出すことが必要だったのだ。

内なる克服の時代は、国家が連帯に着手し始めた時期と見ることができる。学校はまだ誰もが利用できるわけではなかったかもしれないが、親が教育を受けさせる経済的余裕のない家庭の子どもたちを受け入れ始めた。刑務所や警察は国家の強制力をさらに強めたかもしれないが、国民の日常生活をより平和で予測可能なものにした。しかしそれは諸刃の剣でもあった。国が行政サービスを提供するほど、国民は国に多くの役割を期待するようになるからだ。政府が自らの権威に基づいて行っていたサービスは、次第にその説明責任が求められるようになっていった。一般市民が現代の都市生活でよくみられる［犯罪や失業などの］リスクに直面すると、不確実性から自分たちを守るよう訴える公的な要求が高まった。19世紀末から20世紀初頭にかけての国富の増大は、サービスの提供を開始できる十分な資源をもたらした。

20世紀に入る頃には連帯的な国家が出現した。決定的な瞬間となったのは権威主義的なドイツ首相、オットー・フォン・ビスマルクの下での、公的年金、労働者災害保険、疾病保険制度の創設である。国民が自分たちの抱えるリスクを懸念する一方で、ドイツ政府は無秩序を恐れ、わずか数十年前にできたばかりの国民国家を束ねていけるか懸念した。連帯は慈善事業というわけではなかった。これによってドイツ国民を定義しようとしていたのだった。

同様の制度が、ヨーロッパはじめ世界各地でスタートしていった。イギリスでは１９０６年に自由党政権が、老齢年金、傷病手当、医療費補助、失業対策室の設置、そして失業保険といった一連の連帯プログラムを策定した。アメリカでは、年金や社会保険制度を創設した社会保障法を通して、国家が同じように連帯事業を拡大させるには、大恐慌とフランクリン・ルーズベルト大統領のニューディールが必要だった。

ここまでたどってきた中に欠けていた大きな分野がある。19世紀には国が精神病院を建設し、助産師を養成したが、医療専門職は国からほぼ独立したままだった。私たちが今日慣れ親しんでいる外科病院が現れたのは20世紀に入ってからだ。これは、病院の衛生的な環境を強調する、感染症についての新しい理論によるものだ。その後ほとんどの国では第二次世界大戦後までに国営の医療サービスや保険が整備された。イギリスでは１９４８年にＮＨＳが設立され、アメリカでは１９６５年にメディケアとメディケイドが（部分的ではあるが）作られた。健康問題の克服は、連帯的な国家がその頂点に達したことを意味する。

各国での連帯的な国家の最後の拡張は、国民全体が経験したショックに続いて実現したという共通点がある。大恐慌は国民を幅広く共有された新しいリスクにさらした。１９３３年のアメリカのように失業率25パーセントを記録してしまうと、誰もが職を失う可能性があった。二度の世界大戦は国民のアイデンティティを強固にして、異なる地域、階級、民族からなる国民を一つに結びつけた。そして戦争費用の捻出《ねんしゅつ》のために各国は所得税や法人税を導入し拡大しなければならなかった。平時になればその財源のしくみを連帯のための支払いに回すことができる。

ここで連帯の罠から逃れることができたのは、自分には必要ないかもしれない連帯のためにお金を払いたくない個人の欲求が、誰も回避できないほど大規模な経済不況のショックと戦争が生んだ国民感情に圧倒されたからだ。世界大戦と大恐慌の経験は、今なお連帯的な国家を動かしている。20世紀初頭、社会サービスへの政府支出は通常、国民所得の1～2パーセントに過ぎなかった。第二次世界大戦が終わる頃にはそれが二ケタに迫った。1960年代にはさらに拡大し、ほとんどの豊かな国々で国民所得の5分の1程度に達した。

なぜ20世紀中に連帯的な国家が急速に拡大したのか。国家が社会の恵まれない人々を助ける事業に乗り出したのは、恵まれない人々が投票で国家を選ぶという営みに参加したからだ。ほとんどの西洋諸国では第一次世界大戦まで完全な男性普通選挙は導入されず、女性に参政権を与えていた国はほとんどなかった。また19世紀には多くの国で労働組合が禁止または制限されていた。

国民全員が投票し、組織化することができるようになると、民主的な大衆は連帯を目指した。これは私たちの現代福祉国家が、きわめて政治的なものであることを意味した。最終的には裕福な国民に課税して、貧しい国民に対して失業、疾病、そして老齢に対する保険を提供することで、市場の暴虐から解放する意味をもったのだ。

ドイツ、イギリス、アメリカなどの初期の福祉国家は、一時的または永久に労働市場から退いた人々にお金を提供した。この改革は労働組合に支持された。労働組合は、民間で組織された「互助組合

（mutual societies）」では不幸な人をたまに助けることはできても、景気循環の気まぐれで大勢の労働者が失業した場合には救済不可能だと考えていた。この種の社会保険を提供できる十分な財政規模を持つのは政府だけだったのだ。

20世紀後半には、すべての豊かな国が社会保険に多額の支出をするようになったが、社会保険をめぐる政治は国によって驚くほど異なる形で展開した。イギリスの失業保険の事例では、より寛大なリベラル政党によって、「救済に値する貧困」を対象にした政策が作られていった。このとき、給付の範囲は制限され、資力調査が行われている。普遍的な社会保険とは対照的な「セーフティネット」である。このようなプログラムは善意に基づくのだろうが、裕福な国民は払う一方で給付を受け取れないため、政治的に脆弱であった。

対照的に、スウェーデンとデンマークでは社会民主主義政党が、より幅広い労働人口を包摂する大規模な社会保険制度を構築した結果、はるかに高い税金に頼ることになった。こうした国の政党は普遍的なシステムを根付かせるために、農民を支持基盤とする政党と「赤緑連合」を結成した。社会保険は中流階級にも利益になるので、普遍主義は中流階級を福祉国家に取り込む効果的な方法だった。

おそらく最も驚くべき例は、19世紀後半にオットー・フォン・ビスマルクが断行した、前述のドイツ福祉国家の創設だろう。社会科学者は今でも大陸ヨーロッパの多くの福祉国家を「ビスマルク的」と呼ぶ。なぜ鉄血宰相がドイツの失業保険や疾病保険に責任を持つことになったのか？　ビスマルクにとり、こうした政策は、労働者を社会主義の脅威から遠ざけ、ドイツ帝国を支持するよう買収する手段だった。また制度設計は保守的なもので、給付は所得に比例するため裕福な人ほど高いレベルの社会保険が受給できる。ドイツの福祉国家はこの特徴を今日も受け継いでいる。

連帯の形は、各国でまったく違う。これは1世紀にわたって異なる政治的軌跡をたどってきた遺産といえる。しかしどの国でも、福祉国家とその費用を誰が負担するか、依然として大きな争点となっているのは、連帯の罠というジレンマがあるためだ。この罠がどのように作用しているのか、そして私たちには何ができるか、考えてみよう。

第11章 連帯の罠

なぜお互いをケアすることは難しいのか。今日の政治的分断の多くは、この互いに支援しあう努力をめぐって起きている。政党は連帯を重視すると主張するが、それをどう提供すべきかについては、それぞれ異なる哲学を持っている。家族、教会、地域社会が提供するのか、それとも国家か。最後の救済手段として最低限の金額で提供されるのか、それともすべての国民に与えられる寛大な社会的権利として提供されるべきなのか。

ある種の連帯を望む点で同意していても、誰がそれを受け取るべきか、本当にそのために支払いたいのかについては人々の意見が分かれる。私たちがお互いの面倒を見ようとすると、すぐに連帯の罠に陥ってしまう。私たちが連帯を気にするのは、自分に必要なときだけなので、政治が失敗してしまうのだ。

私たちの最大の問題は、自分のこれからの人生の全体像をあらかじめ知ることができないことだ。いつ仕事がなくなり、体調を崩し、公的支援を必要とするようなトラブルに見舞われるかわからない。

楽観主義バイアスのおかげで、私たちの多くは自分が助けを必要とすることはないだろうと考えている。しかし、ほとんどの人は助けが必要になるときが来る。生涯を通じて連帯への拠出が多くなるかどうか、すなわち「受け取る側」になるか「支払う側」になるかはわからない。誰もが、実際に悪いことが起こった後に保険に加入しておけばよかったと思うものだ。だが太陽が照っているときに、雨に備えて屋根を修理するよう人を説得するのは難しい。

連帯の境界線もジレンマの一つだ。「私たち」は誰か、みんなが同じように見ているわけではない。民族、宗教、言語、国家の違いは、人々が連帯を考えるときに厳しい限界となる。極端な場合、人々は「他者」に対する反感のせいで、自分たちに直接利益をもたらす政策でも、支持できないことすらある。

また多くの連帯的な政策は、同胞についての情報が根本的に欠如しているせいで、創設や実施が困難になる。一見万能に見える国家でさえ、異なる人々がどの程度リスクを抱えているのか、職を失う可能性がどのくらいあるかなど本当のことはわからない。その上、私たちが連帯を提供したいと思う人々は移り変わっていく。人々は個人的な利益になるような方法で政策に反応するため、連帯政策の目的そのものを覆してしまう可能性がある。連帯の罠の不安定な輪郭を探ってみよう。

時間を越えた連帯

連帯の罠の最も基本的なジレンマは、将来の不確実性だ。人生がうまくいっているとき、私たちは連帯の恩恵を受けている影のような「他者」が存在していることを忘れてしまう。ではあなたはどうだろう。未来のあなたは安定した職を失っているかもしれない。病気になったりガンにかかったりするかもしれない。未来のあなたは、運命の気まぐれから永遠に守られるわけではない。では誰が未来のあなたの面倒を見てくれるのか。今のあなたが守れるのか。

ゆりかごから墓場まで、人生の全行程を事前に知ることができれば、それぞれの時点でどれくらいの収入があり、どんなニーズがあるか、生涯にわたって支出と貯蓄のバランスをとることができる。幸せな時期にあらかじめ貯蓄しておくことで、苦しい時期の困難を補う「自己保険」をかけるのだ。良いときに少し我慢して、悪いときの打撃を少なくする。退屈かもしれないが賢明な考えだ。しかし私たちは明日のことさえ、元気で健康か、それとも病気で弱ってしまうか知ることができない。だから、貯蓄と支出のバランスを完璧にとって安定した満足感を保つことは不可能だ。人生をとりまく不確実性のために、私たちは完全に自己保険をかけておくことはできない。

人生には、将来裕福になるとしても、今はそのお金に手が届かないという時期がある。若いうちに借りて歳を取ったら返せれば問題は解決する。しかしお金を貸してくれる人を探さないといけない。そして未来のあなたがどのような財産を得るか、確実にわかる手段はないので、現在貧しいあなたがお金を貸すように銀行を説得するのは困難だ。

これが信用制約（credit constraints）の問題だ。将来返済する見込みがあるのに銀行がお金を貸してくれないなら、せっかくの人生計画が水の泡になる。これは非効率で、もし人々が後で返済できる投資をするための資金にアクセスできないなら、私たち全員がさらに貧しくなってしまう。しかし銀行の立場になれば貸し渋るのも仕方ない。

福祉国家の連帯に関する側面の多くは、この信用制約を解消するものだ。最もわかりやすいのは高等教育だ。多くの人は「投資に対するリターン」が少なくとも10年以上先の場合、銀行を説得して教育資金の融資を受けることは難しい。返済できなかった場合にあなたを銀行の地下室に監禁しても仕方がないわけで、銀行は学歴を担保にできないからだ。ゆえに最も豊かな国でも、政府が大学のローンに補助金を出している。学童保育、職業訓練、育児休暇制度、住宅保証金などの他の公的支出も同様の原理で成り立っている。政府は人々が前払いするのは困難と判断されるサービスや投資に資金提供することでこの問題に対処する。

第二に、破局的リスクの問題だ。信用制約が現在の苦しい時期と将来の良い時期を相殺する難しさを表しているのに対し、破局リスクはその逆の問題である。いまは物事がうまくいっていて、将来もおそらくうまくいくなら問題ない。しかしもし今うまくいってなかったら？　将来、本当に悪いことが起きたら？　自力での貯蓄や備えが不可能なほど悪い状況になったら。

人生を変えるような病気、長く続く失業、極貧状態となると自己保険では対応しきれない。長期のガン治療や数年間の失業にかかる数十万ポンドや数十万ドルを貯蓄できるのは、よほどの富裕層だけだ。ほとんどの人はそうはいかない。サポートがないため苦しむことになる。家が全焼するような大災害に備えるように、なぜこうしたリスクに対して民間の保険に加入できないのかと読者は思うかもしれない。

問題は、逆選択とモラルハザードの二つの理由で、民間市場では保険をかけられないリスクが一部に存在していることだ。逆選択とは、保険を買いたいと思っている人々が最大のリスクを抱える人々である場合に発生する。保険会社がこうした人々を特定できなければ、悪くなるリスクのある人ばかりが保険に加入してしまう。保険会社は公正を期すために、リスクのある人々を徹底的に見極めようとする。これでは、多くの同じようなリスクを集めようとする保険の趣旨と反してしまう。モラルハザードとは、保険に加入した人々がその後に危険な行動をとる可能性があることだ。例えば私があなたにずっと続く民間失業保険を提供したら、あなたは「素晴らしい、今こそスーパーモデルや俳優、スタントマンなど、ずっと夢見ていた冒険的なキャリアを始めるときだ」と思うかもしれない。そうなれば私は、あなたへの保険提供を断るのが賢明な選択となる。

個人で民間保険に加入できないリスクの場合、国が介入する。欠点だらけのアメリカの医療制度でさえパンデミックの最中には、無保険者の新型コロナの治療費を負担した。豊かな国では、失業した人が完全に困窮してしまうのを容認することはほとんどなく、国が何らかの形で失業保険や障害保険を提供しているが、手厚さに関しては国ごとに大きく異なる。国の支援がない状態はどんなものか想像するため、仕事が見つからず、給付を受ける資格もない非正規滞在の移民を考えてみよう。友人宅のソファと教会の炊き出しをあてもなく転々とすることになる。

私たち一人ひとりに良いときも悪いときもあるので、そのことを理解し、不幸が襲ってきたとき私たちを守ってくれる安定した政策を追求する政治家に投票しようと思うかもしれない。だが人々はいつもこのようには考えない。なぜなら、明日惨めになるかもしれない私は今日のところ存在しないし、ずっと惨めにならないかもしれない。そして過去の惨めだった私は、もうどうしようもないのである。

物事がうまくいっているうちは、悪い時期は来ない、少なくとも自分には来ないという前提で、できるだけ税金を払いたくない誘惑に誰もが直面する。人は「楽観主義バイアス」に陥っている可能性があり、破滅的な結果の可能性やコストを軽視してしまう。また税金をたくさん払っているときは、すでに成功しているため信用制約を心配しなくていい。つまり多くの人にとって、現在の幸運が、将来や過去の不運を凌駕《りょうが》してしまうのだ。物事がうまくいっているとき、人々は税金がいつになっても貧しい人、怠惰な人、価値のない人の福祉に使われるだけだと思うかもしれない。

連帯の罠が広がり、誘惑されるのは、自分が良い状況にあるときだ。裕福な納税者は、自分はいつも公的な連帯を支える税制や所得移転の裏方、一方的な支え手だと思いがちだ。しかし驚くべきことに、多くの人にとって一概にそうとは言えない。晩年のジョン・ヒルズ〔イギリスの社会科学者、1954~2020〕が主張したように、実際には「私たち」と「彼ら」の区別は存在しない。「彼ら」というのは過去と未来の「私たち」なのだ。

ヒルズは、イギリスで機能している福祉制度に注目した。普遍的な医療システムを持つこと以外では、公的年金や失業保険はわずかなもので、公的支出は手厚いとは言えない。しかもその公的支出の多くは、より貧しい国民を対象とした資力調査を伴う。50代の裕福なイギリス人から見ると、イギリスの福祉制度は自分のような人を助けてくれないと思うかもしれない。彼らはいまこの制度から多くを受け取っていないだろう。

しかし今は正しくても、生涯にわたって見ると間違っているかもしれない。ある時点での税金と公的支出を切り取ると、ほとんどの場合、現在の富裕層が多額の税金を払い、現在の貧困層が多額の支出を受けていることがわかる。しかしこの言い方では誤解を招く。経済的に最も裕福な数パーセントの人を除いて、ほとんどすべての人が、自分が負担したのとほぼ同じ額を、国からやがて取り戻している。

これにはいくつかの理由がある。第一に、現在裕福な人々は将来、定年退職後に貧しくなる可能性が高く、その時には年金だけでなく、高騰する医療費のために、国への依存度が高くなる。第二に、現在裕福な人々の多くは、子ども時代に無料の公教育から大きな恩恵を受けており、X世代〔アメリカで1960年代半ばから70年代にかけて生まれた世代〕かそれより年上の世代なら無料の大学教育の恩恵も受けている（恩恵を受けた筆者自身も恩恵を受けられない自分の子どもたちを見ながら切なくなる）。第三に、給付の中には所得（休職手当や育児休暇の給付金）や勤続年数（年金）に比例して受け取るものがある。私たちの多くはある時は与え手、ある時は受け手の二重生活を送っている。しかし投票に行くとき、そのことをいつも思い出すわけではない。

連帯の罠をさらに悪化させるのは、政府が私たちと同様のジレンマに直面しているからだ。持続可能な年金制度や効果的な公教育・インフラを整備することは、現在と未来の間のトレードオフを伴う。政治家は、おそらく自分が公職を外れてしまった将来にしか利益がわからない制度改革のために現在増税をしなければならない。理想的な世界では、政府は国が好調な時期にあらかじめ身銭を切っておくと将来、困難な状況に直面したとき実を結ぶようになる。だが、ライバルとなる政党が将来の政策を自分の手柄にできて、政権を担う政党は現在の税金の批判を受けるとすれば、長期的な視野の公的投資が難しいのは想像がつく。また政治的な分断が進み、民主主義の罠にはまれば、長期的な視野に立った連帯のための政策はさらに困難になる。

政府がいまコストを支払い、給付を先送りするのがいかに難しいかを示す古典的な例は、ニューディール時代のアメリカで創設された社会保障《ソーシャルセキュリティ》という公的年金制度だ。1935年に成立した法案では、1937年に個人納税者と企業の社会保障費の拠出開始が義務づけられたが、給付は1942年まで行われない予定だった。その42年でも給付水準は最低限にとどまり、1980年代に入るまで最大の額面に達することはないとされていた。このような考え方は、平均寿命が延びても制度が維持できるよう、大きな資金プールを構築しようとしたものだった。政策の立案者は、南北戦争時の年金のように、政治家が選挙に勝つために給付金を利用するのを避けたいとも考えた。どれもとても価値のある考え方だが、勝たないといけない選挙を抱えるフランクリン・デラノ・ルーズベルト大統領に、有権者は5年間お金を払ってからでないと給付が得られないことを、(政策立案者は)いったいどうやって納得させたのだろうか。

ルーズベルトは上院と下院で与党民主党が3分の2以上の特別過半数を占める有利な立場にあり、これは主に彼の人気によるもので、彼は他の政治家と隔絶していて、選挙に負けるリスクも小さかった。そして新しい保険料支払いは1936年の大統領選挙の翌年にならないと始まらない。これほどの政治的緩衝材があっても、当初の計画は維持できなかったのだ。1937年の景気後退の後、ニューディールに猛反対する共和党が翌38年の中間選挙でそれ以前よりかなり多くの議席を獲得した。39年には保険料率の引き上げは先送りされ、給付は2年前倒しされた。つまりコストは先送りされ、支給を急いだのだ。ここに長期投資に関する政治的約束のもろさを見ることができる。政治環境が変われば約束も変わってしまう。

ただし、最初の年金が支給されたとき民主党はまだ政権を維持しており、この政策がもたらした政治的利益を享受できた。社会保障《ソーシャルセキュリティ》を守ることが民主党の選挙対策において重要になり、1950年代には共和党のドワイト・アイゼンハワー大統領もこの政策をほぼ受け入れるようになった。投資を伴う政策は、それを導入した政党が政権を去った後、何十年も経ってから実現することもある。トニー・ブレア率いる英労働党政権は2001年の総選挙マニフェストで「児童信託基金」というアイデアを打ち出した。新生児一人につき出生時と7歳時に250ポンドのバウチャーを渡し、18歳になってから利用できるようにする。低所得世帯の子どもにはこの額を2倍にする。児童信託基金の目的は富の不平等を解消し、信用力に乏しい若者に資金を提供し、貯蓄や投資のメリットを教えることである。

とても良い意図に基づいていたが、この政策を導入するのに2005年までかかり、2010年に労働党が政権を失うと、後継の保守党と自由党の連立政権はすぐにこれを放棄した。児童信託基金の最初の受給者が18歳になり、口座を開設するには2020年までかかった。その時点でトニー・ブレア以降4人目の首相が就任していた。この政策は賞賛に値するものだったが、政治的にはもろいもので政権交代に耐えられず、導入した労働党も手柄を主張できなかった。私たちと同じように、政治家も現在と未来をうまく結びつけることができない。民主主義の罠のたくさんの課題を考慮すると、政治家も同じように連帯の罠に陥る。私たちの現在と未来を結びつける方法を見つけられないとき、政治は失敗することになる。

異なる人々の間の連帯

「福祉の女王（Welfare Queen）」は、政府の大きさをめぐるアメリカの議論で最も悪名高い人種に関するあてこすりの一つだ。１９７０年代半ば、ロナルド・レーガンが共和党大統領候補として出馬（最初は落選、その後大勝）した際、23枚もの福祉給付小切手を不正に取得した詐欺師のリンダ・テイラーに注目した。レーガンはテイラーのケースを、詐欺によって違法に、あるいは働かずに他人の慈善に頼ろうとする気持ちを通じてもっと狡猾《こうかつ》に、アメリカ国民の寛大な心を悪用する福祉依存の母親に広がる「文化」を表す症状だと考えた。レーガンがテイラーの名前や人種に直接言及したことはなかったが（テイラー自身は黒人、ヒスパニック、ユダヤ人とさまざまなアイデンティティを持っていた）、「福祉の女王」というモチーフは主にアフリカ系アメリカ人女性に適用され、「福祉」という言葉はいっそう人種的な色合いを帯びたのである。

何十年もの間、アメリカ政治の研究者は、アメリカの有権者が自国の福祉制度を人種的なレンズを通して見ているのを確認してきた。「福祉」という言葉は、幅広い福祉国家制度の中でも非常に特殊な部分、つまり貧困で職がない家族への給付を意味するようになったのだ。当初そのような給付は、民主党がアメリカの連帯を大きく見直したニューディールの一環として創設されたＡＦＤＣ（要扶養児童家庭扶助）を通じて行われた。しかしやはり民主党のビル・クリントン大統領が「これまでのような福祉を終わらせる」と公約した後、１９９７年に現在のＴＡＮＦ（貧困家庭一時扶助）に代えられた。60年以上をかけて、「福祉」はどのようにして民主党の中心的な課題から不要な政策へと移行してしまったのだろうか。

マーティン・ギレンス〔アメリカの政治学者、UCLA教授〕は、1950年代から60年代にかけて「貧困層の黒人化」のために福祉が偏見の対象となったと論じる。彼が指摘するのは明らかなパラドックスだ。1950年代後半から90年代初頭にかけて、アメリカの貧困層に黒人が占める割合は3分の1程度で変わらなかった。だがアメリカの貧困報道は劇的に変化し、貧困層について報じた写真に占める黒人の割合は1950年代には20パーセント以下だったのが、70年代半ばには70パーセント以上になった。貧困報道における黒人の割合は、貧困層に占める実際の割合の2倍になったのだ。

なぜアメリカの貧困報道は人種差別的なのか。まず20世紀半ばにアフリカ系アメリカ人が南部の農村から工業地帯の北部や中西部へ大移動したことが挙げられる。黒人の貧困層が、はるかミシシッピ・デルタの農地から、東海岸や五大湖周辺の大都市へ移動したことで、白人のアメリカ人が無視できなくなったのだ。

第二に公民権運動によって人種隔離と抑圧をめぐるアメリカの長年の対立が再燃し、人種隔離主義者のジョージ・ウォレスの大統領選立候補とキング牧師の暗殺に至ったこと。

第三に、アフリカ系アメリカ人が1950年代以降、確かに政府が提供する福祉を多く利用するようになったことがある。しかし、その理由は彼らがより貧しくなったからでも、より国家に依存するようになったからでもない。AFDCが導入された当初は州によって管理され、人種隔離を行っていた南部の州は資格があってもアフリカ系アメリカ人に福祉を提供しないようにしていたが、1960年代になると、連邦政府が州の支給額と同額を新たに支給することに合意し、より多くの州の、より多くのアフリカ系アメリカ人がAFDCに組み込まれたからである。

これら三つの力、すなわち近接性、政治、政策は、政府の規模と役割に関する多くの現代の議論の中心となっている。連帯とは定義上、他者を支援することだ。しかし人々が互いを平等に扱わない場合はどうなるのか？　多数派が少数派を偏見の対象としたら？　これにより「他者」が生まれてしまう。

現代アメリカのエスニック政治は、白人と黒人の分断線に沿って多く展開されてきたが、近年ではヒスパニックやアジア系の重要性が増している。しかし集団間の相違は必ずしも人種に基づくものではない。北アイルランドのように宗教が決定的な違いになることもある。北アイルランドでは伝統的に、多数派のプロテスタントと少数派のカトリックの間の緊張が政治の中心となってきた。言語の違いが重要な場合もある。スイス政治ではフランス語圏、ドイツ語圏、イタリア語圏の相違が主要な境界線となっている。またトルコ人とクルド人の対立のように民族が問題になることもある。

民族紛争は単に肌の色の問題ではなく、生まれつき（人種や民族）、あるいは幼少期に（言語や宗教）、人々が他者にあてはめてきた差異に起因する。政治学者が民族的な多様性が連帯に及ぼす影響を調べると、その定義にかかわらず、多様性は人々がお互いを援助するリソースを提供する意欲に影響していることがわかる。

なぜ民族の多様性が連帯への支出を減らすことにつながるのか。理由の一つは貧弱なコミュニケーションだ。言語が異なれば、隣人を理解し信頼することは難しくなり、悪い行いを罰するのも難しくなる。民族集団は内部で不正行為や詐欺に対しお互いに制裁することができるが、多様なグループではそれは難しくなる。例えばケニアの小学校で募金集めをすると、民族的に同質なコミュニティで著しく募金が多くなる。そこでは、寄付しない人がより恥を感じさせられるのだ。

しかし率直に言って、内集団でのふるまいから、民族的な外集団への態度に目を向ければ、民族の多様性が連帯を弱めるように見える単純な理由は、異なる民族集団が互いを嫌うためである。彼らは互いを同じ公的支出を奪い合う存在とみなしたり、自分たちが連帯政策の恩恵を享受しているかどうかに関係なく、「他者」がそれを受けることに激しい嫌悪感を抱いたりする。

民族集団同士で豊かさが相対的に大きく異なる場合、この外集団への敵対的態度は強まる。政治学者は、公共的な連帯がどの程度生まれるかを決めるのは民族の多様性だけではなく、むしろ民族集団間の平均所得の違いによることを明らかにしている。裕福な民族が多数派で、貧しい民族が少数派の場合、公的な支出の形での貧しい人々への連帯感は崩壊する。階級と民族の両方の溝を越えなければならなくなるからだ。これは階級構造が強く人種と結びついているラテンアメリカ諸国で顕著である。一方でエストニアやスイスのように、民族的に多様な社会でありながら、異なる民族が同じように裕福な場合は、公的支出が減る兆候はほとんどみられない。

現金ではなく現物での給付でも、連帯に関する民族間の緊張は高まる。公営住宅、学校教育、病院の予約など供給に限りがあるため、新たな受益者集団の登場は制度に負担をかける可能性がある。その新集団が移民だったり民族的な特徴を持っていたりすると、政治学者が「福祉ショービニズム（福祉排外主義）」と呼ぶ現象が生まれる。人々は自分たちのために連帯を求めるのであり、他者のためにではない。

格好の例が公営住宅だ。2003年に欧州連合（EU）は、EU域外からの移民を公共サービスから排除しないよう加盟国に求めた。公営住宅へ入居するための競争が激しいオーストリアではこの要求は政治的に大きな反響を呼んだ。法改正の結果、オーストリアへの移民は突然公営住宅に入居できるようになった。ウィーンでは全世帯の半数弱が公営住宅に住んでいるため、公営住宅は中流階級向けの給付でもある。公営住宅に入居できると思っていた人たちが新たな競争と家賃の上昇に直面したのだ。影響は政治にも波及し、ウィーンの中で公営住宅が多い地域では、急進右派の支持率が5ポイントも上がった。

民族的多様性と公的支出に関するこれらの結果は、ほとんどの人が人種差別主義者であることを意味するのか？　必ずしもそうではない。トーマス・シェリング〔アメリカの経済学者でノーベル経済学賞受賞者、1921〜2016〕は、人種差別がほとんどない社会でも民族的な分離居住が起こりうるのを示したことで知られる。彼が開発したモデルの中では、個人は自分の近隣地区で民族的な少数派として生活することを望むかもしれないが、例えば自分と同じ民族の割合が6分の1以下の地域には居住しないといった制限条件がつけられている。人々が自由に移動できるなら、少数派になりたくないという個人のささやかな選好は、すぐに高いレベルの分離居住へと波及してしまう。

それはなぜか。もしある人が、近隣に同じ民族の人がいないのが不満で引っ越しすると、移住先の近隣の民族構成を変えてしまう。すると、今度は違う民族集団の人をその地域で少数派にしてしまい、転居を促すかもしれない。ほとんどの人が当初は民族が混じりあった地域に住んでよかったと思っていても、「連鎖反応」によって人々はすみ分け、高度に分離居住するようになる。ほとんどの個人が望んでいなかったにもかかわらず、分離が起きてしまうのだ。

しかしこうした「構造」についての議論は、多様性を上から目線で見て、人々を明確に異なる集団に抽象化することで、人を平等に扱う責任から人々を免責してしまう危険性があるのではないか。また、構造の議論は集団間の差異を永続的なものにしてしまう。まるで、決して克服できず、世界が終わるまで私たちを悩ませ続けるかのように。

私たちは、人種的なえこひいきや敵対心を通して世界を見る人々の頭の中に責任があると考えたほうがよいだろう。人種差別的な方法で世界について考える人々は、そのレンズを通してあらゆる政策を見る傾向がある。政治学者はこれを「自民族中心主義（エスノセントリズム）」と呼ぶ。例えば自民族中心主義的な白人は、貧困層への政府の支援について考えるとき、それは黒人に与えられると考えて支持が弱くなる。福祉支出から利益を受けそうな貧しい白人市民が自民族中心主義的な選好を持つ場合、自分たちの物質的自己利益に反する形でフードスタンプのような給付に反対しかねないのだ。給付への支持についても同じことが言えて、退職金制度である社会保障《ソーシャルセキュリティ》は、アメリカ人の文化的心理の中で白人高齢者と結びつくために、自民族中心主義の強い白人は、収入や年齢から予測できる以上に社会保障への支出を望む傾向がある。社会保障は「彼ら」ではなく「我々」のための政策と認識されているわけだ。

したがって自民族中心主義的な貧しい人々が必ずしも、我々が予想するような連帯の大きな支持層になるとは限らない。このため彼らは伝統的な左派への投票を止め、移民やアウトサイダーを給付から排除するとマニフェストで約束するポピュリスト右派政党に惹きつけられるようになっている。

人々が自分たちに実質的な利益をもたらす政党に投票しなくなったことは政治の失敗を意味するのか。結局、「文化」に影響された投票は人々の真の関心事を反映していると考えるか、それとも誤った情報や文化戦争を反映していると考えるかによって判断が分かれる。いずれにしてもこれは連帯にとって良いニュースではない。

もし人々が移民だけでなく、自国の同胞国民に対しても自民族中心主義をとるなら、グローバルな連帯に希望などあるのだろうか。対外援助の問題について、世界の最も豊かな国々で政治的な論争が激化している。国民所得の0・7パーセントを目標に対外援助の額を引き上げるべきだとする政治エリートのコンセンサスに近い意見と、大衆の世論との間には鋭い亀裂がある。１９７２年から２０１４年にかけて行われた総合的社会調査（General Social Survey）では、一貫して60パーセント以上のアメリカ人が「アメリカは対外援助にお金をかけすぎている」と答えた。実際の支出を見ると、70年代初めには国民所得の0・2パーセント程度しか使っておらず、２０００年代初めには0・1パーセント以下に下がった。世論を考慮すれば、アメリカが国際的な目標である国民所得の0・7パーセントからさらに大きく外れたことは、まったく不思議ではない。

ヨーロッパ各国では対外援助は支持されており支出額も多く、0・7パーセントの目標を達成することもしばしばある。欧州の人々の約50パーセントがこの支出を支持しているが、決して無条件にというわけではない。個人の経済状況が悪化した人ほど、対外援助への支持率が著しく低下する。予想できるように、個人の経済状況だけではなく「他者」への態度も重要になる。自民族中心主義的な考えを持つ人は、海外援助を支持する傾向が20パーセントも低い。

自民族中心主義を克服し、人種の溝を超えた連帯を促す方法はあるだろうか。あるかもしれない。そのためにはもう一つのアイデンティティ、つまり国民に共有されるアイデンティティを高めることになる。現在の国家の多くが、民族的な境界に基づいて成立しているため、国民のアイデンティティも民族的なものであることが多いが、必ずしもそうでないといけないわけではない。包摂的なナショナリズム（Inclusive nationalism）は、すべての民族、宗教、言語集団を、国民（ネイション）の連帯を強調するアイデンティティに結びつけようとするものだ。これは、大国の内部に位置し、ともすれば離脱しようとする「国民（ネイション）」において容易に実現されやすい。分離独立の問題を抱えるスコットランドやカタルーニャがよい例だ。彼らのナショナリズムは、イギリスやスペインなど大国への恨みに依存しているだろう。

連帯を国民的な問題と位置づけ、共有するシンボルを強調することで、たとえ大国でも包摂的なナショナリズムを呼び起こすことができる。興味深い例として、インドのヒンズー教徒に、インドのどこか仮想の場所で起きた火災の被害者に寄付をしたいかどうか尋ねたオンライン実験がある。

回答者の半分にはヒンズー教徒の村の名前が、もう半分にはイスラム教徒の村の名前が火災被害を受けた場所として与えられた。ただし情報を示したウェブページ上で、国旗の色で彩られたインドの地図を見るかどうかで、それぞれのグループをランダムにさらに二つに分けた。これはインドという国を全体として考えるように刺激を与えるためだ。彩られた地図を見ていないグループの場合、回答者は予想通り自分の稼ぎを同じヒンズー教徒に分け与えることを選好した。しかし地図を見た回答者は、イスラム教徒にもヒンズー教徒にも同じように寄付をする傾向がみられた。この違いは社会的地位の低いインド人の間で最も強く、国民意識への刺激は「低カースト」である回答者の民族的差異を非常に効果的に消し去ってしまったのである。

多くの人は国民的象徴《シンボル》を、分裂を引き起こすものとみなし本能的に避ける傾向があるが、国内の民族的多様性であれば、国民的象徴が実際に連帯を導く手助けになることがある。代償として攻撃的なナショナリズムを高めてしまうかもしれないが、国家の政治制度や国民的連帯の規範は、歴史的に根付いた宗教や民族の不信感を克服できる。しかし、連帯にはさらなる限界もある。グローバルな政府や「(グローバルな)国旗で彩られた地図」が存在しない以上、自国の人々には寛大になれても、国際的な連帯からは依然として遠ざかってしまうのだ。

連帯と情報

連帯とは、不幸な人を救い上げることであり、コミュニティが誰も置き去りにしないようにすることだ。それは誰が助けを必要としているのか、誰が最も危ない状態にあるか、見極めることができるかにかかっている。しかし国家はどうやって困窮者を把握できるのか。誰がどこに住んでいて、誰が何を必要としているのか、多くの情報が必要だ。そして連帯の対象である諸個人が私たちの最善の計画を損なったり、操作したりするのを防ぐことも必要だ。

まずは人々についての情報を得る問題から始めたい。いま私たちが生きている世界には、情報を得る代わりに個人情報が流れる危うい表裏の関係が存在している。巨大テック企業は私たちの習慣、興味、政治的選好など、多くのことを知っている。クッキー〔ウェブサイトがその訪問者のパソコンやスマートフォンなどに残しておく記録であり、訪問者の識別のための情報や閲覧日時、入力したデータなどが格納されている〕を受け入れるたびに、私たちは自分自身に関する貴重な情報を売り渡している。データはあまりに効率的に編集、統合、相互参照されていて、私たちは、友人と交わした内緒のメッセージと妙に一致する気味悪い広告がインターネットに現れてくるのを見て不気味に感じている。

大きな政府はテクノロジー企業と同じような情報収集能力を持つだろうか。それは場合によって違う。政府は納税者コードや社会保障番号を通じて、私たちについて多くのことを知っている。私たちが正式にいくら稼いでいるか、どのような政府からの給付を受けているか、どれほど社会保険料を支払っているかなどだ。私たちが児童にかかる税控除や育児休暇を申請すれば、家族構成もわかる。私たちが亡くなると、子孫にいくら残したかも知られてしまう。そして10年ごとに、私たちの家に誰が住んでいるのかを尋ねる国勢調査の用紙が送られてくる。

表面的にはとても多くの個人情報のように見えても、実際の捕捉には限界がある。政府は人生の必然である「死」と「税金」で私たちについて最もよく知ることができる。死は「ロー・アンド・オーダー」〔全米最長記録をもつ刑事・法廷もののテレビドラマ〕の中のつじつま合わせ以外でごまかすのが難しい。しかし徴収された税金は、支払うべき税金を必ずしも正確に反映していないかもしれない。政府は、国民にすべての所得を申告させることに苦労している。スカンジナビア諸国では政府が「市民登録」を通じて驚くほど豊富な情報を持っているにもかかわらず、大金持ちは課税を免れている。パナマ文書〔パナマにある法律事務所から流出した機密文書で、大企業や富裕層が税逃れをしていたという証拠が掲載されている〕で流出した情報によると、ノルウェーでは上位0・01パーセントの富裕層が納税すべき額の約4分の1を脱税しているという。

政府が貧しい人たちに連帯の給付金を配るときには、低所得と申告している人たちの所得が本当に低いかを、富裕層から税金を徴収する際には、高所得者が自分の所得を正しく申告しているかを知りたいものである。政府が把握している情報と「実態」との間にギャップがあると、連帯は損なわれてしまう。「給付を受けるべき」ではない多くの人が請求すれば費用は大きくなる。「税を支払うべき」多くの人が支払わなければ収入は減少する。やがて政府は連帯を維持するための約束を守れなくなる。

もっと目につかないような問題もある。たとえ最も調査能力の高い徴税機関があったとしても、測定不可能なものをどうやって知るのか。サービスのニーズが最も大きいのは誰か。新しい公園を作ることで最大の恩恵を受けるのは誰か。ターゲットを絞った支援策で最も良い結果を出すのはどの学校の生徒なのか。規制の変更で倒産しそうなのはどの企業か。

政府はどのように国民の選好を正確に把握できるのか。私たちは民主主義の罠の分析で、人々が何を望んでいるか知ることがいかに難しいかを見た。人々は自分の意見を戦略的にごまかすかもしれないからだ。政府が私たちの頭の中を見ることができないために、私たちは特定の制度から利益を得ようと、自身の選好や自分の特性をごまかす誘惑にかられる。

政府は例えば、貿易上のショックの副作用でまともに打撃を受け、不振に陥った企業だけに補助金を出したいだろう。政府が企業内に立ち入り、その帳簿を調べない限り、自己責任で不振にあえぐ企業と、何の非もないのに苦しんでいる企業を見分けることは難しい。最近広く見られた例は、政府を欺《あざむ》いて新型コロナ支援金を手に入れる企業だ。イギリス政府は不正行為で約60億ポンド（全支払額の約10パーセント）を失った。アメリカではオクラホマ州の一人の女性が新型コロナ救済制度から4400万ドル近くをだまし取った。

同様のことは、不幸に苦しむ人々を対象とした政府の政策にもあてはまる。障害者支援制度は特に論議の的だ。20世紀初頭以来、多くの先進国では病気やけがに関連する給付金があり、これは仕事中にけがをした人々への補償のために創設されることが多かった。数十年にわたり、このような制度は労働が直接のきっかけではないけがにも拡大されてきた。しかし障害の多くは簡単には確かめにくく、特に遠く離れた政府の役人には難しい。

政府が悪いリスクをカバーしたために倒産することはなさそうだが、福祉には詐欺がまん延していると一般市民が信じている場合、プログラムを続けるのが政治的に難しくなっていくかもしれない。イギリスでの障害者手当の不正受給は、実際には総請求件数の約0・3パーセントだが、一般市民はそうした請求の3分の1以上が詐欺だと見積もっているのだ。きわめて不正確な推測だが、政府でさえ情報が入手しにくい以上、驚くことではない。こうした誤解は連帯にとって現実的な問題となる。

政府はまた、健康リスクや失業リスクなどから国の保険で守られると思った人々が危ない行動に走るモラルハザードをもたらす情報の問題にも直面する。これは連帯への保守派からの批判でよくあるもので、国民皆保険についていえば、それが不健康な行動を助長するだけだとする議論がある。医療サービスがあれば、国家が「救済」してくれると知っているので、人々は悪い食生活、過度な飲酒や喫煙に走り、自分の体を大切にしなくなるという。

それが本当なら、国民皆保険制度がない国の人々、特に無保険の人々はより健康的な行動を体系的に取っているはずだ。だがアメリカとヨーロッパの肥満率と一般的なセルフケアを簡単に比較すると、考え直さなくてはならない。アメリカでは2016年に人口の37・3パーセントが肥満であり、この国の断片的で高価な民間医療制度がより良い健康行動を促すとされているにもかかわらず、死亡の13パーセントが肥満に起因している可能性がある。対照的に、すべての国民が保険に加入し、政府が費用の大部分を負担しているデンマークとフランスの肥満率は21パーセントと23パーセントで、肥満に起因する死亡の割合はわずか7パーセントだった。

失業保険は、モラルハザード批判にふさわしい素材かもしれない。大陸ヨーロッパ諸国では失業保険が手厚いため、人々は長く失業状態のままでいて、以前の労働条件と同じでない限り新しい仕事を探したがらないとされる。失業保険が貧弱な国では、人々はいち早く仕事を探さなければならない。

失業保険がモラルハザードを招くとの批判は一般的な通念で、勤勉に働くメリットについて人々が抱く直観に合致する。しかしそれは正しいのか。失業手当が手厚くなれば、人々の復職意欲が減退するというのは論理的に思える。しかし豊かな国々では、給付金による「代替率」と雇用全体との間に正の関係がある。スイス、デンマーク、オランダなどの国では、手厚い失業保険と高い就業率が両立している。

モラルハザードの問題を生み出すとしても、国家が手厚い失業保険を保証したい理由はもう一つある。それは人々が良くも悪くも政府の政策に適応した行動をとるためだ。ドイツ、オーストリア、スウェーデンのように失業保険が手厚い国では、高度な職業能力を身につけたブルーカラー労働者の大集団が高級品の製造業で働いている。こうした労働者が身につけたスキルは、熟達までに何十年もかかり、特定の企業や生産工程に非常に密接に結びついている。これはリスクの高い投資と言える。人々がこのような「特殊な」スキルに投資するのは、何かあったときに手厚い失業保険の保証があるときだけなのは偶然ではない。確かに人々はリスクから保険で守られているが、だからといって自傷的な行動をとることを意味しない。彼らは投資も行うのだ。

ジョン・アールクイスト〔アメリカの政治学者、カリフォルニア大学サンディエゴ校教授〕と私は、この議論がどの程度通用するか確かめるために、オックスフォードで実験を行った。コンピュータ画面のスライダーを動かして、指定された数字と一致させる退屈なゲームを人々にやってもらったのだ。スライダーを正しく動かすごとに収入が増える「スキル」にあらかじめいくらかのお金を投資する機会を提供することで、より魅力的なゲームにした。しかし一方で実験中に彼らが失業する期間を設けた。その間しばらく何もせずコンピュータ画面と向き合っていなければならない。だからこのスキルに投資するのはリスクがある。スライダーのタスクを取り戻すかもしれないが、スキルへの投資が意味を持たない、異なるタスクが与えられるかもしれない。

これは、実験室に現実世界の労働と失業のリスクを反映させる試みだ。少なくとも私が経験したあまり楽しくない仕事のありふれた部分を、多少なりとも取り入れることができたと思う。私たちが本当に興味を持ったのは、ゲーム中の失業している期間に、より手厚い失業手当を与えたらどうなるかだ。そうすれば「特殊なスキル」論が示唆するように、手厚い失業手当が実験参加者にスキルへの投資をさせやすくなるだろうか？　私たちは参加者がスキルへの投資を選択する強い証拠を見つけた。失業保険がないときには50パーセントの人しかスキルに投資しなかったのに対し、前収入の75パーセントを保険として受け取ったときは、約4分の3の人がスキルに投資した。セーフティネットを提供することは、コストがかかっても便益のある投資をすることを人々に促すのだ。

モラルハザードと投資は、どちらも時間の要素が含まれた問題で、政府が政策を打ち出すと、人々はそれを補完するような、あるいは運が悪ければそれを損なうような反応を示す。つまり連帯の促進を意図した政策が、結局は連帯を弱める結果に終わることもあるのだ。

住宅を初めて買う人に補助金を出すことで、若者が住環境を更新するのを支援する試みは、そのわかりやすい例だ。イギリスの「ヘルプ・トゥ・バイ」制度は、初めて家を買う人が新築住宅に払う頭金を助けるため、住宅価格の20パーセントを政府が融資するものだ。これは住宅取得をしやすくする目的の慈悲深い政策のようだが、住宅の売り手がこの情報に気づいたという事実にすぐにぶつかった。より多くの人々が住宅を購入できるようになったのを知った売り手は、若い購入者が支払える追加的な金額を相殺するように住宅価格を上げることができたのだ。住宅にかけることができる費用は変わらず、若い人々は自分の財産を所有することが難しいと感じるままで、給付のすべてはより多くの金額を請求できる、既存の住宅所有者にもたらされた。

この種の時間にかかわる問題は、連帯のあらゆる分野に存在する。例えば教育政策は親によって弱体化させられる対象となる。学区は通常、地理的に定義されており、親は法の制約なく学区の境界を越えて移動できるため、裕福な親はしばしば、最も資金が豊富な、あるいは最もエリート向けの学校がある地域に移り住む。保護者は政策に応じて移動できるため、地方自治体や国の政府が平等に向けた教育政策を策定するのは非常に難しい。

アメリカのスクールバスの歴史はその古典的な例で、先に述べた多様性の議論と密接に関わっている。1970年代、アメリカの多くの学区では黒人の生徒を白人の学校に、白人の子どもを黒人の学校にバスで通わせて学校の人種統合を図ろうとした。それに対する中流階級の白人の親たちの反応は、子どもを私立学校に通わせたり、違う地区に引っ越ししたりして、単純に子どもをその学区から引き揚げることだった。結果、学校の人種的なすみ分けの度合いは高いままだった。自民族中心主義的な親たちが、自分の子どもと肌の色の違う子たちとを一緒にさせるのを避けようとしてこの政策を壊したのだ。

政府が所得に応じた学校の均質化を図る場合にも同様のパターンが起きる。私自身、自分の仕事でイングランドとウェールズの教育を分析したが、住宅価格が高い地域は、地域の学校間で教育の成績に非常に大きなばらつきがある。高い価格のために、裕福な家庭が最も高価な住宅と「最高の」学校がある特定の地域に自分たちを経済的に隔離することができる。確かにそうだ。だが、このような隔離は地方の教育当局に、富に基づいた分離居住を防ぐために学校間の平等を図るインセンティブを与えると思うかもしれない。

そうはいかない。中流階級の親にはもう一つカードがある。イングランドとウェールズでは、過去数十年の教育改革で、学校が地方自治体の管理から外れる選択ができるようになった。そのような選択をした学校は、地理的な境界線を維持することはできないが、裕福な親は、入学者を「自分のような人」に限定することができる。こうした学校では、宗教的な選好や教育の専門性など、ずるい親によって悪用される学業以外での選抜手続きが認められているのだ。つまり地理的に分離できなくても、他の手段で学校を分離する。

政治経済学者はこのような行動を「選別《ソーティング》」と呼ぶ。人々は自分が望むような税金や公共財がある場所を「選別」する。これはもちろん連帯主義に反する行動であり、人々は団結するより自分の欲しいものを手に入れるために分かれていく。これは平等の罠を思い起こさせる。より物価の高い地域に引っ越す平等な権利が、平等な結果を損なってしまうからだ。その国が平等主義的かどうかを問わず、自由主義国ではこうしたことが起こり得る。それはすべての連帯的な政策への基本的な挑戦となる。

これらすべての情報に関する課題を連帯と結びつけよう。まず誰がより多くの給付を受け、誰がより多くの税金を払うか決定するために、人々に自分の所得を正しく申告させる必要がある。次に、特に人々が自分についてごまかすインセンティブを持つときに、誰が本当に連帯を必要としているか見極める必要がある。最後に、ある政策が導入された後、人々がどのように行動するかコントロールできず、政策を台無しにしてしまうかもしれないという時間に関する問題がある。これらに対処し、連帯のための政策を実現する方法はあるのだろうか？　意外なことに「みんなに同じものを与える」というきわめてシンプルな解決策がある。どんなものか見てみよう。

第12章
連帯の罠から逃れる

過去10年間、三つの文字が改革者たちの想像力をかきたてた。ユニバーサル・ベーシック・インカムことＵＢＩである。ＵＢＩは、左派の反貧困活動家からリバタリアン右派のシリコンバレーの大物まで、お互いに協力しなさそうな人たちの連合を生み出した。カリフォルニア州オークランドからフィンランド、スペインからシエラレオネまで、実にさまざまな場所で実験が行われている。新型コロナからの復興や労働者のロボットへの置き換えなど、21世紀のさまざまな問題の解決策として提案されているＵＢＩは魔法の薬なのだろうか。ＵＢＩがあれば連帯の罠から逃れることができるのか？

ＵＢＩには政策としては珍しく、実態はどうなのかを伝えられるメリットがあるので、まずは略語から説明する。一番わかりやすいので最後から行くと、Ｉ（Income）はＵＢＩが現金給付であることを意味し、医療や食料の配給を受けるためのフードスタンプ、教育など現物で支給される他の連帯と区別される。現金は政府にとって分配しやすいし、現金は現金でしかないので、提供されるサービスの質について心配する必要はない。

また、現金は流用可能なので分割してそれぞれ別のことに使うことができる。UBIの給付を何に使うかには何の制限もなく、ファストフードやアルコールに全部使いたいならそれでいいし、違法薬物に使うのを止めるものは刑事司法制度以外には存在しない。もちろん、公的年金でも、そんな使い方をしないようにするのは年の功くらいしかないだろうが、UBIはその使い道について、良くも悪くも知りえないという立場に立つ。

B（Basic）はUBIが基本的なレベルの現金を提供するという意味だ。ほとんどの人にとって生活に十分な額ではないが、誰もが同じだけ受け取れる。つまり誰が何に値するかを政府が見極める必要がなく、必要性《ニード》、能力、努力に関係なく誰もが同じものを手にできる。しかしUBIは既存の不平等を維持することにもなる。多く稼いでいる人は、UBIが増えて払った税金を差し引いても、まだ収入は多い。Bの額は「基本的」だから大金持ちにはほとんど影響がない。非常に貧しい人たちは、他の人たちよりも貧しいままだが、頼れる現金の塊が手に入るようになる。

最後にU（Universal）は、その国のすべての国民が受けられる給付金であることを意味する。UBIの受け取りに条件はないし、使い道も受給者の行動も問わない。ただ子どもを含めるかどうかで異なる提案をされることがある。毎年の給付ではなく18歳になったとき権利を与える案もある。しかし純粋なUBIは世帯ではなく個人に支給される（ただし子どもへの支給は親が受け取るはずで、そうでないと「フォートナイト」〔オンラインシューティングゲーム〕への出費が経済の一割を占めることになろう）。権利を持った「国民」であることも制限の要素となる。UBIを導入する国が「福祉ショービニズム」をとることや、UBIを利用しようとする移民の大量流入を防ごうとすることを理由に、最近来た移民は受け取れないようにすることは容易に想像がつく。

　1974年、カナダのマニトバ州で導入されたUBIは、ドーフィンという小さな農村で、どの家庭でも無条件で一律に年間約1万4千ドル（現在の米ドル換算）の給付を受けることができた。「純粋な」UBIとは異なり、家族が余分に稼いだ分は高い税率を課され、給付を受けてもその2倍にあたるだけ課税されてしまった。試験的に実施されたのは数年間だけで、人々の健康維持には一定の効果があり、労働時間を減らしたわけでもなかったようだ。大まかに言えばこのプログラムは成功したと言える。しかし政治的にはもろく、1979年に保守党が政権を取るとこの制度は停止された。

　それ以来UBIの制度はもっと制限的で財源も変動的な形で、より貧しい人々に限定して実施されている。例えばアラスカ永住権基金は石油収入から永住権保持者に毎年約1600ドルを支給するが、この額は石油価格に応じて上下する。フィンランド政府が2015年に試験的に導入した制度は、失業中の現役世代のフィンランド人2千人に失業給付に加えて年間約7500ドルを支給し、なおかつ仕事を見つけた場合もその給付額を保証するものだ。スペインでは2017年のバルセロナの試験的な取り組みで市内最貧地区の人々に給付金が与えられ、新型コロナが発生すると政府は貧困家庭に毎月1千ドルの無条件の補助金を支給した。現在UBIのようなプログラムとして並べられているものには、すべての人に対するわずかな、変動的な給付と、貧困層へのより手厚い支給が混在している。

　より野心的なUBIの提案はテクノクラート、技術者、社会主義者など幅広い政治グループで人気を博している。アンドリュー・ヤン〔アメリカの実業家、民主党大統領選立候補者〕からジェレミー・コービンまで、有名な政治家が国家的UBIの導入を主張し人々の関心を集めた。彼らの提案はこれまで見てきたものよりもはるかに大規模だ。アンドリュー・ヤンはアメリカ国民一人あたり毎月1千ドル（約15万円、「自由の配当」と呼ばれる）の純粋なＵＢＩを約束した。起業家でオープンＡＩ社（Open AI）のＣＥＯサム・アルトマンは、すべてのアメリカ人が「アメリカ株式基金」から給付を受け、その基金は企業や土地に2・5パーセントの税金をかけることで作られ、成人したアメリカ人一人につき年間1万３５００ドル（約２００万円）を支払うことを提案した。彼らに共通するのは、既存の福祉プログラムが政治的にぐちゃぐちゃで、ＵＢＩのほうがより効率的で公平であるという見解だ。

しかしＵＢＩは本当に連帯の罠から抜け出すのに役立つのか。うまくいっている人は辛い目にあっている人のためにお金を出す気がないという問題を思い出してほしい。ＵＢＩは良いとき悪いときを通じて消費を平準化する形の一つで、毎年同じ給付を政府から受けることができる。それならば人生の辛いときにも最低限、ＵＢＩが使えるはずだ。

異なる人々の間の連帯はどうなるのか。ＵＢＩは誰でも手に入るので「あの人たち」として簡単に偏見の対象にできるわけではない。もし自民族中心主義的な人々が、他の民族を傷つけようとしてＵＢＩを削減するなら、結局は自分自身を傷つけることにもなる。それでも移民がＵＢＩを受け取れない問題があることはすでに見た。何年定住すれば受け取れるのか、移民はＵＢＩを受けることができないのにそのために移民に税金をかけることは公平なのか？　またＵＢＩが偏見の対象となる可能性がないとは言い切れない。最もあからさまな批判は、誰でも受け取ることができるので、怠け者や自堕落な人、ふさわしくない人が受け取ってしまうというものだ。私は受け取るに値するがあなたはそうではないかも、というわけである。最大のリスクは、政治的に不人気になったＵＢＩが怠け者や無能な「あの人たち」と結びつけられてしまい、ユニバーサルの建て前が崩れてしまうことだ。

連帯の罠から逃れるためにＵＢＩが最も役に立つのは、情報の問題を解決できる点だ。政府はＵＢＩを配るために誰が国民で誰がそうでないか以外、住民について多くを知る必要がない。官僚的な間接経費はほんの少しで済む。そして人々はより多くの自己利益を得るために政策を利用することができない。どの地域に引っ越そうと、自分のニーズについて政府にどんな証拠を提示しようと同じ額しか得られないからだ。人々は国を移動する以外、ＵＢＩの恩恵を選別することはできない。

ＵＢＩはまた、ＩＴ技術の進歩が既存の福祉国家の存続を脅かすかもしれないという未来の問題も解決できる。ビッグデータとＡＩは、保険者が「逆選択」の問題を回避するのに役立つ。保険者が「悪いリスク」の持ち主は誰か知ることができれば、その人への保険提供を拒否できるのだ。その結果民間の保険はリスクの低い人たちにとってより安いものになる。そしてこのことが、福祉国家にとっての政治問題を作り出す。つまり、「良いリスク」の人たちが民間保険加入できているなら、その人たちは税で社会保険を賄うことで、保険を「二重払い」することを支持するだろうか。情報が良いリスクの人々と悪いリスクの人々の間の連帯を分解してしまうわけだが、ＵＢＩならこの問題に直面しない。すべての人に同じものを与えるならば、情報をたくさん持っていることは問題にならないのだ。

ＵＢＩの推進者にとって重要な課題は、おそらくコストであろう。アンドリュー・ヤンのようなアメリカでの典型的なＵＢＩの提案では年間１万２千ドル（約１８０万円）の支給を想定している。２０１９年のアメリカの平均所得は約６万６千ドルだったが、アメリカの所得は非常に偏りがあるため誤解を招きやすい。所得の中央値はその半分強の３万６千ドルなのでＵＢＩの約３倍だ。失業保険や医療など、既存の社会支出やサービスはどれくらいか。ＯＥＣＤによると、アメリカは国民所得の約19パーセントを社会支出に費やしている（税引き後の純支出額ではもっと多く29パーセントだが、これは後ほど説明する）。これは一人あたり1万2千ドル強に相当する。つまりＵＢＩの提唱者は実質的に福祉国家もう一つ分の追加を要求していることになる。しかし彼らがどこまで本当にそのつもりかは議論の余地がある。

保守派がＵＢＩを支持する理由は、社会主義者とはまったく異なる。保守派の考えではＵＢＩは現在の福祉国家を完全に置き換える、市場に似た方法を提供してくれるものだ。社会保障局や公営住宅、メディケイドなど非効率とされるものは消えて、同等の現金給付に置き換わる。ＵＢＩは依然として再分配だが、市場を通じて行われる。人々は民間の医療を購入し、民間の住宅を借り、フードスタンプをＵＢＩの小切手に置き換える必要があるのだ。低所得者の中でもコストの低い地域で小さな子どもを多く抱えている家族にとっては改善になるだろう。しかし特に高額な医療費を抱えている人々など、多くの人にとってはそうならない。現金という点では連帯感が得られるが、人々が直面するリスクという点では連帯は得られないのだ。

もちろん、ＵＢＩが既存の福祉国家に取って代わる必要はない。しかし福祉国家を政治的に弱体化させる可能性はある。私たちは連帯の罠が何を脅かすかを知っている。人々は将来の自分自身や「他者」とみなす人々に保険をかけることを嫌っているのだ。複雑で偏見の対象となる既存のプログラムではなく、現金給付が提供されれば、人々はＵＢＩを喜んで支持するだろう。

一方で福祉国家が有利な点は、ＵＢＩの新しさとは正反対のところにある。福祉国家にはその周辺に構築された長年の制度や規範がある（否定的な意味合いもついてまわるが）。既存のあらゆる年金、失業、所得移転政策には、それらをとりまく受給者と官僚機構の両方ですでに独自の支持者がついている。対照的にＵＢＩは政治的に確立されておらず脆弱だ。誰が制度を守るのか？　全員で守れると考えるのは楽観的すぎる。マニトバ州のＵＢＩの原型がどうなったかを見れば、初期のＵＢＩを政治的に簡単に潰せることがわかる。不況や政権交代が起きれば、ＵＢＩは擁護者を失うかもしれない。

このような懸念を解消する一つの方法は、誰もが受けられる普遍的な給付を強調しつつ、所得の高い人ほど多くを受け取れるように、やや連帯を損なう形でアレンジすることだ。ヴァルテル・コルピ〔スウェーデンの社会学者、ストックホルム大学名誉教授〕とヨアキム・パルメ〔スウェーデンの政治学者、ウプサラ大学教授〕の研究がこの特殊なモデルを擁護している。彼らは、所得に比例した給付を行う国は所得再分配のレベルが高くなる傾向があると主張している。彼らの言葉を借りれば「再分配のパラドックス」が存在し「貧しい人だけに給付の対象を絞り、すべての人に等しい公的給付によって平等を実現しようとすればするほど、貧困と不平等を減らす可能性は低くなる」のである。

コルピとパルメの考えでは、連帯を機能させるには中産階級を結びつける必要がある。年金や失業保険などの給付を収入に連動させることで、中産階級の人々にとっての福祉国家の価値が高まり、彼らが民間の代替手段を選択するのを防ぐ。後者の懸念は特に重要であり、高所得者が国の提供する保険に加入しないと、必然的に国が「悪いリスク」をすべて引き受けることになるからだ。

何よりも、コルピとパルメのモデルでは中流階級の人々は高い税金を払い、同時に高い給付を受けることになるため、福祉制度は彼らの日常生活にとってより重要なものになる。皮肉なことに、貧困層よりも中産階級に特に手厚い給付を与えることで、貧困層だけに慈善事業を行うよりも政治的に持続可能で、連帯を生む結果が得られるのだ。

したがってUBIに代わるべき案は、普遍主義《ユニバーサリズム》を採用し、それを福祉国家全体に適用することなのだ。これは基本的にスウェーデンのモデルであり、この福祉国家の気前の良さは、まさに中産階級によって支えられている。スウェーデンの福祉制度は単純なUBI的現金給付ではなく、質が高くすべての国民が熱心に利用する一連の広範な社会サービスである。これには公的に提供され、公的資金によって運営される医療や年金のみならず、アメリカでは貧しい人しか利用できないような育児や職業訓練などを含む雇用支援といったさまざまな公共サービスも含まれている。

育児は、スウェーデンの家庭がアメリカの家庭と直面するものが違うと考える、特にわかりやすい例だ。スウェーデンの親は所得に関係なく、政府が「マクスタクサ（maxtaxa）」として設定した月約175ドルを上限とする保育料を支払い、子どもは生後12カ月から保育サービスを受けることができる。アメリカで12カ月の子どもへの保育サービスを支払うと、経済政策研究所〔ワシントンDCのシンクタンク〕の試算では、マサチューセッツ州の乳児保育料は月額約1743ドルだから、10倍もコストがかかる。4歳児でも月々1250ドルなので、高所得のスウェーデン人にとっても公的な保育料補助がいかに重要か、よくわかるだろう。

スウェーデン人の日常生活で、国家が非常に際立った、ゆりかごから墓場までの大きな役割を担っていることは明らかだ。本書を読んだ英語圏の読者の多くはそれに嫌悪感を抱き、あたかも「隷従への道〔社会主義は必然的に独裁を招き、人々から自由を奪うとする経済学者ハイエクの有名な著作〕」をたどっているように感じるかもしれない。しかし私たちは福祉国家の目に見える部分とその規模を混同しないように注意する必要がある。先ほど、アメリカが社会支出やサービスに費やしている金額は、総額よりも税引き後の純支出額でみたときのほうがはるかに大きいという事実を述べた。この会計用語は何を意味するか。税引き後の支出を見ると、そのままではわかりにくい福祉国家の姿が見えるのだ。

納税の時期になると、多くのアメリカ人は政府に支払うべき金額を減らすために利用できる複雑な節税措置や控除の一覧表に精通するようになる。税金が源泉徴収され控除がほとんどないヨーロッパから見ると、非常に複雑なものに思える。だがアメリカの福祉国家制度の3分の1は、この税法が作り出す洞窟に隠れて存在しているのである。

アメリカ人は民間業者から購入した社会サービスのあらゆる費用を所得から控除することができ、その最たる例は医療費だ（個人の医療費貯蓄口座を通じた直接の控除か、雇用者が提供する医療費の所得控除を通じた暗黙の控除がある）。教育費と保育料も控除できる。子どもを持てば税額控除を受けられ、収入が少ない場合は勤労所得税額控除〔低所得の勤労世帯を対象に、一定の場合には納税額の還付だけでなく給付も行う制度。「給付付き税額控除」とも呼ばれる〕も受けられる。住宅ローンの金利も控除できる（おそらく政府が運営する不動産金融のファニーメイが保証しているのだろう）。

言い換えれば、とにかく人の手を借りないで自分で何とかするという俗説とは少し違って、アメリカ政府によって連帯のための施策が提供されているのだ。しかし、それはより多くの支出を受け取ることよりも、税を安くすることによってなので、連帯のための施策が見えにくくなっている。富裕層は高い税金を払っているので、こうした所得控除や税額控除はより有意義になる。

この隠れた福祉国家は、平均的なアメリカ人納税者の理解を超えたところで運営されており、彼らはその恩恵を受けている。アメリカの税務申告の複雑さを考えれば、人々がそれに注意を払わないのもやむを得ない。しかし人々が思い込んでいる政府の行為と、実際に政府が補助や支出をしているものとの間に断絶が生じている。このようなごまかしはアメリカの福祉国家に利益をもたらすようには見えない。不満を避けるのではなく、現在の仕組みはむしろ不満を悪化させているように思われる。見えない福祉国家から特に恩恵を受けている人たち、つまり税金で控除できる健康保険や住宅ローンの利息を払っている裕福な国民は、皮肉にも福祉国家に最も反対しているからだ。

こうした福祉国家の見えている部分と見えない部分との差はアメリカだけの現象ではない。例えばオーストラリアでも見かけの総額と税引き後の支出に大きな差があり、人々が政治と政策とを結びつける仕方を歪めているようだ。アメリカのように福祉国家が見えにくい国の人々は、政治的な左右のスペクトラムに政党を位置づけたり、自分自身の政策の好みを政党に結びつけるのが難しいと感じている。他方で、見えている部分と見えていない部分の差の少ないスウェーデンの福祉国家は、簡単な攻撃対象でも、炎上していつも脅威にさらされているわけでもなく、その役割は有権者に明確に理解されている。有権者の一部には福祉国家を特に好む人もおり、それは大抵、社会の中で貧しい人々だ。しかし福祉国家の役割については有権者のほとんどが同意している。

このことが、目に見える普遍的《ユニバーサル》な福祉国家が、お金がかかるにもかかわらず、最も安定していることを説明している。不幸な人々を助けるという政治の約束は常に、幸福な人々によって覆される危険性をはらんでいる。したがって、そういう約束は、人々が受け取っているものを理解し、システムの論理に従うことができるように、はっきりとわかりやすい制度の中に組み込まれる必要がある。連帯の罠は、システムがみんなのためにどのように機能しているかを実際に見えるようにしたときに、ずっと簡単に解決できるようになるのだ。

普遍主義《ユニバーサリズム》は万能の解決策ではない。私たちが提供可能なものに固有の限界があるとしたらどうだろう。政府が行うサービスの中には、少なくともその本質を根本的に変えない限り、すべての人に提供できないものがある。最も明白な例はエリートの公立高等教育であり、二つの理由で普遍化が難しい。第一に物理的な供給問題で、レンガとモルタルでできた一流大学の建物では、とてもではないが全国の高校卒業生全員を収容して教育することは不可能だ。

第二に「学生をエリートにしようという機関が普遍的なものにはなりえない」という皮肉なものだ。もちろんこれは、そもそもなぜエリート教育機関が必要なのかという疑問を提起する。ある学生を他の学生より権威のある教育に割り当てる役割を国家が果たすべきなのか。とはいえ、すべての教育機関が一様に名門とされるような、真に平等な高等教育システムを持つ国はない。スウェーデンやフィンランドなど、大学の競争条件が公平であると主張する国でさえ、新入生やその保護者が強く意識する暗黙のランキングが存在する。

限られた財を公平に、しかも連帯感を伴う形で配分できるのか？　かつてエリート大学への進学は家庭の所得と高い相関関係があった。なぜなら大学に通う人はとても少なくて大学の数も少なかったからだ。そのため右派政党は伝統的に国家から大学への高額な資金援助を主張してきた。しかし、豊かな国々で大学入学者数が拡大するにつれ、高等教育により多くの資金供出を支持するのは左派政党になり、右派政党はそれに懐疑的になった。これは1960年代までと対照的な流れである。高等教育への大量の入学者は、左右双方の政党に新たな課題を突きつけた。なぜなら大衆教育システムの中にはまだエリート大学が存在するからだ。エリート養成のための学校ではなくなった今、大学への入学枠はどのように割り当てられるべきか。

左右を問わず、政治家たちのそれについての回答は「能力《メリット》に基づいて〔配分する〕」というものが多い傾向があるが、その「能力」をどう判断するかの基準については激しい論争がある。純粋に試験の成績だけで学生の入学を許可すべきか。もしそうなら、親が塾や家庭教師の授業料をたやすく払える富裕層の子どもを優遇することにならないか。また共通テストには暗黙の人種的バイアスがあるという少数民族の懸念はどうなるのか。さらに言えば、大学は本当に純粋な学業成績だけを考慮すべきなのか。おそらく大学には、幅広い能力や背景を持つ人々を含んでよりバランス良く総合的であることが求められるのに、成績だけでは学問の世界が偏ったものになりかねない。

アメリカの多くの州で、人種に基づく入試優遇措置であるアファーマティブ・アクションが廃止されたことは、この問題を窮地に追いこんだ。カリフォルニア州では大学が学生の民族構成を考慮できなくなると、州立大学（UC）システムの人口構成は著しく変化し、黒人とヒスパニックの学生が大幅に減少した。連帯の領域における他の多くの政策論争と同様、大学における民族的多様性は保守派とリベラル派の主戦場となった。

ＵＣシステムが強いられた変化は、大学が偏った文化に染まらないようにするためのさまざまな政策的な対応をもたらした。ＵＣシステムは、カリフォルニア州の全高校の成績上位９パーセントの学生が、必ずしも第一志望ではなくても、システム内の大学への入学が認められるという方針を導入した。これは純粋な能力主義に基づく方針のようだが、同時に各高校で上位９パーセントの生徒（学校での過去の成績で判断）も入学を認めるという「地域を考慮した入学資格（ＥＬＣ）」と呼ばれる政策も打ち出した。これはテキサス州の「テキサストップ10パーセント（ＴＴＰ）」と呼ばれる過去の政策と同じ設計で、特定の高校での成績を（州の旗艦校のテキサス大学オースティン校入学のための）入学資格基準としたものだ。

ＥＬＣとＴＴＰは希少なサービスを公平に配分する際の、連帯の罠の解消に役立ったか。良い知らせと悪い知らせの両方がある。ＥＬＣの入学資格しかない学生は、あまり有名でない大学よりもＵＣシステムの大学に進学する確率が10パーセントほど高かった。こうした学生の半数は人口構成に比べて入学者の少ない民族集団の出身で、ＳＡＴ〔アメリカの高校生が受ける標準テスト〕の得点は通常ルートで入学した学生よりも大幅に低かった。ＥＬＣは伝統的にエリート大学への進学率が低かった学校の生徒のチャンスを広げるのに成功した。

ＴＴＰも学生に同様の有益な影響を与えた。ＵＴオースティンに「引き入れられた」学生は卒業する確率が高く、中期的な収入もやや高かったが「押し出された」学生（この制度がなければＵＴオースティンに進学できていた学生）は特に影響を受けなかった。公平性の向上を意図したプログラムは、効率も向上させた。

こうしたプログラムの成功にもかかわらず、連帯の罠が発動する可能性はまだある。一つには、新しいルールは戦略的な考えを持つ親によって操られてしまうかもしれない。自分の子どもをカリフォルニア大学やテキサス大学へ入学させたいなら、成績がクラスのトップになりそうな、より学力の低い学区に引っ越せばいい。この戦略の欠点は明白だ。家族全員を移動させるのは簡単ではないし、本当に入学できる保証もない。だが経済学者の調査によると、テキサス州ではそのために動ける家族の約5パーセントが実際に移動したという。そして、TTPグループの民族的な少数派の生徒の割合は減少した。多くの連帯主義的なプログラムと同様、このプログラムもまた悪用されるのだ。

こうしたプログラムの設計にはさらに新たな狙いがある。プログラムは民族的多様性の改善を約束している。なぜなら、これらのプログラムから恩恵を受ける貧しい高校は、不釣り合いに少数民族が多い傾向にあるからだ。だがこうしたプログラムが大学内の民族的多様性を永続的に高めるには、この傾向が変わらないことが必要だ。言い換えれば、このプログラムは学校間の人種的分離を好ましくないかたちで「固定化」する可能性がある。連帯が分離に置き換わるとは悲劇的な皮肉だ。こうしたプログラムは、政府にとっては大変なことだが、進化する問題に対処するため常に改革され、作り直されねばならない。

連帯の罠から逃れるには「私たち」の拡大が必要になる。連帯の実現を阻む問題の多くは、時間や人々の違いを乗り越えるはずの「共通善」の観念の狭さに起因している。それを解決するには人々の規範、つまり誰がコミュニティの一員なのかについての考え方を変えることが必要だろう。これは国内の民族的、宗教的、言語的な分裂の克服を意味しており簡単ではないが、市民的ナショナリズム（civic nationalism）の例は一つの解決への道筋を提供してくれる。連帯の国民的性質を強調することで異なるグループを結びつけることができる。イギリスのＮＨＳが「国民宗教」のように扱われていることは、それがなければわずかな給付しかない国でその人気が保たれていることを説明するものだ。医療サービスは規範を変えるのに特に有効だ。なぜなら医療サービスのスタッフは通常、民族的・地域的に非常に多様であり、患者を癒そうとするだけでなく、自国の多様性に触れさせるからだ。

より多くの人々を連帯させるために制度を構築することもできる。例えばスウェーデンの普遍主義的福祉国家について考えよう。福祉国家であることが隠されることなく広範に可視化されることで成功している。控除によって公的な資金をわかりにくくするのではなく、自分たちの税金が何に使われているか人々が理解できるようにすれば、このような透明性は福祉国家への支持を下支えする。連帯への公的支援を強化しようとする人々は、一般市民が負担しているものを税法の中に隠すのを止めて、正直にオープンにする必要がある。

このことはユニバーサル・ベーシック・インカムの提案者にも当てはまる。ＵＢＩは連帯の罠から逃れられる多くの特徴を持つが、それを既存の福祉国家の枠組みにどのように組み合わせるかは、前もってよく考えておく必要がある。ＵＢＩが簡素であることが、それだけで支持を得られるという前提にするわけにはいかないのだ。連帯のシステム全体を一晩で交換するようなことはできない。私たちの共通の基盤となる相互支援は、明確で信頼性のあるものでなければならないからだ。

第四部
セキュリティ

圧制のリスクを冒さずに
無政府状態を脱することは
できない

第13章

ロックダウン　2020年3月8日土曜日、ローマ

「コロナウイルスの恐怖を煽るのはもうたくさんだ。母が怖がっている！」とデビッド・アドラーは、かつては労働者階級の地区で、今は流行に敏感なローマ地元民に愛されているサン・ロレンツォのアパートからツイッターに投稿した。外は騒然としていた。コロナウイルスが急速に広がっていた北イタリアからのニュースはみんな知っていたが、ローマはまだ感染流行に見舞われていない、晴天続きの乾燥した春だった。

デビッドはローマで暮らしつつ欧州大学院（ＥＵＩ）に研究員として通っていた。ＥＵＩはフィレンツェの丘の上にあって、高級ホテルのようだった。中は大学院生で賑《にぎ》わっていたが。ローマに住みフィレンツェで仕事をする――デビッドは、２０２０年がいい年になりそうだと感じていた。

ネット上では事態はそれほどバラ色には見えなかった。イタリアを拠点に活動するアメリカ人のデビッドは、心配する母国の家族にローマの状況が今のところ正常だと伝えようとした。冒頭に引用した、母親についての彼のツイートは、取り乱しているオンラインの世界と、ローマの街頭での彼のリ

ラックスしている経験との断絶を示している。

彼は、サンフランシスコにいる兄弟とフェイスタイムをし、街頭で酔ったローマの人がパーティしているのを実況中継しながらサン・ロレンツォの路地を歩いた。ベルガモ、ミラノ、ヴェローナと、北部で広がる災難に人々が気づかなかったわけではない。危機の影が近づいていることは誰にもわかっていた。しかし政府はまだ警笛を吹いていなかった。今のところ、いたって平穏だった。

翌3月9日（日曜）、イタリアのジュゼッペ・コンテ首相は、スーツに青いネクタイのスマートな姿で演説し、イタリア国民に対して、国中が「自宅待機」すべきであると告げた。自宅待機はシンプルなメッセージで、イタリア警察によって例外や抜け道なしに強制された。イタリア人は突然隔離され、自宅を離れることが許されたのは、食料を買うとか運動するとき、人々の生活を成り立たせるために不可欠な仕事（エッセンシャル・ワーク）や健康上の理由だけだった。

それはデビッドにとってローマの小さなアパートに2カ月間閉じこめられることを意味した。窓から見えるのは誰もいない街並み。青い制服のカラビニエリ（国家憲兵）が通行人を一人ずつ呼び止め、外にいる理由を確認し、認められない場合は自宅まで連れていくのが見えた。規制が強化されるにつれ、警察は必要なら力ずくで封鎖を実行するようになった。警察がドローンや四輪バイクを使い、ビーチで一人、日光浴していた人を拘束した動画が出回ったように、実力行使が喜劇的になったケースもあった。面会禁止に端を発した刑務所の暴動で12人の囚人が死亡する悲劇も起きた。

強引な取り締まりは目立ったが、小さな違反で済むようなときでさえ、ほとんどの場面においてイタリア人はロックダウンのルールに従った。デビッドと彼のアパートの住人たちは運動のための外出を許されたが、それは自宅のドアから200メートル以内だけだった。この制限を超えてジョギングする人すべてを追跡することは、国民一人あたり警察官の割合がヨーロッパで最も多く(10万人あたり450人)、イギリスやスウェーデンの2倍以上にもなるイタリアでも不可能だ。政府はイタリア人が自分たち自身を監視することに頼らざるを得なかった。彼ら自身の良心を通じた監視もあれば、あるいはおせっかいな隣人が自分たちを通報するかもしれないと疑ったからでもある。実際そうした密告は珍しくなかった。

日が長くなり地中海らしい快適な陽気になっても、ローマ人はサン・ロレンツォの春の夜を彩るゆったりした散歩(パッセジャータ)を控えて屋内に閉じこもった。ロックダウンはほぼ成功し、感染者数は急激に減少した。しかしそれはローマ人の日常生活の楽しみに満ちた自由を圧《お》し潰すことでもたらされたのである。

その数カ月前、コロナウイルスが最初に発生した中国の武漢では、秩序のバランスは明らかに警察側に傾いていた。このロックダウンがやがて自分たちの自由を奪うことになるとは知らず、欧米のテレビ視聴者は武漢の強制隔離のディストピア的な映像を信じられない思いで見つめていた。

最も印象的だったのは、政府職員が武漢の集合住宅の玄関ドアを溶接して住民を閉じ込め、屋内生活を強制した映像だった。イタリアの都市部と同様、武漢の住民の多くは大規模な集合住宅に住んでいるため、当局が彼らの出入りを監視するのは簡単だったが、イタリアと違いルールは揺るぎない強圧的なものだった。2020年1月から武漢市民は3日に1回、1人ずつしか外出できなかった。たとえ病気でも建物から出ることはできない。病院に入院するには居民委員会（中国の都市における自治組織）の承認が必要だった。街中では黄色い大きなバリケードが建物と地域を分断した。

同年4月、ロックダウン解除で武漢の１１００万人市民がアパートから出ることを許されると、この黄色いバリケードは黄色いコードに取って代わられた。検問所を通過しようとする市民はスマートフォンで警察のスキャナーにＱＲコードを示さなくてはならなかった。色分けされたコードが割り当てられていて、緑の表示が出れば移動自由、黄色は1週間の隔離、赤は2週間の隔離を意味した。一般市民は集合住宅の門の前で制服を着た政府の担当者に強制的に管理されたか、あるいはコードを通じて目に見えないように管理された。

アパートから離れることを金属棒で封じられるにせよ、携帯電話のアプリで強制されるにせよ、中国の市民は好むと好まざるとにかかわらず、規則に従うことを余儀なくされた。２００３年に数千人の中国人が死亡したＳＡＲＳの記憶と、農村部における部外者への警戒心が国家の管理を後押しした。旧正月にはウイルスを恐れた農民たちが村の周囲に溝を掘って道路を遮断《しゃだん》し、望まれない来訪を防いだ。ウイルスがほとんど見つかっていなかった北京や上海でも移動が制限された。在北京のフィナンシャル・タイムズ編集者ユアン・ヤンは「北京市民は武漢の報道後、国が要求する前から自発的に隔離を始めた」と述べ、集合住宅の居民委員会が自主的に訪問者を禁じ始めたと回想している。

中国では国家も国民も、自由より安全を選んだ。それが功を奏し、年末には武漢で規制が解除され店が営業を再開し人々が外出するようになり、通常の生活に戻った。２０２２年半ばにはイタリアの死者数17万5千人、アメリカの１００万人以上に対し、中国での死者数は2万5千人弱と発表された。

中国はパンデミックを、そして自国の国民を抑えたのだった。

　武漢から地球を4分の1周したところにサウスダコタ州スタージスがある。毎年8月に開催されるスタージス・ラリーには50万人のバイク乗りが終結する。ちなみにサウスダコタ州の人口は90万人弱だ。ウイルス拡大の中、ラリーは本当に開催できるのか？

　コロナウイルスのパンデミックのとき、アメリカでは社会的距離《ソーシャルディスタンス》を確保する連邦のルールは一つもなかった。各州はそれぞれの保健ニーズに応じて、またその地域の政治に従ってルールを決めた。つまりアメリカの緩やかな形式の連邦制がしばしばそう呼ばれる、「民主主義の実験場」は、実験中の事故のリスクに直面していたのだ。

　サウスダコタ州は自由を重んじる州で、自立した独立独行の人たちの場所と自認する土地柄だ。マスクや「自宅待機」命令、その他の公衆衛生上の規則は懐疑的な目で見られていた。またサウスダコタ州は田舎なので、社会的距離を取ることは当たり前に行われていた。同州のクリスティ・ノーム知事は、州民に自分たちのリスク管理を任せるべきであり「人々がマスクを着用したいなら自由にすべきだし、マスクをつけたくない人が恥を忍んでマスクをつけるべきではない。政府がマスク着用を強制すべきではない」とも主張した。

　スタージスのバイクラリーは、例年をわずかに下回る参加人数で開催された。しかし9月までは、ノームはバイクラリーが集団感染を引き起こすイベントだったという批判をかわしていた。ほんの数週間後、ニューヨーク・タイムズ紙は、ウイルス感染で死亡した参加者の記事を掲載した。11月初旬には毎週新たに発生する感染者数が州人口の1・5パーセントを超えた。死者も増え続け、12月には全米のどの州よりも高い比率となった。広々とした平原と個人責任だけでは感染の盾にならない。自立した大人として扱った人々がどんどん患者になっていくのを止められなかった。アメリカでは武漢やローマとは異なり、国民が個人の自由を実質的に守った代わりに、2022年までに100万人の命が犠牲になったのだ。

優先された自由はこれほどの危険に見合うものだったのか。どの国でも国民はセキュリティ（安全）の罠に直面していた。圧制のリスクを冒さずに無政府状態を脱することはできない。だが国によって選択は大きく異なっていた。

世界各地で社会的距離確保のための政府のルールが、それに従いたくない国民の欲求とぶつかった。集合住宅に閉じ込めればルールが破られるのを遅らせるかもしれないが、いったんルールが緩和されればすぐ無秩序に陥る。デビッド・アドラーは、イタリアでロックダウンが終了して1週間の間は、イタリア人は、昼の映画館から出てきた人々のように新しい自由で目がくらませられて、用心深く行動したと回想する。彼が記すには、ロックダウン中、「政治的権威は非常に分散して遍在していたので、人々は常に見えない境界線を感じていた。しかし封鎖が終わるとその境界線は消え去り、人々はまるで親がいなくなってルール破りに走る大学生の子どものようにふるまった」。

そのため1週間が終わるころには、イタリア人はバーやパーティーでマスクをつけず自由に行動するようになった。正確にはマスクは持ち歩いていたのだが……。デビッドが思い出すように、彼がサン・ロレンツォの街に戻ったころには、イタリア人の隣人たちは再びパーティーに繰り出していた。でも今度は「彼らはマスクを腕に巻きつけていた」。

ロックダウンが辛くない人はいないだろう。私たちは社会的な動物であり仕事もある。みんなが気楽に規則に従って、生活を維持できるというわけではない。例えば高層マンションで両親や配偶者、子どもたちと暮らすタクシードライバーは仕事中も帰宅後も、社会的距離を確保するのが難しい。私のような大学教員は自宅で仕事ができ（つまりＺｏｏｍに何時間も張り付いて）、庭付きの家に住んでいるので、楽しくはないにしても、社会から距離をとることは可能であり耐えられるものだった。しかしすべての人にこれが当てはまるはずはない。

だが、ロックダウン下での人々の行動の違いが、職場や住んでいる場所よりも政治イデオロギーに起因していることもあった。特に圧制に近い行動制限にどの程度寛容になれるかで、重要なのは信頼だった。２０２０年10月、私は１６００人以上のイギリス人を対象に何が社会的距離を取らせているかを知るための調査を行った。その人が社会的距離を取るかどうか予測できる最も強い因子の一つは、２０１６年の「ブレグジット」国民投票でＥＵからの離脱に投票したかどうかだった。賛成派はブリュッセルと距離をおくよう求めたが人同士の距離は求めなかったようである。彼らは政府の科学アドバイザーを信頼せず、ワクチンを打ちたいと思わない傾向がある。そして一般的に政府への信頼度が低い人は、パンデミックの際にも政府への信頼度が低くなるようだ。

同じようなパターンは、人々の行動の中にも見られる。グーグルが収集した携帯電話の位置情報を使うことで、イギリスでＥＵ離脱に賛成した人の多い地域は豊かさや人口動態を調整した後でも、自宅待機のレベルがかなり低いことが判明した。同様にアメリカでも2016年の大統領選挙でトランプを勝たせた郡の人たちは、パンデミック期間中にもそれほど自宅で過ごしていない。政府を信頼する度合いが高い北欧のデンマークやスウェーデンでも、相対的に政府への信頼が低く、ポピュリストに投票している地域では、社会的距離を取る人が少なかった。

平常時に政府を信頼しない人は、結局非常時にも政府を信頼しない。そして中国の事例のように、国家権力に懐疑的になるには十分な理由がある。一方でサウスダコタ州のように、好きなことを自由にしてしまえば周囲に害を及ぼすことになりかねない。

2019年時点でどの民主主義政府も、翌年に国民に何を求めることになるか想像もできなかった。またそのルールを実施するため警察や軍隊まで召集しなければならなくなるとも考えていなかった。しかしウイルスは政府を戦時体制に追い込む。国家はおそらくその最も重要な目的を果たさなくてはいけない。特に国民が自らを守る行動をとらないときに、国民の安全を確保するということだ。しかしセキュリティというのはナイフの刃の上でバランスをとるようなものだ。事態に対処する責任者が人々を従わせる権威の持つ巨大な誘惑のとりこになることなく、国家はセキュリティをどのように提供できるのか。私たちはセキュリティの罠から逃れ、無政府状態と圧制の両方の危険から脱することができるだろうか。

第14章 セキュリティとは何か

毎朝、私は自分のベッドで目を覚ます。ぐっすり眠って、というかぐっすり眠れるのは時々だが、だからと言って片目を開けて寝ないといけないわけではない。いつもと同じ場所の携帯電話に手を伸ばし、ニュースやEメールをチェックする。着ていく服を探し、階下に降りて湯を沸かし、ベーグルを焼く。車に飛び乗って子どもたちを待ち、送っていった後にオックスフォード中心部の職場に向かう。交通量が多いのでゆっくりだが何事もなく到着する。ほぼ毎日そんな感じだ。

これらはすべて普通で退屈で、ありふれたことのように思える。だが本当にそうか？　なぜ私はがさごそとした物音や、やじや怒号で突然目を覚ますこともなく夜通し眠ることができるのか。服も電話もインターネット接続も、前日と同じようにそこにある。そしてありがたいことに私の車もある。家の外に放置して鍵もかけなかったかもしれないのに。私の毎日の通勤も同じだ。交通渋滞で車を停止するとき、誰かが何かを売りつけたり、何かを奪ったり、銃口を向けたりするために車に近づいてこないか心配することもない。私の人生は少し退屈かもしれないが確かに安全だ。

私は幸運だし、こういう本を読んでいるなら、あなたもそうかもしれない。私たちは目に見えない一種の「バブル（泡）」の中にいる。目には見えないけれども、私たちを守る力に囲まれているのだ。保護は私たち人間だけでなく財産にも及ぶ。泥棒に入られて荒らされた家に帰ることもあり得ると知っている。もしそうなれば私はショックを受け恐怖を感じ、そしておそらく少し自己憐憫《れんびん》に浸《ひた》るだろう。とはいえ、そこらじゅうに危険が潜んでいるにもかかわらず、私たちの身体や所有物は手つかずのまま傷つけられず、無事に保たれている。

私たちが本当にショックを受けるべきは、このような状態が普通であることだ。何十億人もの人々、豊かな国では大多数の国民が、そして発展途上国でもますます多くの人々が、この安全なバブルの中で生活できている。これは人類の歴史の大部分を基準にすれば驚くべきことで、まったくユニークな経験だ。そして不幸にも、今日多くの人が生きている世界はそうではない。貧しい地域や安定した政府のない国では、こうした日々の安全はつかの間のものでしかない。1千年前、それは望ましいが当たり前の生活ではなかった。しかしこの数世紀で、少なくとも豊かな国々の世界ではこの安全が当然のものになりつつある。それは私たちの社会が呼吸している空気のようなものだ。

この私たちを守る力が働かない世界はどうなるか。セキュリティがなければ私たちは無政府状態《アナーキー》に陥る。秩序を作り出す権威が存在しない状態だ。

権威が存在しない世界は、ルールや合意、権利、平和を守らせる「第三者」がいない世界であり、私たちはそれぞれ自分の力で生きなければならない。政府のない社会は自助努力の社会である。しかし、セーターを着ながらコミュニティセンターでヨガをするような、温かい自助努力ではない。無政府状態では誰にも頼れないし、自分が交わした合意書面も反故《ほご》にされる。

秩序を作り出す権威のない世界で生き残る唯一の方法は、最悪の事態を想定することだ。夜中に誰かが襲ってくるかもしれないので片目を開けて寝なくてはならない。置きっぱなしの所有物は盗まれたり台無しにされる。移動はできるかもしれないが、無傷で自宅から大学までたどり着けないかもしれない。なんとか大学にたどり着いても、そこが火事になっていないとも限らないのだ。

トマス・ホッブズ〔17世紀イギリスの政治思想家〕には、社会は政府のない「自然状態」に戻るかどうかの瀬戸際に立たされているように見えた。「自然状態」は悲しいことに、その語感から受ける印象ほどに魅力的ではない。自然には第三者がいない。弱肉強食が「ジャングルの法」とされるのは誤っていて、ルールもそれを執行する判事も存在しないから、そもそも法がない。誰の約束も信用できないから、そこにあるのは自己保存の闘争だけだ。

ホッブズの名を聞いたことがある人なら次の引用を覚えているだろう。社会の外、つまり自然状態では「人間の生活は（中略）孤独で、貧しく、不潔で、残忍で、短い」のだ。決して自然状態についての素晴らしいうたい文句ではない。

ホッブズは何を言いたかったのか。彼の社会理論を基礎から構築した最も有名な著作『リヴァイアサン』（岩波文庫）を読むと、その野心に強い印象を受けずにはいられない。ホッブズは人間のジレンマの核心、暴力による死への恐怖についての考察から始める。ホッブズによれば、社会が存在しない状況では、私たちは皆孤独であり、衝動、欲望、恐怖に突き動かされて守れるものは何でも守ろうとする。死から自分を守るために絶えず戦っているのだ。他者から攻撃される脅威が常にあるため、日々の生活の不確実性から逃れることができない。常に後ろを気にして前を向くことができず、計画を立てたり投資することもできないまま、生きていくのがやっとの状態だ。

　だがこの人と人との果てしない闘争状態から抜け出す方法がある。もし私たちの安全を守り、合意を履行させる守護者を創出できれば、私たちは未来に目を向けることができる。そのためには私たちすべてを拘束し、単一の主権者の権威に従わせる「社会契約」を創る必要がある。ホッブズにとって主権者は私たちに代わって行動すると同時に、私たちに絶対的な服従を強いる。『リヴァイアサン』の扉絵では、堂々たる巨人である主権者が、国民の体によって作られていることが表現されている。

　ホッブズの解決策の核心には緊張関係がある。主権者は私たちに対する絶対的な力を持っているからこそ、私たちすべてを守ることができる。力によって守られても、私たちは不安を感じたままだろう。もはや後ろにいる同胞の国民を気にする必要はない。違反行為があれば処罰する第三者が存在するからだ。もちろん、違反行為を処罰されるのは私たちも同じだ。しかしどうやって主権者を信頼できるのか。誰が主権者にルールを守るよう強制できるのか。そんなことができる人はいるのか。

　ホッブズは、新たな絶対主義国家の青写真を描いた。そこでは、主権に対して疑問を呈することは認められず、ただ従わなければならない。『リヴァイアサン』を読むと感じるこの緊張感こそセキュリティの罠である。「圧制のリスクを冒さずに無政府状態を脱することはできない」のだ。

　圧制のリスクがあるのに、なぜセキュリティは良いことなのか。セキュリティが、ホッブズとは正反対の「社交的で、豊かで、親切で、洗練された、長い」人生を作り出してくれる保証はない。しかし、セキュリティは私たちをそのような目標に向かわせるものだろう。

セキュリティの最初の利点はすぐに求められるもので、「ただ生きのびる以上のことに集中することができる」点だ。いきなり襲われたりしないと確信できないとき、私たちは常に身を守る備え、あるいは先制攻撃する準備をしておかねばならない。内戦や犯罪多発地帯の非戦闘員の精神状態を調べると、常に警戒することがいかに精神的、肉体的な疲弊をもたらすかわかる。

外の乱れは内の乱れを生み、混沌《こんとん》とした環境は混沌とした精神を生む。社会学者は長い間、犯罪率の高さや認知されている無秩序が人々の精神の健康にどんな影響を与えるか調べてきた。無秩序とは落書きや破壊行為といった目に見えるものから、人々がお互いを尊重せず、配慮しあわない無形のものまである。秩序がとうてい成り立っていないと感じる人は恐怖、不安、抑うつといった心理的苦痛を訴える可能性が非常に高い。これは生まれてくる子どもにも影響を与える。ノースカロライナ州ローリーで妊婦を調査した疫学研究者によると、犯罪多発地域に住む女性は早産になる可能性が50パーセントも高いことが判明した。

トーマス・ジェファーソンの言葉と誤解されて伝わっている「自由の代償は永遠の警戒」という有名な文句がある。問題は、個々人が疲弊することなく「永遠に警戒」はできないことだ。しかし自分たちは守られるとわかればたまには楽しめる。そして長期的には将来の計画も立てられるようになる。

第二の利点は長期的な投資を可能にすることだ。セキュリティは将来の予測可能性を高める。私が今日、強盗に襲撃され殺される心配がないなら、明日も心配しなくていいだろう。周囲の人々も同様だ。私は明日の利益のために今日コストを払わないといけないような仕事、つまり畑を作り道路を作り、教育を受けるといった投資にエネルギーを注げる。農耕が始まって以来、文明は段階的に進歩し、技術を一歩ずつ進化させて長期的な計画を立てられるようになった。しかしそのためには首長や君主、最終的には議会という統治者が提供する安全が必要だった。

マンサー・オルソン〔アメリカの経済学者、1932〜98〕は、統治者がもたらす安定を「定住する盗賊（stationary bandit）」の出現と特徴づけた。そう聞くとあまり期待できなさそうだが、オルソンはこれを「放浪する盗賊」の世界と対比させている。安定した統治がない状況では、人々は通りすがりの悪意ある人物の強盗や収奪、殺害の餌食になる。放浪する盗賊は略奪後、次のカモを探して移動し、通り過ぎた跡に破壊だけを残す。

これと対照的なのが王や族長など、威圧的だが安定した統治者である。それは打算的で冷酷で、収奪してくるかもしれないが、彼らが得意とするのは地元の農民や町民に長期的な計画を立てて投資するよう促すことだ。その投資が実を結ぶと統治者は剣を突きつけて分け前を奪う。定住する統治者は放浪する盗賊と同じような害悪で、単に自分たちの報酬を得るためだけかもしれないが、力に従う人々を保護するインセンティブを持っている。彼らが提供するセキュリティは収奪的かもしれないが投資を生み出す。今日の西側各国は族長や君主に統治されていないが、法律や裁判所、警察を通じて主権国家の強力な武器は保持されており、必要なら軍隊も使われる。

第三に、そして最後に、セキュリティは信頼を生み出す。私たちが互いに交わす約束は、それだけでは重みを持たない。契約があればそれが常に実行に移されるわけではなく、約束したことが実現するかどうかは他人頼みだ。もし相手が無能だったり、悪賢くて最初から約束を守るつもりがなく、約束したことが実現しない場合、運が悪かったと思うしかない。人々が信頼に足りないと感じていれば、そもそも合意に至らない。そうやって私たちはより貧しく、より孤立してゆく。

必要なのは、契約や合意に従うことを確実にする、強制力を持った第三者だ。これで私たちは自信を持って外に出て、初対面の人や今後出会うことのない人とも取引できる。例えばイーベイ〔eBay：アメリカのネットオークションサイト〕を考えてみよう。初期のインターネットは制御する中央が存在しない匿名ユーザーの網の目のようなもので、ユーザーがお互いに信頼できるような環境ではない。イーベイのイノベーションは、1990年代のインターネットに出現した中古品市場の取引を保証する第三者機関としてふるまうことだった。悪質な出品者を排除し安全な決済手段を提供することで初期のインターネットの無秩序を克服できたのだ。しかもイーベイの背後にはアメリカの法制度の重みがあり、さらにその背後には米国政府という巨大ゴリラが控えていた。インターネット上に信頼を築くには、セキュリティが必要だったのだ。

私たちのほとんどは現在、自分の家庭で個人の安全を確保し、自国の中で国家的な安全保障を確保する世界にいる。この二つのセキュリティを祝したい。その上はどうか？　残念ながらそれは存在しない。私たちは国家を保証人として他の国民と約束することはできるが、そこで行き止まりで、統治者に対しては約束を守るよう強制できない。結局、約束を守らせるのは統治者だからである。さらに悪いことに国家間のセキュリティ、つまり国際的な安全保障を保証する存在はない。最近のウクライナ戦争が端的に示すように、国民国家はいまだに無政府状態の中にいる。外部の力では合意や約束を守らせることも、互いに攻撃し合うのをやめさせることもできない。NATO設立の条約に署名することはできても、いざというとき機能するかどうか、保証はない。

私たちは局地的には安全が保障され、しかしグローバルには安全が保障されていない世界に生きている。各国は毎夜背後を気にしながら寝る必要はないが、警戒し続けなくてはいけない。警戒を続けるには費用がかかり、高価な軍隊や軍事技術が必要になる。同盟関係が崩れ、急に弱体化する可能性がないとは言い切れないとき、将来の計画を立てることは難しくなる。他国と取引が成立しても確固としたものにならないケースもある。例えばアメリカが気候変動に関するパリ協定に参加したり脱退したり、政治情勢に応じてくり返すことがその実例だ。同様に、世界的な賛同が得られない条約には実効性が伴わない。条約を破る国は嫌われるかもしれないが、ルールに従おうとしない国に無理やりルールを守らせる裁判所はない。あるのは他国からの武力や制裁の脅威だけだ。

それが国家主権の放棄を意味するなら、グローバルな安全保障を望むだろうか？　イタリアからイギリス、インドに至る最近のナショナリスト運動とその政治家の成功はそれが望まれていないことを示唆する。しかし絶対的なグローバルな統治者は存在しなくても、私たちは祖先よりも安全な国際環境の中で生きている。どのようにしてそこにたどり着いたのだろうか。

リヴァイアサンを作りあげる

人を裁くというのは何も新しいことではない。以前は自分たち自身でそれを実行しなくてはいけなかったのだ。近代警察ができる前、治安維持は一般市民の手に委ねられていた。実際それは義務であり、想像できるように十分な安全をもたらさなかった。何世紀にもわたって私たちは、安全の保証を社会に埋め込むためのさまざまな制度を発展させた。現代の刑事司法制度は秩序の維持、犯罪の捜査、犯罪者の逮捕、起訴、収監など非常に多くの役割を担っている。私たちの警察、司法、刑務所がこれらの役割を公平に、あるいは効果的に果たす能力に変動があるのは間違いない。そうは言っても西暦1800年以前の世界と比べれば飛躍的に進歩した。

私たちは古典ギリシャやローマを議会や法律、ルールや規制を備えた近代国家の前身と考えることが多い。だがこうした法の執行に関しては、少なくとも初めのうちは、十分に組織化されていなかった。法学者ソロンが登場する前の古典期アテネや共和政ローマでは、犯罪の捜査や悪人の逮捕は民間人に任されていた。それから1千年以上経った中世のイギリスでも、その点はほぼ変わらなかった。

15世紀中頃、イングランドの片田舎にある貴族の領地で一片の土地を耕す貧しい村人の立場になってみる。豚が盗まれたという叫び声が響く。次に何が起こるか？　仕事を始める地元の警官もいなければ、消えた豚の事件を追いかける捜査班もいない。思いがけずも、あなたが村人として、豚泥棒がどうなるかについて責任を持つのだ。行方不明の豚が見つかると村は「ヒュー・アンド・クライ（hue and cry）」と騒ぎ立てる。村人は自分の作業を止めて悪事を働いた者を追いつめ、地元の治安判事である貴族に引き渡せという意味である。

人を裁くことは、共同体で行われて、生活に根ざしたものだった。悪いことをした者は他の村人に捕まって、地元のエリートに審理されて罰せられた。ある種のセキュリティはあるが、素人臭くて行き当たりばったりのものだった。村人に警察活動の報酬はなく、良い仕事をするインセンティブは希薄だった。地元の習慣や伝統も犯罪の予防や立件にある程度までしか役立たなかった。

19世紀初頭には初期の警察が生まれたが、かなり未熟だった。「巡査（Constable）」はこの制度で町の夜警に任命された地方公務員であり、通常は無給でやりたい人の少ない仕事だった。作家のダニエル・デフォーは巡査を「サポートが得られない苦役で、時間が奪われるため自分自身のことがまったくおろそかになり、破滅することもしばしばある」と描写している。地域の自警組織もガタガタで、やがて現れる工業都市では存続できそうもなかった。

未熟で恣意的に思われるこの時代の警察について考えるなら、罰についても知らないといけない。今日、犯罪で捕まり裁判にかけられた人は一定の期間、投獄される。刑務所システムが正しく機能しているかに懐疑的になる理由は多くあるが、現代の刑務所は少なくともかなり均一的な刑罰の形態といえる。私の大学研究室には刑務所建築の素晴らしい本があり、学生の気を引き締めるために飾っておきたいようなものだ。ロンドンからモスクワ、ハバナから湖北省まで、世界中の刑務所は内部の組織的腐敗、衛生、安全の程度に差はあっても、非常に標準的な方針で建設され、似た役割を果たしていることが、この本の多くの設計図と写真でわかる。

初期の刑務所は、囚人が数年にわたる刑期を過ごす場所ではなかった。それは私たちが「監獄」と考える場所で、かなり非人道的な罰を受ける人向けの収容所だった。当時「犯罪者」（意図的にそう引用している）はどのように処罰されていたか。鞭打ち、拷問、処刑などの体罰、あるいは追放、侮辱、流刑などのいずれかを通じてである。刑務所に入ることは罰ではなく、よりひどい罰を受けるのを待つための場所だった。

長期間の懲役がいかに珍しかったかがわかるのは、1826年から33年までの間、イングランドでは10万件弱の刑罰が下され、そのうち5万件近くが6カ月未満の刑だったことだ。3年以上投獄されていたのはわずか46人！　それ以外は約1万人が死刑、2千人が鞭打《むちう》ちや罰金、約2万5千人が「流刑」に処され、主にオーストラリアの流刑植民地に送られた。大陸ヨーロッパでも状況は良くなかった。フランスとスペインの受刑者たちは地中海のガレー船に送られ、何年も漕《こ》ぎ手を務めた。

今日、私たちはセキュリティ確保のため刑務所にさまざまなことを期待する。確かに犯罪の抑止や因果応報を示すこと、時には見せしめのような罰のために罰を与える動機は依然として存在するが、私たちの安全を脅かす恐れのある人々から私たちを隔てるフェンス（柵）として利用してもいる。私たちにはもっと立派な期待もあり、刑務所は犯罪者の更生のための施設でもある。犯罪者を、改心した市民に作り変えれば、釈放されたときにもはや集団のセキュリティに脅威を与えない。こうした刑務所の目的は基本的にかなり新しいものだ。

過去に行われてきた他の刑罰の残忍さを考えると、現代の刑務所の起源が、血なまぐさい刑罰に手を染めるよりも宗教的な悔い改めを通じて囚人を更生させたいという善意ある人々の願いに基づいていたことに驚きはない。現代の刑務所の原型は19世紀初頭のアメリカで行われた二つの実験、フィラデルフィアのイースタン州立刑務所とニューヨーク州のオーバーン刑務所にある。

イースタン州立刑務所は地元のクエーカー教徒によって設立された。彼らの目的は懺悔《ざんげ》のための理想的な施設を提供することだった。その目的は囚人を修道士のように扱うことで最もよく達成されるだろうと考えたのだ。受刑者は独房に住み、完全に孤独に過ごす。受刑者同士のコミュニケーションは一切許されなかった。看守は靴の上から靴下を履いて音を立てないようにし、受刑者がお互いに話をしようとするのを聞き取ろうとした。囚人は名前ではなく番号で呼ばれ、独房から出るときは顔全体を覆うマスクをつけなければならなかった。この刑務所は「放射状」モデルで設計されている。ハブとスポーク（拠点であるハブとそこから伸びるスポークで構成される構造）からなり、「パノプティコン」としてジェレミー・ベンサムによって有名になった、すべてを見渡しすべてを規律する監獄だ。すべての囚人は刑務所の中心に座る看守によって監視された。ベンサムは彼のデザインを「目に見えない看守が常にいる」「ガラス張りの鉄の檻《おり》」と呼んだ。

これはセキュリティをもたらす国家へのかなり急激な転換だった。囚人たちは異議を唱えることができない、遍在する権威によって保護され「改善」された。ミシェル・フーコー〔フランスの哲学者、1926～84〕にとってこれは公開で処刑して辱めを与える「見世物」から、受刑者に国家の規律を内面化させるシステムへの移行を意味した。監獄、救貧院、精神病院がそれまで無秩序の典型とされてきたので、刑務所がセキュリティのモデルになるというのは皮肉な話だ。100年前、刑務官は囚人にビールを売って収入を得るものだった。精神病院では訪問者に内部の混乱を見物させるため入場料を取っていた。現代の「大混乱（bedlam）」という言葉は、ロンドンの好奇心旺盛な市民によっておどろおどろしい観光地として扱われた、精神を病んでいるとみなされた人たち向けのロイヤル・ベツレヘム病院に由来している。

刑務所でも警察でも、無秩序だったところから厳格な秩序が生まれた。結局、ペンシルベニア方式の独房に沈黙させたまま収監するシステムは経済的に持続不能となり、依然として沈黙する囚人たちが共同生活しながら作業するオーバーン方式の刑務所が一般的になった。やがて囚人たちは言葉を発することが許された。身体刑や流刑に代わって大量の収監が行われるようになり、好景気に沸く工業都市には数千人、最終的には数百万人もの長期収監者を収容する壮大な石造りの刑務所が建設された。

刑罰が変化するにつれ、人々を刑務所に入れる力も変化していった。19世紀初頭から各国は近代的な警察組織を整備した。市民が夜警をしたり豚泥棒を捕まえるのではなくて、制服を着て訓練を受け、専門化した警察の集団がこの役割を引き継いだ。イギリスとアメリカの近代警察の新しいところは、その組織が保護しようとするその国の市民自身によって構成されていることだ。軍隊の単なる延長ではなく自治の試みだったのだ。

19世紀初頭のアメリカ人やイギリス人にとり、警察組織の常設化はホッブズを連想させる絶対主義への危険な後退、守ろうと努力してきた自由から遠ざかることのように思えた。「警察（police）」という言葉は大陸ヨーロッパの首都を巡回し君主の政敵を逮捕する衛兵を連想させた。フランス、ベルギー、イタリアの国家憲兵（フランスのgendarmeries、イタリアのcarabinieri）は盗賊を探して田舎を巡回する軍隊だった。大陸の警察部隊は実際には国内軍事組織で、仲間の歩兵部隊が対外的な秩序を維持したように、国内の秩序を守っていたのだ。

「警察」という言葉も、大陸ではニュアンスが異なっていた。英語では「政治（politics）」「政策（policy）」「警察」という概念を区別するが、フランス語とドイツ語のこれらに相当する語はもっとあいまいである。18世紀のドイツ人にとって「警察（police）」とは公共の秩序や犯罪防止、度量衡《どりょうこう》のチェックや祭りのときに人々がどんな服を着てよいか決めるなど一般市民の管理全般を意味した。それはすべて

「秩序ある警察国家」というコンセプトの一部だったが、現代に生きる私たちの多くはこの言葉に嫌な感じを覚えるだろう。

今日から見るとこの「警察」の概念は、私たちのセキュリティの確保を踏み越える存在のように映る。英語圏の先人たちはこの概念をこれまで築いてきた自由への脅威と見ていた。1785年の『デイリー・ユニバーサル・レジスター』〔イギリスの新聞、〔ロンドン〕タイムズの前身〕は「イギリスの国制では、フランスの警察のようなものは何も認められない。多くの外国人が、自らの自由を警察中尉(Lieutenant de Police：フランスの警察官)に奪われるよりも、自分のお金をイギリスの泥棒に奪われるほうがましだと宣言している」とあざけるように宣言した。しかし産業革命と近代都市の勃興に伴い、無秩序はますます広がった。いったいどうすればいいのか。

1800年当時のニューヨーク、ロンドン、ボストン、マンチェスターは犯罪が多発し、無政府状態と見られていた。絶対主義への恐れが、どのくらい警察組織の発展を妨げるのか。解決策は、制服と厳しい規則と運営の原則で見分けをつけることができる部隊、「市民〔文民〕警察」を育成することだった。これは、究極的には、ニューヨーカーがニューヨーカーを取り締まる、自治ということだ。1829年、創設者ロバート・ピールにちなんで「ボビー」と呼ばれるロンドンの警察が現れて以降、1834年にトロント、44年にニューヨーク、51年にアムステルダムと、世界各地の都市で市民警察の創設が続いた。

市民警察はセキュリティの欠如と、セキュリティがもたらす暗い影である圧制を同時に解決する方法で、セキュリティの罠を回避する手段であった。無政府状態は警察活動を定期的かつ非人格的に続けることで抑制できた。市民警察には例外や好意が入り込む余地を許さずルールを執行することが求められ、すべての人を平等に扱わなければならなかった。しかし、平等に扱うというだけなら、戒厳令によって平等にひどく扱うということで、冷酷な軍隊でもできる。だからそれだけでは不十分だ。警察は自分たち自身を抑制することができるのだろうか。警察はその権威を行使する社会の一員でなければいけないし、最終的には社会が警察を抑え込む必要があった。警察が強大になりすぎたら、政府は警察への支出を減らすことでその力を抑制できなくてはならない。言いかえると、セキュリティについての約束を、関係者が自ら進んで守るような自己拘束的なものにするには、人々が必要に応じて自分たち自身を罰することができる能力、守護者を抑制する能力を持たなくてはいけない。

私がここで示した秩序出現の物語は出来すぎで信じられないと思う読者もいるだろうが、実際にそうだったのだ。現代の刑務所や警察は200年前の混乱に取って代わったが、圧制に陥ることなくセキュリティの約束に常に応えてきたというわけではなく、実際それは稀《まれ》だった。多くの警察署や刑務所で腐敗がまん延しているし、少数民族、都市住民、貧しい市民は平等・公平に扱われていない。個人と国家という二つのレベルの安全保障について、私たちはすべての問題を解消したわけではないが、警察の発明はホッブズが「不潔で、残忍で、短い」わけではない人生のために必要であると考えるようなセキュリティをもたらすことに成功した。

個人と国家のセキュリティはこれくらいにして、第三の国際的な安全保障に移ろう。ここまでのいくつかの段落を読んで「本質を見逃しているのではないか」と思った読者もいるかもしれない。確かにホワイトチャペル〔切り裂きジャック連続殺人事件が起きたロンドンの低所得地帯〕やヘルズ・キッチン〔ギャング事件が多発しアメリカで最も危険とされたマンハッタンの一部地域〕では100年前より安全になって、スリに遭わずに通りを歩けるようになった。しかし同じ100年の間に何が起きたか。

20世紀前半の二つの世界大戦はそれまでのどの紛争よりもはるかに大きな流血と地理的な広がりを見せた。ドイツ帝国とエドワード朝イギリス、ナチスドイツと第三共和政フランス、大日本帝国とニューディール期のアメリカの争いにそれぞれ介入して引き離す、制服を着た国際警察など存在しなかった。そんなものを想像すること自体がばかげている。20世紀の無数の悪役たちは逮捕されることも、審理されることも、投獄されることもなかった。誰が彼らの軍隊を止めてそのリーダーを逮捕するというのか？　各国はホッブズのいう無政府状態にあり、第三者は頼りにできず自助努力しかなかった。同盟を結べば単独で対処しなくてよくなるかもしれないが、敵対する国々は野放しのままだ。

第二次世界大戦の終結から75年。本当に何か変わったのだろうか。私たちはいま安全ではないのか？　もし安全だとしたら、外交、合意や関与の規範を通じてなんとかして国際的な安全保障を作り出してきたから安全なのか？　外交、合意や関与《エンゲージメント》の規範を通じてなんとかして国際的な安全保障を創り出してきたから安全なのか？

答えは「場合による」という、典型的な学術的なもの言いに落ち着く。数年前、炎上しそうな学術的論争を探すのがうまいスティーブン・ピンカー（アメリカの心理学者、ハーバード大学教授）が『暴力の人類史』（青土社）という本を出版し、数十年前には想像もできなかった安全で平和な世界が到来したと主張した。戦争は何世紀にもわたって衰退しており、5年前のiPhoneのように時代遅れになったという。彼の主張では、過去数百年にわたる科学的および知的な啓蒙《けいもう》が、私たちを戦争のどん底から引きあげたのだ。

この非常に魅力的な論考にとっては残念だが、戦争が減少したかどうかは実のところ明らかではない。ベアー・ブラウメアー〔アメリカの政治学者、オハイオ大学教授〕はピンカーの理論にもデータにも疑問を呈する理由があるという。ピンカーは啓蒙思想が理性と平等、そしてイマニュエル・カントのいう「永遠平和」に対する新たな信念を支えていると主張する。問題は、啓蒙思想はカントだけでなく強力な国家権力の概念を持つホッブズやヘーゲルも生み出し、文化的な結束とナショナリズムの発展を追求したルソーとヘルダー〔自然、感情、民族的個性の尊重を説いたドイツの哲学者。1744〜1803〕を生み、階級間の闘争を信じたカール・マルクスも生んだことだ。啓蒙とは時代そのものであって、誰もが同意する個々の考え方を集めたものではない。競合する考え方には、強力な国家官僚制や人種・民族の「純粋さ」の追求、階級間の絶え間ない闘争などが含まれている。これらはいずれも、ピンカーが示唆するように平和主義を叫ぶわけではない。

しかし、戦争が減少したということについて注意すべきは、このような啓蒙についての一面的な見方だけではない。長期的な視点で見れば1900年から冷戦終結までの間、ほとんどすべての指標において紛争は19世紀全体よりも増加していた。1990年以降に国家間の戦争が減少したのは事実である。しかしそれは銃が国内に向けられたからだ。内戦は1990年以降はるかに一般的になり、さらに悪いことに国家間の紛争よりもはるかに長く続く傾向がある。豊かな民主主義国家はアルカイダ、タリバン、そして最近ではISISといった非国家主体と20年にわたる紛争を繰り広げている。したがって大国の戦争についてそれほど心配する必要がなくなったとしても、アメリカ、フランス、イギリス、中国の軍隊が埃《ほこり》をかぶっているわけではない。実際ブラウメアーが指摘するように、こうした「国際化された内戦」を含めると、2016年は1945年以来最も紛争が多発した年だった。

言えることはごく最近まで、50年前と比べて国同士、特に大国同士の戦争が少なくなったことだ。これは国際的な安全保障だろうか。もしそうだとしたら、私たちは国際警察に相当するものを使ってそれを作り出したのか？　どちらも違う。世界政府がどのように見えるかをざっくり描いたもののような国連は、平和維持軍を動員してきた。国連が確かな脅しになるような小国同士の紛争、あるいは内戦などの場合は、国連平和維持軍の青いヘルメットが国際警察の制服の代わりになるだろう。しかしそれが期待できる場合でも、国連平和維持軍は、ボスニア、ルワンダ、ミャンマーの大量虐殺を防げなかったし、これは多くの中から三つの例をあげただけだ。大国については、アメリカがイラクに侵攻したとき起きたように、国連の警告をほとんど無視している。

もちろん2022年のロシアのウクライナ侵攻は、深刻な国家間戦争の可能性についての通俗的な理解を変えた。むしろ国境を越えた紛争や領土併合が稀だったことで軍事アナリストがたかをくくっていたのだ。ブチャからマリウポリまで、ロシア兵によって戦争犯罪の悲劇がくり返されることは、民間人も暴力や悪意の再燃を免れることができないことを気づかせる。そしてその悲劇は、国際的な安全保障が依然として矛盾をはらんでいることを、私たちに示すのだ。

第15章
セキュリティの罠

私たちの退屈で平穏な生活は、実はナイフの刃の上のように危うい。秩序の維持を望むと、私たちの安全を守るはずの守護者をコントロールできなくなるリスクがあり、かといって守護者を排除すれば簡単に無秩序に逆戻りする。圧制のリスクを冒すことなく無政府状態を脱することはできない。

圧制の問題は、私たちの安全を守る仕事を担当させた人たちが、職務の範囲を踏み越えることをいかに防ぐかという、彼らの問題だ。彼らが物理的な力の行使を独占しているとしても、私たちは何とかこのグループをコントロールしなくてはいけない。私たち文民が警察や軍を抑制できないと、いったいどうして彼らが自分たちの権限を越えないことを期待できるだろう。その場合、私たちが頼れるより強い力があれば、道を踏み外した守護者を脅しつけてくれるかもしれない。だが、もしそんな力を持つなら、そのより強い力が自分たちの地位を悪用することを防ぐものは何だろうか。ロシアのマトリョーシカ人形のセットのように、私たちはより高次の力を見つけるたびに「誰が彼らをコントロールするのか」と問う必要がある。ローマの風刺詩人ユウェナリスが述べた「誰が守護者を抑制するのか」という永遠の問いに私たちは直面している。

次に、セキュリティの罠の第二の顔「無政府状態《アナーキー》」について説明する。これは「彼ら」ではなく「私たち」についての問題だ。誰も私たちを監視せず、あるいは誰も私たちを罰することができないなら、なぜわざわざルールを守る必要があるのか。ビッグブラザーがいなければ私たちは行儀よくするのか、それとも暴れ出すのか。ほとんどのセキュリティシステムは、私たちの行動をすべて、常時監視することができない。私たちが監視を回避することに全力を注いでいるのであれば、なおさらそうなる。現実の世界では、ある程度の無秩序は常に忍び寄ってくるものだ。

セキュリティの罠から逃れるのは、一方で圧制に転落し、他方で無政府状態に落ちるような尾根に沿ってじりじり進むようなものだ。警察、刑務所、軍隊などの制度を調節し、私たちを守ることができる程度に強いけれども、収奪しようとするほど強くはないようにする。政治の失敗を防ぐには、バランスを保つ方法を見つけ出さなければならない。

圧制

ユウェナリスの「誰が守護者を抑制するのか」の問いはセキュリティの罠の核心に迫る。この問いかけ自体、私たちが無限ループに直面するかもしれないことを示唆している。

圧制の問題は、私たちが守護者を増やすと、守護者はその保護の対象となるものすべてをコントロールできるくらいに強くなければいけないという事実に端を発する。だから、私たちがセキュリティを確保したと考えるたびに、実際はさらに強力で、潜在的にはコントロールできないモノを雇い入れているわけだ。そのせいで当初よりもはるかに大きな問題を作り出してしまう可能性がある。

ゲーム理論の研究者は長い間ユウェナリスの問いに関心を寄せ、守護者の抑制が無限にさかのぼっていくスパイラル（らせん構造）の解決策を模索してきた。一つの策は、いわば、無理やり円環にすることでらせんを止めるというものだ。私たち一人ひとりが悪人を罰することを厭《いと》わず、私たちの悪事を罰する誰かが必ずいれば、私たちは皆同時に罰の与え手であり受け手となる。守護者同士をお互いに抑制させることで、無限後退の問題を回避できる。

それでセキュリティの罠を見事に解決できるが、完全に満足できるものではない。不慮の事故となったスペースシャトル「チャレンジャー号」のロケットブースターの接合部に使われていたゴムリング「O《オー》リング」の問題があるからだ。このOリングは〔打ち上げ場所のケネディ宇宙センターがある〕フロリダにしては低い気温のためにもろくなって打ち上げの日に持ちこたえることができなかった。アメリカの宇宙開発計画全体が、ひとつのゴム部品の失敗によってひっくり返ってしまったのだ。経済や政治の問題の多くは同じような「鎖の最も弱い連結部分」のジレンマに直面する。一人がその責任を果たせないと、全体が崩壊してしまうのだ。

セキュリティの罠を円環で解決する策もこれと同様にもろい。もし私が罰することになっている人を罰せないと、私が円環を壊してだめになってしまう。民主的な選挙はこの環《わ》を強化できる。つまり一人ひとりに責任を果たしてもらうことへの依存度を下げることができる。なぜなら選挙は最後の手段の「介入者」として機能することが可能だからだ。「汚れた体制を浄化する」ために当選した新しい市長は、もし裁判所がたやすく買収されて浄化できない場合でも腐敗した警官に罰を与えられる。素晴らしいアイデアだが、警察を制約するときのアメリカの民主政治の実際の経験は、完璧な解決策からほど遠いことを示唆している。

人種差別に反対するＢＬＭ（Black Lives Matter）運動は〔２０２０年5月にミネソタ州で起きた〕ジョージ・フロイドの殺人事件後に再燃したものだが、最初に大衆の注目を集めたのは、２０１４年にミズーリ州ファーガソンでアフリカ系アメリカ人の10代の若者マイケル・ブラウンが白人警察官のダレン・ウィルソンに射殺された事件だ。弁護士、ジャーナリスト、抗議活動参加者、政治家がファーガソンに降り立つと、現地警察は自分たちのふるまいが鋭く問われていることに気がついた。メディアの厳しいスポットライトを浴びた警察署の実態は見苦しいものだった。

ファーガソン市警察への最も厳しい告発は米司法省によるもので、１００ページ以上の詳細な記述の中で、事件について念入りに展開している。ファーガソン市警は市政府や地元の裁判所としばしば共謀し、実質的にみかじめ料を徴収していたと非難された。市は裁判所の罰金に収入源を依存していたため、警察署がごく軽微な犯罪でも罰金を科すことを、そして裁判所には最初の罰金が期限内に払われない場合、さらなる罰金や召喚状を発行することを奨励し、ファーガソン市民を借金の山に追い込んでいた。

司法省の調査で紹介された一例は、車の中に座り、バスケットボールの試合後に涼んでいたことで逮捕されたアフリカ系アメリカ人についてだ。彼が小児性愛者であると非難する警官が近づき、彼は車の中を捜索することを求められた。男性は正当な理由なく捜索を受けない憲法上の権利を訴えたが、銃を突きつけられて逮捕され、偽名を使ったこと（彼は自分の名前をマイケルではなくマイクと言った）、シートベルトをしていなかったこと（車は駐車中だった）など八つの軽犯罪で告発された。彼は罰金刑と裁判にかけられ、最終的に職を失った。

こうした最も軽微な違反が罰金や裁判沙汰になり、職を失う結果となるような、わずかな刺激で過大に反応する警察活動がファーガソン警察の基本的なやり方だった。彼らの関心は市民からの現金の搾取と、市民の保護ではなく威嚇《いかく》にあった。司法省の報告書をそのまま引用すると「多くの警官が一部の住民、特にファーガソンのアフリカ系アメリカ人が多い地域の住民を、保護すべき有権者ではなく潜在的な犯罪者や収入源と見ていた」。市民の保護を表向きの役割とする警察が、主に人種で定義された「彼らに対する我々」というレンズを通して市民を見ていたのだ。ファーガソンの警察官は90パーセント以上が白人で「保護」する地域住民の3分の2はアフリカ系アメリカ人だった。アフリカ系アメリカ人に他と異なる扱いをしただけでなく「潜在的な犯罪者」とみなし、警察によって保護されるべき人々を警察の脅威となる人々、さらにはゆすり取る対象と見ていたのだ。

なぜファーガソン市は、守護者たちが自分たちの守るべき相手を食い物にするように、セキュリティがひどく倒錯しているのか？　ミズーリ州の人種にかかわる政治が明らかに大部分を説明する。30年前のファーガソンの人口は4分の3が白人で、警察は地域の人口動態の変化を犯罪の脅威と収益機会の両方とみなした。警察はあからさまな人種的敵意だけでなく、利益の動機によっても動かされていた。それはアメリカの高度に分散化された刑事司法制度によって引き起こされたもので、市も警察も独立採算制であり、新たな収入源を見つけないといけなかったのである。ファーガソンが世界的なニュースの見出しを飾るまで、州や連邦政府の監視は行われなかった。

警察が収益を求める動きは、イラクとアフガニスタンでの戦争の幕引きとともに、国防総省が売却するようになった軍用車両や銃、航空機まで入手できた時期と重なった。ファーガソンでは、全身をボディアーマーで覆った警官が装甲ハンヴィー〔軍用四輪駆動車〕を運転し、デモ参加者に閃光手榴弾《スタングレネード》を投げつけるショッキングな写真が撮影されることになった。ここにはセキュリティの罠が複数の層に重なっていて、建て前としては海外での脅威からアメリカの国民の保護を確実にするために作られた道具が、その母国において同じアメリカ国民に向けられたのだ。

無政府状態

私たちは皆、ファーガソンで起きたような制服を着た国家の代理人《エージェント》の厳しい法執行を避けたいと願っている。問題は私たちが「寸を与えれば尺を望む」、要は厚かましいことだ。私たちは皆、他人がルールに従うことで利益を得ているが、誰も見ていないと思うと自分もルールに従わなくなる。無政府状態は誘惑にあふれているが、高い代償を伴う。他人を信頼できなければ、私たちは貴重な資源を安全の確保に割り当てなくてはならず、合意形成は困難になり繁栄も望めない。

ルールに従うか無政府状態にしてしまうか、私たちは三つの方法でインセンティブを考えることができる。第一に国家によって強制される法的なルールや規範がある。法律を破っているのを目撃されれば、きっと処罰されるだろうとわかる。ホッブズのリヴァイアサンが身を乗り出して私たちの肩をあからさまに叩いている。しかし、たいてい人々は自分が監視されると思わずに法律を破る。

そのようなとき、政府は法の執行をランダムに行うことができる。私たちが税関で「申告するものなし」のゲートを通過するときはいつも、この試練にさらされる。税関職員は、荷物や出発地、そして（濫用のおそれが非常に高いが）外見に関する独自の疑念に基づいて特定の旅客を止めるが、多くの人々にとって、止められて荷物を検査されるのは完全にランダムに起きることだ。確率的に法律が適用されていて、法の代理人に止められるかどうかは基本的に運次第となる。公道でスピードを出しすぎたり、税金を不正にごまかしたり、ナイトクラブに麻薬を持ち込んだりしようとするなら、運試しをするようなものだ。捕まる可能性があると知られていて、制裁も十分厳しいとすれば、私たちはたとえそれがかなりの無政府状態に見えても許容できる。深刻な帰結をもたらすリスクが少しでもあることで、多くの不正行為を抑止できる。

第二に、法的な強制力がない場面でも、ルールを破れば友人や家族の反感を買うと考えて、ルールを守ることがある。これは社会規範の領域だ。法的ルールを破ったが警察に見られていないとき、この社会規範に直面する。例えば家族と一緒にいて、チョコレートバーの万引きを家族だけしか目撃していない場合がそれにあたる。また、何か特定の法律に違反しているわけではなくても、社会規範があるので私たちの行動が抑制されることもある。通りがかりの人を侮辱したり公共交通機関で人を押したり、喧嘩を始めたりするのを防いでいるのも社会規範のおかげだ。

社会規範が依拠するのは、情報と何らかの形での集団のアイデンティティだ。誰が行動していて、誰がそうでないか知る必要があるし、自分一人では社会全体での悪い行動を抑制できなくても、仲間の集団の中で人を罰したり褒めたりすることはできるかもしれない。そこで問題になるのは、ルール違反者を罰しないようなメンバーを集団で罰するかどうかだ。

このようなシステムが、それぞれの集団で規範を保つだけではなく、復讐《ふくしゅう》や排斥、さらには名誉殺人〔一家の名誉回復のために親族が行う私刑〕の連鎖につながるのは想像に難《かた》くない。アルバニア北部では「カヌン（Kanun）」という（血の復讐の）掟があり、復讐が果たされ村が「浄化」されたとみなされるまで、村人たちは暴力的な報復を実行することが義務づけられている。カヌンを果たせない人は、村の他の人々から排斥され侮辱を受ける。社会規範は無政府状態の中で秩序を作り出すことができるが、復讐の連鎖で確保されるセキュリティは本当に安全をもたらすといえるのだろうか。

第三に道徳的規範がある。誰も見ていなくても従うルールや原則で、例えば人里離れた田舎道で捕まる可能性がなくても赤信号で停車すること、また道端の無人の販売所で卵にお金を支払うことなどだ。完璧な世界では無政府状態での行動を制約する道徳的規範に頼ることができる。私たちが皆カントの「定言命法」に従って、普遍的な法則として定式化されたやり方で行動する。そこでは私たちの道徳的な行動自体が法律のようになる。しかし個人的な徳性に依存するのは危険だ。道徳的でない同胞市民につけこまれたらどうなるのか？

自分自身をコントロールし、無政府状態を防ぐもう一つの方法として「準道徳的規範」がある。これは他人が私たちの行動を直に監視できない場合でも、私たちが他人の行動を、少なくとも集団として把握できる場合に現れる。コロンビアのボゴタ市長を務めた数学者・哲学者のアンタナス・モッカスは面白い例を提起した。多くの内陸都市がそうであるようにボゴタも水の確保に問題を抱えていた。

水不足に対処するため、モッカスは毎晩ネットワークテレビでその日の水の総消費量を放送した。政府が個々の市民を監視できなくても、水の消費量が減少していることを誰でもわかるようにした。他の人たちがなるべく水を使わないように頑張っていることを知らせるのは、人々にただ乗りを促すことになると思うかもしれない。そんなことはなく、他の人々がただ乗りを選んでいないことを見て、人々は長時間のシャワーを止めることを選んだ。モッカス自身がテレビに出て、シャワー中に石鹼で体を洗っているときには水を止めるのを推奨する行動として示したのも悪くはなかった。すべてのリーダーがそうしているのを見たいというものではないだろうが、それでも効果的だったのである。

モッカスはボゴタの無秩序なドライバーたちの行動を正すためにも、社会規範を利用した。エレオノーラ・パソッティがモッカスに彼の変わった戦略についてインタビューしたところによれば、モッカスには車と車、車と歩行者という二つのタイプの対処すべき無政府状態があった。前者について、彼はドライバーが満足しているとき、あるいはこちらがずっと多いが怒っているとき、お互いに知らせることができる、「親指を立てる」と賛成、「親指を下げる」と非難のサインがついた35万枚のカードを印刷した。相手を逆上させることもよくあるだろうが、このアイデアは、市民が敬意と侮辱をお互いに社会規範として押しつけることで、道路上での怒りを抑えようとしたものだった。

車と歩行者はもっと非対称な戦いだった。ボゴタのドライバーは、赤信号でも交差点に入り込み、違う車線をブロックしてしまう。それを防ごうと交通警察が指示を出しても無視するのが普通だ。モッカスのアイデアは、信じられないかもしれないが、警官をパントマイマーに置き換えるというものだった。マルセル・マルソー［フランスのパントマイム・アーティスト、1923〜2007］のようなパントマイムだ。パントマイムは警察にはできない方法で規範を強化できた。モッカスの側近の一人によれば「パントマイマーは横断歩道を示し、運転手に市民が轢《ひ》かれていると身振りで見せた。これはゲームであり典型的な遊び心をもった芸術《アーティスティック》活動だが、市民の良心に力を与えた」。驚きを呼び起こすと規範の遵守につながるときがある。

ぐちゃぐちゃの交通は一つの問題だが、政府がまったく存在しない場合はどうなるのか。何世紀もの間、豊かな国々の国民はこの疑問について考える必要がなかった。国民国家の支配がヨーロッパ、北アメリカ、日本のあらゆる地に及んだからだ。しかし政府の崩壊は依然として起こり、すぐには改善されないこともある。ソマリアでは１９９１年以降、政府がまったく機能していない。この年はモハメド・シアド・バーレ少将の20年にわたる独裁政権が崩壊した年だ。内戦の末バーレはクーデターで倒されたが、それに続く政権はなかった。その直後に北西部の州、後には東部の州の分離独立に直面した。国土の残りの部分には中央政府がまったく存在せず、対立する軍閥によって切り刻まれた。

国家がその仕事を止めてしまうとセキュリティはどうなるのか。基本的には民営化される。ソマリアの首都モガディシュは民間の警備会社によって「守られる」ようになった。こうした会社は平和維持に成功したこともあったが、合意を守らせるまともな裁判所はなかった。そのため、彼らはしばしば利益と力を求める新たなアクターの挑戦に直面した。対立する軍閥は貧困にあえぐ10代の若者で構成される私設軍隊を雇った。彼らはオルソンのいう「放浪する盗賊」のように、港から飛行場まで、以前は政府が所有していた施設を奪い国民に課税した。みかじめ料の支払いに疲れたビジネスリーダーはイスラム主義運動を支援することで混乱を終わらせようとした。しかし、やがてイスラム主義者もエチオピアへの戦争を宣言する過激派に掌握された。彼らも権力から追放され、ソマリアは2012年に創設された中央政府の名で統制されている地域、イスラム主義軍勢によって占拠された地域、そして分離独立した地域との間で分断されたままだ。

もちろんソマリアがすばらしい無政府状態というわけではないが、ここにも濃淡がある。それは現在のソマリアを何と比較するかだ。例えばエチオピアやケニアなどもっと安定した東アフリカの国々と比べれば、ソマリアは危険だし貧しい。しかしシアド・バーレの独裁政権の時期と比べれば、普通のソマリア人の生活は向上したかもしれない。ピーター・リーソン〔アメリカの経済学者、ジョージメイソン大学教授〕は、ソマリアでは無政府状態が圧制を凌駕していると主張する。ソマリアの平均寿命、乳幼児死亡率、衛生状態、電話へのアクセスは、1990年から2005年の間に近隣諸国と比べてもすべて改善された。また主要な輸出品である家畜の取引も1990年代に急成長した。リーソンはソマリアが依然として多くの問題を抱えていることを認めつつ、圧制を無政府状態へと変えたことは間違いなく価値があったと主張している。権威が強すぎるより弱すぎるほうがいい場合もある。しかしほとんどのソマリア人にとって、無政府状態は脱け出すべきものであり、国連は2015年までに200万人のソマリア人が国境を越え難民キャンプに移動したと推定している。

秩序の問題点

スカンジナビアの人々は世界で最も豊かで安全な国に住んでおり、ソマリア人が直面する圧制と無政府状態のトレードオフを心配する必要はない。しかしこうしたセキュリティは評判通りの素晴らしさなのだろうか。

「ヤンテの掟」とは1930年代に小説家アクセル・サンデモーセ〔デンマーク生まれのノルウェーの小説家、1899～1965〕が作った、デンマークの生活の皮肉な処世訓だ。この「戒法」には、「自分がひとかどの人物だと思ってはいけない」から「我々に何かを教えることができると思ってはいけない」まで10のルールが並ぶ。サンデモーセはデンマークの小さな町の日常生活の同調圧力をあざ笑ったのだ。周りとうまくやるのが何より重要で、目立つと疑念を持たれる。社会規範は礼儀正しく、しかし服従を確実にするため冷酷に使われる。協調しない者、反逆者、自信過剰な者は排斥され、恥をかかされる。ヤンテ（デンマークの架空の町）の生活が無政府状態ということはないし、圧制を感じさせるものもない。安全で秩序だっているが、私たちの多くはこうした秩序を味気なく感じる。

ヤンテの掟は、個人の卓越性を奨励し、広く成功を称《たた》えることにとりわけ向いていない。スウェーデンの有名な俳優アレクサンダー・スカルスガルドは、米CBSのトーク番組「ザ・レイト・ショー・ウィズ・スティーヴン・コルベア」で、ゴールデングローブ賞の受賞を公に喜ぶことはヤンテの法則で禁じられていると冗談を言った。この同調圧力が、両親を訪ねる旅や知的な小説を読むなどのごく小さな成果さえ自制させるときもあるという。

そうだとしても、ヤンテの掟は社会的な結束を作り出すために役に立っているだろう。北欧の社会的信頼の基盤として、充実した福祉国家と少ない犯罪を下支えしているのだ。だがノルウェーの2人の社会学者が、この掟が実際に他の国民への「一般的な信頼」をもたらすか調査したところ、個人レベルでより強いヤンテの感情を持つ人ほど他人をあまり信用していないことがわかった。つまり同調によって秩序ある社会が構築され、誰もがお互いを信頼しているように見えるが、実はその社会は、陰でルール違反をする者への不安の上に成り立っている可能性がある。

ロバート・パットナム〔アメリカの政治学者、ハーバード大学教授〕は、有名な研究『孤独なボウリング』（柏書房）でこれを「社会関係資本（social capital）のダークサイド」と呼んだ。社会関係資本とは善行を重視する多国籍企業が年次報告書で好んで語るようなもので、社会のあらゆる人を結びつける社会的接着剤であるとともに、取引を行うときの相互不信を解消する溶剤でもあるような働きをする、社会の相互信頼の蓄積を意味する。パットナムは、南イタリアの社会関係資本の不在が、その政治的・経済的苦境と「道徳意識を欠いた家族主義」への依存を説明するという。この家族主義は自分の家族だけが重要だとして、それ以外の人を潜在的な脅威とかカモとして見るような倫理規範だ。これまで議論してきた無政府状態のケースとよく似ている。

社会関係資本が常に良いものとは限らない。パットナムが指摘するように、スカンジナビアや、そのアメリカの分家でありスカンジナビア系が多く、私がかつて過ごしたミネソタ州のような高い信頼を持つコミュニティは同調的でよそ者を歓迎しない傾向がある。もし人々が高い社会関係資本を持っていても外部の集団に寛容ではない場合、閉鎖的な思考や宗派《セクト》主義に陥る可能性がある。

過剰な秩序は同調圧力だけでなく停滞をもたらすこともある。著しい経済成長はしばしば「卵を割らないとオムレツは作れない〔何らかの犠牲を払わなければ目的を達することはできない〕」という格言に従う。この卵とは既存のビジネスのことだ。前出のヨーゼフ・シュンペーターは有名な「創造的破壊」によって成長が生まれると主張した。技術の進歩は既存の企業を揺るがし、廃業に追い込まれるところも出てくる。

経済的なアイデアとしては一定のメリットを持つが、政治的な問題もある。既存の企業を所有する有力な人々が、そんな混乱が起きるのを黙ってみているだろうか。彼らは「創造的に破壊されたい」だろうか？　政治エリートは、特に裕福な企業家に支持されていれば、しばしばこうした新技術を阻止しようとする。同調的な社会であれば、特に新しい技術を許容しようとはしないだろうし、結果として産業が硬直化する。したがって独裁者や同調的な人々によって新しいアイデアが容易に封じられてしまう場所は停滞しやすい。

秩序が息苦しいものであれば、歴史的に多くの人々がそこから逃れて、秩序の外、新たに開拓した土地で生活することを好んだのはおそらく驚くべきことではない。ジェームズ・C・スコット〔アメリカの政治学者、イェール大学教授〕はこれを「統治されない技法《アート》」と呼ぶ。統治されることは暴力的な抑圧を意味することもあるが、監視され合理的な存在であるとされるのを意味することもある。スコットは、国家は圧制を迫ってホッブズのように負荷をかけるのではなく、生きとし生けるものをすべて分類しようとする執拗《しつよう》な収集者としてその国民を統制し、秩序づけようとすると主張する。

私たちの名字は国勢調査を通じて国が私たちを把握しようとした最初の試みに由来している。小さな村では誰もがお互いを知っていたのでファーストネーム（名前）だけで十分だった。2人のジョンを区別する必要があれば、肉屋の息子のジョンで済む。しかし国勢調査員にとってそれは理想的ではない。余白に「肉屋の息子」と書き留めることはできないので、それぞれに姓をつけることになった。

このジョンはピーターの息子だから、ジョン・ピーターソンだ。あのジョンは肉屋だからジョン・ブッチャーと呼ぶ。2人のジョンを区別できるようになると国家に記録され、税金を課し兵役に呼ばれ、裁判で罰することもできるようになった。秩序が生まれたが、それは国家の都合によるものだった。

そんな秩序は、強制される人々にとって必ずしも魅力的ではない。いう簡単な解決策が存在した。ほとんどの政府は人口の多い大きな平野や盆地以外では統治権力を行使できなかった。山地、沼地、島、砂漠、デルタ地帯といった辺境地域は、国家の監視やパトロールが難しく、国家による金銭や生命の要求に不満を持つ国民は、ひっそりと辺境に消えていった。

スコットは架空の国ゾミアを挙げる。ゾミアは実在する場所だが実際の国境が存在しない東南アジアの丘陵地帯で、ミャンマー、タイ、カンボジア、ラオス、ベトナム、中国、インドにまたがっている。この地域は、最近まで国家の統治を受けていなかった。武装した国家権力の代理人が入っても、たった数十キロの距離の移動に何日もかかるからだ。スコットは「国家を避けることは、ほんの数世紀前までは現実的な選択肢だった」という。人々は丘陵地帯に向かうことで秩序の求めに抵抗できた。都市との交易はあったが、彼らの都合で行われていた。彼らは低地の社会的なヒエラルキーを避けて「意図的に野蛮人」となったのだ。そして、丘陵地帯は無政府状態ではなかった。平等主義的なものもあれば不平等な首長制もあり、さまざまな政治形態が作られた。しかし、すべてのケースで圧制のツールを欠いていた。それは常設の軍隊と徴税機構だ。

スコットが示した今はなきゾミアの自由を、現代の私たちが再現できるだろうか。それは無政府状態を目指して秩序を犠牲にすることを意味するのか。創造的破壊の革新的エネルギーを奨励しつつもセキュリティを維持できるのだろうか。過去10年間、主権国家の国際秩序から離脱を試みる動きが出ている。「憲章都市《チャーターシティ》〔自治体独自の都市法を制定して統治システムを整備する都市〕」のアイデアは、威圧的な国家から解放され、創造的破壊が可能性を発揮する場を提供しようと考え出された。

憲章都市は、私たちの行動を統治するために作ったルールの実験場だ。例えばロンドンやストックホルムの混雑課金〔congestion charge、中心部の特定エリア内に渋滞の激しい時間帯に車で乗り入れると課金される仕組み〕のように、政治家がルールを変えることで私たちの行動を変えていく。都市の中心部にある罵り合うドライバーでいっぱいの混雑した道の空気がきれいになったとか、小さな社会実験の成果が良いものであれば、アイデアは無償で伝えられるので、成功したルールは他のどこでも採用できる。しかしそこではたくさんの実験が必要になる。実験をするのが苦手なのは誰かわかるだろうか？　それは大規模で同調的で、秩序ができている国民国家だ。対照的に、都市ははるかに柔軟だ。

その顕著な例が香港と、その対岸の中国本土にある深圳《しんせん》だ。１９８０年、中国共産党が深圳に経済特区を設けた当時の人口はわずか3万人で、小さな漁村と農村の集合体だった。それが２０１５年には１１００万人超の中国第5の都市に成長した。２００５年にイギリスの教育政策を見直す視察の一環で私自身も深圳を訪れたが、あり得ないほど光り輝く摩天楼の要塞のように見えた。深圳のモデルは香港を成功させたルールを学び、それらを通常の国家的制約を外した特別区域で実施するものだった。いわば意図的に作られた無秩序の場と言える。

憲章都市のコンセプトはこのモデルに従っている。憲章都市の支持者たちは発展途上国が、その海岸線の人が住んでいない地域に似たようなモデルに沿って都市を作り出すための憲章制定を提唱する。

そこではルールや政府のシステムさえも実験的に導入され、機能するかどうかによって、選ばれたり捨てられたり保持したりされる。

本当に成功できるのか、憲章都市構想が始まった当初は大きな話題となったが、発展途上国に無秩序が生むエネルギーを利用する利益について説得するのに難航し、まだ大きな進展はない。その理由の一部は政治的なものだ。特に、国内の他地域をしのぐことで国を困らせる可能性がある都市への統治権力を放棄しろと言われて喜ぶ国民国家はほとんどない。また憲章都市を設立する国が権威主義的である場合、都市に与えられた自由は簡単に再び奪われる可能性がある。深圳が香港のようになったのではなく、中国共産党による両市の言論の自由への弾圧が、香港を深圳のようにさせたのだ。独裁者は一般に無政府状態よりも圧制を好む傾向がある。

もう一つの問題は物流だ。数百万人もの市民のために海岸沿いに場所を見つけることは、資金面はもちろん、最も楽観的な人以外にとってはほとんど想像できない冒険的な事業だ。マダガスカル、ホンジュラス、エルサルバドルなどで欧米のエコノミストが開発した最近の憲章都市計画の多くは失敗に終わっている。ついには、プロジェクト自体への批判もある。途上国における新植民地主義的な冒険ではないかというものだ。「メタルール」は技術エリートの意見にしか耳を貸さない自由至上主義《リバタリアン》的なテクノクラシーの一形態に過ぎないのか。こうした問題は克服可能かもしれないが、憲章都市の支持者から見ればルールの実験という取り組むべき課題を薄めるかもしれない、新しい市民のための膨大なセーフガード（保護措置）が必要になる。現実は憲章都市ができる代わりに、ただ汚く過密で混沌としている以外はごく一般的な都市ができあがるのが関の山かもしれない。

第16章 セキュリティの罠から逃れる

多くの人にとって、セキュリティの罠のジレンマを解決するために憲章都市へ移住することは現実的な選択ではないように思われる。私たちが気にしているのは、私たちの警察がその境界を踏み外すのを防ぐことだ。もちろん、私たちの路上の秩序は守られるべきだし、同胞市民には分別を持って行動してほしいとも思う。それでは、私たちがこの罠から逃れたいならどうすればよいだろうか。

セキュリティの罠は、圧制の脅威と無政府状態の混乱の二つの問題を私たちに突きつける。汚らわしい政治によらずに両方の問題を解決できると思いたいが、政治以外の方法には希望が持てない。社会が無政府状態のようだと、政治を無視して物事を成し遂げる「強いリーダー」を求める声がよく聞かれるようになる。しかしロシアのプーチンからトルコのエルドアンに至るまで、そのような指導者はひとたび就任するや平和的な抗議活動を取り締まり、反対勢力を骨抜きにしてしまう。無政府状態の代わりに圧制を迎えるのだ。

市場モデルを採用してもセキュリティの罠から逃れることはできない。市場が最も効果的に機能するのは、人々が自由かつ自発的に財やサービスを交換し、気に入らない取引は拒否できる場合だが、無政府状態では既存の財産権は尊重されない。武力による威嚇は人々に望まない取引を受け入れるよう強制できる。セキュリティは人間が求める基本的な欲求であり、もし暴力の脅威がその存在を脅かすものであれば、人々は安全を確保するためにいくらでも支払うだろう。さらに民間の警備会社が、唯一のサービスの担い手だったりすると、顧客から無理やりカネを巻き上げようとすることを妨げるものは何もない。市場は無政府状態では正常に機能せず、圧制につながる可能性が高い。

テクノロジーが解決策になるだろうか。新しいＩＴ技術を駆使すれば、私たち自身を監視して無政府状態を防ぎ、圧制にならないように守護者を監視できる。だがここでも注意深くなければならない。一方の問題を解決するための技術の進歩が、他方の問題を悪化させるかもしれないからだ。テクノロジーは全体像を見ることができない。機械学習、ＡＩ（人工知能）、リモートセンシング〔遠く離れたところから対象物を捉え計測する技術〕はアルゴリズムに過ぎず、道徳とは無関係で中立的なものだ。テクノロジーで無政府状態を解決しようとすると、それが圧制をもたらすことになるかもしれない。

どうやって無政府状態を脱することができるか考えるところから始めよう。無政府状態はセキュリティのわずかな隙間から私たちの生活に染み込んでくる液体のようなものだ。不正を監視できないなら無政府状態を覚悟すべきだ。だからまずは監視する力を高めなくてはいけない。数十年前までは、それは基本的には監視する人間を増やすことを意味していて、そのためには警察官を増員する必要があった。共産圏では情報提供者〔密告者〕の数を増やすことを意味した。

防犯カメラが張り巡らされ、顔認識を通じた膨大な資格データを解釈できるコンピュータ・アルゴリズムが登場したことは、監視のコストと実行可能性を根底から変えた。身近な例ではオービス（自動速度違反取締装置）がある。30年前、スピード違反者を捕まえるにはスピード違反をして追いかけるパトカーを必要とした。レーダー式スピードガンを使うには当初、訓練を受けた警察官と違反者を追い詰めるパトカーの両方が必要だった。

オービスと自動ナンバープレート読み取りシステムの組み合わせは、交通取り締まりにおける警察官の存在を不要にした。カメラで速度を測定し違反車両を自動撮影すればナンバープレートを解読でき、警察官の役割は違反切符を郵送することだけになった。私たちはオービスを嫌うがこれは有効だ。カメラの設置で、イギリスでは事故と負傷者の数が40パーセント減少した。シアトルのスクールゾーンに導入されたカメラはスピード違反を半減させた。人は自分が監視されていると思えば、腹が立つかもしれないがより安全に運転するようになる。

オービスの論理を、監視されていないと見るや悪さをする人たちがいる他の場所に、もっと広く適用できないだろうか。ロンドンではすでにそうなっている。イギリス人はあらゆる街灯やバス停の上にそっと置かれている無数の防犯カメラに見つめられることに慣れた。しかしこれまでの防犯カメラは、主に抑止力としての役割を担ってきた。すなわちスーパーマーケットの外に設置され、泥棒を追い払うためのものだった。

ロンドンではいまや防犯カメラは、顔認識技術を用いる警察によって積極的に活用されている。この技術は当初、静止画を撮影してデータベースと照合していた。これは捜査には有効だがあくまで「事後的」だ。ロンドンの革新はこの作業をライブで行うところにある。警察の監視リストに載っている人が通り過ぎると、カメラが即座に識別できるのだ。リアルタイムで行われている監視は、まるで顔の記憶力が特に鋭い、鷹の目のような警察官があらゆる場所に配置されているようなものだ。

しかしこのようなシステムは過去、常に正確だったわけではない。ロンドンの顔認識技術について独立した第三者機関の評価ではさまざまな懸念が指摘された。第一に人権とデータ保護に関する最近の法律に鑑《かんが》みて、この技術の法的な位置づけは明確でない。第二にこの技術が適切に機能するかどうかも明らかでない。東ロンドンの巨大なショッピングセンター「ウェストフィールド・ストラットフォード」で行われたパイロット研究では、42人が警察の監視対象者として認識されたが、そのうちAIシステムが正確に人物を同定できていたのは8件だけだった。

さらに根本的なのは、顔認識技術が民主主義社会の中で機能するかという問題だ。AI監視技術の最大の新たな採用者はロンドン警察のような豊かな民主主義国家だが、同時にこの技術の最大の生産者は、豊かさを増す専制国家中国である。ファーウェイは現在50カ国以上にこれらの技術を提供しており、中国政府とはデータ共有しないと主張しているが、それは国家の情報収集活動への協力義務を企業に課した中国の法律と矛盾する。

市民を記録したデータベースと顔認識を組み合わせた最も有名な監視システムは、中国で台頭する「社会信用システム」だ。これには中国の民間ソーシャルメディア企業から小さな都市、中央のデータベースまで、市民への制裁や報酬に使える情報を集めるさまざまなシステムの連なりが含まれる。罰金の支払いを怠ったり公共の秩序を乱したり、交通違反を犯すなどの悪い行動が市民の社会信用を損なう一方で、ボランティア活動や献血などの「望ましい」行動は信用を高めるというのが社会信用の考え方だ。

信用を積めば何が得られるかはあまり明確ではないが、旅行代金の割引、図書館で借りられる冊数が増え、地元紙が称えてくれるようだ。フィナンシャル・タイムズ紙のユアン・ヤン特派員が著者に語ったところによれば、中国の社会信用システムは実際よりも包括的かつ中央集権的なものと思われがちだ。このシステムは地域ごとに実装され、たいていの都市には社会信用システムがない。また「信用」を蓄積するメリットはお店でポイントをためて特典をもらうようなものだ。国からのメッセージは、ヤンの言葉を借りれば、「ここに素敵なステッカーがある」といった程度のものだ。このシステムは地方政府と関連機関の少しさびれたネットワークによって支えられ、魔法のような技術ではなく何百人もの下級役人の労働力に頼っている。

システムへの実際の支持は「ブラックリスト」から生まれている。これは中国規制当局が作成した国家的なリストで、法的または規制のルールに違反した人々が含まれる。ブラックリストに登録されると、飛行機に乗ることが許されないとか子どもが有名な学校から排除されるとか現実的に影響が出る。ここで20世紀のブラックリストの世界が21世紀のAIと結びつく――ブラックリストに登録された人々はカメラによって捕捉され監視され、行動の詳細が民間企業と国家に共有される。安全な場所に逃げ込むことはできないのだ。

社会信用システムが圧制に結びつく可能性は明らかで、悪用されると、政治的に好ましくない人々を、法を犯した人々と同じようにブラックリストに載せることができる。しかし多くの中国人にとって社会信用システムは無政府状態を避けるために必要だと認識されている。中国がどれほど急速に工業化したかを真に理解するのは難しいところがある。1980年当時、中国の都市部に住んでいた人口は20パーセント（2億人弱）だったが、今では中国人の60パーセント、8億人以上が都市部に住んでいる。アメリカ、イギリス、フランスの近代的なセキュリティの枠組みは工業化時代に始まった。新しい都市には地方から無数の無名の移民が集まり、古い秩序が崩壊していった。ユニバーシティ・カレッジ・ロンドンの人類学者王心遠《ワンシンユエン》は、中国の国民に社会信用についてどう思うかインタビューした結果、多くの人々にとって、急速な都市化の時代に政府が何もないところから信用を生み出す、必要かつ望ましい方法だと論じている。

王心遠は、農村で長年培われてきた、個人の信頼性や社会関係への理解が、人々の都市への移住で損なわれたという。都市に住んだ人々は誰を信頼すればいいかわからず、人間同士を結びつけて共同体を作り出していた伝統的な絆や社会規範を失ってしまった。王は「中国での生活は疲れる……常に他人を警戒していなければならない」との回答者の発言を引用し、社会信用システムはこの問題の解決策だと認識されているとする。きわめて興味深いことに、王は、多くの中国人が欧米にはすでに社会信用システムが導入されていると信じている、と発見する。ヨーロッパでは大昔の電車の不正乗車を理由に就職を断られたという俗説が広まり、アメリカでよく知られている「(住宅ローン用の) 信用スコア」と、中国政府が集計する「社会信用」との違いを理解しないまま混同しているのである。

未開拓《フロンティア》の土地がなくなった現在、破産したり犯罪歴のあるアメリカ人やヨーロッパ人がシンプルに姿を消すことはとても難しくなった。いまや信用スコア、犯罪歴、納税履歴などが簡単に収集されコンピュータ上で統合される。この情報は警察機関によって新しい犯罪予測地図の技術と組み合わされ、無政府状態の最後の息の根を止めるために利用される可能性がある。

データサイエンスは犯罪防止の新たな尖兵《せんぺい》となった。ますます複雑で処理能力の高いアルゴリズムをテック企業が使うことで、市街地の街区と同じくらい小さな範囲、例えば５００平方メートルの地域における犯罪率を予測できるようになった。企業は以前の犯罪発生地の情報を統合し、地理的予測技術を駆使してどこで犯罪が発生する可能性が高いか警察機関に情報を提供している。

こうしたアルゴリズムが実際にどの程度正確かは議論の余地がある。単に過去の犯罪の移動平均を示しているだけということもある。このアプローチの明らかな問題点は、それが犯罪のあった地域ではより犯罪が起こりやすいとする正のフィードバックを作り出してしまうことだ。そして、フィードバックが、初めに誰かを逮捕した場所であることが、将来誰かを逮捕する場所を決めるという「状態依存(state-dependence)」を作り出す。もし警察が貧困地域や少数民族の多い地域で過度に活動していたら、アルゴリズムは今後も多くの警官をその地域に送り込み続けるだろう。これは警察活動の中立性、均一性が損なわれ、偏見が強化されやすくなることを意味する。一部の警察組織の現状を考えるとこれは問題だ。無政府状態であったところに圧制が芽生える。

私たちを守るはずの人々が不正行為をするという問題に戻ろう。ＡＩ技術が無政府状態の克服に非常に効果的であることはすでに見たが、それが国家権力を強化するためにどう使われ、悪用されるかも明白だ。先述の通り技術そのものは中立だから、私たちを守るはずの手を縛るなら、それを利用していく必要がある。

当然ながらアメリカは、警察の力を抑制すべきか、どのように抑制するかの議論の震源地である。

2020年に起きたジョージ・フロイド〔警官の不適切な拘束で窒息死しBLM運動のきっかけとなった〕とブリオナ・テイラー〔自宅に踏み込んだ警察官に複数回銃撃を受け死亡〕の殺害は、悲しいかな昔からたびたび起きているような出来事だ。1990年代初頭、ロドニー・キングへの暴行〔91年にスピード違反の逃走容疑で警官から激しい暴行を受けた〕で警察の暴力に全国的なスポットライトが当たった〔ロス暴動とその余波のこと〕。警察改革運動は何十年も前から活発だったが、警察の暴力も同じくらい活発に起きている。どんな対策が取れるのか。

警察改革を考える際に私たちは警察業務の技術的変更から、場合によっては警察なしで公共の秩序を維持するように別の視点から完全に考え直すところまで、幅広い選択肢を検討できる。いずれの場合もセキュリティの罠を念頭に置かないといけない。つまりその解決策が圧制を無政府状態に置き換えてしまうかもしれないし、意図せずに圧制を強化してしまうかもしれない。

技術革新について考えることから始めよう。技術革新は、顔認識が一般市民を抑えこむのと同じように、警察を制約できるかもしれない。最も広く普及していて、警察が時にあまり乗り気でなくても採用されている技術は、ボディカメラ（身体装着型カメラ）だ。この装置は警察官の胸やヘッドギアに取り付けられ、交通違反の取り締まりから銃器の使用まで、一般市民との関わりを持つ前に作動するようになっている。重要な点はこの装置が「常時作動」しており、警察官が電源を入れる前の30秒間の映像も記録されるため、警察官が発砲した後に電源を入れる誘惑を、完全になくすことはできないとしても、減らせることだ。映像は警察署の暗号化されたデータベースにアップロードされ、数カ月間保存される。

ボディカメラの利点は何か。最も明らかなのは、警察官が車を止めたり、銃を抜いたり、容疑者に尋問したりする際、実際に何をしていたかの証拠になることだ。このカメラは一般市民と関わる際の警察官の行動の正当性や適正さを判断する上で直接、役に立つ。

しかしボディカメラがもたらす間接的な効果こそ、さらに興味深く有望なものである。自分の行動がすべて撮影されていると知った警察官は、おそらく行動を改める。将来の証拠映像は現在の自制心をもたらす。また市民は、警察官がカメラを装着しているのを知れば、警察から敬意を持って、少なくとも合法的に扱われる確信を持てるようになるはずだ。カメラの電源が入っているとき、警察と私たちはお互いの不確実性を大幅に減らすことができ、信頼感を高め、行動の改善を期待できる。

ここまでは理論上の話だが、実際に効果はあるのか。ボディカメラの使用はランダムにできるので、社会科学の分析に非常に適している。ある警察官は勤務中にカメラを割り当てられ、他は装着しない。そしてカメラを装着した警官のほうが暴力を使わない傾向にあるかどうか確認する。２０１２年にカリフォルニア州リアルトの警察署で行われた1年間の実験ではカメラの装着をシフトごとにランダムに分けた。カメラを装着したシフトでは暴力をふるう件数が半分に減少した。警察官ではなくシフトをランダムにしたため、全警察官がどこかの時点で必ずカメラを装着した。そして波及効果があったことも判明した。カメラを着用していないシフトの警察官もその前の年より暴力をふるうことが少なくなっていたのだ。警察官が、カメラをつけていないときでも、あたかもカメラをつけているかのように、常にふるまうという文化の移行があったようだった。

全員が装着しなくても、ボディカメラが警察署全体を抑制するように思われる有力な証拠が見つかっている。2014年からのボディカメラの段階的な導入を見ると、カメラは警察の実力行使、特に殺人を半分に減らすようである。またツイッター［X］上での地元警察署に対するネガティブな感情や、グーグルでのBLM（黒人の命が問題）の検索数は、いずれもその地域の警察署がボディカメラを導入した後で減少した。

ボディカメラに負の側面はないのか。「腐ったリンゴ」の根絶や抑制ができても、警察にとっての「優良なリンゴ」になるのは難しいだろうか？　警察を監視することで警官がより慎重になり、犯罪者は自信を深め、結果的に犯罪率の上昇につながるかもしれない。FBIのジェームズ・コミー長官は2015年に次のような疑問を呈した。「今日のYouTube［でスマホ撮影動画を流されてしまう］世界では、警官は車から降りて暴力犯罪を防ぐ仕事をしたがらないのではないか」。それは確かにまずいが、ワシントン州スポケーンの警察を対象に無作為化した調査では、カメラを装着しても警察官が消極的になる証拠はまったくなかったという。

私たちの守護者は自分が撮影されていても気にしないのかもしれない。警察官デレク・ショーヴィンによるジョージ・フロイド殺害事件では、ショーヴィンの同僚トウ・タオが身に着けていたボディカメラの映像が公開されたため、恐ろしいほど詳細に何が起きたか知ることができた。確かにフロイドの死の映像は、警察がいかに残忍になりうるかを直感させた。映像に残る警察は、あいまいな否定の声明を出すことも、問題がどこかに消えていくのを望むこともできなかった。しかし問題は、ショーヴィンが自分自身撮影されていると知りながら、その行動を抑制しなかったことだ。さらに国際的な嫌悪を駆り立てたビデオを生み出したのは、通行人が持っていたスマートフォンのカメラだった。民間人の証拠映像がなければショーヴィンの同僚のボディカメラの映像が公開されたかは定かではない。警察の問題点は力の行使にとどまらず、より一般的な地域社会との接し方にも及ぶと言えるかもしれない。先述のミズーリ州ファーガソンでは警察の暴力だけでなく、自分たちが奉仕し保護すると誓った市民を、恒常的な脅威や収入源とみなす組織文化が問題視されていたことを思い出してほしい。

最も全面的な警察改革のビジョンは進化ではなく革命を約束する。２０２０年、「警察の予算削減(Defund the Police)」というスローガンが浮上した。これが実際何を意味するかは激しい論争の的となっている。一部の人々はボディカメラの導入や免責特権の撤廃、部署の再編成を含む一連の警察改革に代わるスローガンだと考え、他の人々は文字通り警察への公的資金提供を場合によっては完全に削減することだと考えている。具体的に何をするのだろうか？

完全な「警察の予算削減」モデルでは、警察の機能を他の社会サービスの職員であるソーシャルワーカー、精神科医、薬物リハビリ専門家に置き換える。また一定程度はコミュニティの自警も求められる。この主張の支持者から見れば、豊かな地域では無視される行動を貧しい地域では犯罪として扱い、抗議に対して暴力的に反応し、市民に重い罰金を科して貧困に追い込むことで、実際のところ警察は犯罪を活発化させている。西ヨーロッパでは警察への支出ははるかに少ないのに犯罪件数も少ない。警察への支出を増やしても問題は解決せず、むしろ悪化させていないかと問いかけるのだ。

ではアメリカの犯罪と警官の暴力も、警察への支出を削減すれば減らせるのか。その結果、無政府状態が生まれるのだろうか？　アメリカの広範な社会問題に対処せず、警察への支出を削減するだけでは犯罪は減らせそうもない。しかしヨーロッパの社会福祉制度をアメリカがまねるには、少なくともアメリカにとっては前例のない、公的支出の急拡大が必要だ。それは刑事司法システムの分野で作り出せる財源をはるかに超えたものになる。つまりセキュリティには連帯が必要なのだ。そしてアメリカ社会は、控えめに言ってもあまり連帯主義的ではない。

これまで個人の、次いで国家のセキュリティという観点で、セキュリティの罠から逃れる方法について論じた。最後に残る大きな課題の「国際的な安全保障《セキュリティ》」を取りあげよう。「世界平和」を願うことは、美人コンテストでの陳腐な発言と同じで、明らかに望ましいが絶望的に達成不可能な目標と思われている。それも当然だろう。スティーブン・ピンカーのような思想家が、私たちは祖先たちよりずっと平和な世界に住んでいると主張しても、先に見たようにその是非については激しい論争がある。なぜなら、いまだに多くの内戦やテロ攻撃、国境での戦闘が起きているからだ。それらは冷戦が終わってから拡散したものである。では戦争や国際紛争を減らすために私たちは何をすればよいのか。

私たちは非公式《インフォーマル》または公式《フォーマル》に協力することで国際的な無政府状態に対抗できる。平和維持のために非公式な協力で十分な場合もあれば、条約を結んだり同盟を成文化して「きちんと約束を交わしたい」と思う場合もある。非公式な協力とは、貿易で相互依存関係にあったり政治体制が似ていたりするような単純なものだ。政治学の数少ない法則の一つに「民主主義国家は互いに戦争をしない」というものがある。これは「民主的平和論」という考え方で、クリントン大統領、ブッシュ大統領、オバマ大統領が使用するほど確立された言葉だ。

民主主義国家間で戦争が起こる可能性は低いと考える理由はいくつもある。民主主義国家は戦闘に送られる人々の意思をよりよく代表できる。政治システムの鍵が議論と妥協にあるので、お互いに交渉することに長けている。そして民主主義の指導者たちは、コストのかかる戦争に突入することによる世論の反発を恐れているということもある。

また民主主義国家には自由市場があり、相互に貿易を行う傾向があるため、お互いの戦争にはさらにコストがかかる。これは「商業的平和論」と呼ばれる。この言葉はニューヨーク・タイムズのコラムニスト、トーマス・フリードマンの有名な「ゴールデン・アーチ」理論、つまりマクドナルドのある二つの国が戦争をしたことがないとする理論の基礎となった。悲しいかな、この理論はNATOによるセルビア爆撃や、ロシアとジョージア、ウクライナ間の戦争の瓦礫《がれき》の下に埋もれた。恐ろしいことに、ファストフードの平和的な力はこれらの紛争を平和的に解決することができなかったのだ。

経済的相互依存が戦争を防ぐとする議論には悲劇的な歴史がある。国際関係論で有名な著作『大いなる幻影』は1909年にノーマン・エンジェル〔イギリスの作家、労働党の国会議員。1872〜1967〕が書いたもので、国際貿易と投資によって戦争や略奪は無意味になると主張した。本書はタイミングが悪かった〔1914年に第一次大戦が起きた〕。しかし、より強い経済的な関係が平和にとって恩恵をもたらすと信じることは難しくない。戦争は一般的にビジネスに悪影響をもたらす。とりわけ戦争のために必要となる税金と戦争がもたらすインフレーション圧力だ。

解決策はどこにあるか。なんというか、かなり大きなものにならざるを得ない。平和を促進する目的も視野に入れて、各地に民主主義を広げていくことだ。不可能というわけではなくて、1990年代以降、これはアメリカの外交政策の一部となっている。アメリカの「全米民主主義基金」やドイツの「コンラート・アデナウアー財団」、EUから世界銀行までの国際機関も、各地での民主化推進を重要な目標に据えている。しかし予想通り、豊かな国からの横柄な声が聞き入れられることはないし、イラク戦争やアフガニスタン戦争の経験、ロシアや中国からの積極的な反発は民主化の推進に影を落としている。しかし民主的なラテンアメリカ諸国や、最近民主主義に転じたアフリカの国同士で戦争が起きていないことは、民主的平和論がまだ生きていることを示唆する。

国家間の平和を確保するより直接的な方法は、集団安全保障協定を相互に締結することだ。基本的にNATOがやっていることで、加盟国が互いに紛争を起こさないだけでなく、外部から攻撃を受けた加盟国を集団で防衛することを約束している。NATOが9・11後にアフガニスタンに関与したのも、ギリシャとトルコが第二次世界大戦後（微妙ではあるが）平和を保っているのも、このためだ。

NATOの構造は、加盟していないウクライナがプーチン政権のロシアに軍事侵略され、2004年に加盟したバルト三国はそうでない理由を説明できる。NATOは集団安全保障協定であり、エストニア、ラトビア、リトアニアが攻撃された場合、アメリカ、フランス、イギリスその他の加盟国が防衛する義務を負う。トランプ大統領はNATOを「時代遅れ」と言い、あからさまな不満を表明したが、彼の政権下でもロシアのバルト三国への侵攻は抑止された。

これとは対照的に、ウクライナと欧米の大国との関係はもっと緩やかな同盟だった。2008年以降、NATOはウクライナの将来の加盟を約束したが、標準的な「新人研修」プロセスである加盟行動計画を提示しなかった。ティモシー・フライ〔アメリカの政治学者、コロンビア大学教授〕はこれを「悪いところどり」だという。ウクライナを失望させNATO内の分裂を浮き彫りにし、ロシアの被害妄想を深めたからだ。ここで重要なのは西側同盟国がウクライナと具体的な約束をしていないことである。ウクライナの力だけでは状況を変えられない。それでも2019年にはウクライナ議会が憲法改正して加盟を容易にし、2020年にはウクライナはNATOの「高次機会パートナー」になった。

だがこれらはいずれもメンバーシップではなく、無政府状態の世界ではウクライナとNATO加盟国とのすべての協定は空手形だった。ロシアはNATOの拡張主義がウクライナ侵攻をもたらしたと自己正当化するが、それが理由でこれまで侵攻しなかったわけではない。バラク・オバマ政権下の駐ロシア米国大使マイケル・マクフォールは「オバマとロシアの高官の間でNATOの拡大について真剣に話したことは一度もなかった」と証言している。またウクライナは実在の国ではないというプーチンの主張は平均的なロシア人に共有されていなかった。2020年1月の世論調査では80パーセント以上のロシア人がウクライナは独立すべきと考えていた。ロシアはウラジーミル・プーチンが個人的に、友好的ではない隣国の指導者を排除し、ロシア語話者に占められる土地を領土として奪い、ロシアの世界大国としての地位を声高に宣言するために侵攻したのである。ウクライナがNATO加盟国ではなく、加盟各国に防衛する義務がなかったため、プーチンは侵攻できたのだ。

ロシアのウクライナ侵攻から私たちが学ぶことは、少なくとも同盟国の間では正式な条約が必要で、それは無政府状態の中で送られる唯一の現実味のあるシグナルとなることだ。また「加盟への道の途中」で同盟国のように扱われ武器まで送られたとしても、実際の加盟国であることとは違う。NATOに正式加盟したことでバルト三国は自由を維持できているが、非加盟であるためにウクライナ、ジョージア、モルドバは無政府状態と口先だけの約束のあいまいな領域にとどまっている。

同盟国間で条約を結ぶのは簡単なように見えるかもしれないが、敵同士の間ではどうか。力ずくで争いを止めさせる世界政府の裁判官、陪審員、執行者が存在しない状況では、紙切れに署名したところで、本当に敵対者が思うままに行動するのを防ぐことができるか。

核兵器や化学兵器に関する条約の経験は、おそらくそれが可能だと示唆する。私たちの時代で最も成功した軍備管理条約は核兵器に関するものだ。1960年代後半以降、一連の略語が国際関係に登場した――NPT（核兵器不拡散条約）、SALT（戦略兵器制限交渉）、START（戦略核兵器削減条約）などだ。それらは直接的に冷戦を終結させはしなかったが、核拡散防止と軍縮の目標は達成できた。

20世紀におけるもう一つの殺人兵器は化学兵器である。第一次世界大戦では戦闘中に使用され、100万人以上の死傷者を出す恐ろしい惨事を招いた。しかし、サダム・フセインやバッシャール・アル＝アサドのような独裁者が自国民をガスで殺した以外は、それ以来ほとんど使用されていない。なぜ使われないのか。平和が保たれた理由、少なくとも化学兵器を使うような卑劣な戦争が減った理由は、私たちの持つ規範とそれを具体化した条約にあるようだ。1925年のジュネーブ議定書では化学兵器の使用は禁止されたが所持は禁止されなかった。1993年の化学兵器禁止条約では開発も禁止された。化学兵器の使用に対する「タブー」が生まれ、ほぼ定着したのである。今日では国家が戦時中に国民に対し法的な「注意義務」を負うかどうかさえ議論されており、その義務についてユーゴスラビア紛争後に設置された国際法廷で裁かれる可能性がある。つまり戦争を法律で禁止できなくても、国際協力によって私たちの最悪の衝動を抑制できるかもしれないという楽観的な見方が生まれているのだ。

核兵器も化学兵器も新しい軍事技術の一つの例である。私たちが自問することは、その使用を防ぐために重要なのは協力関係か、それとも技術そのものか、ということだ。技術が進歩するほど、そして多くの人命を奪うものになるほど、実際に戦争が起こる可能性は低くなるのだろうか。そうだとすれば、安心はできないが幸いなことかもしれない。

核兵器は人類が開発した最も破壊的な力だ。しかし多くの国際関係論の専門家が、第三次世界大戦が起きないのは核兵器のおかげだと主張している。その理由は核兵器が「相互確証破壊（ＭＡＤと略される）」につながるからだ。いわゆる「第二撃能力」、他国の核ミサイルで全滅する前に自国の核ミサイルを発射する能力があれば、敵対者が第一撃を発射することを抑止できる。言いかえれば、敵がもし核兵器を発射すれば、「お互いに破壊される」であろうことを知っていれば、先に攻撃しなくなるのだ。

このように最も殺傷能力の高い兵器が実は平和を維持しているという皮肉がある。誰かがミスをしない限りにおいて、だが。私たちの時代の最も有名な「ニアミス」は、ソ連防空軍の中佐だったスタニスラフ・ペトロフが１９８３年、アメリカに報復する第二撃を行わない、と決断したときだ。このとき、ソ連の早期警戒システムがアメリカの核ミサイルが飛来していることを示していたが、彼の推測は正しかった——「ミサイル」は高高度の雲に反射した日光だったからだ。おかげで今日も私たちは生きており、あなたもこの本を読むことができる。そしてこれこそがＭＡＤのもたらす危機だ。すべてがうまくいく限りにおいて、平和を確保できる。

どのような軍事技術が今後50年に影響を与え、国家間の平和を支えるのか、あるいは損なうのか。

ボディカメラや社会信用システムと同様、新しい兵器システムは画像を取り込み、データを処理する能力の技術的進歩を利用している。ドローンは軍隊の新しい目となり、大量監視とピンポイントのターゲティングの双方を可能にする。ＡＩによって軍隊はテラバイト単位の情報を処理して標的を見つけ、はっきり言えば抹殺することもできる。

最も興味深い技術開発はドローンと人工知能を組み合わせた、いわゆる自律型致死兵器システム（皮肉にもＬＡＷＳと略される）の創造である。「ターミネーター」や「ロボコップ」を思い浮かべた人は、サイズこそ違うが発想はその通りだ。武器とは通常、死に至らしめるもので、その点は新しくないが自律型であることが新しい。つまり人間の直接的な干渉を受けずに、武器自体が標的を選び、そこまで移動して殺す能力が与えられている。まるでＳＦのように感じる兵器が、ますます現実のものになった。２００７年に配備されたアメリカの無人機ＭＱ－９リーパーは指定された目標に自律的に飛行し、搭載された爆弾などを投下する。現在リーパーにはＡＩ機能が搭載されて自ら目標を選択でき、あとは人間の攻撃許可を待つだけである。人間が最後の許可の権限を握ることが、手に負いきれない守護者を統制する最後の一線なのだ。

抑止力による平和維持の可能性においてＬＡＷＳはどんな意味を持つのか。ロボットの友人とお互いに破壊しあうことは防げるのか。攻撃を行う最終的な決定は私たちがコントロールを保持しているが、ＬＡＷＳの精度に対する警戒が、実際に戦闘を抑制しているかもしれない。２００３年には自動化されたパトリオットミサイルが誤った情報でアメリカ兵士を殺傷してしまったこともある。間違うことへの恐怖が紛争を抑制する可能性はある。しかしＬＡＷＳが無謬《むびゅう》になっても、その使用は依然として紛争を抑止する効果がある。元来、ＬＡＷＳはとても監視しにくい。ドローンは小型で、どのようなＡＩシステムで操作されているか知ることができない。そのため抑止に使えるのだ。もし敵対する相手に、こちらはＬＡＷＳを持っており、攻撃されたら使う、と言えば、ブラフをかけているのか見極めるのは難しく、結末が悲惨なものになるかもしれない。核兵器と同様、ＬＡＷＳの圧倒的な殺傷力は皮肉にも平和の確保に役立つかもしれない。少なくともロボットが私たち人間の支配から解き放たれるまでは。

犯罪者や、場合によっては警察に対する路上の安全から、地球が壊滅する危機からの安全まで、セキュリティの罠の解決には無政府状態と圧制という二つの危険と常に戦うことが求められる。

私たちは自分たちの問題を自力で解決できる。日々のセキュリティは他者への信頼にかかっている。互いに道を譲り合えば街路は無政府状態にならなくて済むし、パントマイムをしているかのような交通整理の警察官も必要なくなるだろう。ルールを破った人を排除したり恥をかかせるため、私たちが自然に作り上げた社会規範は息苦しいかもしれないが、日々の生活に確実性を与えてくれる。しかしツイッター［Ｘ］を定期的に使う人ならよく知っているように、新たな匿名のオンライン世界は規範を守らせる私たちの能力を破壊する脅威となった。そこで私たちのやりとりを制御する大きな裁量を持つ、ある種の中央の権威を必要とするかもしれない。私たちの分権化されたオンライン金融取引は、仮想通貨の荒野を除き、通常イーベイ（eBay）スタイルの保証人によって運営されている。だが、私たちの言論にもそうした管理を受け入れるかどうかは別問題だ。

私たちはいま映像技術とＡＩの発達による、絶え間のない大量監視の世界で生きている。パノプティコンが私たちの行く先々を見通し、私たちがオンラインに投稿するものすべてを監視しているため、日常生活から無政府状態といえるものがゆっくりと締め出されている。犯罪者が監視カメラに記録され、テロリストがオンラインチャットグループからあぶり出されれば、私たちの安全性は高まるかもしれない。だが中国の社会信用モデルのように、監視が圧制につながることは容易に想像がつく。もしこの状況をひっくり返すには遅すぎるなら、私たちは監視する側と力が釣り合うような制度を設計する必要がある。無政府状態を脱するため私たちを監視する制度が作られるときには、私たちがその守護者を監視できる制度も必要になる。

ボディカメラの登場は、ジョージ・フロイドの殺害を防ぐことはできなかったが、警察がその権力を市民に向けて濫用することを防ぐかもしれない。しかし、さらに必要なことがある。国家が使用する新たな監視ツールの透明性が必要だ。具体的には犯罪予測に使われるアルゴリズムの公開、リアルタイムでの顔認識技術の利用や軍事行動における衛星画像の利用への監督などについてである。

同意に基づく警察活動と文民主導の軍を維持するには、警察や治安機関による隠ぺい行為に対して説明責任を求め、政治的に介入する明確な手法が必要だ。それは私たちが監視を担う政治家に権限を与え、信頼することを意味する。国際的なレベルでは、大国が抵抗しても、いや抵抗する場合こそ特に、戦争犯罪を罰することのできる法的枠組みを継続的に発展させることである。しかし、これは果てしない挑戦となる。なぜなら私たちは、そのようなルールを守らせたい、まさにそういう人々からの保護を必要としているからだ。セキュリティの罠はあらゆるところに広がっているのである。

第五部
繁栄

さしあたり私たちを
豊かにするものは、
長い目で見れば
私たちを貧しくする

第17章
パリ　2015年12月12日土曜日

ローラン・ファビウス仏外相は遅刻していた。気候変動に関するパリ協定の閉幕の瞬間。それは、温室効果ガスの排出削減の世界的な協力にとってきわめて重要な、最後のあがきとなるかもしれない瞬間だった。フランスの外務大臣は2週間にわたる熱い交渉の中心にいた。旧軍用飛行場という特殊な場所で開催された会議では、190カ国以上の交渉に対応するために仮設テントが建てられた。

前回、2009年のコペンハーゲン会議はみじめな失敗に終わっていた。拘束力のある決定はできず、気候変動についての協力は、あらぬ方向に向かっていた。しかしパリ会議ははるかに良い結果となった。主要な排出国の関与が得られたのだ。アメリカ、中国、インド、ロシアは、今回だけは軌道修正に成功した。しかしファビウス外相はどこに行ったのだろう。時間ははや午後7時を過ぎていた。会議は90分前に終了するはずであった。

ファビウスは午後7時13分にステージに駆け上がった。彼はパリ会議に参加したすべての国々を、二酸化炭素の排出量を減らし地球の気温上昇を抑制することを約束する同じ目的の中に囲いこんだ。

今が仕掛けるときだ。しかし気候変動を改善する政治は決して単純ではない。ファビウスは出席者を喜ばそうとしていた。インドを味方につけるために、インドとフランスの哲学の名言の本を全代表団に贈っていた。難しい交渉には駆け引きが鍵であり、ファビウスが言ったように、「国家は冷たい怪物ではない」のだ。だがすでに意見の相違が表面化していた。南アフリカの交渉担当者は100カ国以上の途上国と中国を代表して、報告書の素案は「アパルトヘイトのようだ」と主張し、より貧しい国々が「権利を奪われている」と述べていた。

コンセンサスが必要になると、駆け引きは特に難しくなる。国連気候変動枠組条約の197の締約国すべてが合意する必要がある。どの国でもこのプロセスを停止させることができる。そのためには、「反対」と声をあげるだけだった。会議がクライマックスを迎えた土壇場で、ニカラグアの代表がまさにそれを実行に移そうとした。

ファビウスは演壇に到着するとマイクに向かって早口でまくし立てた。彼は聴衆に慌てた様子を見せていて、ニカラグアの代表団は自分たちの異議申し立てに何が起きたのか訝《いぶか》しんだ。なんと無視されていたのだった。ファビウスは「私が会場を見渡したところ、反応はポジティブだ、パリ協定は承認された」と早口で告げた。そして手にした小槌《こづち》を振り下ろし、パリ協定は正式に成立した。ニカラグアの反対を押し切る形で。

パリ協定は「ほぼ」成立した。アメリカ代表団はすでに、文書に協定全体を頓挫させかねない法的な約束を含意する「shall」という単語が紛れ込んでいることに気づいていた。これはパリ協定に反対する共和党が多数を占めるアメリカ連邦議会が関与する必要があることを意味する。フランスの代表団はすぐに、これは単なる「技術的なミス」で「shall」は「should」に置き換えられ、物事はすべて正しくなると安心させた。コペンハーゲンとは異なり、パリは大成功を収めた。持続可能な世界の繁栄に向けた集合的解決への希望を抱かせたのである。しかし、それは本当にどこまで意味があったのか。

気候変動は人類にとって最も難しい政治問題で、これを解決できれば他の集合的課題も解決できるかもしれない。気候変動は文字通り地球規模の課題で、私たち全員に影響を及ぼすので、緩和するには協調して行動する必要がある。この問題を引き受けられる世界政府は存在せず、独自のエネルギー消費と生産のニーズを持ち、自国のそうしたエネルギー状況に歴史的な不満の種を抱えているばらばらな国民国家しかない。パリ協定ではそんな主要なプレーヤーがすべて同じ部屋、というかテントに集まり、前進する道筋に合意した。だがこの協定は同時に、拘束力のある約束、制裁、強制力といった、国際協定を機能させる多くを捨て去ることで合意にこぎつけられたのだ。

パリ協定は、前身である京都議定書の失敗とコペンハーゲンでの交渉の破綻を受けて考案された。1997年に採択された京都議定書は、二酸化炭素の排出量削減について拘束力のある世界的な合意の最初の試みだった。先進国は、国ごとに定められた温室効果ガスの排出量の削減目標に署名する必要があった。この目標を達成できなかった国には金銭的な罰則が科される。これは法的拘束力のある条約で、執行機関も備えている。強力で効果的だと思うだろうが、実はそうでもなかった。

京都議定書は採択後すぐに問題に直面した。アメリカは署名したが、それがアメリカを法的に拘束するわけではなかった。まずアメリカ上院で批准される必要があるのが問題だった。京都議定書の交渉過程で上院は、アメリカに排出削減を義務づけ、発展途上国には義務づけない条約に署名してはならないとする立法を成立させた。まさに京都議定書がそれであり、そのため上院での批准にすらたどり着けなかった。

アメリカの政治家はなぜ京都議定書に反対したのか。おそらくエネルギー企業からのロビー活動や気候変動の科学への不信感からだろう。だが真の論点は、アメリカが気候変動抑制のために多大な犠牲を払うのに、他の国々は払わなくてもいいことだった。ここが気候変動問題の政治的な難しさの核心である。解決するには、私たちみんなの未来のために今日、個々に犠牲を払う必要がある。しかしそれは目先の利益にはならない。さしあたり私たちを豊かにするものは、長い目で見れば私たちを貧しくするという、繁栄の罠を作動させるのだ。

「はじめに」では、タラ漁の事例で「共有地《コモンズ》の悲劇」を紹介した。漁師が自主的な漁獲制限に同意できなければ魚の資源は完全に枯渇しかねない。比喩的に言うと私たちは今、より大きなプールで漁をしているようなものだ。地球の大気は最大の共有資源で、ある国が二酸化炭素を排出すればすぐに国境を越える。温室効果ガスは生まれながらのコスモポリタンで放浪癖がある。排出物が大気中に充満すると、誰がどの程度排出したかにかかわらず、地球を温める温室効果ガスを蓄積することになる。

地球規模で排出量を減らすには全員を参加させる必要がある。排出を減速させるにはコストがかかる。ソーラーパネルや風力タービンの製造コストだけでなく、化石燃料部門をはじめとする産業全体を根本的に変革するか、あるいは閉鎖する必要がある。役割を終えた炭鉱労働者を失業させたり、工場を廃止したりと、犠牲を強いることになる。

あらゆる国が実行しなければすべてが無駄になるかもしれない。一部の国だけがネット（正味）ゼロ政策〔人間が排出する温室効果ガスと大気中から除去される温室効果ガスを同量にする目標〕のコストを負担し、他の国が何もしないなら温暖化は続く。さらに悪いことに、比較的小さな国々、バングラデシュやブルネイ、さらには温暖化問題では小国だと自称するイギリスなどは何もせず、他の国の削減努力にただ乗りする誘惑に駆られる。結局、他の誰もがネットゼロを追求しているなら、自分など地球の気候に微々たる影響しかもたらさないことを知る私はガソリンを乱費する誘惑に負けるかもしれない。だが皆がそう考えてしまえば排出量は制御不能に増えてしまう。気候変動は最大の集合行為問題なのだ。

アメリカは決して小さな存在ではない。１９９０年に世界全体の約22パーセントに達した排出量の削減は、地球温暖化に目に見える変化をもたらすことができたはずだ。だが２０１７年の排出量は20年前より多少増えていた程度で、そして今では世界の排出量の12・6パーセントを占めるに過ぎない。新たな汚染者は、京都議定書で排出量削減の義務を負わなかった発展途上国の中国（１９９０年の11パーセントから２０１７年には25・9パーセントに増加）とインド（同２パーセントから７・３パーセントに増加）だ。しかし中国やインドの見方に立てば、不公平ではないか？　アメリカやヨーロッパ諸国は何十年にもわたり排出してきた。欧米には彼らの順番があった。次は発展途上国の番だ。その主張は本当に「ただ乗り」か、それとも公平なことなのか。

アメリカが批准しなかったことで京都議定書は致命的に弱体化したが、邪魔をしたのはアメリカだけではない。カナダも２０１１年に京都議定書から脱退したが、これは目標達成の見込みがないことが明らかになったためで、特にアルバータ州のオイルサンド〔粘性の高い鉱物油分を含む砂岩〕から実入りのいい石油を採掘し始めたからだ。逆に目標を達成できた国は東欧各国が中心で、共産主義時代の古い工場や発電所の閉鎖のおかげだった。各国は簡単に実行できるなら京都議定書に従い、難しければ脱退したわけである。

他方でパリ協定は、裁量と意図的なあいまいさのおかげで機能した。各国は、理想を言えば野心的なものであるべきだが、自国の二酸化炭素削減目標を設定する裁量を有していた。これまで各国に自分で目標を設定させるグローバルな試みはなかった。これはトップダウンというよりボトムアップと言える。パリ協定の唯一の集合的な目標は、世界の気温上昇を1・5℃以下に抑えるという結果の数字だけだ。将来の地球の温度変化は拘束力を持つ約束ではなく願望なのである。排出削減はいまや各国の裁量に任されたのだった。

あいまいさは排出量の目標が拘束力を持たないことに起因する。ある国が目標を達成しようとするかしないかはわからない。すべての国が世界全体での気温を抑えるための同じ約束をしなくてはいけないが、途上国は先進国と同じ排出目標を持つ必要はなかった。このため南アフリカや中国などの工業化途上の国々も支持に転じた。各国は5年ごとに目標達成状況を報告し、改めて新しい目標、可能ならばより野心的なものを策定するだけでよい。このような考え方は、各国をネットゼロに向けて引っ張るラチェット効果〔プロセスが一度進行すると元に戻ることを抑制される現象〕を作り出そうとするものだ。しかし排出権問題を取り締まる国際警察や仲裁裁判所は存在しない。アメリカ、中国、インドといった大国は決してそれらを許さなかったはずだ。

パリ協定は気候変動についての国際社会の戦略の転換を意味した。この問題で拘束力を伴う国際協力は不可能だと証明された。各国は排出量目標を達成するための重い短期的なコストや国際法の絶対的な権威を受け入れようとはしなかった。しかし、脆弱なものだが、長期的には合意された方向性があった。繁栄の罠からの部分的な脱却であり、おそらく失敗した先人たちよりも現実的なアプローチだった。今回、アメリカは、少なくともこのまま参加し続けるだろう。

2016年11月8日、その希望さえ終わったかに思えた。ドナルド・J・トランプが次期大統領に当選したのだ。翌年6月1日、トランプは選挙期間中に約束した通り、パリ協定からの離脱プロセスを開始すると発表した。世界中の環境保護活動家は心を痛め、振り出しに戻ったような気分だった。しかし……振り出しには戻らなかった。

パリ協定には、署名後3年が経たないと、署名国は離脱のプロセスを始められないという、あまり注目されていなかった規定があった。これは短期的な政治変動で協定が頓挫するのを防ごうとするものだ。それから離脱プロセスが完了するまでもう1年かかる。丸4年はトランプ大統領の第一期目の終わりを意味した。なんと都合の良い話だ……結局のところ、持続可能な繁栄は、絶望的なものではなかったのかもしれない。

第18章
繁栄とは何か

繁栄とは何か、それはどこから来るのか。簡単にいうとそれは「良い生活」であり、満足できる十分なモノを持っていることだ。あるいは自分の子どもや孫のためにより良い生活を確保することである。豊かな国に住む私たちは高いレベルの物質的な快適さと成長し続ける経済の両方に慣れ親しんできた。誰もがこの快適さを享受できるわけではないし、経済成長が継続する保証もない。もちろん「より多くのモノ」が人間の幸福の唯一の源泉というわけでもない。しかしほんの1世紀前の祖先、曾祖父母と比べれば私たちは想像を絶するほど豊かな世界に住んでいることは間違いない。

歴史の経験は、この繁栄が保証されたものでないことを私たちに教える。かつて豊かだった文明や国家が衰退し、多くの場所が運命の逆転を経験した。今日の世界は1500年当時の世界よりはるかに豊かであることは間違いない。だがかつてテノチティトラン〔メキシコ・アステカ文明の首都〕、エジプトのカイロ、北京が最大かつ最も豊かな都市として存在していた。現在はニューヨーク、東京、そして再び北京がそういう都市になっている。

短期的には魅力的な経済政策であっても、持続可能な成長を損なうことがあるため、都市は栄枯盛衰をくり返す。すべての国、すべての都市は、繁栄の罠のリスクに直面している。さしあたり私たちを豊かにするものは、長い目で見れば私たちを貧しくするのだ。

繁栄の罠にはまる理由を理解できるようになる前に、繁栄の定義を確定する必要がある。最も一般的な指標である国内総生産（ＧＤＰ）はその限界がすぐに見えるものの、手始めに参考にするには悪くない。ＧＤＰは①経済活動全体での生産額の合計、②労働者と事業主の所得の合計、③消費、投資、政府支出の合計プラス輸出総額（から輸入を引いた額）による支出の合計の三つの方法で考えられ、これらは等価でなければならない。つまり国内で生産されたものの価値は国民が稼いだ金額と等しくなり、人々が国内生産に費やした金額とも等しいはずだ。

豊かな国と貧しい国について語るとき、私たちは通常一人あたりのＧＤＰを指標とする。つまり平均的な所得を比較するのだ。だがそこで外貨両替所のように通貨の交換レートを単純にあてはめて豊かさを比較すると誤解を招く。すべての商品やサービスが国際的に取引されているならそれでいいかもしれないが、そうでないものも多く、通常は貧しい国のほうがはるかに値段は安くなる。有名な例が英エコノミスト誌の「ビッグマック指数」だ。ビッグマックのコストの大部分は、その地域でビジネスをやっていくコストからなる。ビッグマックが実際、世界中の船を通じて国際的に取引されているわけではないことを知れば満足がいくだろう。２０２２年１月、アメリカでビッグマックは５・81米ドルだったが、賃金やコストがはるかに低いインドや南アフリカでは２・50ドル相当だった。物価の高いスイスでは、ビッグマック1個で7ドルもする。

統計学者は裕福でない国の物価の低さを考慮するために、ビッグマック指数にとどまらない購買力平価〔ある国でこの価格で買える商品が他国ではいくらで買えるかを示す値〕を用いる。IMF（国際通貨基金）の2020年の推計によると、ルピーを一般に使われている為替レートで米ドル換算した場合のインドの一人あたり所得は2000ドル弱だったが、国全体での生活コストの安さを考慮すると3倍以上の6500ドル程度に増えた。対照的に、スイスの一人あたり所得は8万6489ドルだが、購買力を考慮に入れると7万2874ドルにまで減る。

国境を超えて繁栄を比較するのは難しいし、ましてや時間を超えて、特に超長期で比較することはなおさら難しい。GDPという現代の概念は、使われるようになってまだ100年も経っていない。最初に考案されたのは、政治家や経済学者が、自国がどれだけ貧しくなっているか把握に苦労した大恐慌の時代だった。つまり現代の国々が何世紀も前にどれだけ豊かだったかを知るのは難しいし、数十年前でも難しいことがある。単純にデータがないのだ。その代わりアンガス・マディソン〔イギリスの経済史学者、1926〜2010〕のような経済史家が、散在した歴史的資料のデータを丹念にたどって、2000年前の一人あたりのGDPを推定しようとしてきた驚くべき努力がある。

GDPはどこでも目にするにもかかわらず、最近では集中的に攻撃されている。なぜかというと、第一の問題はGDPが除外する部分にある。非正規のベビーシッターのようなグレーな労働市場から麻薬のような完全な非合法市場まで、政府の公式統計で把握しきれない市場はGDPの数字に含まれない。イタリアの統計当局が1987年にこうした「非正規」生産の推定値を含めるようにしたところ、イタリアのGDPの数値はひと晩で20パーセントも増加し、イギリスを上回った。

またGDPは家庭内で行われる生産も除外する。家事、育児、病気や高齢の親族の世話などの何十億時間もの労働はGDPの観点からは存在しないか、もっと悪いことに「余暇」とみなされる。つまり料理、掃除、育児などこれまで家族が行っていた仕事を市場を通じて誰かに任せれば、仮に集計的に見て追加的な労働が行われていなくても、GDPは上昇する。何世紀にもわたってもっぱら女性が行ってきた仕事が体系的に過小評価されてきたことを考えれば、GDPへのフェミニストの反発は理解できる。

GDPも人間の幸福や福祉を理解するための、限界のある一つの方法論に過ぎない。アマルティア・センの見解では、繁栄に重要なのは所得そのものではなく、人々が望むように生活できるようにする潜在能力だ。確かに所得は人々が生きる手段を確保し、機会にアクセスする助けとなる。だがその目的を達成するには別の方法もある。

教育や健康は人々がチャンスを理解し、摑《つか》みとるために必要なものだろう。人間開発指数（HDI）にはGDPだけでなく平均寿命や教育水準も含まれる。購買力平価でとった一人あたりGDPとHDIを比べると、カタールは6位から45位に下がったがスウェーデンは27位から7位に順位を上げた。私たちの長期的な繁栄は、短期的な国民所得よりも、長期的な国民の健康や教育に大きく依存する。したがってHDIを真剣に考えることは、長い目で見た成長のために何が重要なのかに焦点をあて、繁栄の罠を回避することにつながるかもしれない。

GDPは、含まれる要素について批判されることもある。多くの市場活動は有害だ。例えば化石燃料の採掘はＧＤＰにプラスとして計上されるが、近隣の河川や水源の汚染や大気中の二酸化炭素蓄積など、それが引き起こすマイナス面の数字が差し引かれることはない。１９４０年代にサイモン・クズネッツは生産でなく人間の福祉を測定する繁栄指標を提唱した。そこでは軍事生産など総体として有害な活動を除外している。こうした活動を除外する問題点は、もちろん兵士や炭鉱労働者も消費者であることだ。彼らの生産部分を取り除くことは国の生産、分配、支出が一致しなくなることを意味する。

私たちは、ＧＤＰの中に繁栄の罠の萌芽《ほうが》が形作られることを見て取れる。長年にわたり政治学者は、選挙直前の経済成長が、現職政治家に勝利のチャンスを増やすことを確かめてきた。しかしそのために、長期的に見れば明らかに有害であっても、エネルギー生産や軍備の増強に補助金を出すインセンティブが生まれてしまう。長期というのは、おそらく次の選挙が終わってからのことだからだ。

この短期と長期のミスマッチに対抗するためマーティン・ワイツマン〔アメリカの経済学者、１９４２〜２０１９〕が開発したのが「国民純生産（Net National Product〔国民総生産から固定資本減耗部分を差し引いたもの、一年間に新たに生産した財・サービスの「純」付加価値の合計〕）」という概念だ。ＮＮＰは天然資源を含む国の現在の資本ストックに対して得られる潜在的な年間収益と考えることができる。ＮＮＰを上回る消費をすれば、明日の種もみを減らす代償を払って今日を過ごすことになる。化石燃料やその他の自然資源を減らすことは私たちの自然の恵みの価値を減少させているので、国民所得から差し引かれるべきものだ。したがってＮＮＰは成長の持続可能性を示す指標として捉えることができる。

持続可能な成長は環境政治経済学者が繁栄を考える際の核となる方法である。持続可能性はもともと1987年に国連の「環境と開発に関する世界委員会（ブルントラント委員会）」が定義したもので「将来世代が自らのニーズを満たす能力を損なうことなく現在世代のニーズを満たす開発」とされる。繁栄の罠のリスクを示す定義として決して悪いものではない。しかし持続可能性の実現は、特に天然資源に依存する国にとって驚くほど困難だ。

「アローの定理」を提唱したケネス・アローを中心とする経済学者グループは2004年、サハラ砂漠以南のアフリカ諸国や、予想される通り中東諸国の多くが持続可能性の基準を満たしておらず、偏った投資が天然資源を枯渇させていることを明らかにした。世界銀行は、天然資源の枯渇を考慮した場合、ナイジェリアからアゼルバイジャン、ブルンジに至る国々が2000年にマイナスの「ジェニュイン・セイビング（国民純貯蓄に教育支出を加え、天然資源の枯渇・減少分と二酸化炭素排出等の損害額をともに差し引いた額。この数値がマイナスだと富が総体として減少していることを意味し、そのままの消費水準は持続できない）」を抱えていると発表した。天然資源から得られる収益をもっと慎重に利用し保存していかなければ、ナイジェリアの資本ストックは現在保有していることになっているものの5分の1になると主張した。

繁栄について定義し測定する際にさえ、私たちは繁栄の罠に直面する。短期的に未来を損なう誘因を与えられているときに、どのように未来の価値を評価するのか？　短期的な誘惑と長期的な持続可能性のバランスを取る課題に直面したのは私たちが初めてではない。経済発展の歴史は、私たちの祖先が繁栄の罠と格闘してきた歴史でもある。

繁栄の歴史

私たちはどのようにしてこれほど豊かになったのか。本書の読者の中にはとりたてて豊かさを感じていない人もいるだろうし、本書を飛行機のビジネスクラスで読む人もいるだろう。しかし私たちは皆、何世紀にもわたって、いや何十年か前でさえ不可能と思われた豊かな世界に生きている。19世紀初頭の世界一の富豪、ネイサン・メイアー・ロスチャイルドは、現在なら小銭で買える抗生物質で治せる膿瘍の炎症で亡くなった。ロスチャイルドの不幸と私たちの相対的な幸運は、技術や科学の進歩、そしてその後の商品の生産と流通への大規模な投資によるものである。

現代の平均的な市民が歴史上の大富豪よりも豊かな生活を体験できるのは、医療の分野だけではない。私の手にはほとんどすべての人類の知識にアクセス可能な電子的なハコ〔スマートフォンのこと〕があり、サンディエゴにいる友人と会話しながら、同時に予約したばかりのレストランに行く最適なルートを検索できる。私が発信した思慮が足りないツイートに対する世界中のイライラする反応も見ることができる。そう遠くない過去から見ても私たちは奇跡の時代を生きているのだ。

過去において、毎日はだいたい同じようなものだった。遠い祖先やまだ生まれていない子孫と同じ程度の豊かさであった。トーマス・マルサス〔イギリスの経済学者で牧師、1766〜1834〕にちなんで名づけられた「マルサスの罠」の時代だ。マルサスは人類が永遠の貧困に陥る運命にあると主張した。ほとんどの人は日々の生活を賄う程度の収入しか得られない。技術革新で賃金が上がれば、それに応じて子どもを産む。人口の増加は指数関数的であるため、ある時点で人口を維持できる農業技術の能力を超えてしまう。その時点で飢饉によって直接的に、あるいは病気や戦争によって間接的に死亡率が上昇せざるを得ない。不愉快な話だが、マルサスはこうした事態を「積極的抑制」と呼ぶ。

ここに見られるのは繁栄の罠の兆候だ。人口全体では出産の抑制が明らかに良い結果をもたらす。しかし個々の家族から見ると、他の人々が子どもを持つのを止めることなどできないし、子どもを増やせば家族のために働かせることができる。あるいは彼らはただ子どもを持ちたいだけかもしれない。いずれにせよ個人と社会のインセンティブはズレていて、破滅は避けられない。

今日の私たちはマルサス的な世界に住んでいるわけではない。過去100年間に4倍の80億人へと指数関数的に増大した世界の人口を養うことができた。マルサスの間違いは2点ある。第一にマルサスが不可能だと信じたこと、つまり人々は自発的に子どもの数を減らすことができた。マルサスは当時よくあった偏見で、ヨーロッパの「上流階級」では可能かもしれないが貧しい市民やヨーロッパ以外の地域ではこれが不可能だと考えた。第二に増加する人口を養い、衣服、住居を提供する我々の生産能力が〔技術革新によって〕どうにか人口増を上回ることができたことだ。

所得も人口も制約されていた1800年以前の世界に戻ってみよう。アンガス・マディソンは西暦最初の1千年間の世界の平均所得が、一人あたり年間約450ドル（1990年の水準で評価した米ドル換算）だったと推定している。生きていくには十分だが、ただそれだけだ。西暦1000年から1820年までに、これが670ドルまで上昇した。しかしわずかな地域間の格差が出現していて、アフリカやアジアではこの時期、400ドルから600ドルの間で幅があったのに対して西ヨーロッパとイギリスの植民地では1200ドルを超えたのである。それでも年間成長率でみれば、文字通りのゼロ成長と、「好景気」の西ヨーロッパでの年率0・14パーセント成長のわずかな違いだった。

そして突然、成長のブームがやってきた。飢饉のようなマルサス的な抑制で後退することなく、経済が成長し続けたのだ。現代の基準からすればそれほど速いスピードではない。「好景気」の西ヨーロッパでさえ19世紀半ばでは所得は年1パーセントしか伸びなかった。しかし成長は積み重なっていく。第一次世界大戦までに西ヨーロッパの平均所得は4000ドルに達し、戦間期の大惨事を経て1970年には1万2000ドル、1990年代には2万ドルにまで上昇した。

1820年から1998年の間に西ヨーロッパでは、それまでの8世紀と比べて10倍以上の年間成長率を記録した。0・14パーセントから1・51パーセントへの上昇である。中でもひときわ高い成長率を記録したのはイギリスの〔旧〕植民地と、とりわけ日本だった。1・51パーセントという成長率は現代から見れば平凡だが、21世紀までに西ヨーロッパ人は1820年と比べて15倍以上豊かになったことを意味する。

世界の他地域に目を向けると、話はまったく違う。ラテンアメリカと東欧は成長していたが、基本的にその度合いは緩やかだった。日本を除くアジアは1820年から1992年まで年率1パーセント未満、アフリカは年率0・67パーセントだった。この2世紀間に西ヨーロッパの成長率は20倍の豊かさをもたらしたが、アフリカの成長率は4倍弱の豊かさをもたらしたに過ぎない。現在ノルウェー、スイス、アメリカなどの平均所得は6万ドルを超え、モザンビーク、リベリア、コンゴ民主共和国の平均所得は1500ドル以下（購買力平価換算後）だから40倍もの差がある。ラント・プリチェット〔アメリカの開発経済学者、ハーバード大学教授）の言葉を借りると、「国家間の分岐が進行している」のである。

それはなぜか？　経済成長を研究する学者たちは、国を巨大な「生産関数（生産要素の組み合わせでどれだけの生産量が得られるかを表す式）」と考え、労働（労働者）や資本（機械や工場）の投入が国の生産物を生み出すとする。大まかに言えば、このような設定のもとでGDPを増やすには二つの方法がある。人口増加や資本ストックの増強で投入量を増やすか、教育や技術革新によって労働力や資本ストックの質を向上させ、投入量の有効性を高めるかのいずれかだ。伝統的に、成長理論は前者を重視してきた。貯蓄率が高いと国は豊かになり、それが資本ストックを増強するのだ。これはやや道徳的な議論だが繁栄の罠の論理にも合致している。いま消費する誘惑を退けてより多くを投資に振り向ける国は将来、もっと強くなれるのだ。

最近では教育投資を増やすことでアイデアを生み出し、技術を効果的に活用できる重要性を経済学者は強調する。技術的なアイデアはコストをかけずに複製できるため、そのアイデアを発明したかどうかに関係なくすべての企業が利益を得られ、成長は雪だるま式に拡大する。例えばジェームズ・マクスウェル〔イギリスの物理学者、１８３１～79〕が発見した電磁波はラジオ、テレビ、電子レンジなどの技術革新《イノベーション》を可能にした。

しかしそうした成長は、技術革新がもたらす長期的な恩恵をすべては享受できなくても、人々が短期的にイノベーションを起こす意欲を持ち続けられるかにかかっている。個人レベルではあなたや私がニュートンやマクスウェルやエジソンでない限り、私たち自身の選択が集団の成長に大きな違いをもたらす可能性は低い。たとえそうしたイノベーターが大きな成長を可能にしてくれても、他のすべての人のために生み出した利益を私たちが個々に確保してしまうかもしれない。つまり私たちにはいま消費して、さらに他人の貯蓄やイノベーションによって将来より豊かな国から利益を得ようというインセンティブがある。だが私たち全員がそう考えて行動すればイノベーションを起こすことはできず、永久に貧しいままになる。ここで「繁栄の罠」が頭をもたげる。なぜなら短期的な視点では道理にかなうことが長期的な視点に立てば害になるからだ。

ある国は他の国よりなぜ豊かなのかに答えるのに、この話がどう助けになるか。確かにある国ではより多くが貯蓄に回り、教育に投資されているが、いったい何がその歯車を動かしているのか。国家が繁栄の罠を解決するにはどうすればよいのか、特に人々が長期的な成長よりも短期的な利益への誘惑を選ぶのを止めるにはどうすればよいのか。ここで政治の出番である。

政治が経済成長にどんな影響を与えるか、最も影響力のある説明は、ダロン・アセモグル〔トルコ出身の経済学者、MIT教授〕とジェームズ・ロビンソン〔イギリス出身の政治経済学者、ハーバード大学教授〕によってなされた。現在の国々の所得格差は西暦1500年にまで遡ることができ、その時に確立された政治制度に起因するという。少し冷酷に聞こえるかもしれないが、「確立された」というのは、ヨーロッパの植民者がマスケット銃を突きつけ、制度を押しつけたという意味だ。このような政治制度は、植民地に住むすべての人々を包摂することも、植民地エリートへと閉じられて、元々の住民が政治的に代表されないこともあった。包摂的な制度があれば長期的な成長を遂げ、閉鎖的なら長期的に停滞を招く。政治が成長をもたらすのだ。

ヨーロッパ人が植民地に作った政治制度は、そこにどれだけのヨーロッパ人が住んでいたかによって変わる。熱帯病による死亡率が高いところではヨーロッパの植民者は生き残る可能性が低かったので、少数で弱々しいヨーロッパ人エリートが奴隷制や年季奉公を利用して、現地の住民からできるだけ多くの労働力と資源を搾取しようとした。

政治的にはごく少数の植民地帝国エリートの利益のみを代表するきわめて閉鎖的な組織が作られた。経済的には強制労働によってタバコ、銀、砂糖などを生産すればすぐに富を得られたが、産業資本や教育への投資は限定的だったため、長期的には経済が衰退していった。収奪的な制度が、アステカのメキシコ、ムガル帝国のインドなど、ヨーロッパの外部で人口が多く裕福だった地域において、「運命の逆転」を作り出した。これらの地域は、ヨーロッパの統治のもとで劇的に衰退し、19世紀後半には困窮するようになった。

対照的に、病気になる確率が低かった地域にはヨーロッパの植民者が大挙して移り住み、私有財産を保護する政治制度を要求した。つまり投票権や財産権などの包摂的な政治制度が最終的に広範な繁栄を可能にしたのだ。しかしそれはヨーロッパ人だけの話である。付け加えるべきは、病気になる確率が低く、ヨーロッパからの移民が最も多い植民地のうち最大の地域であるアメリカ合衆国では包摂的な制度が生まれたが、それは奴隷とされていない人にしか適用されなかった。

この話にも繁栄の罠を見てとることができる。ヨーロッパ人はすぐに利用できる富があれば貪欲に、しばしば暴力的に奪い、16世紀には計り知れないほどの富を生み出した。しかし数十年を経て、ヨーロッパ人は長期的に持続可能な富を生み出す政治・経済制度への投資を怠った。それはラテンアメリカの不幸な植民地だけでなく、最も強欲な植民者がいたポルトガルやスペイン本国にも当てはまる。

20世紀半ばにヨーロッパの一部が急速に工業化していったが、他の地域は農業中心で貧困のままだったのは植民地主義の歴史だけでは語り尽くせない。かつてベニスやマドリード、リスボンやコンスタンティノープルがヨーロッパで最も豊かな都市だったのに、1800年にはロンドンやアムステルダム、アントワープにその座を奪われてしまった。産業革命はなぜマドリードではなくマンチェスターで始まったのか。

ここでも繁栄の罠を解決した政治制度が鍵となる。その端的な例はイギリスが突然、経済大国になったことだ。経済史家は1688年にイギリスで起こったいわゆる名誉革命をその決定的な瞬間として挙げる。この革命ではイングランド議会がカトリック信者のジェームズ2世を交代させ、プロテスタントの娘メアリーとそのオランダ人の夫ウィリアムを国王に選んだ。宗教的な小競り合いから始まったこの革命は、経済的にも画期的な結果をもたらした。

1688年以降、王室は一般市民に対し一方的に財政的な要求をする力を失った。1640年代のイングランド内戦は、王室の独占権付与と、王室の経費を賄うための国王からの「強制借入」によって引き起こされた。この君主による利益追求《レントシーキング》と収用は富裕な地主階級や商人階級を代表する議会にとって忌まわしいものだった。彼らは強制借入の標的であり、また君主にひいきされた企業ばかりが勅許を与えられることにも反感を抱いていた。ウィリアムとメアリーの就任は、君主に対する新たなチェック体制と議会の優位性の出現を伴ったものだった。

イギリス君主は議会の鎖につながれるようになったが、皮肉なことにその課税能力は向上した。なぜなら、議会が君主の借入の条件を恣意的に変えることができないように保証する法律を制定したからである。政府支出は革命前夜の年間100万ポンド強から、1750年には700万ポンドに増えた。負債も100万ポンドから7800万ポンドという途方もない額に膨れ上がった。これが維持できたのは王室が負担する金利が14パーセントから3パーセントに下がったからである。イギリスの資産家たちはさまざまな制約に縛られた国王に喜んで融資するようになった。政治的な約束もいまや信頼されるようになった。

この信頼が手の込んだ資本市場の発展に波及していき、ロンドンの証券取引所の価値は1720年代までに30倍に増大した。国王を制約することで富を広範に増殖できたのだ。王を短期的な収用の誘惑から遠ざけることで長期的な繁栄、ひいては産業革命の苗床となり、イギリスはマルサスの罠から脱したのである。

こうした長い年月を経た歴史的エピソードが現代の私たちに教えてくれることは、成長について考える際に政治を無視するのは危険だということである。政治制度は誰がどのような条件の下で経済に参加できるかを決める。政治制度は長期的な投資よりも短期的な誘惑に負けてしまう私たちのインセンティブを形作る。また困難を前に逃げたりしない、という政治的約束を多かれ少なかれ信頼できるものにする。政治制度は私たちが繁栄の罠から逃れるのを助けることもできるし、そのまま罠にはまるように導くこともできるのだ。

第19章 繁栄の罠

私たちは明日の繁栄を望む。だが今日の誘惑は、私たちを明日の繁栄から遠ざけようとする。いま富を獲得する一時的な高揚感が私たちを迷わせる。短期的な誘惑は長期的な停滞、さらには破滅を招きかねない。繁栄の罠は、さしあたり私たちを豊かにするものは、長い目で見れば私たちを貧しくするというジレンマで動くのだ。

他人と協力すれば長期的にはより良い暮らしができるのに、繁栄の罠が現れる。不正を働いたり約束を反故にしたり、そうでなければ他人につけこむことで、すぐに見返りがあることが多い。私たち自身を制約し自らの手を縛らない限り、他人の努力に「ただ乗り」する短期的な誘惑に引きこまれてしまう。たった一人が手を抜いただけで不安定な全体の仕組みが崩れ落ちることもある。二酸化炭素排出を控える、公共サービスのために税金を納めるなど私たちにとって良いこととわかっている多くの協力の成果は、いとも簡単に破棄されてしまう。

また協力する必要がない場合でも繁栄の罠が現れることがある。時に石油やダイヤモンドなど貴重な資源、あるいはその他の天与の恩恵を受けることがある。しかしイソップ物語のキリギリスのように、私たちは、その恩恵が続くのか、その資源が枯渇したときにどうするか考えることを怠ってしまう。資源から生み出される富は私たちの政治をあらゆるかたちで歪める。私たちには初めから「資源の呪い」が運命づけられているわけではない。例えばノルウェーは、豊かな石油資源を注意深く使い、国民一人あたり25万ドル相当の政府系ファンドを構築している。しかし石油は内戦（ナイジェリア）、権威主義（サウジアラビア）、大金をかけた愚行（カタール・ワールドカップ）をもたらすこともあるのだ。

繁栄の罠の最終形態は、私たちがお互いの行動を調整することには成功しても、まさにそれができたことによって持続不可能な偽りの繁栄の感覚を生み出してしまうことだ。金融が引き起こす熱狂とそれに続くパニックは、その典型的な例である。私たちはいつでもチューリップ〔17世紀オランダで起きた球根投資バブル〕やアリゾナ州フェニックスの高級コンドミニアム、仮想通貨など特定の資産を高く評価することに同意するかもしれない。いや、同意しなくなるまでは、買うのが理にかなっている。資産の金融価値は結局のところ人々が進んでそのために支払う点にあるからだ。だがもし資産の基本的な価値や将来の価値を見誤っていたという疑念が生じると、たちまち崩壊する。バブルは私たちが「今回は違う」と否応なく信じたくなるために起こる。熱狂を止める方法や、少なくとも疑念がパニックを引き起こすのを防ぐ方法は見つかるだろうか。

集合行為

本書のこれまでの全章には妖怪がつきまとっていた。集合行為という妖怪である。それぞれの罠は、私たちの個別的な利益と集合的な目標との衝突によって作られる。民主主義の場合は投票を操作することで、選挙結果を損なうインセンティブがあった。平等の場合は個人の自由の平等と集団の結果の平等との間の緊張関係だ。連帯においては自分個人が確実に利益を得られる場合のみ、集団への救済援助を望む。そしてセキュリティについては、私たちは集団のルールが自分個人に都合が悪い場合、それを回避しようとする誘惑に駆られる。

繁栄のケースでは、私たちは集合行為問題の核心に飛び込んでいく。繁栄とは成長であり、各世代が前の世代よりも豊かになることだ。これは必ずしも経済成長率の上昇を意味せず、人間の感じる幸福度が常に上がっていくことを意味する。繁栄について重要なのは、すべての人が現在よりも良い生活を送れるようになることだ。

私たちはこの幸せな結果を「ポジティブサム」と呼ぶ。貿易協定に署名し、環境保護法案を可決し、減税するといった政治的出来事を考えてみてほしい。ポジティブサムの結果とは、その後で誰がどれだけ得をし、損をしたかを合計するとプラスになることである。一部の人が損をしても平均的に見ればその出来事の後、人々はより良い生活を送れているはずだ。もしそうだとしたら、勝者の利益の一部を敗者に再分配すれば、全体をより良い状況にできるかもしれない。

「ネガティブサム」とは、一部の人々が良くなっても、全体としては悪くなってしまう結果のことだ。人々は集合的な悪い結果を避けようとするはずだと思うかもしれないが、それは甘い。本書は、個人の自己利益が集合的な目標を損なうことで、不幸にも望ましくない帰結がどこでも起きてしまうことについて語ってきた。

最後のケースは、勝者の勝ちと敗者の損失がぴったり釣り合う場合だ。この「ゼロサム」の世界はほとんどのスポーツやゲームにあてはまる。サッカーの試合開始時に行われるコイントスを思い浮かべてほしい。コインの面は2通りしかない。勝つチームと負けるチームだ。だがゼロサムゲームは政治の世界でも盛んに行われている。典型的な例が領土で、一度に一つの主権国家にしか帰属できないから、領土の平和的譲渡はゼロサムとなる。投票もそうだ。カナダやアメリカでは1人の候補者にしか投票できない。有権者が次の選挙で投票先を変えたら、勝者（新しい候補者）と敗者（元現職）が生まれることになる。

繁栄に目を向けよう。ポジティブサム・ネガティブサム・ゼロサムの結果をどう考えるべきか。経済でポジティブサムの結果を得るには二つの方法がある。第一に発見（石油が出たぞ！）、努力（もっと働け農民たち！）、発明（私は見つけた《ユーレカ》！）のいずれかによって、より多く生産する方法を見つけることだ。第二に私たちがすでに持っているものを、全員がより幸せになるよう移動させる方法を見つけることだ。これが名高い「貿易の利益」である。

より多くのものを生産し、より適切に配分するには人々の間で何らかの協力が必要になる。具体的には研究・デザイン・発見に集団で投資する、貿易障壁を減らす、お互いを信頼できるように法制度を整備するなどだ。個人の努力と自己利益の追求でほとんどの仕事が達成できるから、中央政府による計画の必要はないが、生産や貿易を安定させる共同の枠組みは必要になる。

ゼロサム、ネガティブサムの経済的結果はどうなるか。ゼロサムの場合は数量が決まっているものを分割してパイを分けるたとえが一番わかりやすい。最も明らかな例が土地だ。呑気な不動産屋が言うように、「土地を買え、もう増やせないのだから」(〔国土の約3分の1を干拓で新たに造成した〕オランダ人に言え！)。例えば農村の土地を農民と封建領主との間で分割する例を考えよう。地主が農民の共有地だった土地を囲い込んで占有すれば、農民から地主へゼロサムの移転が行われたことになる。石油、ダイヤモンド、天然ガスなどの固定資源も同じ性質を持つ。それらは限られた量しか存在せず、ある人が所有すれば他の人は持つことができない。

ゼロサムの状況では、自発的に負けに同意する人は誰もいない。ゼロサムの結果、ましてやネガティブサムの結果は、すべての取引が自発的である理想的な市場経済では起こりえないが、政治の世界では起こりうる。人類の歴史の大部分において力が正義だった。自発的な市場取引ではなく暴力こそが重要だった。それはつまり、経済が実際にはネガティブサムであったことを意味する。土地を奪うために血が流された。もし流血を伴わずに土地を引き渡すことができたなら、たとえ明確な勝者と敗者がいたとしても、両者は後になってより良い関係を築くことができたかもしれない。しかしそうはいかなかった。貴重な資源が手に入らず供給が限られている世界で、紛争解決の手段が暴力である場合、成長は最低限で争いごとが絶えない。これでは繁栄に向かうことはできない。

繁栄と、人々の間でのポジティブサムの相互作用は、密接に関わりあっている。そしてゼロサム(もしくはそんなことは起きてほしくないがネガティブサム)の結果は悪いものと確実に受け取られる。しかし理論的にはポジティブサムの結果を得られるケースでも、現実には得られない場合がある。個々の自己利益が集団での利益をもたらす目標より優先されてしまうケースだ。

ポジティブサムの実現が難しいのを示す典型的な例として、悪名高い囚人のジレンマがある。標準的な説明では2人の囚人がお互いに密告するか黙っているか決断するよう迫られるものだが、政治や経済のあらゆるジレンマの比喩として使える。囚人のジレンマは協力から離脱する個別のインセンティブがある場合、つまり他者を欺いて自分の利益を得ることができるなら、関係するプレーヤー間での協力の確保がいかに難しいかを示している。

冷戦時代、米ソの軍拡競争は囚人のジレンマだとよく言われた。2人のゲームとして行われる囚人のジレンマでは、プレーヤーには協力するか裏切るか二つの選択肢しかない。軍拡競争であれば、協力とは新たな核兵器の製造を控えることで、裏切りは核兵器を製造することだ。しかし状況を囚人のジレンマにするのは、お互いに相手の選択次第でベストな選択が変化することである。

核兵器の製造には明らかに過大なコストがかかり、何か問題が起きて偶発的な核戦争に至る危険性も高まる。アメリカもソ連もお互い協力して核兵器の増産を控えたほうが、双方が裏切りを選択して軍拡競争を続けるより良い結果を生んだはずだ。しかし一方が核兵器製造を控え、他方が秘密裏に核兵器製造を行った場合、協力したほうが戦略的に深刻な不利益を被《こうむ》るということが、ともに直面していた問題だった。そのため双方とも裏切りを選び、軍拡競争を続けた。両者が協力すれば双方にとってより良い結果になっただろう。しかし彼らの個別のインセンティブは相手の選択にかかわらず常に裏切りを選択することだった。だから彼らは核兵器を製造し続けたのだ。

また囚人のジレンマは「意思疎通がない」「信頼がない」「契約を結ぶ方法がない」「一度きりの決断である」といった共通点がある多くの社会的状況を特徴づける。囚人のジレンマは、アルバニアの氏族の血の復讐の暴力など（第15章）、セキュリティについての第四部で見た、無政府状態における人間行動の説明に最も適している。第三者による契約の執行も、関係を構築する能力もない場合、囚人のジレンマがまん延する。内戦が起きている場所や民族・宗教集団間、あるいは国家間で大規模な不信があるところで経済的な繁栄が始まらないのはこのためである。

しかし囚人のジレンマは、それほど暴力的でない経済状況を説明するのにも有効だ。相手がどういう人なのかわからず、契約を結ぶこともできず、相手を欺けば利益になる場合、協力関係がうまくいかないと考えておくべきだ。買い手と売り手が匿名または不規則に出会う市場、例えばクレイグズリスト〔地域ごとの不動産情報や求人情報が掲載されたウェブサイト〕や街角の売り子、麻薬や盗品の非合法取引などは、双方が裏切る誘惑が非常に大きい取引場だろう。

政府でさえ囚人のジレンマに直面する。例えば腐敗がはびこり、信頼度が低い国では、人々に税金を払ってもらうのは難しい。もし全員が税金をきちんと納めれば多くのお金が回って、国は効率的な近代的官僚機構を運営できる。ポジティブサムの結果だ。しかし一人ひとりの納税者は税金逃れをして他人に払ってもらったほうがいい。そしてそれがわかっていれば、誰もがカモになるのを避けようとして、脱税が広がることになる。

例えば南イタリアでは自営業者への税務調査が、彼らの収入の約3分の2が税務当局に「隠されていた」ことを示した。経済学者はイタリアの納税者一人ひとりが、自分が監査を受けるリスクだけでなく他の納税者の動きを見て行動していることを明らかにした。監査を行う比率の変化は、納税者一人に及ぼす影響の3倍の影響を社会全体に及ぼすという。税金逃れは伝染していくのである。

課税は、3人よりずっと多くのプレーヤーが関与するため特に難しい。プレーヤーが多ければ多いほど、全員が協力することで得られるメリットは大きくなるが、同時にその中の誰か一人にとっては、他者を欺いて逃げきることがたやすくなる。私一人が税金逃れをしても政府の収入はほとんど減らない。でも皆がそう考えたら税収は途絶えて、結局何も手に入らなくなる。

これが「集合行為問題」だ。集合的な目標に対し個々の貢献が必要なとき、誰もが集団で行われる努力に「ただ乗り」するインセンティブを持つ。緩いファスナーのように、一人が裏切ると他者の貢献も同じように崩れ、努力は水泡に帰してしまう。集団の計画に従うべきだとわかっていても、それぞれ個人としては割に合わない。特に他人がただ乗りすることを疑っている場合はなおさらだ。

気候変動はまさに集合行為問題である。すべての国は二酸化炭素の排出量削減を約束しなければならない。なぜなら地球の気温上昇は世界全体の排出量に依存しているからだ。それぞれの国、特に小国であれば、自分たち以外が協力を続ける限り、安定した地球気候から恩恵を受けながら汚染を続けることができる。しかし、他の誰にとっても同じような状況だ。誰も汚染産業を救済する費用を払いたくはないだろう。誰もが排出を続けていて、コストを負担しても意味がないならなおさらだ。

私たちにできることはないのか。もし私たちが複数の国や人々と、一回かぎりで短期的な囚人のジレンマに陥っている場合、できることはそう多くない。しかし囚人のジレンマの特徴を思い出してほしい。裏切るインセンティブだけでない。一回きりという性質もある。そして第三者の監視や執行がないこと、意思疎通や信頼がないことだ。それでは、法律や制度、政策を発展させることでこれらの性質を変えて、私たちの最悪の衝動を抑制しようとしたら何が起きるのだろうか。

まず囚人のジレンマの一回性の性質から考えよう。私たちが人生で経験する出会いの多くはくり返されるものだ。友人、顧客、従業員、雇用主などの関係を何度も、おそらく一生かけて続けていく。国際的にも国家同士で関係を持つのは一度きりではない。味方を裏切ったり敵国を騙《だま》したりすると、彼らは将来もそのことを忘れない。外交は長期間にわたって行われる。会って、また会ってお互いの違いを解決していく。それでは、私たちが囚人のジレンマをくり返すとすれば、一回きりの囚人のジレンマの闇の世界はどうなるのか。

光は闇から生まれる。そうかもしれない。囚人のジレンマを際限なくくり返すと「フォーク定理(folk theorem)」と呼ばれるものが機能する。協力を維持できる戦略があるのだ。例えば「グリムトリガー(grim trigger)」戦略を使う。冷酷な引き金《グリムトリガー》とは不吉な言葉だが、この戦略ではもし私たちが騙された場合、その相手を永遠に裏切り続け、罰するのだ。皆が協力する限りは協力するが、もし裏切ったなら兵禍《へいか》を放つ。そうすれば裏切りの代償がわかり、正しい道を進むインセンティブが働くようになる。

これはかなり厳格な戦術のように思われるだろう。小さな罪に対してもずっと罰を与え続けることが本当にできるのか。このやり方は最初からずっと裏切り続ける選択と比べてどう優れているのか。幸いなことに「しっぺ返し(Tit for Tat)」戦略という代替策がある。他の人が協力すれば協力し、相手が裏切ればこちらも裏切り、それに懲りた相手が再び協力するようになったら、こちらも再び協力する。つまり良い行動には報酬を与え、悪い行動には罰を与える戦略だ。

しっぺ返し戦略は、最もあり得ない状況で出現することがある。これを開発したロバート・アクセルロッド〔アメリカの政治学者、ミシガン大学教授〕は第一次世界大戦中の塹壕《ざんごう》にいたドイツ軍とイギリス軍による暗黙の了解を指摘している。戦時中の初めてのクリスマスなどの特定の期間中、上官の命令があってもお互いに銃を撃つことはなかったのだ。

それがなければ暴力的で無政府状態が続く中でのこのような協力は、何世紀にもわたって継続することがある。中世のイングランドとスコットランドの国境地帯は「マーチ（Marches）」と呼ばれ、13世紀から16世紀にかけてほぼ無法地帯だった。この地域に住む氏族は絶え間なく「襲撃（reiving）」を行っていた。家畜のために国境を越えて土地を襲い、近くの村の略奪をくり返していたのである。「襲撃」は本質的にネガティブサムであり、窃盗や殺人の横行と貧困や飢餓を引き起こすはずだった。しかし、時間の経過とともに国境を越える法律が発展し「国境法（Leges Marchiarum）」と呼ばれるようになった。この法は「襲撃」を終わらせることはできなかったが、しっぺ返しの相互主義に基づく緩やかな協力の方法を成文化した。もし「襲撃」を行った者が国境の向こう側で不当に人を殺した場合、この法は「殺人賠償（manbote）」を求めた。殺人を犯した者が捕まれば、国境を越えて送致され処刑されるか、あるいはもっとカネになる身代金を要求される。家畜が盗まれた場合は、盗んだ者は国境を越えて追われ、向こう側の住民もその追跡を手伝う「ホットトロッド（hot trod）」と呼ばれる習慣ができた。

最後に、最も有無を言わさずしっぺ返しを連想させるのは、双方が紛争解決のために集まる「休戦日（days of truce）」が定期的に設けられたことだ。法を犯した者に判決を下す「アッシズ（Assize）法廷」が設置されたが、興味深いねじれがあった。イングランド人がスコットランドの陪審を選び、その逆も同様だったのである。この方法は互恵的な行動を強いるもので、相手が公平に選べば自分も公平に選ぶし、相手が陪審員を不正に操ろうとすれば自分も同じように操る。イングランドとスコットランドはほとんど常に敵対していたが、1249年に創られてから1603年のイングランドとスコットランドの王冠連合が成立するまで、「国境法」は無政府状態を部分的に抑えることができたのだ。

この永続的な協力の源泉をうまく使えば私たちに何ができるか。裏切りに走るインセンティブがある状況下で効果的な信頼を築く方策となる。時間軸を長くとるのだ。直観に反するかもしれないが、信頼できない相手との付き合いは長くするほうがいい。毎日毎日約束をして、私たちが約束を破らずにいる限りは、いるかいないかわからない第三者による強制に頼らなくてもよいのだ。その代わりに、時間を頼りにすることができる。

実は囚人のジレンマで関係をきっぱりと終わらせることは非常に悪い結果を招く。もし誰かと会うのがこれで最後だとわかれば、騙して逃げることができる。しかし、関係が終わると知るだけで、以前のすべてのやり取りが台無しになる。なぜなら最後の一回前に会うときにも騙すようになるし、さらにその前にも、結局は最初の出会いから裏切ることを選択するようになるからだ。

これが議員の任期制限が裏目に出る理由の一つである。政治家が自身の最後の任期中に、未来のために努力しても報われず、不正を働いても罰せられないと知った場合、任期中はあくまで自己利益のために行動し、私腹を肥やすことで「裏切る」かもしれない。しかしすべての政治家がこの誘惑に直面するということは、有権者から見れば以前のすべての選挙でも、将来は自分たちを裏切る候補者ばかりだったということである。だから有権者は初めの選挙から、政治家はみんな同じだとみなすことが許されるだろうし、今も将来も腐敗している誰かを喜んで選ぼうとするかもしれない。

潜在的な敵と長く関係を結ぶことで、繁栄の罠をひっくり返せる。長期的に私たちを裕福にしてくれるものが、短期的な誘惑に負けることを防いでくれる。集合的な目標が勝てるとすれば、他の誰かが私たちを罰する意思を持ち続けることで、いつも当面の自己利益に打ち勝つからだ。したがって厳しく公正に競争しようとする人と交渉したほうが良い。なぜならあなたが同じことをしようとする限り、あなたに規律を与えるからだ。ただしっぺ返しの論理は揺るぎないものだが、残念ながら私自身にとって親の戦略としてはびっくりするくらい使えない。自分の子どもたちは本当に親子関係が無制限に続くと思ってくれているのだろうか、という不健全な疑問が湧いてくる。

時間軸の延長は繁栄を確保する一つの解決策だが、どこでも通用するわけではない。例えば匿名のやりとりでは役に立たない。その場合に明確な解決案となるのは第三者による強制だ。もし私たちが法律を破ったとき警察から監視されていて裁判所によって処罰されるなら、協力を強制することをそれらの第三者へ外部委託できる。将来の行動について脅したり約束したりする必要はなく、法律に頼ればいいのだ。

だが政治が単なる言葉の約束に過ぎず、第三者の強制が常にあるとは限らないなら、政治の場面で法律は役に立たなくなり、別の策が必要になる。一つはただ乗りさせるよりも、人々にお金を払って協力させるというマンサー・オルソンのアイデアだ。彼は社会科学者としてはかなり挑発的なことをした――人間集団が一貫した行動をとる可能性を否定したのである。

オルソンは、集団内の全員が何を望むかについて合意しても、各人はその目標を獲得しようとする他のメンバーの努力に便乗するインセンティブを持つと主張した。例えばあなたが労働組合の賃金交渉の対象となる社員だと仮定すれば、ストライキに参加せずに賃金が上がるほうが素晴らしいのではないか？　あるいは原油生産国が集まって原油価格を高く保つために供給制限をかけるとき、高値で取引される原油をこっそりと持ち出す誘惑にかられないだろうか？

集団を協力させ、ただ乗りの誘惑を避けるにはどうすればいいのか。答えは制裁棒とニンジン〔アメとムチ〕である。制裁棒〔ムチ〕とは規則に従わないメンバーを罰する規範で、ただ乗りを制裁するルールや罰金を設定する制度の設立で実現できる。労働組合の組合員規定がその一例だ。あるいはアルバニアの「血の復讐」の規範からスカンジナビアの村の同調圧力まで、セキュリティの罠で見たような社会規範を導入することもできるだろう。

ニンジン〔アメ〕はオルソンが「選択的インセンティブ」と名づけた、集団に貢献した場合にのみ受け取ることができる報酬だ。ここでも制度が私たちの約束を具現化してくれる。組合員向けのバーやプールなどの特典にアクセスできるルールがその例だ。また規範を利用することもできる。組織的犯罪集団における、死亡した仲間の家族に対する葬儀や贈り物などがその例だ。

だがオルソンは次のように指摘する。いまや私たちは別の問題を抱えている、と。誰が制裁棒とニンジンを監督するのか。選択的インセンティブを誰が負担するのか。ただ乗りするメンバーを監視し罰するコストは誰が負担するのか。集合行為問題の解決はまた遠のいてしまったか。

オルソンは、集団が目標を効果的に達成するためには、少なくとも一人のメンバーが十分大きな資金を持っているか、裕福でなければならないと主張した。このメンバーは目標を達成することでそのための利益を確保できる。つまり他のメンバーはただ乗りできる！　これは冷戦時代のNATOをきちんと説明している。アメリカは当時、NATOの同盟関係の維持で十分な利益を得ていたために、同盟維持のコストの大部分を支払うことを受け入れた。つまりドイツ、イタリア、オランダなどはアメリカの安全保障の傘にただ乗りすることができた。おそらく「NATO加盟国により多くの費用負担を求めた」ドナルド・トランプは、オルソンのこの主張を読んでいたのだろう。

集合行為問題は政治的レベルが高いか低いかに関係なく、他者の監視が困難な場合に発生する。後者の例として、イタリアの水牛のモッツァレラチーズを買うたび、あなたは原材料のミルクが本当にナポリの沼地を闊歩《かっぽ》する水牛のものか、それとも北イタリアで大量飼育されている乳牛かをどうやって知ることができるのか、尋ねたくなるかもしれない。牛乳は安価で、チーズになると多くの人にとって水牛のミルクと区別できないため混ぜられる可能性がある。これは社会的信頼度が低く、組織犯罪や腐敗が一般的な南イタリアの水牛モッツァレラチーズ生産者にとって特に深刻な課題だった。

乳牛のミルクと混ぜた粗悪品を防ぐために生産者が考え出した解決策はオルソンと似ている。水牛モッツァレラチーズの大手生産者はコンソーシアム（共同事業体）を結成する費用を負担し、チーズを一個ずつ製造者の名前が書かれた紙で包むことにして監視の問題を解決した。また生産者に選択的なインセンティブを与えるために、フランスワインと同様の商標DOC（統制原産地呼称）ラベルを認証するよう政府に働きかけた。

だがそれでも小規模な生産者がDOCのブランドに便乗して水牛の乳以外の不純物を混入させることがあり、1990年代初頭の検査では製品の3分の1以上で不純物が検出された。そこでオルソンの制裁棒が効いてくる。生産者は1回目の違反で罰金、3回目でコンソーシアムから追い出されることになった。この計画は費用がかかるものだが機能した。1990年代後半には不純物の混入は10パーセント以下になり、高価な水牛モッツァレラチーズを安心して購入できるようになった。

今世紀を代表する問題の気候変動に話を戻そう。これは繁栄の罠の究極バージョンだ。長い目で見ると、私たちは地球を持続不可能なレベルまで温暖化させるかもしれないが、私たちの短期的なインセンティブはこれまで慣れ親しんできた生活を送るために汚染や排出を続けることにある。

ここまでの囚人のジレンマ探訪から何を学び、差し迫った危機の解決にどう役立てることができるのか。最初の主要な気候変動協定である1997年の京都議定書は失敗した。京都議定書は、表面的には集合行為問題を解決していた。京都議定書には、各国が約束したことを確実に実行させる監視・検証システムがあったし、約束を守らなかった国には罰金を科し、排出権取引を禁止するなど、後退やただ乗りを防ぐ実施機構もあった。さらに排出量目標を更新するための定期的な会議を想定しており、関係者に将来のことを意識させることで、「将来の影」をより伸ばそうとしていた。

ではなぜうまくいかなかったのか。まず国際的な強制という概念自体に矛盾が内包されていた。国際秩序は無政府状態で、罰則を強制できるヒエラルキーは存在しない。カナダは罰金を払うどころか京都議定書から離脱してしまった。第二にルールを守るためのコストが特定の国にとって非常に高くなる。ペルシャ湾岸諸国やアメリカのような大エネルギー生産国や中国のような主要工業国には集合行為を妨害するインセンティブがあった。彼らは単なるフリーライダーではなく、積極的に妨害しようとするのだ。

対照的にパリ協定ははるかに広範に受け入れられたが、うまくいくのだろうか。パリ協定には京都議定書のような監視と執行の能力はない。しかし将来の影を強調するものである。各国は5年ごとに排出目標を再設定しなければならず、お互い排出量を減らすことを継続的に確認しなければならない。不正を公表し、名指しで非難することは法的には効果がないかもしれないが、政治家の自尊心を刺激して彼らの行動に影響を与えるだろう。

囚人のジレンマは気候変動に関する政治の一面しか説明していない。というのも、どの参加国にとっても集合行為で得られるコストと利益が同じであると仮定しているが、地球温暖化とその問題の緩和で誰が得をし、誰が損をするかは国によって大きく違う。北方気候に位置する主要なエネルギー生産国であるロシアやカナダは、排出削減によって経済的に損害を受ける一方で、これまで凍っていた土地が農業に利用できるようになって、実際には気候変動で利益を得るかもしれない。またセーシェルやモルディブのような低地の島国を含む他の国々は、気候変動に伴う海面上昇の脅威にさらされており、守るほどの温室効果ガスの排出を行う産業を持たない。私たちは気候変動の影響で敗者となる国同士を一丸となって連携させ、勝者となる国を買収するか政治的に打ち負かせれば、気候変動に効果的に対処できるかもしれない。

これは企業や産業にも当てはまる。確かにエネルギー企業は、再生可能エネルギーへの転換を迅速に進めない限り排出量削減で打撃を受けるだろう。しかし、2021年夏のドイツの大洪水やギリシャの過去最大規模の山火事に見られるように、保険業界や金融セクターも気候変動による損失で打撃を受ける。国や業界によっては、単独で行動するメリットが、そのコストを上回るかもしれない。

気候変動が進むにつれ、より多くの人々が悪影響を受けるから、環境保護連合に参加する国は増え、その規模は拡大する。再生可能エネルギー技術の進歩に伴い、その価格はますます安くなり、初期に投資した者は収益が増えていく可能性がある。また少なくとも民主主義国家では、一般市民の規範が環境保護に向かい、頑固な政治家に対する圧力が高まっているように見える。

これは、集合行為において、自らの選好に基づいて行動した先行者が大きな利益を得るという「触媒的協力（catalytic cooperation）」と呼ばれるものの一種であり、いったん動き出せば自己強化につながる。パリ協定は私たちの繁栄を確保するためのボトムアップのアプローチで、その約束は長続きするかもしれない。ただしそれが地球の気候の根本的な変化と、それがもたらす混乱と狼狽《ろうばい》を防ぐのに十分かどうかは、まだ定かではない。

資源の呪い

世界の繁栄の歴史の大部分は、新たな富を生み出すことについてのものだった。しかし富（資源）が地中に眠っていて、今にも掘り起こされそうな幸運な場所をどう考えればよいか。資源を掘り起こすことは、金融、製薬、ハイテクといった分野が依存する複雑な協力と信頼の網に比べれば単純だ。しかも一企業でも国家でも採掘可能だから、他の企業や個人が協力しないことによるリスクも低くなる。

世界の中で、貴重な資源が大量に埋蔵されている幸運な場所を見ると、何が見えるだろうか？　ドバイのきらびやかな高層タワーなど天然資源の豊かさがもたらす果実を目にすることもあるが、シエラレオネのダイヤモンドをめぐる内戦や、リビアやイラクなどの破綻した石油国のように紛争が絶えない国もある。ＵＡＥのように豊かさと平和が両立している国でも、それは劣悪な状況にある外国人労働者で成り立っていて、国民は報酬こそ高いが無意味な政府の仕事に従事して時間を潰している。そしてほとんどの場合、天然資源の支配は権威主義的な政治体制と密接に関係している。

自然の恵みと人間の苦しみのミスマッチを「資源の呪い」と呼ぶ。呪いというとイソップ物語の一篇のようだが、しゃべる動物は登場しない。富は誘惑を生み、人々は悲劇的にもそれに屈してしまうというものだ。これは囚人のジレンマとは違い、富の保全のために協力できないという問題だ。富そのものが私たちを毒してしまうのである。

これは新しい形の繁栄の罠といえる。突然もたらされた繁栄は、あらゆる種類の短期的な誘惑を生み、私たちを目先の自己利益へと駆り立て、長期的な集合的目標から遠ざける。

まず新しい資源の発見がもたらす最も基本的な問題点から説明しよう。それは、経済の他の部門から人々を移す。例えば１９６０年代にオランダが天然ガスを発見し「オランダ病」と呼ばれるようになった。オランダがこの新しい資源の鉱脈を開発すると採掘産業への投資が急増した。その結果国民所得が増加し、財や資産の価格、労働者の賃金が上昇した。

これは多くの人々、特に不動産業者にとって良いことだった。しかし国際的に販売される商品を製造しているオランダの製造業にとり、コスト上昇は売上の減少を意味し、不利になった。製造業は賃金と価格を抑えなければならず、賃金が上昇している他の部門に労働者を奪われた。さらに悪いことに、海外から資源部門に投資資金が流入し、通貨の価値が上がった。そのため輸出を目指す製造業は競争力を失い倒産が多発した。

　第二の問題は、資源価格の変動が激しすぎることだ。石油について考えてみよう。２０００年に20ドル程度だったＷＴＩ（原油先物）価格は２００８年初頭に１４０ドルまで上昇し、同年の金融危機《リーマンショック》の際には40ドル強まで暴落した。またコロナウイルスが発生すると60ドルから20ドルへと急落した。パンデミックが終わり、ロシアがウクライナに侵攻すると１１０ドル以上に戻った。しかもこの資源は、国際カルテルであるＯＰＥＣ（石油輸出国機構）によって価格が調整されているはずである。

　ボラティリティ（変動率の大きさ）とは資源に依存する国が国際的な需要と供給のショックに大きくさらされることを意味する。石油だけでなく天然ガス、銅、コーヒー、その他多くの不安定な輸出品に依存する国の繁栄は、こうした世界の気まぐれに左右される。１９６０年代から70年代にかけての独立当初、ザンビアは輸出の95パーセントを占める銅資源にけん引され、大きな経済成長を遂げた。ザンビアの若者たちは「ザムロック」というジャンルを創り（西洋のサイケデリックロックやファンクとアフリカ音楽を組み合わせた独特のスタイルの音楽）、ザンビア初の航空会社を設立するなど楽観的な時代だった。しかし銅の価格が１９７５年までに半減すると、ザンビアは急速に世界有数の重債務国となった。平均所得が回復するのに２００５年までかかったのだ。

　これは新しい現象ではない。19世紀末にアメリカ、カナダ、アルゼンチン、オーストラリア、ロシアが世界の小麦市場に参入すると供給が大量に増えて価格が暴落したため、ヨーロッパの小麦農家は壊滅状態に陥った。廃業させられたヨーロッパの農民は新たな貧しい移民の一団となって巨大小麦生産国へ送り込まれた。
ボラティリティは政治を混乱させる。資源輸出が国民所得の鍵を握るようになると、政府は財政均衡を目指して資源輸出に大きく依存するようになるのもいたし方ない。しかしこの依存は危険だ。資源からの税収は世界経済の好況期には急増するが、不況になり失業者救済のために税が必要になる時期ほど急減してしまう。石油資源が豊富な国は好況時に標準的な所得税制を放棄することがある。サウジアラビアの所得税は１９５０年代には国家歳入のほぼ半分を占めていたが、１９７８年には２パーセント未満になった。石油ブームが去ると、資源国は安定した収入や消費パターンではなく、非常に不安定な石油価格頼みのバランスの取れていない税制になりがちだ。

資源部門は政治的な影響力が強く、補助金や税金の減免、信用供与の優遇などを受けられる。政治的な影響力のある部門に税収を依存するのは危険であり、高収益の資源部門がほとんど税金を払わない結果になりがちだ。例えばアメリカでは石油・ガス企業は他の法人に比べてかなり低い税率しか払っていない。

オランダ病やボラティリティの根底にあるのは経済の問題だ。しかし政治部門は、経済で起きていることから隔離されているわけではない。天然資源は大規模な投資を必要とし、厳重なセキュリティを必要とする傾向があるため、国家が関与するのは「自然」なことである。だが国家が関与するとあまり良くない結果になることが多い。

マイケル・ロス〔アメリカの政治学者、ＵＣＬＡ教授〕は、石油をはじめとする天然資源が政治的なハンディキャップになると論じている。第一に天然資源からの収入は国家を不労所得《レント》に依存する「レンティア（rentier）」に変えてしまう。まるでヴィクトリア朝の投資家のように長椅子でくつろぎながら、投資収益が転がり込むのを眺めるようになるのだ。なぜ不労所得が民主主義に悪影響を及ぼすのか。まず不満をもつ国民を買収できる。パンが増えればサーカスも増える。もしその収入で石油省の余分な仕事につく国民全員に法外な給料を払えば、彼らは政権交代によって自分たちの楽な仕事がなくなるのを恐れて、政治的権利の要求を控えるようになるかもしれない。さらに税金を低く抑えることができる。国民は税金を取られると、責任者が誰なのか気にかけるようになる。税金を課されない国では、有名なアメリカ独立の呼びかけになぞらえれば、「課税なくして代表なし」となる。

第二に、天然資源は権威主義的な政権に、海外からの脅威だけではなく自国民に向けたセキュリティに費用を支払うための収入をもたらす。それによって権威主義体制を維持しやすくなる。大砲も、バターも両方手に入るということだ。オマーンとサウジアラビアは国民所得の8パーセント以上、クウェート、UAEは5パーセント以上を軍事費に費やしている。アメリカでさえ国民所得の3・5パーセントでイギリスは2・2パーセント、日本はわずか1パーセントだ。確かに湾岸諸国は国際関係で見ればおとなしい場所とはいえず、外的脅威があるのも事実だ。しかし軍隊は一回きりの使用で終わるものではなく、反抗的な国民の弾圧に使うこともたやすい。

最後に、天然資源は長期的に見ると、国の繁栄と民主的改革との、双方に有益な他の経済部門をないがしろにしてしまう。天然資源は採掘産業で、資源を掘る収奪型の経済機構は少数のエリートのために運営される収奪的な政治制度と密接に関わっている。資源を掘り出すことは技術的には複雑かもしれないが社会学的には単純だ。適切な道具を持った数人を、適切な場所に配置すればよいからだ。対照的に、金融、ソフトウェア開発、マーケティングなどのサービス産業は社会学的に複雑で、国家の管轄外にいる分権的な高学歴労働者がたくさん相互作用しなければ成り立たない。権威主義的な国家がこのような産業を成功させるのはとても難しい。

資源採掘産業はそれほど多くの熟練労働者を必要とせず、また一般的に男性のみを雇用している。そのため天然資源に依存する国は教育、特に女子教育への支出が少ない特徴がある。私の研究では石油輸出国は他国に比べて国民所得の1・5パーセント程度、およそ他国の3分の1程度、教育への支出が少ないことがわかっている。また男性の雇用が圧倒的に多いため、女性は労働力として存在感が薄いだけでなく、政治的な影響力もない。中東では2003年に石油が出ないチュニジア〔国教はイスラム〕の国会議員の4分の1近くが女性だったが、石油の豊富なサウジアラビア、クウェート、カタール、UAEではゼロだ。中東で女性の政治的地位が低いのは政権がイスラム的だからでは必ずしもなく、石油のせいなのだ。

繁栄の罠に話を戻すと、天然資源の経済ブームが民主主義に悪影響を及ぼすのは、資源を支配する指導者が、特に石油を採掘できなくなってしまうようなときに、国にとってより望ましい長期的な判断ではなく、短期的な判断を下すことが常に容易になるためである。独裁政権や王朝の短期的な政治的存続を常に気にかけていると、無限に埋蔵されているように見える資源を国民の買収や弾圧に使いたくなる。こうした国の国民であれば、長い目で見れば望ましいかもしれない政権交代のリスクを冒すより、目先のお金や仕事を手に入れるほうがたやすい。

最後に、政府が文字通り地球から湧き出る天然資源から得られる直接の利益ばかりに注目していると、信頼できる法律、教育、金融システムを築くような段階的かつ煩雑な基盤作りは魅力的に映らないだろう。天然資源は短期的に生き残る手っ取り早い策だ。資源国は、民主的な政治の約束を実現し、確かなものにする困難な作業に取り組むよりも、ただ石油の蛇口を開くだけでいい。このような国に必要なのは、政治を減らすことではなく、増やすことである。

過去数十年間、カタールやUAEなどの産油国の一部は資源の呪いを乗り越えようとしてきた。それによって国民のあり方を作り変えようとしている。もちろん国家は長い間、国民の心と思考を形作ろうとしてきた。湾岸諸国が、権威主義体制を揺るがせないようにしながら、国民を信じられないくらいの資源の豊かさから離れさせようとしているのは新しい試みである。

こうした国々の統治者は、油田が枯渇する日に備えて、起業家となる国民を作り出そうとしている。そのために欧米のシラバスを全面的に採用し、ニューヨーク大学アブダビ校やカーネギーメロン大学カタール校など大規模な大学提携校を建設するなど、教育への大規模な投資を行っている。また、彼らは目を引くような建築物やイベントにも力を入れている。ブルジュ・ハリファ〔ドバイの超高層ビル〕、アブダビでのルーブル美術館とグッゲンハイム美術館の建設があるし、大規模な世界的イベントとしては、UAEが行ってきた有識者の国際会議からカタールのサッカー・ワールドカップの招致成功などさまざまだ。

しかしこうした戦略が狙い通りに機能したのか、あるいは機能することがあるのかわからない。欧米とは異なる、政治的権利を奪われても満足している起業家的な国民を生み出すどころか、「自分が特別だと思っている愛国者」を生み出してしまった。国民は体制転換《レジームチェンジ》の波風を立てることなく満足しており、ますますナショナリズムを強めている（かつてアラブ民族主義のもとにあったカタールとUAEは、一時期国交断絶するなど対立している）。彼らは余分な官僚的仕事による高い給与保証を放棄しようとはしない。そして体制が続くかどうかは、政治的・経済的権利を否定された低賃金の移民労働者の背中にかかっているのだ。呪いを振り払うのはなかなか難しいようだ。

熱狂とパニック

近代的な金融市場が存在する限り、バブルはついて回る。1630年代のアムステルダムのチューリップ球根、1920年代のフロリダの不動産、そして現代のビットコインやイーサリアムなどの暗号通貨（仮想通貨）に至るまで、アマチュア投資家の過剰投資は現代の寓話となり、その例は無数に増えていく。そのたびに無限の需要があると思われた資産価格が急激に上昇し、想像を絶するピークに達し、突然、元いたところに向けて逆回転する。

1720年イギリスの南海バブルは皮肉なことに、1688年以降、君主の浪費的な借金傾向が議会主権で抑制されるようになり、イギリス経済が安定して繁栄に向かったために発生した。18世紀初頭、借金のコストは劇的に低下したが、王室は依然として巨額の債務を負っており、売る物を探していた。そこで債権者と約束することで、王室が支援し南大西洋での貿易を勅許された新しいベンチャー企業「南海会社（South Sea Company）」の株式を売却した。この事業の限界は明らかにされておくべきで、イギリスはスペインが支配するこの海域から排除されていた。しかしこのベンチャー企業の株を手に入れるチャンスは投資家を興奮させ、イギリスの金融市場はその需要に応えた。

１７２０年のほんの数カ月間で同社の株式の価値は10倍になり、突然の巨富を築いた。これは既存のエリートの間でのちょっとした騒動の原因となった。元ロンドン市長のギルバート・ヒースコート卿は「12カ月前には彼らが破産させた紳士の従者にもなれなかったような悪党が巨大な財産を手に入れてしまった」と嘆いた。実際に破産はかなり広がっており、１７２１年半ばには株の価格は当初の水準を下回るようになっていた。

18世紀のイギリス人は狂気に取りつかれていたのか、完全にはわからない。多くの金融会社が「バブルに乗る」ことで財産を築いた。他の投資家が殺到する中で株式を保持することは理にかなっており、難しいのは手放すタイミングを見極めることだった。個人の自己利益と集団のふるまいで呼吸を合わせるのは難しい。

熱狂は、その渦中にいるときより、あとで振り返ったほうが見つけやすい。だが新しい金融商品の流行が現れるたびに無思慮に資金を注ぎ込めば自己破産してしまう。さらに悪いのは、もし皆がそんな行動に走り「今回は違う」という興奮に取りつかれると、ファンダメンタルズがしっかりしたセクターまで資金不足に陥り、はかないものに浪費した結果、全体として貧しくなってしまうことだ。

熱狂とそれに起因するパニックは、繁栄の罠をとても直接的に示す例だ。私たちは皆、手っ取り早く儲けたいと思う。少なくとも市場がまだ上昇しているときに売れば、すぐに儲かる。しかしジェットコースターが上昇する各ポイントでは、持ちこたえ買い増しをして、目先の価格がもう少し上がるかどうか待ちたいという誘惑に駆られる。皆がそれに参加すれば価格は上昇し続けるが、いつか必ず終わる。そうなると私たちの当面の関心はできるだけ早く売り払って逃げ出すことだ。しかし、皆が集団でそのように行動すると悪夢は現実となり、パニックはますます激しくなる。短期的に最善と思われることに振り回され、結局は暴落して夢破れるのだ。

侮蔑的な言い方だが、これは「群衆行動」として知られる。悪いものだとすぐに決めつけるべきではない。群衆は時には良いこともあり、動物には群れる理由がある。皆と同じことをするのは時として正しい選択になる。他と同じことをすれば、動物にとっては捕食者を混乱させることになるし、鳥ならば同調して飛んで互いにぶつかるのを防ぐことができる。

たとえその選択が恣意的なものでも、調整したほうが良い場合もある。車で道路のどちら側を走るか考えてみよう。アメリカやヨーロッパの読者は間違いなく右側通行がベストだという意見に同意するだろう。他方でイギリスや日本、インドの読者は左側通行にしてほしいと望むだろう。どちらが本当に「良い」かは別として、どちらの側が正しいかについて異なる考えを持ちながら同じ道路を走るよりは、皆が同じ側を走るほうが良いことは誰もが認めるはずだ。

調整はお互いの信頼関係の上に成り立つ。お互いに調整が必要だと考えて、相手を信頼するならば、すべてはうまくいく。だが、誰かがミスをするかもしれないと考えたらすべてが崩れるかもしれない。これは関わる人が多ければ多いほど複雑になる。全員が同じことをしなければならない場合、最も弱い環の部分を信頼しなければならないからだ。

パニックと熱狂は一見すると調整の問題のように見える。私たちが同じ投資対象に資金を投入するとき、私たち全員がそうしているという事実自体が、その投資対象に価値を与える。現代経済では、何かの「価値」は、人々がそれにどれだけ喜んでお金を払うかで決まる。チューリップの球根に皆が大金を払うなら、本当に価値があるものなのだろう。それは結局、ダイヤモンドの扱い方でもある。

これは暗号通貨の理論的根拠でもある。最も人気のある暗号通貨、ビットコインは希少資源だ。ビットコインの数はアルゴリズムによって制限され、数学的な問題を解くことで「採掘」するコストも増していく。しかし、本質的には、ビットコインは私たちが価値があると同意しているからこそ価値がある。金《ゴールド》が交換の単位として価値があるのは、私たちがその価値に同意しているからなのと同じだ。確かにゴールドは有限だが、そう言ってしまえば他の大部分のものも有限だろう。

全員が何かについて調整すれば、確かにその価値を形成できる。だがもし私たちの中に「王様は裸だ」と決めつける否定者や生意気な子どもがいたらどうなるか。調整は失われ、全員で価値があると合意していたものの価値も消えてしまう。合意できなくなるまでは、価値があったのだ。短期的には誰もが完全に合理的に行動していても、それは長い目で見れば集合的に非合理なものである。熱狂は繁栄の罠の極端な形だといえよう。

超低金利時代が続けば今後さらにさまざまな熱狂を見ることになるだろう。従来型の貯蓄のリターンがあまりにも低いので、投資家は住宅や貴重な絵画など固定資産を保有したほうが良い。その結果、住宅市場や骨董品《こっとうひん》市場、そして現在ではＮＦＴ〔非代替性トークン、ブロックチェーン技術を使って作成された代替不可能なデジタルデータ〕の奇妙な世界への殺到が生まれている。ＮＦＴはデジタルアート作品のオリジナルを永久に所有する権利だが、ツイートや猫のＧＩＦ画像のＮＦＴを購入する人々がいるように、アートではない場合もある。

投機的な新しい資産の最も目立つ例は暗号通貨市場だ。暗号通貨は政治的な魅力を持っていて、政府が発行する不換紙幣、さらにはおそらく国際金融機関からの独立を約束する。しかしその変動率の大きさ（ボラティリティ）は、私たちを繁栄の罠に引きずりこむ可能性がある。

２０２１年、エルサルバドルのナジブ・ブケレ大統領はビットコインを同国の法定通貨として承認した。ブケレは気まぐれなポピュリストであり、非公式《インフォーマル》経済で暮らす国民を助けるため一人あたり30ドル相当のビットコイン・ウォレットを支給し、この国をイノベーションの拠点にすると主張した。またその年の9月に２１００万ドルを国の準備金としてビットコインに投資し、その後数カ月にわたり複数回、同様の規模のビットコイン購入を発表した。

ビットコインの長期的な将来次第では、この行動を賢いものと思えるようになる可能性は十分あるが、２０２２年初頭の数カ月でビットコインの価値が暴落するとエルサルバドルの国庫は数千万ドルを失った。ビットコイン急騰の短期的な興奮はすぐに暗号通貨パニックの悪酔いに変わる可能性があり、しかも小規模で比較的貧しい国の予算に重大な影響を及ぼす。他にも長期的なリスクがある。エルサルバドル人が使っているビットコイン・ウォレットは非公開で名前を明かしていない個人によって私的に運営されているため、国際金融機関は不満を募《つの》らせ、ビットコインともう一つの法定通貨である米ドルの交換停止を要求している。短期的なギャンブルは、長期的にはむしろこの国に厳しい結果をもたらすかもしれない。

第20章　繁栄の罠から逃れる

どうすれば政治を長期的に機能させることができるか。繁栄の罠は、私たちが短期的な誘惑のために長期目標から目を離すことで発動する。政治とは未来への約束をいまに埋め込むことだとすれば、どのような政策、制度、あるいは規範がその約束を確実なものにするだろうか。私たちは富を生み出し、手に入れた富を賢く使うアイデアを必要としている。その過程で地球を破壊してしまうのを防ぐ方法を考えなければならない。

政府は私たちが豊かになる手助けをできるか？　政治経済学の両輪である政治学と経済学の間には著しい緊張関係がある。政治学者は経済が好調なときほど現政権が選挙に勝ちやすいことを知っている。しかし経済学者は、選挙で選ばれた政権は民間市場にできるだけ触れずにいるべきで、市場への介入が長期的には裏目に出ることが多いと主張する。つまり、政府は長い目で見ると有害な方法で短期的に介入するインセンティブを持つ。典型的に繁栄の罠として述べていることだ。

だがそれは長期的な成長とイノベーションについてもあてはまるか。政府がテクノロジーや教育へ行う投資のほとんどは効果が上がるまで何年もかかり、目先の選挙には効果がない。つまり私たちが直面しているのは逆の問題で、長期的に私たちを豊かにしてくれる政策が、短期的には政府にとって良いものではないという、「連帯の罠」のところ（第三部）でも見たような話だ。〔ボリス・ジョンソンが使い始めた〕「より良い復興（build back better）」や「イギリス全土での地域活性化（levelling up）」という選挙スローガンは魅力的に聞こえる。しかし有権者に利益を約束する政策としては理想的ではない。貧しい都市や地域の成長を促進するのはゆっくりとした漸進的な歩みであり、選挙の日程にうまく適合しないからだ。

長期的な経済成長の実現には、政治家が選挙で当選するために、ひどい場合は公金に手をつけるような短期的な誘惑に乗らないようにする、安定した信頼できる政治制度が必要だ。イノベーションを定着させるためには安定した財産権、信頼できる裁判所、広範囲にわたる教育、社会的信頼が必要だとしたら、市場の「魔法」だけに頼っても無理なのだ。そして既得権を持つ利害関係者を叩き潰して経済を活性化させると約束する「強力な指導者」の決まり文句に頼ることもできない。コントロールを受けない強い指導者はいつの間にか自分たちで取引を行い、スイスの銀行口座にお金を流してしまうだろう。私たちには政治が必要だ。だがどんな種類の政治が必要なのか。

どうすれば、長期的かつ幅広い人々に成長の果実をもたらすイノベーション政策への政府の投資を促すことができるか。ドイツのモデルは特に英語圏の政策立案者にとって魅力的に映ることが多い。ドイツ企業は自動車から家電製品、機械工具に至るまで、ハイエンドの大量生産商品の市場を支配している。ドイツブランドは高品質の代名詞で、過去20年間ドイツの成長は力強く、失業率は低く、不平等も抑制されてきた。私たちが「平等の罠」を検証したところ〔本書第二部〕、この成功の一因はドイツの見習い制度と研修モデルにあることがわかった。しかし、この「資本主義の多様性」の特定の類型と同じくらい重要なことがある。それは長期金融市場だ。

ドイツの銀行は製造業に長期融資、いわゆる「我慢強い資本」を提供する。その一環としてドイツの銀行は、融資がうまく使われているかどうか確認するため、企業の取締役に行員を送り込むことを要求する。長期的な視野を持つことで、企業は漸進的なイノベーションに取り組むことができ、製造物の品質を徐々に向上させることができる。ボッシュの食器洗い機やBMWの3シリーズは、前のモデルで学んだ設計や生産の教訓を基に作られている。これらは長年にわたる職業訓練制度や、労働組合と経営者団体の調整の上に成り立つものだ。このような相互に関連しあう制度の厚みのある網の目によって、ドイツ企業は長期にわたる計画を立て、繁栄の罠を脱しやすくなっている。労働者は、特定のスキル取得に投資すれば雇用が維持されるとの確信を持って職業訓練を受け、企業は製品の継続的改善のために時間を費やす余裕があるのだ。

こうした補完的な制度の重要性を考えると、ドイツのモデルを単純に他国に輸出することは難しい。ではイノベーションを促したい国にとって現実的な政策オプションは何か。一つの可能性は、革新的なビジネスに資金を流し支援を行う公的なイノベーション機関の設立だ。マリアナ・マッツカート〔イタリア出身の経済学者、ロンドン大学教授〕が考える「起業家的国家（entrepreneurial state）」である。

フィンランドはイノベーション機関のテケス（Tekes〔現ビジネスフィンランド〕）やイノベーション

ファンド兼シンクタンクのシトラ（Sitra、マッカートが役員を務める）を擁しており、輝かしい例としてよく紹介される。私がイギリス政府で教育政策に携わっていたときテケスのリーダーに会ったが、古くさいイギリスの公務員にとってはそれだけで少し革新的な感じがする、社屋の屋上のサウナを自慢げに見せてくれた。テケスはフィンランドの企業や大学の研究開発に資金を提供するために設立された。１９９０年代にはノキアのプロジェクトの4分の1がテケスから資金提供を受け、フィンランドのハイテク経済への移行を支えた。そしてノキアが衰退し始めると、テケスは年間5億ユーロを超える莫大《ばくだい》な額を、新興企業への資金提供にシフトさせた。

テケスは独立した外局だったが、最終的には政府の雇用経済省傘下に入った。シトラはもっと規模が小さいが政府から独立した運営で、約10億ユーロの独立基金で資金を調達しスタートアップ企業に資金を提供している。どんな研究開発機関でも資金調達の失敗はあり得るが、フィンランドのこれらの機関はスカンジナビアの規範に則《のっと》って相対的に独立しているため、さらなる支援を求める失敗企業にずるずると取り込まれる事態を防いできたのだろう。短期的にはお気に入りの企業に資金提供したいという政治的な誘惑を、制度が抑え込んできたことは確かだ。イノベーション政策を選挙サイクルから切り離すことで、政策立案者はフィンランドの産業戦略を数カ月ではなく数十年の視野でじっくり練ることができた。

しかしこのイノベーション・モデルにはいくつかのリスクがある。まず国家はイノベーションの最先端に必ずしもその全力を注ぐべきではないということだ。政府が「次のシリコンバレー」を欲すると必ず失敗する。シリコンバレーの問題は、ベンチャーキャピタルの資金調達モデルが、グーグル規模の巨大企業や超イノベーティブな新興企業にはうまく機能するが「テックティーン」、つまり設立5年から10年程度の企業にはむしろ不向きであることだ。しかもメガテック企業や新興企業は、地方の税収にあまり貢献しない傾向がある。大企業は多国籍企業で、新興企業はたいがい赤字だ。不平等についてはなお悪い。大手ハイテク企業は生産の多くを海外で行い、本社には高給取りの幹部社員しかいないからだ。

それとは対照的に「テックティーン」企業にはより忍耐強い資金提供モデルが必要で、それが、幅広い雇用への期待とともに、地元での成長・発展につながる。さらに良いのは、技術を発明するよりも、それを利用し、段階的に改良していく企業である。台湾の自転車メーカー「ジャイアント」からドイツの工作機械メーカーに至るような、安定した収益を上げ長期的に労働者を雇用する企業だ。再びドイツが出てきた。私たちは再度、忍耐強い投資の価値と、長い視野を奨励する制度的規制やビジネス規範の必要性を確認する。協力と同様、イノベーションにも時間が必要なのだ。

イギリスの経済紙フィナンシャル・タイムズは裕福な読者向けに「お金をどう使うか（How to Spend It)」という挑発的なタイトルの週末付録を発行し、ぜいたくな食事や高級品、不動産などを数多く紹介している。従来、資源ブームに沸く国々やその指導者たちは石油で得た富を高速艇《スピードボート》や宝石、豪華な住まいに費やす似たような支出習慣があった。すでに見たように最近の数十年で、石油資源の豊富な首長国の一部では、教育やインフラへの支出に移行している。しかし、石油国家の膨大な資源の多くは、王族とその親族の手にほとんど監視されずに握られるため、ロンドンの不動産や赤字のサッカークラブへのぜいたくな支出は依然として活発だ。

資源管理にはもっといい方法があるはずだ。顕著な反例として、ヨーロッパの産油国であるノルウェーの例を挙げよう。1970年代半ばに石油が発見されるまで、ノルウェー人は、スカンジナビアの隣国スウェーデンよりも貧しかった。その頃、平均的なノルウェー人は、平均的なスウェーデン人の3分の2程度の豊かさだったが、今や50％も豊かになっている。石油が発見され国民が豊かになるのは驚くことではないが、それより注目すべきは、ノルウェーが国民所得の6パーセント程度を政府支出として安定的に賄う政策を確立したことだ。つまりノルウェーは石油と天然ガスのおかげで、多額の恒常的な財政赤字を出すことができる。これらは再生不可能な資源でいつかは枯渇する。しかしノルウェーはその新しい富の管理方法のおかげで、少なくともあと50年は財政ボーナスが続くだろう。

ノルウェーのモデルは三つの主要な政策に基づく。第一に天然資源生産への政府の管理と課税が非常に厳しいことだ。ノルウェーには国家が所有する石油会社「スタトイル（Statoil）」がある〔2018年に社名をエクイノール（Equinor）に変更している。株式は上場されているが、ノルウェー政府が3分の2以上の株式を保有している〕。同社は油田の所有権を持ち、探鉱や生産のライセンスはすべて政府から与えられる。そして民間のエネルギー会社の利益には78パーセントもの税金を課し、予算がどこから来るかが透明になっている。またノルウェーの油田やガス田から採掘された富の大部分は、外国のエネルギー企業の株主ではなくノルウェー国民に支払われる。

なぜ政府の厳しい管理を受け、高い税金を支払う企業が投資を続けるのか。税金は重いが、同時に透明で首尾一貫している。企業は支払わなければならない額が事前にわかっており、恣意的に収用されることがないため、投資がその価値に見合うのかを事前に判断できる。民主的で財産権制度がしっかりしているため、ノルウェーの政治はビジネスに対し安定した約束ができるのだ。

また、こうした制度的な優位性は、ノルウェーのモデルの残り二つの鍵となる点を下支えしている。まずはエネルギー課税とスタトイルの収入の行く先だ。ノルウェーのエネルギー資源が生み出す富は、政権党や君主の関係者によって運営される石油省の怪しげな金庫には入らず、ノルウェー中央銀行投資管理部門（NBIM）が運営する政府系ファンドに集められて海外資産に投資される。

このシステムは多くの政治的リスクを回避できる。ノルウェーの富の管理は政府から2段階離れたところで行われ、定期的に監査が行われるのだ。これはNBIMが制度的に独立した機関であることに加え、ノルウェーの政治家が不干渉についての非公式な規範を確立しているため、うまく機能している。また資金は海外に投資しなければならない規定があるため、ノルウェー企業が投資を求めるロビー活動をするならば起こりうる腐敗や、特別な利害関係者の影響を避けることができる。

ノルウェーのモデルの最後の重要な点は、お金の使い道だ。政府系ファンドに無期限で預けておくだけではなく、一般的なノルウェー人は豊かな石油資源から恩恵を受ける。しかし資源価格の変動の激しさに由来する支出の増減や無用の長物に浪費してしまうことが発生するリスクを避けるためにどうするか（ノルウェーはカタールと違ってワールドカップのために八つの新しいスタジアムを建設することはない）。ノルウェーは政府系ファンドの「期待実質利益」を政府に移転し、構造的な財政赤字を補塡する財政ルールを導入している。年率約4パーセントの収益率でノルウェー財政は国民所得の6パーセントの赤字を補塡できる。つまりノルウェーはファンドからの収入で日々の政府支出を実質的に賄っている。それによって1年間全額支給の出産休職手当て、ヨーロッパで最も高い社会支出、ヨーロッパ有数の大学など、ゆりかごから墓場までの福祉国家を維持できているわけだ。

これらの安定した長期的な政策は、コンセンサス型のノルウェー政治に依存しており、他国では容易に実現できないかもしれない。ノルウェーの選挙制度は連立政権をもたらす。中道左派と右派の両党はモデルを作り出す三つの点に大筋で同意している。双方とも政府系ファンドの拠出金で賄われる広範な社会サービスを重視し、ファンドの責任をNBIMのような独立した非公選の機関に委ねることで満足し、エネルギー企業への高い税金にも同意している。ノルウェー・モデルの成功は、ノルウェーの政治の成功にかかっているのである。

だが、ノルウェーの慎重な資源管理への賞賛はむしろ不適切かもしれない。ノルウェーの富は再生不可能な化石燃料でもたらされており、まさに世界の気候変動を脅かす資源だ。化石燃料収入を責任を持って管理することは、そうでない場合より良いことは誰もが認めるだろうが、これは死刑執行人の斧の清らかさをほめているようなものかもしれない。

ほとんどの国はノルウェーのように幸運ではない。だからといって景気の過熱が起きないわけではない。2000年代前半の不動産ブームはサブプライムローンを背景にしており、Web3［ブロックチェーンに基づく分散型の次世代ワールドワイドウェブ］ブームは不安定な暗号通貨を背景にしている。こうした景気の過熱を未然に防ぐ方法はあるだろうか。一つのおそらく気の向かない手法は、単純に増税することだ。確かに不動産取引やその他の資産に課税すれば投機を抑制できるかもしれない。だが私がここで言いたいのは、所得に対する課税の強化である。

増税は信用バブルの暴走を防ぐ。高い税金は人々の行動を二つの面で制限する。まず豊かな人たちが多少豊かではなくなるので、この種の資産に費やす支出を減らすことができる。しかし人々の消費によってトリクルダウン効果〔高所得者がさらに豊かになれば投資や消費が活発になり、幅広い層に恩恵が及ぶ〕が起こることがあり、むしろ他人の消費を気にする傾向によって、私たちはしばしば「世間に後れを取らないようにする」という考えに駆られる。私たちは裕福な人々が消費するのを見て、それを真似するのだ。しかし富裕層の手持ち資金が減るとその衝動は抑えられ、隣人が自分たちと同じに見えるようになる。

不平等が顕示的《けんじ》（見せびらかし）消費と信用《クレジット》バブルにつながるかどうかは税金が高いか低いかによる。低税率の国では所得格差が高いレベルになると、すぐに借り入れや与信が増える。2000年代前半に米英とアイルランドで発生した巨大な住宅バブルを見ればわかるだろう。しかし富裕層への税率が高い国ではこの関係はずいぶん弱められる。

増税だけが答えでもない。信用危機は現代生活の必然的なコストではないのだ。北緯49度線によって仕切られる二つの国、カナダとアメリカを考えてみよう。1800年以降アメリカは14回の銀行危機に見舞われたが、カナダでは1839年を最後にわずか2回しかなかった。カナダでは金融セクターの規模が小さいからではない。実際、国民所得に占める銀行融資の割合を見ると2007年にカナダはアメリカのほぼ2倍だった。

むしろカナダの銀行システムの政治的な設計がその安定性を支えてきたのだ。どちらも連邦制の国である。だが連邦制の度合いはアメリカにおいてかなり高い。カナダでは州に直接委任されていない権力はすべて連邦政府が持つことになっていて、アメリカの制度とは正反対だ。カナダの連邦政府はオタワから全国の銀行システムを規制することができ、各州の政治家を気にする必要はない。アメリカでは各州が他の州を気にしながら、州内の銀行業務への権限を握り続けている。

その結果、両国の金融システムのもとで対照的なものになった。カナダでは少数の非常に大きなメガバンクが支配的な地位を占めるようになり、規模の経済と多様な貸出ポートフォリオで、経済のショックを効果的に吸収することができた。一部の大手銀行がカルテルの行動をとるリスクもあったが、全国的な銀行システムのもとで、銀行は国の規制や5年ごとに再認可する連邦の銀行法の要請に従わなくてはいけない。カナダの銀行は安定しており、借り手はアメリカよりも安く融資を受けることができる。

これと対照的に、アメリカでは一般消費者向け銀行への規制は大部分、州が持っていた。各州は独自のルールを策定し、州内の銀行から働きかけを受けた。保護主義的な体制が生まれ、ここ数十年以前は真の意味での全国レベルの銀行は存在しなかった。地元の「ユニット・バンク〔支店を持たない地方銀行〕」が資本へのアクセスを独占し、リスクが十分に分散されていなかったため、預金者が、地元の銀行は預金の払い戻しをできなくなるのではないかと突然心配するようになると、経営破綻しがちだった。だがこの非効率的なシステムが安定していたのは、規制もまた地元で行われていたからだ。大手銀行の参入が阻止され、地方の銀行が市場での力を保持できたのだ。

つまり信用《クレジット》危機や熱狂とパニックの核心には、政治的約束の成否がある。この事実は私たちにとって驚きではない。信用《クレジット》とは信頼にかかわることで、信頼は不確実な未来についての約束の上に成り立っている。カナダの銀行は、長期的な規制がどのようになるかについて明確な見通しを持ち、地元の政治家を買収して彼らが従うべきルールに影響を与える能力をそれほど持っていなかった。政治的な制度や規範は、他者の行動についての確信や、リーダーに従うインセンティブを形成する。グローバルな信用市場でも地域差は重要なのだ。

気候変動という出発点に戻ると、私たちは化石燃料からの収益を利用する世界から、より責任ある形で化石燃料をまったく燃やさない世界へと移行できるのだろうか。地球の気温上昇のリスクを下げるには、大気中に排出される二酸化炭素の量を減らす必要がある。化石燃料の使用を禁止するか、課税するか、代替燃料に補助金を出すなどして削減できるかもしれない。最も効果的なのはどれか。二酸化炭素排出量の削減について、どんな政治的約束が最も守られやすいだろうか？

ネット（正味）ゼロ政策、つまり二酸化炭素の大気中への排出量から吸収量を差し引いた値がゼロを上回らないようにするには、大まかに三つの選択肢がある。一つ目は最もシンプルな方法で、企業や消費者に排出を禁ずる。例えば、炭鉱の開発を禁止したり、新車の燃費基準を義務づけたりすることで、規制を通じて排出を禁じることができるだろう。これは直接的で賢明な方法だ。この方法で問題があるのだろうか？

第一にこうした規制は見かけほど普遍的ではなく、通常は新しい発電所や自動車にのみ適用される。その結果、まだ残っている古い汚染源の価値が高くなる。なぜなら希少になっていくからだ。第二に規制には政治的な危険性がある。規制はその影響の受け手、多額の費用を負担することになる業界から明らかに不評であり、彼らは規制を変更しようとロビー活動を行う。政治において永遠に続くものはなく、憲法を改正できない限り政府は未来の後継政府の行動を制限することはできない。温室効果ガス排出を規制するオバマ大統領の大統領令は、トランプ大統領下の環境保護庁によって覆された。最後に、規制は一般的に柔軟性に欠ける。固定的な目標はその後の二酸化炭素排出レベルの変化に対応できない。がっちりした固定的な約束ほど守るのが難しくなる。

化石燃料の規制に欠点があるとすれば、自然エネルギーへの補助金はどうか。多くの国がソーラーパネルや風力エネルギーに直接、補助金を出している。ドイツの「フィード・イン・タリフ（ＦＩＴ：固定価格買取制度）」はよく知られる例だ。あるいは電気自動車に補助金を出している。例えばイギリスでは、電気自動車１台につき最高２５００ポンドの助成金が支給される。補助金は企業や消費者のインセンティブを変化させる。また多くの人が再生可能エネルギーに投資し、それを利用すれば価値が高まるため、補助金は固定的な規制目標よりも硬直的にはならない。しかし補助金には逆効果もある。エネルギーが安くなるほど、前より多くのエネルギーを使う需要が生まれ、せっかくの恩恵が帳消しになる可能性もある。

補助金のもう一つの問題は、連帯の罠で見たものと同じで、誰が補助金を必要としているか、政府が奨励したい活動は補助金がなくても行われたかどうか、確かめるのが難しい点だ。この情報問題が意味するのは、エネルギー購入の3分の2以上はいずれにせよ起きていたかもしれないが、今に限って納税者が負担を強いられるというような話だ。魅力的な補助金を見て集まった財政的に持続可能でない企業が、いつまでも政府の支援を受けるかもしれない問題もある。

経済学者が気候変動への対応策として好む政策は、規制でも補助金でもなく、もう一度いやな言葉を出すが、課税である。環境税には基本的に二つのタイプがある。排出される二酸化炭素1トンあたりに直接課税される炭素税と、総排出量の上限枠（キャップ）が設定された上で排出許可が出され、企業がその上限内で「汚染する権利」を取引する「キャップ・アンド・トレード（国内排出量取引）」制度の二つである。前者では政府が二酸化炭素排出のための価格を直接設定するのに対し、後者では排出価格は市場で決まる。

両者の大きなメリットは、企業や消費者が二酸化炭素排出量を増やすようないかなる意思決定にも、コストをかけられることだ。これにより人々は最も効率的な場合にだけ二酸化炭素を排出するようになり、同じエネルギーを再生可能な方法で生産・消費しようとするインセンティブが働く。また厳しい規制を設けたり、存続不可能な企業に補助金を出したりすることも回避できる。

私たちはすでに炭素税やキャップ・アンド・トレード制度が存在する世界に住んでいるが、排出量への影響はまだ限定的だ。炭素税は1991年にスウェーデンが初めて採用して以来、広く普及している。その規模は実にさまざまで、日本、メキシコ、ウクライナのように1トンあたり5ドル以下の小規模なものもあれば、ノルウェーやフィンランドのように1トンあたり65ドル以上、スウェーデンはその2倍と、かなり大規模なものもある。キャップ・アンド・トレード制度もカリフォルニア州からEUの排出量取引制度（ETS）まで広く普及し、2020年には2千億ユーロ相当の排出権が取引された。

それぞれの制度の政治的利点と課題は何か。キャップ・アンド・トレードから見ていくと、これについての良いニュースは、これが税金には見えにくいことだ。世論を考慮するとこれは重大な利点だ。だが悪いニュースもある。排出枠を効果的に設定するのは難しい。ＥＴＳの上限は低めに設定されたため、導入の政治的実現性は高まったが、この制度が固定する炭素価格が低すぎてあまり削減を促さなかった。

キャップ・アンド・トレード制度は管理上も非常に複雑で、ＥＵについて学ぶ人であれば驚かないだろうが、運営には大規模な官僚機構を必要とする。さらにビットコイン・ウォレットの消失と同様、排出権は合法的な利用者の手から簡単に離れてしまう。２０１１年にはＥＴＳをめぐって大きなスキャンダルが起きた。ハッカーが数百万ユーロに相当する排出権を、チェコ共和国、オーストリア、エストニアの口座から奪ったのだ。最後にキャップ・アンド・トレード制度は、将来の政府がルールを変更することで既存の排出権の価値を切り下げるかもしれないという大きな政治的リスクを抱えている。市場だけではこの問題は解決できない。キャップ・アンド・トレード制度は、政府の政治的約束が企業にとって確かなものに映るか否かに依存している。

対照的に、炭素税はこうした管理上の問題の多くを回避できる。炭素税はトップダウンではなくボトムアップであり、これらはエネルギー供給事業者からあらかじめ徴収される。こうした税は通常、透明かつシンプルだ。将来の政府によって税制が変更されたとしても、それは将来の納税時にのみ適用され、現在の排出価格には適用されないため、政治的リスクは少ない。

実際にスイスで導入されているような賢明な炭素税はダイナミックな制度で、もしスイスが排出目標を満たすことができないと、税が上がる。このことが、炭素税をより信用できる約束としている。政府は人々が汚染に関してどのようなふるまいをするかに応じて税の水準が変わるようにして、炭素税の効果を自己強化的なものにすることができる。ほとんど「しっぺ返し」税制と言ってもいいものだ。

さらに魅力的なのは炭素税の収益が人々に還元された場合、独自の支持基盤を生み出す点だ。カナダのブリティッシュコロンビア州の炭素税は、事業税の還付、貧困家庭への「低所得者気候変動税額控除」、全住民への100ドルの「気候変動対策配当金」に使われている。

だが結局は税金であることに変わりはない。そして税金は、平等の罠や連帯の罠の議論で見たようなあらゆる問題に直面する。特に人々は自分に適用されるとは思っていない恩恵のために税金を払いたがらない。炭素税の場合、本当の受益者は他の人々どころかまだ生まれていない世代であるため、この問題は特に難しい。私たちは倫理的に将来世代に借りがあるかもしれない。それでも、人々が将来の自分のためになる税金を受け入れることすら難しいのが現実ならば、未来の子孫のためにいま進んで税金を払おうとする気持ちになるとは考えにくい。私たちは環境問題での協力が長期的繁栄につながることを知っている。しかし、私たちはそれを目撃するよりもずっと早く死ぬことを運命づけられた存在なのだ。

人々が本当に炭素税を受け入れるかどうか調べた調査は、今のところ勇気づけられる結果を示している。税収が減税や問題緩和策への支出の形で還元されると考えた人々は、炭素税を支持する可能性が高くなる。フランス、ドイツ、イギリスでは炭素税を支持する回答者がわずかだが多数派を占め、他国でも炭素税を実施すると告げられた回答者の支持率は大幅に上昇する。これは繁栄の罠の核心を突いている。人々は気候変動が集合行為問題であって、多くの、おそらくはすべての国々が責任を持とうとするときにだけ前進できると知っているのだ。

しかし本当にそれを実現するにはグローバルな炭素税が必要ではないかとの疑問も生じるだろう。これは政治的にかなり難しい課題で、調査によると世界中のすべての人々に一律に、国際的な気候に関する配当が与えられるグローバル炭素税について人々がどう感じているかは国によって大きく違う。この考えは当然ながら、アメリカよりもインドのような貧しい国々で人気が高い。私たちは皆同じ地球上にいるが、同じ税制には慣れていないのだ。

繁栄の罠から逃れるには長期的な視点に立ち、自分たちの手を縛って、短期的な誘惑に屈しないようにしておく必要がある。それは、投機の熱狂が金融システムを不安定化させることを防ぐための銀行への規制のように、制度を意味することもある。他の場合にも、第一次世界大戦における戦場でのしっぺ返しから互恵的な環境政策に至るまで、長期的な視点に立つための規範を確立することができる。長期的な約束は守るのが難しいかもしれないが、信頼できることこそが繁栄の要なのだ。

おわりに

政治はどうすれば成功できるか

「なぜ政治は失敗するのか」について答えると、政治が失敗するのは政治がなくてもやっていけると私たちが思い込んでいるときだ。政治に真剣に取り組まず、政治を抑圧し、窒息させ、追放しようとすると失敗する。私たちはお互いの意見の相違を消すことを願ってもダメだ。意見の違いを消そうとして、純粋・明快な単一の解決策や一人の政治指導者に期待する試みは失敗する運命にある。意見の相違は必ず残るのに、違う意見を表明したりそれに基づいて行動したりする能力をなくしてしまうからだ。

グローバルな課題は政治を回避すれば解決できる――テクノロジーや市場の力でより良い生活を送ることができる、もしくは強いリーダーシップや道徳《モラル》の改善で解決すると主張する本は、世の中に無数にある。本書はそうした立場ではない。私が訴えたいのは、私たちの集合的な目標を達成するためには、政治が何より中心的な役割を果たすということだ。しかし、間違った政治、政治の過剰や過少が、私たちを将来の夢から遠ざけてしまうかもしれないことを理解し、見分けながら進んでいかなくてはいけない。

政治に代わるものは、私たちを失望させるだけだ。政治家、官僚、そして有権者さえも進歩の妨げとみなす「テクノリバタリアニズム」というブランドがある。政治家がテクノロジー企業を規制するのをやめさえすれば、テック企業が世界的な問題を解決する方法を開発できるという。世界中の暴力はすべてを見ている衛星監視によって抑制できる。気候変動は地球工学で対策できる。頭のいい人たちに解決策を考えてもらえばいい、という主張だ。

しかし技術的な解決が機能するのは、それが影響を及ぼす対象が、反応してこないときだけだ。今のところ私たちはまだ、人がコンピュータより賢い世界にいる。アルゴリズムは、それ自体が目指したことを常に成し遂げるわけではない。人々はアルゴリズムを操作したり、回避する方法を見つけることができる。また多くのアルゴリズムは社会の複雑さを理解できず、既存のジェンダー差別や人種差別を強化している。

またテクノロジーによる解決策はしばしば反民主的になり、人間の独立した欲求や意思決定をあらかじめ排除しようとする。人間がまだ支配権を握っている限り、その望みを無視するわけにはいかない。有権者や政治家が望めば、政治はテクノロジーを鎖につなぎ続けることができる。政治を革新して消し去ることはできないのだ。

もう一つ人気のある解決策は、市場の邪魔をしている政治家を非難することだ。気候変動の懸念があるなら二酸化炭素に価格をつけて取引すればいい。民主主義が人々の強い不満に応えないなら、お金で取引して票を集めるのを認めたらいい。問題は完璧な市場がめったに存在しないことであり、それは単に政府が「邪魔」をしているからではない。私たちの紛争の多くは不明確な財産権、不完全な監視、独立が疑わしい第三者などが現に存在する分野で起きている。現実の市場には契約では解決できないあいまいさがあり、最終的には政治的約束に頼らざるを得ないのだ。

ここ10年間で復活したのは、いがみ合う政治家たちを抑え込む強力なリーダーを待望する傾向だ。政治はいつも普通の国民を虐《しいた》げ弱体化させるエリートのたくらみだと非難される。政治的な約束は、ルールに必ずしも縛られない強い指導者によって破られるためにある、というわけだ。

こうした衝動は民主政治を根本的に誤解している。人々の間で異なる選好が存在する現実を否定し、安定した民主主義を支える政治制度や規範そのものを解体し糾弾することを支持するからだ。イギリスで起きたことは、EUからの離脱には議会で法律を制定しなくてはならないとした最高裁を「人民の敵」扱いし、ブレグジット審議中の不法な議会の閉会へと向かわせたことだった（本書56ページ参照）。アメリカではトランプ政権で政敵の拘束を求める声から始まり、大統領選挙の結果［トランプ敗北］への虚偽に基づく非難と連邦議会議事堂への襲撃に移行していった。制度が脆弱なものになりうるのは、それ自体が敵対しうる国家によって支えられているからだ。規範はさらにもろい。しかし私たちが政治の失敗を見ないですむのは、制度と規範の二つのおかげかもしれない。

左派には、悪質と彼らがみなすものの影響力を政治から排除しようとする壮大な伝統もある。ビジネスを、政治献金を、利己主義を政治から排除せよ。そして人々が望み、必要としているものに奉仕する良識ある政府と取りかえよと。だが私利私欲を政治から取り除くことはできない。議論の余地のない「民意」など存在しない。私たちは共通の目標を共有するかもしれないが、そこに到達する方法や最終地点の正確な形についての意見はしばしば大きく違う。この種の意見の相違は消そうと願ってもできないし、単に特殊利益の悪影響の産物というわけでもない。人が集団で生きるときにはつきものなのだ。

テクノロジー至上主義者、市場原理主義者、左派や右派の預言者たちの誤った確信が、不確実な将来についてお互いに約束する必要性を消すことはない。約束のためには政治がどうしても必要なのだ。

政治の必然性

政治は成功できるか。常に成功するとは限らない。それも約束の一部なのだ。私たちが直面する罠は避けられないものだからこそ、罠を避け、罠から逃れるために私たちは目を光らせておかなくてはいけない。私たちは不確実な世界に生きていて、その世界では私たちは皆意見を異にし、私利私欲のために行動する。しかしそれでも私たちには集団としての目標がある。そしてそれを達成するには互いに約束をとり交わさないといけない。完璧には実行できない約束だからこそ、本質的に政治的な約束になる。

どうすれば約束をしっかり果たすことができるか。どうにかして約束を深く埋め込み、その言葉を発した後も長く続かせないといけない。不確実性の中に構造を与えるべきだ。そのためには政治制度や規範を発展させ、約束を信頼できるものにしなければならない。

制度とは、私たちが作り出す公式の合意の束だ。チタンのように実体的なものでできているわけではないから、無視されたり破られたりする可能性はある。しかし、合意を破ったり無視したりすると、制度がもたらす安定を必要とするとき、私たちは信頼を犠牲にしたことを後悔するだろう。私たちは偶像破壊的なポピュリストの攻撃から制度を守る必要がある。制度は私たちの行動を調整し、裏切りには制裁を、協力には報酬を与えるからだ。

市民集会は、オフラインでもオンラインでも、私たち全員が同意可能な部分は何かを理解し、コンセンサスに関与《コミット》するのに役立つ。社会的投資政策と見習い制度は、非大卒者に安定が保証された人生の道を提供し、不平等を縮小できる。普遍的な社会保険制度は、中産階級を福祉国家への支持につなぐ。集団安全保障協定は、脆弱な国々を「野心」や「国の大きな進路」よりもずっとうまく守ることができる。独立した政府系ファンドは、政府が鉱物資源の誘惑に負けて過剰な開発に走るのを防ぐ。柔軟な気候変動条約は、環境問題をめぐる無政府状態と強制力のない協定との間の不安な道筋を埋めることができる。

こうした制度は、私たちが約束を守り、長期的な信頼を育むことにつながる規範を発展させるとき、最もよく機能する。民主主義を機能させるには私たちは議論の作法を学ぶ必要がある。それによって同意できる部分を見つけ、敗者が常に敗れ続けることがないようにできるのだ。平等を実現するには、権利の平等と結果の平等のバランスをとる柔らかい妥協を進んで受け入れなければならない。連帯を促進するには民族や宗教と関係なく、自分たちの将来、そして同胞を含めた「私たち」についてのより広がりのある見方を育むべきだ。セキュリティ確保のためには、私たちを守るはずなのに収奪し食い物にするような人々を罰する意志を固める必要がある。そして繁栄を持続させるには、信頼を築き、短期的な誘惑を避けるべく、長期的な時間軸を持つことを奨励すべきなのだ。

私たちが直面する罠はしばしば相互に強化しあう。分断が進んだ民主主義は不平等を悪化させ、不十分な社会的セーフティネットが犯罪を多発させ、気候変動のさらなる進行は世界平和を脅かす。しかし複数の罠から一度に解放してくれる大きな解決策もある。

比例代表制について考えてみよう。選挙制度として、比例代表制は民主主義の罠から逃れるのに役立つだろう。なぜなら、それは私たちの間の多様な違いをよりよく代表するだけでなく、政党間の協力を促すからだ。しかし比例代表制は選挙結果を変えるだけではない。スウェーデンやノルウェーなどこの制度を導入している国々は、他の罠からもうまく逃れることができている。

例えばスカンジナビア諸国やオランダのような比例代表制を導入している国々と、オーストラリア、イギリス、アメリカのような多数代表制の国々の不平等レベルを比較してみよう。比例代表制の国では収入の不平等がいくらか小さくなっており、これは伝統的な労働組合の組織率の高さによるものかもしれない。それだけではなく、再分配の水準がとても高いために可処分所得の不平等は劇的に小さくなっていて、これは部分的には左派政党が政権を担うことが多かったことによる。高い税率や強力な労働組合は、平等の罠を脱するために私たち全員が進んで合意する負担ではないだろうが、比例代表制は確かにそのような傾向を促進するように思われる。

比例代表制の国々は、連帯の罠と繁栄の罠からも逃れやすい。その国々は中産階級を支える、より寛大で可視化された福祉国家になる傾向があり、例えばイギリスで起きたように緊縮財政中に劇的な福祉削減が行われることは少ない。比例代表制は重要な政治的変更の際に多くの政党の同意を得る必要があるため、政策決定がより安定する。したがって連立政権は経済成長の変動を低下させる。ノルウェーが北海油田で得た利益を政府系ファンドに投資して成功を収めた背景には、コンセンサスに基づく政策決定があった。イギリスでは石油の利益の多くが短期減税の財源に充てられ、投資に回さなかったことで推定３５４０億ポンド（約64兆円）を棒に振ったのとは対照的だ。

もちろん選挙制度だけですべての問題を解決できるはずはない。問題の多くはもともとグローバルなものだ。セキュリティの罠と繁栄の罠から逃れるには国際的な協力が必要になる。

ここに、セキュリティの罠から脱するために有効な手段が、繁栄の罠の克服には適さないかもしれないという興味深い対比がある。国際的なセキュリティの罠は、典型的には「彼ら」の問題だ。つまり、悪意を持った、国家を含めた誰かが私たちを傷つけるのを防ぐことにかかわる。最近のロシアによるウクライナ侵攻は、安全保障に関する国際協力が信頼に足るものであるためには、正式な条約として結ばれた確実なものでなければならないことを示唆する。ウクライナはＮＡＴＯとの協力について非公式な協定を結んでいただろうし、加盟への着実な道を歩んでさえいた。しかしウクライナは正式な加盟国ではなかった。西側諸国はロシアの〔すでに加盟済みの〕バルト三国への攻撃が起きたら生じるような、積極的な介入の義務を負わなかった。武器や援助を送ったことは確かにウクライナの戦争努力を助けたが、ロシアを抑止したわけでも、多国間戦争に追い込んだわけでもない。セキュリティの罠から逃れるには協定によって自分たちをしっかり縛っておく必要がある。

それに対して繁栄の罠は「私たち」の問題だ。私たちは短期的な誘惑に負け、長期的な繁栄に必要な負担を回避しようとする。気候変動問題ほどその傾向が顕著な例はない。だが京都議定書で課されていたような厳格な形式をもつルールは失敗に終わった。誰もそれを実施する意思も能力もなかったからだ。これは軍事同盟ではなく環境協定であり、実質的な強制力がない中で国家がどう行動するかについて現実的にならなくてはいけない。柔軟さと形式にこだわらないやり方が必要だ。パリ協定は控えめで寛容に見えるし、うまくいかないかもしれない。しかしパリ協定は現実的ですべての主要国を取り込んでいる。繁栄の罠から脱するには相互扶助の規範を発展させ、時折の過ちを水に流す必要がある。

これらは国家レベルや国際レベルでの大きな解決策だ。むろん私たちはそれを主張することはできても、私たちだけで実現するのは不可能である。私たちだけで何ができるか。個々の手の届かない限界を、無関心《アパシー》を招く呼びかけと誤解してはならない。

私は本書の最初で自己利益が広くいきわたっていることについて述べた。まず自己利益で行動することを自分も他人も避けられないし、不道徳ではないと認識しよう。私たちが集合的な目標を達成できないのは、私たち個人の自己利益がぶつかり合うからだ。したがって私たちは自己利益を嘆くのではなく、自己利益を特定の方向に向けるように制度を設計し、規範に従う必要がある。つまり私たち一人ひとりが、私たちを取り巻く政治制度が非効率的だとか腐敗しているとか（ときには実際そうかもしれないが）、すぐに非難すべきではない。制度は他者がどのようにふるまうか、そして自分がどうすべきかについての期待値を設定してくれる。制度を壊す前に慎重になるべきだ。そうでないと、私たちは利害がぶつかり合う、より制約のない、不安定で、おそらく暴力的な世界に直面するかもしれない。

これは理解を求める訴えだと思っていただきたい。私たちは、自分自身が気づかずに、無造作に利己的な行動をとっているのに、他者が利己的な行動をとったとしてすぐに批判すべきではない。腐敗を一掃し、制度を取り壊すことを求めるデマゴーグの甘い言葉に抵抗できるように警戒しなければならない。白紙に戻せと主張する人たちは、あらゆる変革の後にも政治が潜んでいることを認識していない。私たちは不完全な世界に住んでいるが、その不完全さはしばしばお互いを結束させる接着剤になっているのだ。

私が本書で提示した解決策はいつもうまくいくとは限らない。失望させられることも多いだろう。失敗したら、次に来る挑戦のための解決策を再構築するまでの厳しい時間を過ごさなくてはいけない。マックス・ウェーバー〔ドイツの社会学者、1864～1920〕は政治を「硬い板に、ゆっくり穴を開けていく作業」だといった。変化は困難だ。過去に苦労して築き上げた制度や規範が現在の私たちに役立つとは限らない。だから私たちは新しい政治的約束をくり返していく必要がある。

しかし、不確かな政治の約束は、私たち人類が直面する最も深刻で解決が難しい問題を片づけてみせるとするテクノロジー至上主義者やポピュリストの偽りの約束よりも優れている。私たちは常に意見の違いがある。それを無視するのではなく受け入れる解決策を見つけていかなくてはいけない。政治は終わらない。しかし、常に失敗するわけでもないのだ。

謝辞

政治経済学の広い範囲を網羅する本を書くことは、多くの知的負債を負うことを意味する。その負債は家庭から始まる。

何よりもまずは、その励まし、サポート、寛大さ、判断に感謝しなくてはならない、この本が捧げられるべき両親だ。私の父トニー・アンセルは、いつも絶え間なく鋭く突っ込む頑固な論客であり、口うるさく私を説得しようとした。本書の多くも父の地下室で執筆または編集されたものだ！ いつも議論してくれて、たまに同意してくれてありがとう。私の母、ペニー・アンセルは一家の社会科学者であり、何世代にもわたってAレベル（16歳以上）のイラついている学生たちに心理学と社会学を教えてきた。彼女の慎重な判断力、サポート、優しさ、そして私が軽はずみな発言で逃げることを許さない姿勢こそ、人々の行動を真剣に研究する上で、何が重要かを示してくれた。ありがとう。

本書を書き上げるために数え切れない犠牲を払い、私がこのプロジェクトを終わらせるための時間をとることを勧めてくれて、そのために私が家庭で不在になった負担を埋めてくれた妻のジェーン・ギングリッチの多大なサポートなくしては、ひとことも書くことはできなかった。ジェーンには感謝と愛を。私の2人の息子、テオとエリは私の人生の喜びだ。エネルギッシュで素晴らしい若者でいてくれてありがとう。

テムズ川の細長い船の上で本書の始まりを支えてくれた何人かの生涯の友人に感謝したい。特に、エド・アンセル、ジャック・スティルゴー、フェイス・ハマーストーン、トム・エッジ、ジム・マクタビッシュ、ルパート・ラッセル、ジェームス・ショー（ジャス、君が考えてくれた印刷不可能なタイトルのいずれも使わなかったことを謝る）。

私は、大学院での研究の道に進ませてくれた人々や、私の学問的キャリアの初期を助けてくれた人々に大きな知的負債を負っている。精神病の社会的構築について一緒に研究したマーク・ミカーレに出会わなければ、学問の道を歩むことはなかったろうし、アメリカで学ぶこともなかったはずだ。政治経済学とは密接に関わっていないがそう遠く離れてもいない時期だった。政治学を学んだ大学院において、私が政治経済学に関心を持ち、最終的に今のような研究者になるには、3人の存在が決定的だった。博士論文の主査だったベス・シモンズは、私に政治経済学に興味を抱かせ、厳密な実証的研究に真剣に取り組ませた最初の人物だ。ハーバード大学で出会ったトーベン・イヴェルセンとデヴィッド・ソスキスは、私がどうありたいかを示してくれた。彼らの仕事は、常に形式的優雅《エレガンス》さと政策的妥当性を結びつけるところにあり、私が常に模倣したいと思ってきたものだ。そして3人とも私のキャリアがエキサイティングで予期せぬ場所へと向かう中で、私にふさわしいものをはるかに超えるサポートをしてくれた。

十分に言い尽くすことができないほどに、政治学や経済学のコミュニティに負っている負債がたくさん、あまりにもたくさんある。今までの共著者たち、特にデビッド・サミュエルズ、ヨハネス・リンドヴァル、ジョン・アールクイスト、ジェーン・ギングリッチは、私と一緒に仕事をする困難を被ってきた私の最大の恩人である。いつも私の間の悪さに耐えてくれてありがとう。

また感謝すべき数百人の政治学者のなかでも、ジム・アルト、デビッド・アート、パブロ・ベラメンディ、デビッド・ドイル、ピーター・ホール、シルヤ・ホイザーマン、デス・キング、ジョナ・レヴィ、ジュリー・リンチ、キャシー・ジョー・マーティン、今は亡き偉大なボブ・パウエル、デビッド・ルエダ、キャシー・セーレン、マヤ・チューダー、ステファニー・ウォルター、ジョン・ザイスマンに感謝している。経済学者では、私を彼らの世界に迎え入れてくれたティム・ベスレー、ポール・ジョンソン、ダニ・ロドリックに特に感謝したい。

オックスフォード大学とナフィールド・カレッジの同僚たちに、特別な感謝の意を表したい。特に、アンドリュー・ディルノット卿には心から感謝している。彼は、私にとってこれまでで（多分これからも）最高の上司であるとともに、学術的な仕事を政策の世界や一般の人々につなげるインスピレーションを与えてくれた。

デビッド・アドラー、トム・チヴァース、トム・ヘイル、イアン・マクリーン、ユアン・ヤンとのインタビュー、そして本書へのインプットについて、感謝の意を表したい。初期の草稿に非常に有益なフィードバックをくれたタムシン・メイザーに心から感謝する。

本書は、かつて私の委託編集者になるかもしれなかったエージェントのジャック・ラムのおかげで形になった。ジャック、あなたとの仕事は、私の人生における偉大な仕事上の経験のひとつだ。

ペンギン社とヴァイキング社の素晴らしいチームがなかったら、この本は書かれなかった。というか少なくとも読みやすいものにはできなかっただろう。特に編集者のコナー・ブラウンとグレッグ・クロウズの編集、コメント、的確なアドバイスのおかげで、良い部分はより良く、悪い部分はより少なくすることができた。また、マーク・ハンズリーが校正を、エリー・スミスが制作を担当してくれたことも非常に幸運だった。私とこのプロジェクトに関心を寄せてくれたダニエル・クルーにも感謝している。「パブリック・アフェアーズ」誌のジョン・マヘイニーも素晴らしい編集者で、コナーやグレッグとともに働き、常に「政治はなぜ失敗するのか」という重要な問いに私を引き寄せてくれた。この本が、その問いに答える一助になるよう願っている。

監訳者解説

本書は、Ansell, Ben, 2023, Why Politics Fails: The Five Traps of the Modern World and How to Escape Them, Penguin Booksの全訳である。訳出にあたっては、飛鳥新社の工藤博海氏が用意してくださった下訳を、監訳者である砂原が個々の文章をチェックしながら全面的に整理する形をとった。本書の原文をなるべく損なわないように逐語的なかたちで訳しつつ、同時に日本の読者にとって必要となる情報を、訳注を含めて補足しながら訳することに努めた。専門用語については、すでに翻訳されて定着している表現があれば、可能な限りそれに準じることとしている。

著者のベン・アンセル教授は、比較政治・福祉国家研究の分野において現代の政治学をリードする研究者である。アンセル教授は、イギリスのオックスフォード大学の教授として教鞭をとるとともに、比較政治の重要な国際ジャーナルであるコンパラティブ・ポリティカル・スタディーズ（Comparative Political Studies）の編集者を務めている。主要な業績として、本書でもしばしば言及されている、以下の三冊の書籍（共著も含む）があるほか、近年では住宅と政治に関する研究をはじめとして、社会政策分野において、統計データや実験を駆使した興味深い研究を数多く出版している。

From the Ballot to the Blackboard: The Redistributive Political Economy of Education, 2010, Cambridge University Press.

Inequality and Democratization: An Elite-Competition Approach, with David Samuels. 2014. Cambridge University Press.

Inward Conquest: The Political Origins of Modern Public Services, with Johannes Lindvall. 2021. Cambridge University Press.

本書は、これまで専門家向けの論文・書籍を執筆してきた著者による初めての一般読者向けの書籍である。一般読者向けということで、文体については平易に記されているが、著者の博識を反映してきわめて多くの歴史的事例について触れられているとともに、これまでに蓄積されてきた政治学研究を基礎として著者の独自の議論が縦横に展開されている。

すでにご覧になった方には明らかだが、本書は、政治に強く関係する、民主主義、平等、連帯、安全、繁栄という概念が、それぞれに抱える「罠」を中心に議論が展開されている。集合的な意思決定と個人の選好が必ずしも一致しないこと、結果の平等が個人の自由を求める行動によって損なわれること、人々の連帯にただ乗りして利益だけを得たいと思うこと、安全を守るための制約から自分だけは自由になりたいこと、将来の繁栄を実現するために行う抑制を無視して当面の利益を確保したいこと。「罠」とされるのは、いずれも集団と個人の間で、あるいは将来と現在の間で生じるトレードオフで、個人的・短期的に望ましく見える選択をしてしまうことである。

そのような選択は、社会として望ましくないものだと考えられるから、いかに回避することができるか、というのは一つの議論の建て方だが、本書で展開される議論とは異なる。本書では、人間である以上、そういった選択をすることは起こりうるし、やむを得ないことが前提である。そのうえで、近視眼的な私たちが「罠」を乗り越えて、いかに集合的・長期的に望ましい決定を行うことができるかが議論されていくのである。

そのために重要視されるのが、政治制度と規範である。公式・非公式に私たちの行動に方向付けを与え、私たちが「罠」に陥ることを防ぐものである。制度の中には、法律として定められて、違反すれば厳しい罰則が付されるものもあるが、それがすべてではない。規範も含めて、執行する第三者がいなくても私たちがお互いに望ましい行動を取るような期待を作り出すものである。もちろん、それは一朝一夕で出現するわけではなく、長い時間をかけて形成されるものである。しかし、それらはいつも自然に、偶然に生み出されていくだけではなく、私たちが意識的に制度や規範の形成に働きかけることもできるのではないか。このような考え方が、本書で展開する議論の基礎にしていると考えられる。

政治学の制度に関する研究は、このように制度や規範と私たちの行動の関係に注目して発展してきた。民主主義の罠を扱う第一部と、平等の罠を扱う第二部は、これまでに確立されてきた議論を、さまざまな具体例を用いながら説明するものになっている。政治を、集合行為問題という概念を中心に理解することは、体系的に接近するときのひとつの方法である。本書において、第一部と第二部は、このような方法で政治を見るための、いわば導入部分になっていると考えられる。

第一部では、シュンペーターによる民主主義の最小限の理解から始まって、コンドルセやアローの古典的な研究を踏まえた決定の循環や、近年世界中で問題になっている政治的な分断を理解するための研究が提示され、それらを乗り越えるための制度的な対応が議論されている。決定の循環が生み出すカオスや激しい政治的分断への対応として、強いリーダーシップや、その反対にリーダーシップが不要になる技術的な解決や市場での自由放任といった極端な議論が提示されやすい。それに対して、ここで論じられるのは、市民集会のような討議の場の設計や、義務投票制や比例代表制の導入、そして議論の対立軸の転換という、どちらかと言えば地味な方法だ。これらは問題をすべて直接解決するわけはないが、解決に向かう手助けをしていくものと位置づけられている。

第二部では、主に平等と民主主義の関係について、富裕層への課税というテーマを中心に、著者自身の重要な研究も含めて議論されている。メルツァーとリチャードの古典的な研究を踏まえたボイッシュやアセモグルとロビンソンの「再分配主義的な」民主主義論を経て、著者がサミュエルズとともに提示したエリート競合モデルに至る研究史的な流れを著者自身が解説する流れは興味深い。平等ではなく不平等が民主主義を生み出す、とする著者が、民主主義において不平等を解消するために必要だとするのは、社会規範の更新である。政治制度を部分的に変えるのではなく、基盤となる規範も含めた検討が不可避であるというビジョンが示されているのである。

第三部は、おそらく本書の一番の読みどころになるだろう。すでに確立されてきた研究に依拠したそれまでの議論の上に、この10年に本格的に発展した社会的投資を行う福祉国家についての研究成果が展開されている。どうすれば連帯できるのか、を考えるときの重要なポイントは、人々にとって福祉国家を自分事、自分自身の問題にすることである。他人だけではなく、自分にとっても重要なサービスが提供されるからこそ福祉国家を支持するという状態をいかに作り出すか。著者は流行りのベーシック・インカム論の可能性を論じつつ、より重要なのは中間層と福祉国家をいかに結びつけるかであると論じていく。そのためには、福祉国家がどのように私たちの生活に貢献しているかを可視化し、人々が同じコミュニティにいることを改めて明らかにすることが求められると指摘する。

第四部と第五部は、著者の研究が新たなテーマへの広がっていくことを示すものとなっている。第四部は「誰が守護者を抑制するのか」という古典的な問題を中心にセキュリティについての議論が進められ、AIの利用、信用スコア、ボディカメラといった監視をめぐる新しい課題から、ロシアのウクライナ侵攻も含めた国際的な安全保障の問題まで、取り上げられるトピックは幅広い。監視の手法が日々更新されていく中で、安全とそのための制約のバランスをどのようにとるかが課題となっているのである。そして、現在進行形の課題に対して、まだ具体的な制度による対応が不十分である中で、技術に対する規範をいかに確立するかに焦点が当てられる。

規範が重要になるのは、第五部で中心的に扱う気候変動や資源の問題でも同じである。気候変動、資源、そして熱狂とパニックの問題は、それぞれ独立して考えられることが少なくないが、本書ではこれらを巧みに結びつけながら、将来の繁栄について考察する。いずれにおいても望ましいと考えられる長期についての展望を、どのように現在の行動に埋め込んでいくかが課題になる。興味深いのは、一見別々の話に見えるような問題が、同じような考え方の制度によって統御される部分があるところだろう。もちろん、本書がそれまでに論じてきたように、単一の制度で何かが大きく変わるわけではなく、鍵となるのが長期的な関係性を築く信頼であることが示唆される。

近年の政治学研究は、他の社会科学分野と同様に、方法論の精緻化が進んでいる。それによって、少しずつ因果関係を理解することができるようになっているのは確かで、特に政治制度がどのように人々の行動に影響を与えるかについての知見は広がっている。しかし、発見された因果関係が社会の中でどのような意味を持つのかは確定しにくく、得られる知見は技術的な性格が強くなっていて「このようにすべき」という指針を生み出すことが難しくなっている。そのような中で、本書の素晴らしいところは、実証研究の積み重ねの上に立ちながら、その含意を引き出して包括的な社会ビジョンを示し、そこに至る道筋を議論していくところだ。個々の分析が具体的な提案に結びつきにくい研究であっても、それらをまとめるナラティブが生み出され、説得的な社会理論として昇華されていくのである。

そこで発せられているメッセージは、単純だが力強い。敢えて整理すれば、制度は人々の行動を方向付ける技術としての性格を持つが、それを有効に動かす規範を含めて包括的に考える必要があり、現代の福祉国家の規範としては普遍主義が重要になるということだろう。それぞれが自己利益を追求することを排除するのではなく、多くの人々が福祉国家を維持することに利益を見出し、さらには国家を超えたグローバルな問題にも対処していくことができるように、相互に対する信頼を醸成していくことの重要性が論じられる。そのような議論の中核の一つに、選挙制度としての比例代表制の重要性が置かれていることは、政治改革から30年が経って選挙制度の見直しの議論が行われつつある日本に示唆するところも大きいだろう。

このような本書をぜひ多くの日本の読者に読んでいただき、批判も含めて議論していただきたいと考えている。とはいえ、もともと英語圏の一般読者向けの書籍として執筆されているために、部分的にやや口語に近い形での記述が行われており、可能な限り文脈に沿った翻訳を試みたが、不十分なところもあるかもしれない。本書をフォローしきれるものではないが、監訳者である砂原が執筆者の一人となっている『政治学の第一歩［新版］』（有斐閣、２０２０年）では、本書と同様の枠組みで、集合行為問題を中心に政治の理解を説明し、決定の循環や選挙制度の効果、民主主義体制への移行、民主的平和論など本書の鍵となる部分についてカバーしているので、補足的に参照いただくのがよいかもしれない。

非常に骨が折れるもので、責任も重い翻訳という作業を自分が行うことは、これまでに想像したことがなかった。おそらく、自分自身と問題関心がきわめて近く、出版された成果を日常的に読んでいたアンセル教授が執筆した本書でなければ、私が翻訳に取り組むようなことはなかっただろう。まったく面識もない中で、そのような選好を的確に見抜き、重要な仕事の依頼をくださり、その後も丁寧なサポートを続けてくださった工藤氏には改めて感謝を申し上げたい。他方、思いがけずに入ったこの作業によって、半年ほどは週末を中心に多くの時間を割くことになったため、約束が疎かになってしまった家族や、ご迷惑をおかけした関係の皆さんには心からお詫びしたい。何とか作業を終わらせた今、改めて意義のある本書が多くの人に読まれることを願っている。

砂原庸介

ジェームズ・スロウィッキー『群衆の智慧』(2014).KADOKAWA、小高尚子訳
Teele, Dawn Langan (2018). *Forging the Franchise: The Political Origins of the Women's Vote*. Princeton University Press.
Temin, Peter, and Hans-Joachim Voth (2004). 'Riding the South Sea Bubble.' *American Economic Review* 94.5: 1654–68.
Tetlock, Philip E. (2017). *Expert Political Judgment: How Good is It? How Can We Know?* Princeton University Press. フィリップ・E・テトロック『専門家の政治予測 どれだけ当たるか？どうしたら当てられるか？』(2022). みすず書房、桃井緑美子、吉田周平訳
Thelen, Kathleen (2004). *How Institutions Evolve: The Political Economy of Skills in Germany, Britain, the United States, and Japan*. Cambridge University Press. K・セーレン『制度はいかに進化するか 技能形成の比較政治経済学』(2022). 大空社出版、石原俊時、横山悦生監訳
Thomasson, Melissa A. (2003). 'The importance of group coverage: How tax policy shaped US health insurance.' *American Economic Review* 93.4:1373–84.
Tiebout, Charles M. (1956). 'A pure theory of local expenditures.' *Journal of Political Economy* 64.5: 416–24.
Tilly, Charles (1975). 'Reflections on the history of European state-making.' Charles Tilly, ed. *The Formation of National States in Western Europe*. Princeton University Press, 3–89.
Tilly, Charles (1998). *Durable Inequality*. University of California Press.
Tomz, Michael R., and Jessica L. P. Weeks (2013). 'Public opinion and the democratic peace.' *American Political Science Review* 107.4: 849–65.
Tufte, Edward R. (1978). *Political Control of the Economy*. Princeton University Press. E.R. タフト『選挙と経済政策 経済の政治的コントロール』(1980). 有恒書院、中村隆英監訳
Uslaner, Eric M. (2017). *The Historical Roots of Corruption: Mass Education, Economic Inequality, and State Capacity*. Cambridge University Press.
Valentino, Lauren, and Stephen Vaisey (2022). 'Culture and durable inequality.' *Annual Review of Sociology* 48: 109–29.
Wallace, Danielle, Michael D. White, Janne E. Gaub and Natalie Todak (2018). 'Body-worn cameras as a potential source of depolicing : Testing for camera-induced passivity.' *Criminology* 56.3: 481–509.
Wang, Xin Yuan (2019). 'China's social credit system: The Chinese citizens' perspective.' *Anthropology of Smartphones and Smart Ageing Blog* UCL, 9 December. Available at https://blogs.ucl.ac.uk/assa/2019/12/09/chinas-social-credit-system-the-chinese-citizens-perspective/.
Weitzman, Martin L. (2017). 'Sustainability and technical progress.' *The Economics of Sustainability*, ed. John C. V. Pezzey and Michael A. Toman, 329–41. Routledge.
Weyland, Kurt (2014). *Making Waves: Democratic Contention in Europe and Latin America since the Revolutions of 1848*. Cambridge University Press.
Wilkinson, Richard G., and Kate Pickett (2009). *The Spirit Level: Why More Equal Societies Almost Always Do Better*. Allen Lane. リチャード・ウィルキンソン、ケイト・ピケット『平等社会 経済成長に代わる、次の目標』(2010). 東洋経済新報社、酒井泰介訳
Wolff, Jonathan (1998). 'Fairness, respect, and the egalitarian ethos.' *Philosophy & Public Affairs* 27.2: 97–122.
Yang, Dali L. (1996). *Calamity and Reform in China: State, Rural Society, and Institutional Change since the Great Leap Famine*. Stanford University Press.

the Twenty-first Century. Princeton University Press. ウォルター・シャイデル『暴力と不平等の人類史 戦争・革命・崩壊・疫病』(2019). 東洋経済新報社、鬼澤忍、塩原通緒訳
Schelling, Thomas C. (2006). *Micromotives and Macrobehavior*. W. W. Norton & Company (originally 1978). トーマス・シェリング『ミクロ動機とマクロ行動』(2016). 勁草書房、村井章子訳
Scheve, Kenneth, and David Stasavage (2009). 'Institutions, partisanship, and inequality in the long run.' *World Politics* 61.2: 215–53.
Schumpeter, Joseph A. (2013). *Capitalism, Socialism and Democracy*. Routledge (originally 1942). ヨーゼフ・シュンペーター『資本主義・社会主義・民主主義』1、2巻 (2016). 日経 BP 社、大野一訳
Schwartz, Christine R. (2010). 'Earnings inequality and the changing association between spouses' earnings.' *American Journal of Sociology* 115.5: 1524–57.
Schwartz, Christine R. (2013). 'Trends and variation in assortative mating: Causes and consequences.' *Annual Review of Sociology* 39: 451–70.
Scott, James C. (2008). *Seeing Like a State: How Certain Schemes to Improve the Human Condition Have Failed*. Yale University Press.
Scott, James C. (2010). *The Art of Not being Governed: An Anarchist History of Upland Southeast Asia*. Yale University Press. ジェームズ・C・スコット『ゾミア 脱国家の世界史』(2013). みすず書房、佐藤仁監訳、池田一人、今村真央、久保忠行、田崎郁子、内藤大輔、中井仙丈共訳
Seamans, Robert (2021). 'Tax not the robots.' *Brookings Institute*, 25 August. https://www.brookings.edu/research/tax-not-the-robots/.
Sen, Amartya (1982). *Poverty and Famines: An Essay on Entitlement and Deprivation*. Oxford University Press. アマルティア・セン『貧困と飢饉』(2000). 岩波書店、黒崎卓、山崎幸治訳
Sen, A. (1985). *Commodities and Capabilities*. North-Holland. アマルティア・セン『福祉の経済学 財と潜在能力』(1988). 岩波書店、鈴村興太郎訳
Sen, Amartya (1995). *Inequality Reexamined*. Harvard University Press. アマルティア・セン『不平等の再検討 潜在能力と自由』(1999). 岩波書店、池本幸生、野上裕生、佐藤仁訳
Shaw, T. M., and United States (2015). *The Ferguson Report: Department of Justice Investigation of the Ferguson Police Department*. New Press.
Shepsle, Kenneth A., and Barry R. Weingast (1981). 'Structure- induced equilibrium and legislative choice.' *Public Choice* 37.3: 503–19.
Silverman, Bertram (1998). 'The rise and fall of the Swedish model: Interview with Rudolf Meidner.' *Challenge* 41.1: 69–90.
Simas, Elizabeth N., Scott Clifford and Justin H. Kirkland (2020). 'How empathic concern fuels political polarization.' *American Political Science Review* 114.1: 258–69.
Singh, Prerna, and Matthias vom Hau (2016). 'Ethnicity in time: Politics, history, and the relationship between ethnic diversity and public goods provision.' *Comparative Political Studies* 49.10: 1303–40.
Sloman, Peter (2018). 'Universal basic income in British politics, 1918–2018:From a "Vagabond's Wage" to a global debate.' *Journal of Social Policy* 47.3: 625–42.
Sorge, Arndt, and Wolfgang Streeck (2018). 'Diversified quality production revisited: Its contribution to German socio-economic performance over time.' *Socio-Economic Review* 16.3: 587–612.
Standing, Guy (2017). *Basic Income: And How We Can Make It Happen*. Penguin Books. ガイ・スタンディング『ベーシックインカムへの道 正義・自由・安全の社会インフラを実現させるには』(2018). プレジデント社、池村千秋訳
Stavins, Robert N. (2019). 'Carbon taxes vs. cap and trade: Theory and practice.' Harvard Project on Climate Agreements Discussion Paper ES 19–9.
Surowiecki, James (2005). *The Wisdom of Crowds: Why the Many are Smarter Than He Few*. Anchor.

Quistberg, D. Alex, Leah L. Thompson. James Curtiu, et al. (2019). 'Impact of automated photo enforcement of vehicle speed in school zones: Interrupted time series analysis.' *Injury Prevention* 25.5: 400–406.

Rachman, Gideon (2022a). 'Russia and China's plans for a new world order.' *Financial Times*, 23 January.

Rachman, Gideon (2022b). *The Age of the Strongman: How the Cult of the Leader Threatens Democracy around the World*. Random House. ギデオン・ラックマン『強権的指導者の時代 民主主義を脅かす世界の新潮流』(2022). 日経 BP 日本経済新聞出版、村井浩紀監訳

Reeves, Richard V. (2018). *Dream Hoarders: How the American Upper Middle Class is Leaving Everyone Else in the Dust, Why That is a Problem, and What to Do About It*. Brookings Institution Press.

Reich, Rob, Mehran Sahami and Jeremy M. Weinstein (2018). *System Error: Where Big Tech Went Wrong and How We Can Reboot*. Hodder & Stoughton. ロブ・ライヒ、メラン・サハミ、ジェレミー・M・ワインスタイン『システム・エラー社会「最適化」至上主義の罠』(2022).NHK 出版、小坂恵理訳

Riker, William H. (1986). *The Art of Political Manipulation*. Yale University Press.

Rodrik, Dani (2000). 'Institutions for high-quality growth: What they are and how to acquire them.' *Studies in Comparative International Development* 35.3: 3–31.

Romer, Paul (2010). *Technologies, Rules, and Progress: The Case for Charter Cities*. No. id: 2471.

Ross, Michael L. (2001). 'Does oil hinder democracy?' *World Politics* 53.3: 325–61.

Ross, Michael L. (2008). 'Oil, Islam, and women.' *American Political Science Review* 102.1: 107–23.

Rothstein, Bo (1998). *Just Institutions Matter: The Moral and Political Logic of the Universal Welfare State*. Cambridge University Press.

Rothstein, Bo (2020). 'Why no economic democracy in Sweden? A Counterfactual Approach.' *Paper in Conference: Democratizing the Corporation*.

Rousseau, Jean-Jacques (2018). *The Social Contract and Other Later Political Writings*. Cambridge University Press (originally 1762). ルソー『社会契約論 / ジュネーヴ草稿』(2008). 光文社古典新訳文庫、中山元訳

Rubin, Ashley T. (2021). *The Deviant Prison: Philadelphia's Eastern State Penitentiary and the Origins of America's Modern Penal System, 1829–1913*. Cambridge University Press.

Rueda, David, and Jonas Pontusson (2000). 'Wage inequality and varieties of capitalism.' *World Politics* 52.3: 350–83.

Russett, Bruce (1994). *Grasping the Democratic Peace: Principles for a Post-Cold War World*. Princeton University Press. ブルース・ラセット『パクス・デモクラティア 冷戦後世界への原理』(1996). 東京大学出版会、鴨武彦訳

Saez, Emmanuel, Joel Slemrod and Seth H. Giertz (2012). 'The elasticity of taxable income with respect to marginal tax rates: A critical review.' *Journal of Economic Literature* 50.1: 3–50.

Saez, Emmanuel, and Gabriel Zucman (2019). 'Progressive wealth taxation.' *Brookings Papers on Economic Activity* 2019.2: 437–533.

Saez, Emmanuel, and Gabriel Zucman (2020). 'The rise of income and wealth inequality in America: Evidence from distributional macroeconomic accounts.' *Journal of Economic Perspectives* 34.4: 3–26.

Sagar, Rahul (2016). 'Are charter cities legitimate?' *Journal of Political Philosophy* 24.4: 509–29.

Satterthwaite, Mark Allen (1975). 'Strategy-proofness and Arrow's conditions: Existence and correspondence theorems for voting procedures and social welfare functions.' *Journal of Economic Theory* 10.2: 187–217.

Scheidel, Walter (2017). *The Great Leveler: Violence and the History of Inequality from the Stone Age to*

Olson, Mancur (1965). *The Logic of Collective Action*. Harvard University Press. マンサー・オルソン『集合行為論 公共財と集団理論』(1996). ミネルヴァ書房、依田博、森脇俊雅訳
Olson, Mancur (1993). 'Dictatorship, democracy, and development.' *American Political Science Review* 87.3: 567–76.
Olson, Mancur, and Richard Zeckhauser (1966). 'An economic theory of alliances.' *The Review of Economics and Statistics* 48.3: 266–79.
Ornston, Darius (2013). 'Creative corporatism: The politics of high-Technology competition in Nordic Europe.' *Comparative Political Studies* 46.6: 702–29.
Owen, John M. (1994). 'How liberalism produces democratic peace.' *International Security* 19.2: 87–125.
Parijs, Philippe van, and Yannick Vanderborght (2017). *Basic Income*. Harvard University Press. フィリップ・ヴァン・パリース、ヤニック・ヴァンデルポルト『ベーシック・インカム 自由な社会と健全な経済のためのラディカルな提案』(2022). クロスメディア・パブリッシング、竹中平蔵監訳
Pasotti, Eleonora (2010). *Political Branding in Cities: The Decline of Machine Politics in Bogota, Naples, and Chicago*. Cambridge University Press.
Pew Research Center (2016). 'Partisanship and Political Animosity in 2016.' Available at https://www.pewresearch.org/politics/2016/06/22/partisanship-and-political-animosity-in-2016/.
Pfeffer, Fabian T., and Nora Waitkus (2021). 'The wealth inequality of nations.' *American Sociological Review* 86.4: 567–602.
Piketty, Thomas (2014). *Capital in the Twenty-First Century*. Harvard University Press. トマ・ピケティ『21 世紀の資本』(2014). みすず書房、山形浩生、守岡桜、森本正史訳
Piketty, Thomas, Emmanuel Saez and Gabriel Zucman (2018). 'Distributional national accounts: Methods and estimates for the United States.' *The Quarterly Journal of Economics* 133.2: 553–609.
Pinker, Steven (2011). *The Better Angels of Our Nature: The Decline of Violence in History and Its Causes*. Penguin Books. スティーブン・ピンカー『暴力の人類史』上下巻 (2015). 青土社、幾島幸子、塩原通緒訳
Pontusson, Jonas (1993). 'The comparative politics of labor-Initiated reforms: Swedish cases of success and failure.' *Comparative Political Studies* 25.4: 548–78.
Pontusson, Jonas (2005). *Inequality and Prosperity: Social Europe vs. Liberal America*. Cornell University Press.
Pontusson, Jonas, and Sarosh Kuruvilla (1992). 'Swedish wage-Earner funds: An experiment in economic democracy.' *ILR Review* 45.4: 779–91.
Portes, Jonathan (2016). 'What do the people really want? The Condorcet paradox and the referendum.' *LSE Brexit Vote Blog*, 15 June. https://blogs.lse.ac.uk/brexit/2016/06/15/what-do-the-people-really-want-the-condorcet-paradox-and-the-referendum/.
Posner, Eric A., and E. Glen Weyl (2018). *Radical Markets: Uprooting Capitalism and Democracy for a Just Society*. Princeton University Press. エリック・A・ポズナー、E・グレン・ワイル『ラディカル・マーケット 脱・私有財産の世紀』(2020). 東洋経済新報社、安田洋祐監訳、遠藤真美訳
Pritchett, Lant (1997). 'Divergence, big time.' *Journal of Economic Perspectives* 11.3: 3–17.
Putnam, Robert D. (1992). *Making Democracy Work: Civic Traditions in Modern Italy*. Princeton University Press. ロバート・D. パットナム『哲学する民主主義 伝統と改革の市民的構造』(2001).NTT出版、河田潤一訳
Putnam, Robert D. (2000). *Bowling Alone: The Collapse and Revival of American Community*. Simon & Schuster. ロバート・D. パットナム『孤独なボウリング 米国コミュニティの崩壊と再生』(2006). 柏書房、柴内康文訳

McLean, Iain (2010). *What's Wrong with the British Constitution?* Oxford University Press.
McLean, Iain, and Fiona Hewitt, eds. (1994). *Condorcet: Foundations of Social Choice and Political Theory*. Edward Elgar Publishing.
Meltzer, Allan H., and Scott F. Richard (1981). 'A rational theory of the size of government.' *Journal of Political Economy* 89.5: 914–27.
Messer, Lynne C., Jay S. Kaufman, Nancy Dole, et al. (2006). 'Violent crime exposure classification and adverse birth outcomes: A geographically-defined cohort study.' *International Journal of Health Geographics* 5.1: 1–12.
Mettler, Suzanne (2011). *The Submerged State: How Invisible Government Policies Undermine American Democracy*. University of Chicago Press.
Michener, Jamila (2018). *Fragmented Democracy: Medicaid, Federalism, and Unequal Politics*. Cambridge University Press.
Miguel, Edward, and Mary Kay Gugerty (2005). 'Ethnic diversity, social sanctions, and public goods in Kenya.' *Journal of Public Economics* 89. 11–12: 2325–68.
Milanović, Branko (2016). *Global Inequality: A New Approach for the Age of Globalization*. Harvard University Press. ブランコ・ミラノヴィッチ『大不平等 エレファントカーブが予測する未来』(2017). みすず書房、立木勝訳
Milanović, Branko, Peter H. Lindert and Jeffrey G. Williamson (2011). 'Preindustrial inequality.' *The Economic Journal* 121.551: 255–72.
Miyajima, Takeru, and Hiroyuki Yamaguchi (2017). 'I want to but I won't: Pluralistic ignorance inhibits intentions to take paternity leave in Japan.' *Frontiers in Psychology* 8: 1508.
Morris, Norval, and David J. Rothman, eds. (1998). *The Oxford History of the Prison: The Practice of Punishment in Western Society*. Oxford University Press.
Morse, Yonatan L. (2012). 'The era of electoral authoritarianism.' *World Politics* 64.1: 161–98.
Mueller, Dennis C. (2003). *Public Choice III*. Cambridge University Press.
Muller, Miriam (2005). 'Social control and the hue and cry in two fourteenth-century villages.' *Journal of Medieval History* 31.1: 29–53.
Murr, Andreas Erwin (2011). '"Wisdom of crowds"? A decentralised election forecasting model that uses citizens' local expectations.' *Electoral Studies* 30.4: 771–83.
Murr, Andreas E. (2015). 'The wisdom of crowds: Applying Condorcet's jury theorem to forecasting US presidential elections.' *International Journal of Forecasting* 31.3: 916–29.
Murr, Andreas E. (2016). 'The wisdom of crowds: What do citizens forecast for the 2015 British general election?' *Electoral Studies* 41: 283–8.
Murray, Charles (2016). *In Our Hands: A Plan to Replace the Welfare State*. Rowman & Littlefield.
Nietzsche, Friedrich Wilhelm (1974). *The Gay Science: With a Prelude in German Rhymes and an Appendix of Songs*. Vol. 985. Vintage (originally 1882). 『ニーチェ全集8　悦ばしき知識』(1993). 筑摩書房、信太正三訳
Nooruddin, Irfan (2010). *Coalition Politics and Economic Development: Credibility and the Strength of Weak Governments*. Cambridge University Press.
North, Douglass C., and Barry R. Weingast (1989). 'Constitutions and commitment: The evolution of institutions governing public choice in seventeenth-century England.' The *Journal of Economic History* 49.4: 803–32.
OECD Income Distribution Database (2015). Accessed July 2022. https://stats.oecd.org.
Okun, Arthur M. (2015). *Equality and Efficiency: The Big Tradeoff*. Brookings Institution Press (originally 1975).

Leeson, Peter T. (2007). 'Better off stateless: Somalia before and after government collapse.' *Journal of Comparative Economics* 35.4: 689–710.
Leeson, Peter T. (2009). 'The laws of lawlessness.' *The Journal of Legal Studies* 38.2: 471–503.
Leonard, Andrew (2020). 'How Taiwan's unlikely digital minister hacked the pandemic.' *Wired*, 23 July.
Levenson, Eric (2020). 'These GOP governors long resisted mask mandates and coronavirus rules. Now their states are in crisis.' CNN website, 17 November. Available at https://lite.cnn.com/en/article/h_ac45098a5d54038d61449dcf93727488.
Levitsky, Steven, and Lucan A. Way (2002). 'Elections without democracy: The rise of competitive authoritarianism.' *Journal of Democracy* 13.2: 51–65.
Levitsky, Steven, and Daniel Ziblatt (2018). *How Democracies Die*. Broadway Books. スティーブン・レビツキー、ダニエル・ジブラット『民主主義の死に方 二極化する政治が招く独裁への道』(2018). 新潮社、濱野大道訳
Lewis, William Arthur (1954). 'Economic development with unlimited supplies of labour.' *The Manchester School* 22.2: 139–91.
Lewis, W. Arthur (1976). 'Development and distribution.' *Employment, Income Distribution and Development Strategy: Problems of the Developing Countries*, 26–42, Palgrave Macmillan.
Lieberman, Evan S. (2003). *Race and Regionalism in the Politics of Taxation in Brazil and South Africa*. Cambridge University Press.
Lijphart, Arend (1999). *Patterns of Democracy: Government Forms and Performance in Thirty-Six Countries*. Yale University Press. アレンド・レイプハルト『民主主義対民主主義 多数決型とコンセンサス型の 36 ヶ国比較研究』(2005). 勁草書房、粕谷祐子訳
Lindert, Peter H. (2004). *Growing Public: Social Spending and Economic Growth since the Eighteenth Century*, Vol. 1: *The Story*. Cambridge University Press.
List, Christian, and Robert E. Goodin (2001). 'Epistemic democracy: Generalizing the Condorcet jury theorem.' *Journal of Political Philosophy* 9.3: 227–306.
Locke, Richard M. (2001). 'Building trust.' Annual Meetings of the American Political Science Association, Hilton Towers, San Francisco, California.
Lum, Kristian, and William Isaac (2016). 'To predict and serve?' *Significance* 13.5: 14–19.
Lupu, Noam (2016). 'Latin America's new turbulence: The end of the Kirchner era.' *Journal of Democracy* 27.2: 35–49.
Lynch, Julia (2020). *Regimes of Inequality: The Political Economy of Health and Wealth*. Cambridge University Press.
Maddison, Angus (2006). *The World Economy*. OECD Publishing.
Maskin, Eric, and Amartya Sen (2014). *The Arrow Impossibility Theorem*. Columbia University Press.
Matthews, Dylan (2019). 'Bernie Sanders's most socialist idea yet, explained.' *Vox*, 29 May.
Mazzucato, Mariana (2011). 'The entrepreneurial state.' *Soundings* 49: 131–42.
McCarty, Nolan, Keith T. Poole and Howard Rosenthal (2016). *Polarized America: The Dance of Ideology and Unequal Riches*. MIT Press.
McGann, Anthony J. (2006). *The Logic of Democracy: Reconciling Equality, Deliberation, and Minority Protection*. University of Michigan Press.
McInnes, Roderick (2021). 'Pensions: International comparisons.' House of Commons Briefing Paper. Number CBP00290, 9 April.
McLean, Iain (2002). 'William H. Riker and the invention of heresthetic (s).' *British Journal of Political Science* 32.3: 535–58.

Iversen, T., and P. Rehm (2022). *Big Data and the Welfare State: How the Information Revolution Threatens Social Solidarity*. Cambridge University Press.
Iversen, Torben, and David Soskice (2001). 'An asset theory of social policy preferences.' *American Political Science Review* 95.4: 875–93.
Iversen, Torben, and David Soskice (2006). 'Electoral institutions and the politics of coalitions: Why some democracies redistribute more than others.' *American Political Science Review* 100.2: 165–81.
Jacobs, Alan M. (2011). *Governing for the Long Term: Democracy and the Politics of Investment*. Cambridge University Press.
Jacobs, Lawrence R. (2019). *The Health of Nations*. Cornell University Press.
Johnston, Norman Bruce (2000). *Forms of Constraint: A History of Prison Architecture*. University of Illinois Press. ノーマン・ジョンストン『図説監獄の歴史 監禁・勾留・懲罰』(2002). 原書房、丸山聡美、小林純子訳
Jones, Calvert W. (2015). 'Seeing like an autocrat: Liberal social engineering in an illiberal state.' *Perspectives on Politics* 13.1: 24–41.
Jones, Calvert W. (2017). *Bedouins into Bourgeois: Remaking Citizens for Globalization*. Cambridge University Press.
Keohane, Robert O., and Michael Oppenheimer (2016). 'Paris: Beyond the climate dead end through pledge and review?' *Politics and Governance* 4.3: 142–51.
Kim, Taeho (2019). 'Facilitating police reform: Body cameras, use of force, and law enforcement outcomes.' *Use of Force, and Law Enforcement Outcomes*, 23 October.
Kim, Taeho (2022). 'Measuring police performance: Public attitudes expressed in Twitter.' *AEA Papers and Proceedings* 112: 184–7.
Kinder, Donald R., and Cindy D. Kam (2010). *Us Against Them: Ethnocentric Foundations of American Opinion*. University of Chicago Press.
Klein, Ezra (2020). *Why We're Polarized*. Simon & Schuster.
Kleven, Henrik, and Camille Landais (2017). 'Gender inequality and economic development: Fertility, education and norms.' *Economica* 84.334: 180–209.
Kohler-Hausmann, Julilly (2007). ' "The crime of survival": Fraud prosecutions, community surveillance, and the original "welfare queen".' *Journal of Social History* 41.2: 329–54.
Korpi, Walter, and Joakim Palme (1998). 'The paradox of redistribution and strategies of equality: Welfare state institutions, inequality, and poverty in the Western countries.' *American Sociological Review* 63.5: 661–87.
Kremer, Michael (1993). 'The O-ring theory of economic development.' *The Quarterly Journal of Economics* 108.3: 551–75.
Krueger, Alan (2012). 'The rise and consequences of inequality.' *Presentation Made to the Center for American Progress, January 12th*.
Kurlansky, Mark (2011). *Cod: A Biography of the Fish That Changed the World*. Vintage Canada. マーク・カーランスキー『鱈 世界を変えた魚の歴史』(1999). 飛鳥新社、池央耿訳
Kuznets, Simon (1955). 'Economic growth and income inequality.' *American Economic Review* 45.1: 1–28.
Kydd, Andrew H. (2015). *International Relations Theory*. Cambridge University Press.
Kymlicka, Will (2002). *Contemporary Political Philosophy: An Introduction*. Oxford University Press. W. キムリッカ『新版現代政治理論』(2005). 日本経済評論社、千葉眞、岡﨑晴輝訳
Lake, David A., and Matthew A. Baum (2001). 'The invisible hand of democracy: Political control and the provision of public services.' *Comparative Political Studies* 34.6: 587–621.

Comparative Advantage. Oxford University Press. ピーター・A. ホール、デヴィッド・ソスキス編『資本主義の多様性 比較優位の制度的基礎』(2007). ナカニシヤ出版、遠山弘徳、安孫子誠男、山田鋭夫、宇仁宏幸、藤田菜々子訳
Harrison, Kathryn (2013). 'The political economy of British Columbia's carbon tax.' *OECD Environment Working Papers* 63.
Heinrich, Tobias, Yoshiharu Kobayashi and Kristin A. Bryant (2016). 'Public opinion and foreign aid cuts in economic crises.' *World Development* 77: 66–79.
Herrmann, Michael, Simon Munzert and Peter Selb (2016). 'Determining the effect of strategic voting on election results.' *Journal of the Royal Statistical Society: Series A (Statistics in Society)* 179.2: 583–605.
Herzog, Lisa (2018). 'Durkheim on social justice: The argument from "organic solidarity".' *American Political Science Review* 112.1: 112–24.
Hill, Terrence D., Catherine E. Ross and Ronald J. Angel (2005). 'Neighborhood disorder, psychophysiological distress, and health.' *Journal of Health and Social Behavior* 46.2: 170–86.
Hills, John (2017). *Good Times, Bad Times: The Welfare Myth of Them and Us*. Policy Press.
Hillygus, D. Sunshine, and Sarah A. Treul (2014). 'Assessing strategic voting in the 2008 US presidential primaries: The role of electoral context, institutional rules, and negative votes.' *Public Choice* 161.3: 517–36.
Hix, Simon, Ron J. Johnston and Iain McLean (2010). *Choosing an Electoral System*. The British Academy.
Hoffman, Mitchell, Gianmarco Leon and Maria Lombardi (2017). 'Compulsory voting, turnout, and government spending: Evidence from Austria.' *Journal of Public Economics* 145: 103–15.
Holden, Steinar (2013). 'Avoiding the resource curse the case Norway.' *Energy Policy* 63: 870–76.
Hopkin, Jonathan, and Mark Blyth (2012). 'What can Okun teach Polanyi?　Efficiency, regulation and equality in the OECD.' *Review of International Political Economy* 19.1: 1–33.
Hoppit, Julian (2002). 'The myths of the South Sea Bubble.' *Transactions of the Royal Historical Society* 12: 141–65.
Horowitz, Michael C. (2019). 'When speed kills: Lethal autonomous weapon systems, deterrence and stability.' *Journal of Strategic Studies* 42.6: 764–88.
Horton, Chris (2018). 'The simple but ingenious system Taiwan uses to crowdsource its laws.' *MIT Technology Review*, 21 August 2018.
Hotelling, Harold (1929). 'Stability in competition.' *The Economic Journal* 39.153: 41–57.
Howard, Christopher (1999). *The Hidden Welfare State: Tax Expenditures and Social Policy in the United States*. Princeton University Press.
Huntington, Samuel P. (1993). *The Third Wave: Democratization in the Late Twentieth Century*. University of Oklahoma Press. S.P. ハンチントン『第三の波 20 世紀後半の民主化』(2023). 白水社、川中豪訳
Hurwicz, Leonid (2008). 'But who will guard the guardians?' *American Economic Review* 98.3: 577–85.
Intergovernmental Panel on Climate Change (2019). *Global Warming of 1.5*℃ . Scientific report.
International Social Survey Program: Role of Government (2016).
International Social Survey Program: Social Inequality (2019).
Irwin, Douglas A., and Randall S. Kroszner (1996). 'Log-rolling and economic interests in the passage of the Smoot–Hawley Tariff.' *Carnegie–Rocheste Conference Series on Public Policy*: 173–200 45 NBER.
Iversen, Torben (2010). 'Democracy and capitalism.' *The Oxford Handbook of the Welfare State* ed. Francis G. Castles, Stephan Liebfried, Jane Lewis, et al., 183–95. Oxford University Press.

the United States and Britain.' *Comparative Political Studies* 51.13: 1694–719.
Gibbard, Allan (1973). 'Manipulation of voting schemes: A general result.' *Econometrica: Journal of the Econometric Society* 41.4: 587–601.
Gibbons, Robert S. (1992). *Game Theory for Applied Economists*. Princeton University Press. ロバート・ギボンズ『経済学のためのゲーム理論入門』(2020). 岩波書店、福岡正夫、須田伸一訳
Gilens, Martin (2003). 'How the poor became black: The racialization of American poverty in the mass media.' *Race and the Politics of Welfare Reform*, ed. Sanford F. Schram, Joe Soss and Richard C. Fording, 101–30. University of Michigan Press.
Gilens, Martin (2009). *Why Americans Hate Welfare: Race, Media, and the Politics of Antipoverty Policy*. University of Chicago Press.
Gingrich, Jane (2014). 'Visibility, values, and voters: The informational role of the welfare state.' *The Journal of Politics* 76.2: 565–80.
Gingrich, Jane, and Ben W. Ansell (2014). 'Sorting for schools: Housing, education and inequality.' *Socio-Economic Review* 12.2: 329–51.
Gingrich, Jane, and Ben Ansell (2015). 'The dynamics of social investment: Human capital, activation, and care.' In Beramendi, Hansermann, Kitschelt and Kriesi, eds. (2015), 282–304.
Goldin, Claudia, and Lawrence F. Katz (2010). *The Race between Education and Technology*. Harvard University Press.
Goldin, Claudia, and Robert A. Margo (1992). 'The great compression: The wage structure in the United States at mid-century.' *The Quarterly Journal of Economics* 107.1: 1–34.
Gondermann, Thomas (2007). 'Progression and retrogression in Herbert Spencer's *Explanations of Social Inequality*.' *History of the Human Sciences* 20.3: 21–40.
Goodin, Robert E., and Kai Spiekermann (2018). *An Epistemic Theory of Democracy*. Oxford University Press.
Graefe, Andreas (2014). 'Accuracy of vote expectation surveys in forecasting elections.' *Public Opinion Quarterly* 78.S1: 204–32.
Greenwood, Jeremy, Nezih Guner, Georgi Kocharkov and Cezar Santos (2014). 'Marry your like: Assortative mating and income inequality.' *American Economic Review* 104.5: 348–53.
Grogan, Colleen M., and Sunggeun Park (2017). 'The racial divide in state Medicaid expansions.' *Journal of Health Politics, Policy and Law* 42.3: 539–72.
Haas, Linda, and C. Philip Hwang (2019). 'Policy is not enough – the influence of the gendered workplace on fathers' use of parental leave in Sweden.' *Community, Work & Family* 22.1: 58–76.
Habyarimana, James, Macartan Humphreys, Daniel Posner and Jeremy Weinstein (2007). 'Why does ethnic diversity undermine public goods provision?' *American Political Science Review* 101.4: 709–25.
Hacker, Jacob S. (1999). *The Road to Nowhere: The Genesis of President Clinton's Plan for Health Security*. Princeton University Press.
Hacker, Jacob, Ben Jackson and Martin O'Neill (2013). 'The politics of predistribution : Jacob Hacker interviewed by Ben Jackson and Martin O'Neill.' *Renewal* 21. 2–3: 54–65.
Hacker, Jacob S. and Paul Pierson (2005). *Off Center: The Republican Revolution and the Erosion of American Democracy*. Yale University Press.
Haerpfer, Christian, Ronald Inglehart, Alejandro Moreno, et al., eds.(2022). *World Values Survey: Round Seven – Country-Pooled Datafile Version 4.0*. JD Systems Institute & WVSA Secretariat. doi.org/10.14281/18241.18.
Hale, Thomas (2020). 'Catalytic cooperation.' *Global Environmental Politics* 20.4: 73–98.
Hall, Peter A., and David Soskice, eds. (2001). *Varieties of Capitalism: The Institutional Foundations of*

Eika, Lasse, Magne Mogstad and Basit Zafar (2019). 'Educational assortative mating and household income inequality.' *Journal of Political Economy* 127.6: 2795–835.
Ekberg, John, Rickard Eriksson and Guido Friebel (2013). 'Parental leave –A policy evaluation of the Swedish "Daddy-Month" reform.' *Journal of Public Economics* 97: 131–43.
Ekiert, Grzegorz (1998). 'Liberum Veto.' *The Encyclopedia of Democracy*, ed. Seymour M. Lipset. Congressional Quarterly Books, 1340–46.
Elkjaer, Mads, Ben Ansell, Laure Bokobza, et al. (2022). 'Why is it so hard to counteract wealth inequality? Evidence from England and Wales.' Working Paper.
Elster, Jon (2015). *Explaining Social Behavior: More Nuts and Bolts for the Social Sciences*. Cambridge University Press.
Emsley, Clive (2014). *The English Police: A Political and Social History*. Routledge.
Ermisch, John, Marco Francesconi and Thomas Siedler (2006). 'Intergenerational mobility and marital sorting.' *The Economic Journal* 116.513: 659–79.
Esping-Andersen, Gosta (1990). *The Three Worlds of Welfare Capitalism*. Princeton University Press. G. エスピン - アンデルセン『福祉資本主義の三つの世界 比較福祉国家の理論と動態』(2001). ミネルヴァ書房、岡沢憲芙、宮本太郎監訳
Estevez-Abe, Margarita, Torben Iversen and David Soskice (2001). 'Social protection and the formation of skills: A reinterpretation of the welfare state.' In Hall and Soskice (2001), 145–83.
Farrell, David M., Jane Suiter and Clodagh Harris (2019). ' "Systematizing" constitutional deliberation: The 2016–18 citizens' assembly in Ireland.' *Irish Political Studies* 34.1: 113–23.
Foucault, Michel (1977). *Discipline and Punish: The Birth of the Prison*. Random House. ミシェル・フーコー『監獄の誕生 監視と処罰』(1977). 新潮社、田村俶訳
Fowler, Anthony (2013). 'Electoral and policy consequences of voter turnout: Evidence from compulsory voting in Australia.' *Quarterly Journal of Political Science* 8.2: 159–82.
Frye, Timothy (2022). *Weak Strongman: The Limits of Power in Putin's Russia*. Princeton University Press.
Fukuyama, Francis (2006). *The End of History and The Last Man*. Simon & Schuster. F. フクヤマ『歴史の終わり』上下巻 (2020). 三笠書房、渡部昇一訳
Fussey, Peter, and Daragh Murray (2019). 'Independent report on the London Metropolitan Police Service's trial of live facial recognition technology.'
Gaikwad, Nikhar, Federica Genovese and Dustin Tingley (2022). 'Creating climate coalitions: Mass preferences for compensating vulnerability in the world's two largest democracies.' *American Political Science Review* 116.4: 1165–83.
Gains, Adrian, Benjamin Heydecker, John Shrewsbury and Sandy Robertson (2004). 'The national safety camera programme – three year evaluation report.' Available at http://speedcamerareport.co.uk/4_year_evaluation.pdf.
Galbiati, Roberto, and Giulio Zanella (2012). 'The tax evasion social multiplier: Evidence from Italy.' *Journal of Public Economics* 96. 5–6: 485–94.
Gartzke, Erik (2007). 'The capitalist peace.' *American Journal of Political Science* 51.1: 166–91.
Geiger, Ben Baumberg (2018). 'Benefit "myths"? The accuracy and inaccuracy of public beliefs about the benefits system.' *Social Policy & Administration* 52.5: 998–1018.
Gest, Justin (2016). *The New Minority: White Working Class Politics in an Age of Immigration and Inequality*. Oxford University Press. ジャスティン・ゲスト『新たなマイノリティの誕生 声を奪われた白人労働者たち』(2019). 弘文堂、吉田徹、西山隆行、石神圭子、河村真実訳
Gest, Justin, Tyler Reny and Jeremy Mayer (2018). 'Roots of the radical right: Nostalgic deprivation in

Cohen, Gerald Allan. (1989). 'On the currency of egalitarian justice.' *Ethics* 99.4: 906–44.
Cohen, Gerald Allan (2008). *Rescuing Justice and Equality*. Harvard University Press.
Cohen, Robin, Emily Terlizzi and Michael Martinez (2019). 'Health insurance coverage: Early release of estimates from the National Health Interview Survey, 2018.' National Center for Health Statistics. May 2019.
Colgan, Jeff D., Jessica F. Green and Thomas N. Hale (2021). 'Asset revaluation and the existential politics of climate change.' *International Organization* 75.2: 586–610.
Cook, Lisa D. (2014). 'Violence and economic activity: Evidence from African American patents, 1870–1940.' *Journal of Economic Growth* 19.2: 221–57.
Corden, Warner Max (1984). 'Booming sector and Dutch disease economics: Survey and consolidation.' *Oxford Economic Papers* 36.3: 359–80.
Coyle, Diane (2015). *GDP: A Brief But Affectionate History*, revised and expanded edition. Princeton University Press. ダイアン・コイル『GDP〈小さくて大きな数字〉の歴史』(2015). みすず書房、高橋璃子訳
Creemers, Rogier (2018). 'China's social credit system: An evolving practice of control.' Available at SSRN 3175792.
Crepaz, Markus M. L. (1998). 'Inclusion versus exclusion: Political institutions and welfare expenditures.' *Comparative Politics* 31.1: 61–80.
Cullen, Julie Berry, Mark C. Long and Randall Reback (2013). 'Jockeying for position: Strategic high school choice under Texas' top ten percent plan.' *Journal of Public Economics* 97: 32–48.
Dahl, Gordon B., Katrine V. Loken and Magne Mogstad (2014). 'Peer effects in program participation.' *American Economic Review* 104.7: 2049–74.
Dancygier, Rafaela M. (2010). *Immigration and Conflict in Europe*. Cambridge University Press.
de Swaan, Abram (1988). *In Care of the State: Health Care, Education and Welfare in Europe and the USA in the Modern Era*. Oxford University Press.
Dixit, Avinash K., and Barry J. Nalebuff (1993). *Thinking Strategically: The Competitive Edge in Business, Politics, and Everyday Life*. W. W. Norton & Company. アビナッシュ・ディキシット、バリー・ネイルバフ『戦略的思考とは何か エール大学式「ゲーム理論」の発想法』(1991).TBSブリタニカ、菅野隆、嶋津祐一訳
Downs, Anthony (1957). *An Economic Theory of Democracy*. Harper. アンソニー・ダウンズ『民主主義の経済理論』(1980). 成文堂、古田精司監訳
Dryzek, John S., and Christian List (2003). 'Social choice theory and deliberative democracy: A reconciliation.' *British Journal of Political Science* 33.1: 1–28.
Duch, Raymond M., and Randolph T. Stevenson (2008). *The Economic Vote: How Political and Economic Institutions Condition Election Results*. Cambridge University Press.
Durkheim, Emile (2019). 'The division of labor in society.' *Social Stratification*. Routledge (originally 1893).
Dworkin, Ronald (1983). 'Comment on Narveson: In defense of equality.' *Social Philosophy and Policy* 1.1: 24–40.
Economist (2015). 'Princes of paperwork', 19 March.
Economist (2019). 'How Argentina and Japan continue to confound macroeconomists',28 March.
Eeckhaut, Mieke C. W., and Maria A. Stanfors (2021). 'Educational assortative mating, gender equality, and income differentiation across Europe: A simulation study.' *Acta Sociologica* 64.1: 48–69.
Eggers, Andrew C. (2021). 'A diagram for analyzing ordinal voting systems.' *Social Choice and Welfare* 56.1: 143–71.

slowed rising inequality?' *Journal of Economic Perspectives* 27.3: 103–24.
Branstrom, Richard, and Yvonne Brandberg (2010). 'Health risk perception, optimistic bias, and personal satisfaction.' *American Journal of Health Behavior* 34.2: 197–205.
Braumoeller, Bear F. (2019). *Only the Dead: The Persistence of War in the Modern Age*. Oxford University Press.
Breen, Richard, and Signe Hald Andersen (2012). 'Educational assortative mating and income inequality in Denmark.' *Demography* 49.3: 867–87.
Brennan, Jason (2017). *Against Democracy*. Princeton University Press. ジェイソン・ブレナン『アゲインスト・デモクラシー』上下巻 (2022). 勁草書房、井上彰、小林卓人、辻悠佑、福島弦、福原正人、福家佑亮訳
Breznitz, Dan (2021). *Innovation in Real Places: Strategies for Prosperity in an Unforgiving World*. Oxford University Press.
Breznitz, Dan, and Darius Ornston (2013). 'The revolutionary power of peripheral agencies: Explaining radical policy innovation in Finland and Israel.' *Comparative Political Studies* 46.10: 1219–45.
Buchanan, Neil H., and Michael C. Dorf (2012). 'Nullifying the debt ceiling threat once and for all: Why the president should embrace the least unconstitutional option.' *Columbia Law Review* 112.
Calomiris, Charles W., and Stephen H. Haber (2015). *Fragile by Design: The Political Origins of Banking Crises and Scarce Credit*. Princeton University Press.
Canon, J. (2022). 'Three general wills in Rousseau.' *The Review of Politics*, 84.3: 350–71.
Caplan, Bryan (2011). *The Myth of the Rational Voter*. Princeton University Press. ブライアン・カプラン『選挙の経済学 投票者はなぜ愚策を選ぶのか』(2009). 日経 BP 社、長峯純一、奥井克美監訳
Cappelen, Cornelius, and Stefan Dahlberg (2018). 'The Law of Jante and generalized trust.' *Acta Sociologica* 61.4: 419–40.
Carattini, Stefano, Steffen Kallbekken and Anton Orlov (2019). 'How to win public support for a global carbon tax.' *Nature* 565.7739: 289–91.
Carozzi, Felipe, Christian A. L. Hilber and Xiaolun Yu (2020). 'On the economic impacts of mortgage credit expansion policies: Evidence from Help to Buy.' CEPR Discussion Paper No. DP14620 (April 2020).
Carugati, Federica (2020). 'Tradeoffs of inclusion: Development in ancient Athens.' *Comparative Political Studies* 53.1: 144–70.
Catlin, Aaron C. and Cathy A. Cowan (2015). 'History of health spending in the United States, 1960–2013.' Centers for Medicare and Medicaid Services.
Cavaille, Charlotte, and Jeremy Ferwerda (2022). 'How distributional conflict over in-kind benefits generates support for far-right parties.' *The Journal of Politics*.
Charities Aid Foundation (2016). *Gross Domestic Philanthropy: An International Analysis of GDP, Tax, and Giving*. The Trustees of the Charities Aid Foundation.
Charnysh, Volha, Christopher Lucas and Prerna Singh (2015). 'The ties that bind: National identity salience and pro-social behavior toward the ethnic other.' *Comparative Political Studies* 48.3: 267–300.
Chaudhry, Kiren Aziz (1997). *The Price of Wealth: Economies and Institutions in the Middle East*. Cornell University Press.
Chetty, Raj (2008). 'Moral hazard versus liquidity and optimal unemployment insurance.' *Journal of Political Economy* 116.2: 173–234.
Cobbina-Dungy, Jennifer E., and Delores Jones-Brown (2021). 'Too much policing: Why calls are made to defund the police.' *Punishment & Society*.

Axelrod, Robert, and Robert O. Keohane (1985). 'Achieving cooperation under anarchy: Strategies and institutions.' *World Politics* 38.1: 226–54.
Baldwin, Kate, and John D. Huber (2010). 'Economic versus cultural differences: Forms of ethnic diversity and public goods provision.' *American Political Science Review* 104.4: 644–62.
Balkin, Jack (2011). '3 ways Obama could bypass Congress.' CNN website, 28 July 2011. https://edition.cnn.com/2011/OPINION/07/28/balkin.obama.options/.
Barr, Nicholas Adrian (2001). *The Welfare State as Piggy Bank: Information, Risk, Uncertainty, and the Role of the State*. Oxford University Press.
Barr, Nicholas (2012). 'The higher education White Paper: The good, the bad, the unspeakable – and the next White Paper.' *Social Policy & Administration* 46.5: 483–508.
Barry, Brian (1989). *Democracy, Power, and Justice: Essays in Political Theory*. Vol. 1. Oxford University Press.
Bartels, Larry M. (2005). 'Homer gets a tax cut: Inequality and public policy in the American mind.' *Perspectives on Politics* 3.1: 15–31.
Bartels, Larry M. (2016). *Unequal Democracy*. Princeton University Press.
Batson, C. Daniel, M. P. Polycarpou, E. Harmon-Jones, et al. (1997). 'Empathy and attitudes: Can feeling for a member of a stigmatized group improve feelings toward the group?' *Journal of Personality and Social Psychology* 72.1: 105.
Bayley, David H. (1990). *Patterns of Policing: A Comparative International Analysis*. Rutgers University Press.
Bechtel, Michael M., Kenneth Scheve and Elisabeth van Lieshout (2019). 'What determines climate policy preferences if reducing greenhouse-gas emissions is a global public good?' SSRN 3472314.
Beramendi, Pablo, Silja Hausermann, Herbert Kitschelt and Hanspeter Kriesi, eds. (2015). *The Politics of Advanced Capitalism*. Cambridge University Press.
Bertrand, Marianne (2020). 'Gender in the twenty-first century.' *AEA Papers and Proceedings* 110: 1–24.
Bidadanure, Juliana Uhuru (2019). 'The political theory of universal basic income.' *Annual Review of Political Science* 22: 481–501.
Binmore, Ken (2004). 'Reciprocity and the social contract.' *Politics, Philosophy & Economics* 3.1: 5–35.
Black, Duncan (1948). 'On the rationale of group decision-making.' *Journal of Political Economy* 56.1: 23–34.
Black, Sandra E., Jeffrey T. Denning and Jesse Rothstein (2020). *Winners and Losers? The Effect of Gaining and Losing Access to Selective Colleges on Education and Labor Market Outcomes*. No. w26821. National Bureau of Economic Research.
Black, Sandra, Paul Devereux, Fanny Landaud and Kjell Salvanes (2022). *The (Un)Importance of Inheritance*. No. w29693. National Bureau of Economic Research.
Bleemer, Zachary (2021). 'Top percent policies and the return to postsecondary selectivity.' *Research & Occasional Paper Series: CSHE* I .
Bloodworth, James (2018). *Hired: Six Months Undercover in Low-Wage Britain*. Atlantic Books. ジェームズ・ブラッドワース『アマゾンの倉庫で絶望し、ウーバーの車で発狂した 潜入・最低賃金労働の現場』(2019). 光文社、濱野大道訳
Boix, Carles (2003). *Democracy and Redistribution*. Cambridge University Press.
Bolton, Matt (2020). ' "Democratic socialism" and the concept of (post) capitalism.' *The Political Quarterly* 91.2: 334–42.
Bonica, Adam, Nolan McCarty, Keith T. Poole and Howard Rosenthal (2013). 'Why hasn't democracy

56, no. 3: 403–43.
Alstadsater, Annette, Niels Johannesen and Gabriel Zucman (2019). 'Tax evasion and inequality.' *American Economic Review* 109.6: 2073–103.
Anderson, Christopher J., Andre Blais, Shane Bowler, et al., eds. (2005). *Losers' Consent: Elections and Democratic Legitimacy.* Oxford University Press.
Andrew, Alison, Oriana Bandiera, Monica Costa-Dias and Camille Landais (2021). 'Women and men at work.' *IFS Deaton Review of Inequalities.*
Ansell, Ben W. (2008a). 'Traders, teachers, and tyrants: Democracy, globalization, and public investment in education.' *International Organization* 62.2: 289–322.
Ansell, Ben W. (2008b). 'University challenges: Explaining institutional change in higher education.' *World Politics* 60.2: 189–230.
Ansell, Ben W. (2010). *From the Ballot to the Blackboard: The Redistributive Political Economy of Education.* Cambridge University Press.
Ansell, Ben W. (2014). 'The political economy of ownership: Housing markets and the welfare state.' *American Political Science Review* 108.2: 383–402.
Ansell, Ben W. (2019). 'The politics of housing.' *Annual Review of Political Science* 22.1: 165–85.
Ansell, Ben W., Martin Bauer, Jane Gingrich and Jack Stilgoe (2021). 'Coping with Covid: Two wave survey.' Working Paper, https://rpubs.com/benwansell/729135.
Ansell, Ben W., Laure Bokobza, Asli Cansunar, et al. (2022). 'How do wealth and income affect individuals' attitudes towards redistribution and taxation?' Working Paper.
Ansell, Ben, Asli Cansunar and Mads Andreas Elkjaer (2021). 'Social distancing, politics and wealth.' *West European Politics* 44. 5–6: 1283–313.
Ansell, Ben, and Jane Gingrich (2017). 'Mismatch: University education and labor market institutions.' *PS: Political Science & Politics* 50.2: 423–5.
Ansell, Ben, Frederik Hjorth, Jacob Nyrup and Martin Vinas Larsen (2022). 'Sheltering populists? House prices and the support for populist parties.' *The Journal of Politics* 84.3: 1420–36.
Ansell, Ben W., and Johannes Lindvall (2021). *Inward Conquest: The Political Origins of Modern Public Services.* Cambridge University Press.
Ansell, Ben W., and David J. Samuels (2014). *Inequality and Democratization.* Cambridge University Press.
Ariel, Barak, William A. Farrar and Alex Sutherland (2015). 'The effect of police body-worn cameras on use of force and citizens' complaints against the police: A randomized controlled trial.' *Journal of Quantitative Criminology* 31.3: 509–35.
Arrow, Kenneth J. (1950). 'A difficulty in the concept of social welfare.' *Journal of Political Economy* 58.4: 328–46.
Arrow, Kenneth J. (1951). *Social Choice and Individual Values.* Yale University Press. ケネス・J・アロー『社会的選択と個人的評価』(2013). 勁草書房、長名寛明訳
Arrow, Kenneth, Partha Dasgupta, Lawrence Goulder, et al. (2004). 'Are we consuming too much?' *Journal of Economic Perspectives* 18.3: 147–72.
Atkinson, Giles, and Kirk Hamilton (2020). 'Sustaining wealth: Simulating a sovereign wealth fund for the UK's oil and gas resources, past and future.' *Energy Policy* 139: 111273.
Austen-Smith, D., and J. Banks (1996). 'Information aggregation, rationality, and the Condorcet jury theorem.' *American Political Science Review*, 90.1: 34–45.
Axelrod, Robert (1984). *The Evolution of Cooperation.* Basic Books. R. アクセルロッド『つきあい方の科学 バクテリアから国際関係まで』(1998). ミネルヴァ書房、松田裕之訳

おわりに　政治はどうすれば成功できるか

比例代表制の付随的な利点については McGann (2006) で詳しく論じられている。政府系ファンドを採用しなかったことによるイギリスの損失を計算したのは Atkinson and Hamilton (2020).

参考文献

Acemoglu, Daron (2008). *Introduction to Modern Economic Growth.* Princeton University Press.

Acemoglu, Daron, Simon Johnson and James A. Robinson (2001). 'The colonial origins of comparative development: An empirical investigation.' *American Economic Review* 91.5: 1369–401.

Acemoglu, Daron, Simon Johnson and James A. Robinson (2002). 'Reversal of fortune: Geography and institutions in the making of the modern world income distribution.' *The Quarterly Journal of Economics* 117.4: 1231–94.

Acemoglu, Daron, Suresh Naidu, Pascual Restrepo and James Robinson (2019). 'Democracy does cause growth.' *Journal of Political Economy* 127.1: 47–100.

Acemoglu, Daron, and Pascual Restrepo (2020). 'Robots and jobs: Evidence from US labor markets.' Journal of Political Economy 128.6: 2188–244.

Acemoglu, Daron, and James A. Robinson (2002). 'The political economy of the Kuznets curve.' *Review of Development Economics* 6.2: 183–203.

Acemoglu, Daron, and James A. Robinson (2006a). *Economic Origins of Dictatorship and Democracy.* Cambridge University Press.

Acemoglu, Daron, and James A. Robinson (2006b). 'Economic backwardness in political perspective.' *American Political Science Review* 100.1: 115–31.

Acemoglu, Daron, and James A. Robinson (2012). *Why Nations Fail: The Origins of Power, Prosperity, and Poverty.* Crown Publishers. ダロン・アセモグル、ジェイムズ・A・ロビンソン『国家はなぜ衰退するのか　権力・繁栄・貧困の起源』上下巻 (2013). 早川書房、鬼澤忍訳

Ackerman, Bruce, and Anne Alstott (1999). *The Stakeholder Society.* Yale University Press.

Adler, David, and Ben W. Ansell (2020). 'Housing and populism.' *West European Politics* 43.2: 344–65.

Aelst, Peter van, and Tom Louwerse (2014). 'Parliament without government: The Belgian parliament and the government formation processes of 2007–2011.' *West European Politics* 37.3: 475–96.

Ahlquist, John S., and Ben W. Ansell (2017). 'Taking credit: Redistribution and borrowing in an age of economic polarization.' *World Politics* 69.4: 640–75.

Ahlquist, John S., and Ben W. Ansell (2022). 'Unemployment insurance, risk, and the acquisition of specific skills: An experimental approach.' Working Paper.

Aidt, Toke, Felix Grey and Alexandru Savu (2021). 'The meaningful votes: Voting on Brexit in the British House of Commons.' *Public Choice* 186.3: 587–617.

Aklin, Michael, and Matto Mildenberger (2020). 'Prisoners of the wrong dilemma: Why distributive conflict, not collective action, characterizes the politics of climate change.' *Global Environmental Politics* 20.4: 4–27.

Alesina, Alberto, and Edward Glaeser (2004). *Fighting Poverty in the US and Europe: A World of Difference.* Oxford University Press.

Alfani, Guido (2015). 'Economic inequality in northwestern Italy: A long-term view (fourteenth to eighteenth centuries).' *The Journal of Economic History* 75.4: 1058–96.

Alfani, Guido (2017). 'The rich in historical perspective: evidence for preindustrial Europe (ca. 1300–1800).' *Cliometrica* 11.3: 321–48.

Allen, Robert C. (2003). 'Progress and poverty in early modern Europe.' *The Economic History Review*

てどのように異なるかは、下記の IMF のインタラクティブ地図で見ることができる。https://www.imf.org/external/datamapper/PPPPC@WEO/OEMDC/ADVEC/WEOWORLD. アンガス・マディソンの GDP の歴史的推計は Maddison (2006). センの潜在能力アプローチが展開されているのは Sen (1985). クズネッツの繁栄指標は Coyle (2015) で論じられている。選挙前の政治家の経済成長を過熱させようとするインセンティブについては Tufte (1978) と Duch and Stevenson (2008) を参照。NNP（国民純生産）は Weitzman (2017) で論じられている。アローと彼のグループの持続可能性への懸念については Arrow, Dasgupta, Goulder, et al. (2004) を参照。

マルサスの罠については Allen (2003) で論じられている。歴史的な成長率の推計は Maddison (2006) と Pritchett (1997) による。成長の理論にも色々な時代があったことついての有益な議論は Acemoglu (2008). Acemoglu, Johnson and Robinson (2001, 2002) は「運命の逆転」について議論を展開している。Acemoglu and Robinson (2012) は包摂的な制度 対 収奪的な制度のアイデアを展開している。名誉革命と信頼できる制約は North and Weingast (1989) を基にしている。

第 19 章　繁栄の罠

ゲーム理論の優れた入門書として Gibbons (1992) と Kydd (2015). 一般的な入門書としては Dixit and Nalebuff (1993). 南イタリアにおける税金逃れについては Galbiati and Zanella (2012). しっぺ返し戦略については Axelrod (1984). レジェス・マルキアラムについては Leeson (2009) で論じられている。「将来の影」を伸ばすことは 1980 年代の国際関係の主要な話題だった。以下を参照。Axelrod and Keohane (1985). オルソンが独創性の高い集合行為理論を展開したのは Olson (1965). これは政治経済学の偉大な著作の一つである。NATO と集合行為の議論は Olson and Zeckhauser (1966) に基づいている。水牛モッツァレラチーズの逸話の出典は Locke (2001). 気候変動は集合行為ではなく分配の問題であるという議論は Aklin and Mildenberger (2020) と Colgan, Green and Hale (2021) に基づいている。「触媒的協力」については Hale (2020).

「オランダ病」についての古典的な分析は Corden (1984). サウジアラビアの税務当局については Chaudhry (1997) を参照。Ross (2001) は政治的な資源の呪いについての古典的な説明を提供してくれる。産油国の教育支出の低さについては Ansell (2010) を参照。 Ross (2008) は中東における女性の低い政治参加の原因はイスラム教ではなく石油にあると論じている。教育や目を引くような建築物やイベントを通して近代化を図ろうとする湾岸諸国の試みは Jones (2015, 2017) で取りあげられている。南海バブルとそれに乗ればどんな可能性があったかについては Temin and Voth (2004) で取りあげられている。ギルバート・ヒースコート卿の引用の出典は Hoppit (2002). エルサルバドルにおけるビットコインの実験については下記 https://www.nytimes.com/2021/10/07/world/americas/ bitcoin-el-salvador-bukele.html.

第 20 章　繁栄の罠から逃れる

ドイツの「多品種高品質生産（diversified quality production）」については Sorge and Streeck (2018) を参照。マッツカートが「起業家的国家」のアイデアを展開しているのは Mazzucato (2011). フィンランドをはじめとするスカンジナビア諸国のイノベーション政策の優れた分析は Ornston (2013) と Breznitz and Ornston (2013). Breznitz (2021) はジャイアント社の発展と成功に「テック・ティーン」の重要性があると論じる。ノルウェーの資源管理モデルの成功については Holden (2013) でよく説明されている。不平等と信用バブルの「税」による解決策は Ahlquist and Ansell (2017). カナダとアメリカの銀行の経験の比較は Calomiris and Haber (2015) に基づいている。炭素税とキャップ・アンド・トレード制度については膨大な議論があり、Stavins (2019) はその有益な要約。ブリティッシュコロンビア州の炭素税とその有効性は Harrison (2013) で検証されている。他国も炭素税を導入すると聞けば炭素税への支持が高くなり得ることについては Bechtel, Scheve and van Lieshout (2019) を参照。炭素税への支持をどのように生み出すかについては Gaikwad, Genovese and Tingley (2022) で検討されている。グローバル炭素税に関する調査研究は Carattini, Kallbekken and Orlov (2019).

モッカスのボゴタ市政については Pasotti (2010) で検証されている。ピーター・リーソンのソマリアに関する分析は Leeson (2007). 内戦開始以来のソマリア難民の数は下記の国連統計による。https://www.un.org/development/desa/pd/content/ international-migrant-stock. デンマークの社会的平等を支えるヤンテについては Uslaner (2017). ヤンテが人々を信頼しないようにさせることを発見したノルウェーの社会学者の著作は Cappelen and Dahlberg (2018). ロバート・パットナムが社会関係資本の理論を展開したのは Putnam (1992, 2000).

テクノロジーの変化に対する既存エリートの嫌悪は Acemoglu and Robinson (2006b) を参照。シュンペーターが展開した「創造的破壊」については Schumpeter (2013, originally 1942). そう、彼が「民主主義」を定義したのと同じ本だ！　ジェームズ・C・スコットは国家がいかにして国民を「判別可能に」するかについて分析した。Scott (2008) を参照。さらにゾミアの丘陵地帯の人々に関する彼の分析は Scott (2010, p. 9). 憲章都市の主たる伝道師ポール・ローマーの Romer (2010) を参照。 Sagar (2016) はその正統性について思慮深い批判を行っている。

第 16 章　セキュリティの罠から逃れる

スピードカメラ設置がイギリスの交通事故負傷者数を減少させた出典は Gains, Heydecker, Shrewsbury and Robertson (2004). シアトルのスクールゾーンでのスピード違反の減少については Quistberg, Thompson, Curtin, et al. (2019). ロンドンでの顔認識技術導入についての独立した審査は Fussey and Murray (2019) で報告されている。フィナンシャル・タイムズのユアン・ヤンは中国の社会信用システムができることとできないことについて、非常に参考になる手引きをしてくれた。王心遠による中国国民への社会信用システムに関するインタビュー記録は Wang (2019). ロジェ・クリーマースは Creemers (2018) で社会信用システムについて素晴らしい議論をしている。予測的取り締まりが「状態依存」につながってしまう問題については Lum and Isaac (2016) を参照。

リアルトでの 1 年間にわたるボディカメラの装着調査の報告は Ariel, Farrar and Sutherland (2015). ボディカメラが警察署全体を抑制しうる証拠については Kim (2019) を参照。ボディカメラとソーシャルメディアで報じられることの関係については Kim (2022). ジェームズ・コミーがシカゴ大学ロースクールでソーシャルメディアを含めた警察への監視が警察行動の消極化を招くことへの懸念を表明したスピーチは 2015 年 10 月 23 日に行われた。スポケーンでの捜査放任の調査は Wallace, White, Gaub and Todak (2018). 警察への財政支出削減の議論に関して有益な分析が Cobbina-Dungy and Jones-Brown(2021) でなされている。

民主的平和については以下を含む多様な解釈の議論がある。Russett(1994); Owen (1994); Tomz and Weeks (2013).「商業的平和」については Gartzke (2007). ウクライナと NATO に関する議論は Frye (2022, pp. 162–3) に基づいている。 LAWS についての優れた分析は Horowitz (2019).

第五部　繁栄

第 17 章　パリ

パリ協定での経験について議論してくれたトーマス・ヘイルに感謝する。「国家は冷たい怪物ではない」というローラン・ファビウスの引用の出典は https://www.ft.com/content/ c2a54a0e-89fb-11e5–90de-f44762bf9896. 報告書の素案をアパルトヘイトと比べた発言の出典は https://mg.co.za/article/2015–10–20-south-africa-compares-global-climate-plan-to-apartheid/. 世界の排出量全体に占める各国排出量の割合のデータ出典は下記の ClimateTrace。https://climatetrace.org/. パリ協定の裁量の大きさとあいまいさの有効性については Keohane and Oppenheimer (2016) を参照。

第 18 章　繁栄とは何か

Coyle (2015) はイタリアの非正規セクターの話を含む GDP の歴史について楽しく有益な情報を提供してくれる。彼女はまた、GDP が除外しているものについても詳しく論じている。ビッグマック指数の最新指標は下記で見ることができる。https://www.economist.com/ big-mac-index. PPP（購買力平価）が国によっユニバーサル・ベーシック・インカムのマニトバ州ドーフィン市など初期の事例を含む最良の入門書は、この政策の主要な支持者の著作である Standing (2017) を参照。Bidadanure (2019) は UBI の政治理論についての非常に思慮深い議論。Sloman (2018) にはイギリス内外での UBI に関する興味深い議論が掲載されている。UBI 導入を求める運動のリーダーの一人はフィリップ・ヴァン・パリース〔ベルギーの哲学者・政治経済学者〕であり、以下の回顧が参考になる。Van Parijs (2017). 福祉国家に明確に取って代わろうとする保守的な UBI のプランは Murray (2016). 既存の保険のモデルに対して人工知能とビッグデータが持つ危険性については Iversen and Rehm (2022) でよく説明されている。

コルピとパルメによる再分配のパラドックスが展開されているのは Korpi and Palme (1998)。普遍主義と、その中産階級を「取り込む」能力に対する最も広範で説得力のある支持を示すのは Rothstein (1998). アメリカの保育料の試算については下記で見ることができる。https://www.epi.org/ child-care-costs-in-the-united-states/#/MA. アメリカにおける福祉国家の「潜在する」性質については Mettler (2011)、その「隠された」形式については Howard (1999) を参照。Gingrich (2014) は福祉国家の「可視性」は国民が選挙の政治と福祉国家を結びつける上で役立つことを示す。Bleemer (2021) はカリフォルニアの ELC 政策が低所得層とマイノリティの学生のカリフォルニア大学への入学を増加させたことを発見した。UT システムに引きあげられた学生のほうが教育や収入面で良い結果を得たという知見は Black, Denning and Rothstein (2020). 親が子どもの大学進学を有利にするため別の学校に移ったという実証報告は Cullen, Long and Reback (2013).

第四部　セキュリティ

第 13 章　ロックダウン

新型コロナでの経験を私に語ってくれたデイビッド・アドラーとユアン・ヤンに感謝する。中国、イタリア、アメリカでの新型コロナの死亡者数のデータは下記 WHO による。https://covid19.who.int. クリスティ・ノーム知事の発言の引用の出典は Levenson (2020). スタージスについてのニューヨーク・タイムズの報道は下記で読める。https://www.nytimes.com/2020/11/06/us/ sturgis-coronavirus-cases.html. 新型コロナワクチン接種の躊躇とソーシャルディスタンスについて私が行った調査は Ansell, Bauer, Gingrich and Stilgoe (2021). 世界各国でのソーシャルディスタンス行動の分析は Ansell, Cansunar and Elkjaer (2021).

第 14 章　セキュリティとは何か

近隣の無秩序が人間の精神に悪い影響をもたらすことについては Hill, Ross and Angel (2005) を参照。犯罪の多い地域では早産が多いという知見は Messer, Kaufman, Dole, et al. (2006). オルソンの「放浪する盗賊」のコンセプトの出典は Olson (1993).「ヒュー・アンド・クライ」について Müller (2005) を参照。警察と刑務所の起源、そしてデフォーの引用については Ansell and Lindvall (2021, p. 68) を参照。私の研究室のミステリアスな監獄本は Johnston (2000). 刑務所の歴史に関する最も優れた比較分析は Morris and Rothman (1998). 19 世紀初頭からの刑罰の統計については Ansell and Lindvall (2021, p. 97). イースタン州立刑務所については Rubin (2021) を参照。ミシェル・フーコーの近世刑罰の見世物についての分析は Foucault (1977). 警察活動の起源に関する優れた概説書として Bayley (1990) と Emsley (2014) がある。デイリー・ユニバーサル・レジスターの鼻持ちならない引用と、警察組織の起源については Ansell and Lindvall (2021, Chapter 3). ピンカーは Pinker (2011) で平和な世界が拡大していると主張した。ブラウメアーの応答は Braumoeller (2019).

第 15 章　セキュリティの罠

誰が見張り役を見張るかという監視者の循環についてのゲーム理論の議論の記述は Binmore (2004) に基づいている。O リングのことを世に広めた著作は Kremer (1993). この問題への解決策が民主主義であるとの主張は Hurwicz (2008) に基づく。ミズーリ州ファーガソンに関する司法省の報告書は Shaw and United States (2015) で読める。準道徳的規範については Elster (2015) で深められている。アンタナス・

Andersen (1990) と de Swaan (1988). 富裕層が潜在的に社会保険を支えていることは Moene and Wallerstein (2001) と Iversen and Soskice (2001).「脱商品化」については Esping-Andersen (1990). 社会支出のデータの出典は下記 OECD 社会支出データベース (SOCX) の 2017 年。https://www.oecd.org/social/expenditure.htm. 慈善による寄付のデータの出典は Charities Aid Foundation 2016. 年金の手厚さに関するデータの出典は McInnes (2021). 失業手当の権利についての各国データは以下で見ることができる。https://ec.europa.eu/social/main.jsp?catId = 858&langId = en. 連帯の歴史については de Swaan (1988) と Ansell and Lindvall (2021). 後者では「内向きの征服」のアイデアを展開している。ティリーの引用の出典は Tilly (1975). 社会支出の増大についての優れた説明は Lindert (2004).

第 11 章　連帯の罠

楽観主義バイアスと健康リスクについては Bränström and Brandberg (2010). 信用制約と高等教育へのアクセスの問題については Barr (2012). Barr (2001) は逆選択やモラルハザードを含む福祉国家の政治経済学の優れた入門書である。ジョン・ヒルズによる、一生にわたる福祉国家の恩恵とコストについて解説した素晴らしい著作は Hills (2017). フランクリン・ルーズベルトの事例とソーシャルセキュリティの出典は Jacobs (2011, Chapter 5). トニー・ブレアの「児童信託基金」は UBI 構想のライバルでアメリカ人に出生時 8 万ドルを支給する将来を予測した「ステークホルダー社会」の議論に影響されたものである。以下を参照。Ackerman and Alstott (1999).

リンダ・テイラーについての興味深い解説は Kohler-Hausmann (2007) でなされている。マーティン・ギレンスによるアメリカの福祉制度における人種政治の分析は Gilens (2003, 2009). 民族的多様性と社会支出に関する政治経済学の文献は膨大で、以下を参照。Alesina and Glaeser (2004); Lieberman (2003); Habyarimana, Humphreys, Posner and Weinstein (2007); Singh and vom Hau (2016). Miguel and Gugerty (2005) はケニアの公立学校での募金の事例を説明している。民族的多様性と集団の所得との関連については Baldwin and Huber (2010). 民族的多様性と福祉の「現物給付」については Dancygier (2010). またウィーンの公営住宅の事例については Cavaille and Ferwerda (2022). シェリングのよく知られた分居モデルは Schelling (2006, originally 1978). Kinder and Kam (2010) はアメリカの社会保障や対外援助の自民族中心主義と世論に関する重要な著作である。欧州の対外援助に対する態度は Heinrich, Kobayashi and Bryant (2016) を参照。包摂的なナショナリズムとインド国旗色の地図の事例については Charnysh, Lucas and Singh (2015). 白人労働者階級の投票行動と急進右派への支持については Gest (2016) と Gest, Reny and Mayer (2018).

パナマ文書とノルウェー人の租税回避については Alstadsæter, Johannesen and Zucman (2019). イギリスでの不正行為による新型コロナ支援金 60 億ポンドの損失についての報告は https://www.theguardian.com/world/2022/feb/11/hmrc-accused-of-ignorance-and-inaction-over-6bn-covid. オクラホマでの莫大な新型コロナ詐欺については https://www.justice.gov/opa/pr/woman-pleads-guilty-438-million-covid-19-relief-fraud-scheme. イギリスにおける不正な福祉受給への過大な見積もりの出典は Geiger (2018). 肥満と死亡との関連については WHO のグローバルヘルス観測（Global Health Observatory）および保健指標評価研究所（IHME)、世界の疾病負担研究（Global Burden of Disease）2019 年のデータをそれぞれ出典としている。以下を参照。https://ourworldindata.org/obesity. モラルハザードが失業保険の手厚さと給付期間の関係をどの程度説明するかについては Chetty (2008). 各国において失業給付の手厚さと雇用率には正の関係がみられる。Pontusson (2005) を参照。失業給付の手厚さとスキルへの投資に正の関係があることの出典は Estevez-Abe, Iversen and Soskice (2001). この主張について私が実験で分析したのは Ahlquist and Ansell (2022). イギリスのヘルプ・トゥ・バイ・モデルの失敗は Carozzi, Hilber and Yu (2020) で分析されている。イングランドとウェールズにおける学校選択と選別については Gingrich and Ansell (2014) を参照。選別に関するより一般的かつ古典的な著作は Tiebout (1956).

第 12 章　連帯の罠から逃れる

第8章　平等の罠から逃れる

ラリー・サマーズとエマニュエル・サエズの対決は2019年10月17日、ピーターソン国際経済研究所が隔年で開催する「不平等との闘い」の会合で起きた。その日の初めに私も報告をしていた。この興味深いやりとりの映像は下記で見ることができる。https://www.piie.com/events/ combating-inequality-rethinking-policies-reduce-inequality-advanced-economies. Saez and Zucman (2019) はウォーレンとサンダースの富裕税と並んで、彼ら自身の「ラディカルな」富裕税プランを示し、さまざまな政策で億万長者の富がどうなるかを見積もっている。スウェーデンの高い水準の富の不平等については Pfeffer and Waitkus (2021). ピケティによるグローバルな富裕税については以下で論じられている。Piketty (2014, Chapter 15). ラリー・バーテルスのブッシュ減税と世論についての分析は Bartels (2005, 2016). さまざまな税金の公平性について尋ねた2015年イギリスの世論調査は YouGov によるもので、出典は https://yougov.co.uk/topics/politics/articles-eports/2015/03/19/inheritancetax-most-unfair. 相続税の優遇に関する私自身の研究は Elkjaer, Ansell, Bokobza, et al. (2022). イギリスで相続税が発生する遺産の割合は https://www.gov.uk/government/statistics/inheritance-tax-statistics-commentary/inheritance-tax-statistics-commentary. 所得税 対 富裕税のオンライン実験の出典は Ansell, Bokobza, Cansunar et al. (2022). 相続が生涯収入に貢献する割合の少なさの出典は Black, Devereux, Landaud and Salvanes (2022).

ロボット税の危険性と将来性について論じているのは Seamans (2021). ロボットが労働者に置き換わっている証拠は Acemoglu and Restrepo (2020).「事前分配」のコンセプトはジェイコブ・ハッカーから得た。以下を参照。Hacker, Jackson and O'Neill (2013). 社会的投資 対 社会的消費に関する優れた議論は以下の序文でなされている。Beramendi, Häusermann, Kitschelt and Kriesi (2015). そしてジェーン・ギングリッチと共同で社会的投資の政治学について論じた Gingrich and Ansell (2015) の私の章も参照。高等教育への支出に傾くことについては Ansell (2008a, 2008b, 2010). ミスマッチな卒業生については Ansell and Gingrich (2017). ドイツの見習い制度とそれを補完する制度の重要性については Hall and Soskice (2001); そしてイギリスとの比較については Thelen (2004). デヴィッド・ソスキスの引用の出典は https://www.ft.com/content/ f8bacb60-d640-11e4-b3e7-00144feab7de.

第三部　連帯

第9章　オバマケア

ルイス下院議員、カーソン下院議員、クリーバー下院議員への中傷の出典は下記の CBS ニュース。https://www.cbsnews.com/news/ rep-protesters-yelled-racial-slurs/; そしてクリーバー議員の事務所による声明の出典は以下のニューヨーク・タイムズ記事。https://prescriptions.blogs.nytimes.com/2010/03/20/spitting-and-slurs-directed-at-lawmakers/. クライバーン議員の1960年以来聞いたことのないひどい言葉の引用の出典は https://www.politico.com/story/2010/03/dems-say-protesters-used-n-word-034747. アメリカとその他の国々の医療保健支出のデータ出典は下記の世界銀行データベース。https://data.worldbank.org: indicators SH.XPD.CHEX.PC.CD and SH.XPD.GHED.GD.ZS. 無保険者の割合のデータの出典は Cohen, Terlizzi and Martinez (2019); https://www.census.gov/library/publications/2021/demo/p60–274. html. アメリカの医療制度発展の歴史と税制優遇の役割については Thomasson (2003) and Catlin and Cowan (2015). クリントン政権の医療保険改革計画の失敗については Hacker (1999). アメリカのメディケアとイギリスの NHS の起源については Jacobs (2019). メディケイドの拡大と人種に関する世論については Grogan and Park (2017) and Michener (2018).

第10章　連帯とは何か

デュルケームは有機的連帯と社会的連帯のコンセプトを以下で展開した。Durkheim (2019, originally 1893). それと社会正義との関係についての興味深い分析は Herzog (2018). 福祉国家のさまざまな構成要素と、それらがどのように発展してきたかの古典的な説明はエスピン・アンデルセンを参照。Esping-

Goldin and Katz (2010) は教育と技術革新が不平等に及ぼす正反対の効果について取り扱った古典的な一冊。Rueda and Pontusson (2000) は賃金交渉と不平等の関係の証拠を提起している。各国の上位 1% の所得シェアに関するデータは以下の世界不平等データベース（World Inequality Database）による。https://wid.world. ミラノヴィッチは不平等とグローバリゼーションについて非常にわかりやすい説明をしている。Milanovic (2016).

第7章　平等の罠

民主的資本主義に内在するトレードオフについては、以下でうまく要約されている。Iversen (2010). メルツァー＝リチャード・モデルが展開されたのは Meltzer and Richard (1981).「ロビン・フッドのパラドックス」が展開されたのは Lindert (2004). G.A. コーエンが「平等主義的エートス」のアイデアを展開したのは Cohen (1989). そして Cohen (2008) でさらに発展させた。ジョナサン・ウォルフは以下で優れた分析を行っている。Wolff (1998). Okun (2015, originally 1975) では効率と平等のトレードオフを「漏れるバケツ」のたとえで説明している。Hopkin and Blyth (2012) はそれに有益な批評を加え､トレードオフだけでなく「トレードイン」の可能性も示唆した。「ラッファー曲線」のような非効率的な課税は存在せず、増税が現実の税収を減少させることについては以下で考察されている。Saez, Slemrod and Giertz (2012). 右派政党による「中道から外れた」方向への押し出しについては Hacker and Pierson (2005) と McCarty, Poole and Rosenthal (2016); さらに Bonica, McCarty, Poole and Rosenthal (2013) はこれがグリッドロック効果を生み､福祉国家の拡大を困難にしていると論じる。「機会の蓄積 (Opportunity-hoarding)」はチャールズ・ティリーが Tilly (1998) で展開した。そして Reeves (2018) で広められた。優れた論考は Valentino and Vaisey (2022).

バーニー・サンダースのスカンジナビア諸国と民主的社会主義についての引用の出典は https://edition.cnn.com/2016/02/17/politics/bernie-sanders-2016-denmark-democratic-socialism/. 民主的社会主義についてと、単なる再分配とは対照的に労働者が企業を所有することに重きを置くことについての有益な議論は Bolton (2020). レーン＝メイドナー・モデルとメイドナー計画については以下のメイドナーへのインタビューで語られている。Silverman (1998); Pontusson (1993); Pontusson and Kuruvilla (1992); Rothstein (2020). サンダースが提唱する従業員の株式所有の出典は Matthews (2019).「グレート・ギャツビー曲線」が展開されたのは Alan Krueger (2012). イタリア市場の強い規制については Hopkin and Blyth (2012). ノタイオの役割の出典は the Economist (2015). アフリカ系アメリカ人イノベーターへの抑圧は Cook (2014).

再分配主義的な民主主義の理論は Boix (2003) と Acemoglu and Robinson (2006a). それに代わって不平等が大きいときに民主化が起こると考える議論は Ansell and Samuels (2014). 19 世紀中国の不平等のレベルの出典は Milanovic, Lindert and Williamson (2011). プーチン政権下でのオリガルヒの運命について論じたのは Frye (2022, p. 9).

Kleven and Landais (2017) と Bertrand (2020) は各国の女性の雇用参加率と給与の男女格差について優れた分析を行っている。国別の男女格差、家事労働における格差、出産後の賃金格差、新型コロナの影響については Andrew, Bandiera, Costa-Dias and Landais (2021). スウェーデン男性の育児休暇については Haas and Hwang (2019) と Ekberg, Eriksson and Friebel (2013). ノルウェーについては Dahl, Løken and Mogstad (2014); 日本については Miyajima and Yamaguchi (2017). 同類婚が増えなければアメリカの不平等は 25 ～ 30% 低くなったとする試算の出典は Greenwood, Guner, Kocharkov and Santos (2014). 同類婚が世代間の流動性を低下させるという指摘は Ermisch, Francesconi and Siedler (2006). デンマークにおける同類婚についての出典は Breen and Andersen (2012). さらにデンマーク、ドイツ、ノルウェー、イギリスについては Eika, Mogstad and Zafar (2019). 東欧とスカンジナビア諸国との比較の出典は Eeckhaut and Stanfors (2021). クリスティン・シュワルツの引用の出典は Schwartz (2010, pp. 1524–5). Schwartz (2013) は同類婚についての優れた概論を提供している。

共感と偏見をもたれた集団については Batson, Daniel, Polycarpou, Harmon-Jones, et al. (1997). 共感が一層の分断をもたらすことについては Simas, Clifford and Kirkland (2020). 米予備選挙における戦略的投票については Hillygus and Treul (2014). オーストリアでの義務投票制については Hoffman, LeOn and Lombardi (2017). オーストラリアについては Fowler (2013). リンカーンとヘレステティクのコンセプトについては Riker (1986) と McLean (2002).
政権党の交替をくり返すことでマイノリティの利益を確保する比例代表制の利点については McGann (2006). 比例代表制で公的支出が増え左派政権になることは Crepaz (1998) と Iversen and Soskice (2006). 比例代表制で不平等が小さくなることについては Lijphart (1999). ただしこのパターンは第二次大戦以前にはあてはまらないと指摘するのは Scheve and Stasavage (2009). 比例代表制と政策の安定性の増大については McGann (2006) と Nooruddin (2010).

第二部　平等

第5章　ジェフ・ベゾス、宇宙へ行く

ベゾスの給与が 10 秒に1回ずつアマゾン従業員の年収の中央値を稼ぐという BBC の引用の出典はキム・ギテルソン（BBC のニューヨークビジネス特派員）の下記の記事。https://www.bbc.co.uk/news/business-45717768. ジェームズ・ブラッドワースは注目すべき著書『Hired』でイギリス・ルージリーのアマゾンの物流拠点で働いた体験を語っている (Bloodworth〔2018〕). 上位 1%と下位 50%の所得者のデータの出典は Piketty, Saez and Zucman (2018). 上位 1%が保有する富のデータの出典は Saez and Zucman (2020, p. 10).

第6章　平等とは何か

ドウォーキンが「平等主義の土台」のコンセプトを展開しているのは Dworkin (1983). キムリッカは平等主義の理論についてKymlicka (2002) で包括的に説明している。引用の出典は同書の pp. 3–4. アマルティア・センは「何の平等か」という核心的な問いとともに、公平性と平等の関係を Sen (1995) で明らかにしている。スペンサーの人相学への執着については Gondermann (2007). ニーチェの引用は Nietzsche (1974, p. 377, originally 1882). 不平等が小さいことによるさまざまな利点の証拠は Wilkinson and Pickett (2009, Chapters 6, 8, 10). ただしこのデータは国レベルでの相関関係であり、国内における不平等の変化がより良い結果をもたらすかどうか立証することははるかに難しい。Lynch (2020) を参照。これは不平等と保健医療に関する最先端の分析である。税引前・税引後の不平等に関するデータの出所は OECD 所得分配データベース（OECD Income Distribution Database〔2022〕). 富の不平等に関するデータの出典は Pfeffer and Waitkus (2021).
シャイデルが「偉大なる不平等化」のアイデアを展開したのは Scheidel (2017). そこでは戦争、飢饉、疫病は「偉大な平等化装置」だという主張とともに、狩猟採集民の不平等についての証拠も提出した (p. 37). 古代と中世の不平等についてのデータ出典は Milanovic, Lindert and Williamson (2011). そこでは「不平等可能性フロンティア (inequality possibility frontier)」と「不平等抽出率 (inequality extraction ratio)」というコンセプトが展開された。それは社会がどの程度不平等になりうるか、またそのポイントにどのくらい近づいたか測定するものである。中世に生活水準が向上するにつれて不平等が拡大したことは Alfani (2015, 2017). 経済発展が、部分的には都市化を通じて不平等を増大させるという古典的な議論は Kuznets (1955). これの興味深い定式化は Acemoglu and Robinson (2002). Kuznets は、不平等は経済発展とともにやがて減少するとも主張し、それは 20 世紀に実際に起きた。しかし Piketty (2014) が指摘したように、彼は不平等が再び上昇することを予測していなかった。W. アーサー・ルイスも都市化と不平等について関連した議論を Lewis (1954, 1976) で展開した。不平等が拡大するのは、開発が進んだ中心部では収入が急増するが、それ以外の地域では停滞するからだという。
大圧縮のアイデアを展開したのは Goldin and Margo (1992). Scheve and Stasavage (2009) では戦争と経済恐慌が不平等を減らす主な原因だと論じている。同じような議論は Scheidel (2017) でもなされている。

4.

コンドルセの陪審定理については Goodin and Spiekerman (2018), もしくはより俗説に近い説明として Surowiecki (2005). 本章の核心に関して、陪審員は誠実に投票するわけではないので、陪審定理が成り立つ合理的根拠があるかどうかさえ議論があることを断っておく。Austen-Smith and Banks (1996) を参照。

コンドルセのパラドックスについては McLean and Hewitt (1994). ブレグジットとコンドルセのパラドックスの関連については Portes (2016) が、国民投票の結果が判明する前から問題になる可能性が高いことを示唆していた。Eggers (2021) は人々の選好に適合した異なる投票システムが実施されていれば、ディール、ノーディール、残留の間でどのように異なる結果となったかを示す。Arrow (1950) が不可能性定理に関する最初の論文である。Maskin and Sen (2014) は優れた回顧エッセイ集。私が気に入っている定理の証明は Mueller (2003).

循環問題への古典的な解決策は「構造の誘導による均衡 (structure-induced equilibria)」すなわち民主主義の一部の側面を制限する制度である。Shepsle and Weingast (1981) を参照。ベルギー政府の政権組成プロセスについては Van Aelst and Louwerse (2014) を参照。少なくとも 3 つの選択肢が存在し、選好に制約がなく独裁者がいない場合、戦略投票が不可避であることの証明は Gibbard (1973) と Satterthwaite (1975) でなされ、「ギバード＝サタースウェイトの定理」と呼ばれる。戦略投票がしばしば裏目に出るとの発見は Herrmann, Munzert, and Selb (2016) でなされた。

スムート・ホーリー法での「ログ・ローリング」の説明は Irwin and Kroszner (1996). Aidt, Grey and Savu (2021) はブレグジットにおける意義深い投票について興味深い分析を行っている。

Anthony Downs (1957) に店の立地に関するホテリングの議論 (Hotelling (1929)) から導き出された中位投票者の定理と政党のポジショニングについての重要な記述がある。単峰性の選好について論を展開したのは Black (1948) と Arrow (1951).「中道から外れる」政治のコンセプトは Hacker and Pierson (2005). アメリカ議会での分断の拡大については McCarty, Poole and Rosenthal (2016). 読み応えがあると評判の見解は Klein (2020).

党員たちが他党を国家にとっての脅威とみなしている調査結果は以下で論じられている。Pew Research Center (2016). 子どもが自分とは違う政党の党員と結婚することについてのアメリカの世論調査結果は https://today.yougov.com/topics/politics/articles-reports/2020/09/17/republicans-democrats-marriage-poll; イギリスのケースは https://yougov.co.uk/topics/lifestyle/articles-reports/2019/08/27/labour-voters-more-wary-about-politics-childs-spouse.

ジャック・バルキンによるプラチナ製硬貨の計画の初出は Balkin (2011)、さらに以下で論じられた。Buchanan and Dorf (2012). 近年のアルゼンチン政治についての秀逸な論考は Lupu (2016). クズネッツの引用の出典は the Economist (2019). ブライアン・バリーの「多数派が移り変わる」議論が展開されたのは Barry (1989).

第4章　民主主義の罠から逃れる

中国とロシアが主導する「新しい世界秩序」の宣言については Rachman (2022a). Rachman (2022b) は一冊を使ってそれを論じ、優れた分析を提供している。有権者があまりに非合理的だったり情報不足だという主張は Caplan (2011) と Brennan (2017). 民主主義とテクノロジーについては Reich, Sahami and Weinstein (2021). 民主主義がエリートに取り込まれる議論については Hacker and Pierson (2005). 民主主義の中の市場の位置づけ、二次の投票、その他数多くの興味深い市場を通じたイノベーションについては Posner and Weyl (2018).

認識的民主主義の理論とコンドルセの陪審定理とのつながりについては List and Goodin (2001). 毛沢東の大躍進政策については Yang (1996, p. 65). 群衆の叡智と専門家の対比は Tetlock (2017). 群衆の叡智と選挙結果の予測については Murr (2011, 2015, 2016) と Graefe (2014). 熟議が多峰性の選好の問題解決に役立つことについては Dryzek and List (2003). アイルランドでの市民集会については Farrell, Suiter and Harris (2019). 台湾の vTaiwan とオードリー・タンについては Horton (2018) と Leonard (2020).

註

はじめに

ニューヨーク・タイムズ紙に載ったケンプフェルトの先見の明のある記事は https://www.nytimes.com/1956/10/28/archives/ science-in-review-warmer-climate-on-the-earth-may-be-due-to-more.html.
最良のシナリオである 1.5°C の温暖化の試算については Intergovernmental Panel on Climate Change (2019).
IPCC による 2040 年の推定値は https://www.ipcc.ch/report/ar6/wg1/figures/ summary-for-policymakers.
民主主義への支持は世界価値観調査：質問 238（2017-22 年）による。所収は Haerpfer, Inglehart, Moreno, et al. (2022). 所得の差に関するデータは、国際社会調査プログラム（2019 年）の社会的不平等に関する質問 v21、v22、v26 による。保健医療における政府の役割への支持は、同国際社会調査プログラム（2016 年）の政府の役割に関する質問 v23 による。自由よりもセキュリティを支持し、警察への信頼のデータは世界価値観調査（2017-22 年）質問 150、69。2016 年が最も暴力的な年だったとの試算の出典は Braumoeller (2019). 親より良い暮らしをしていること、環境を守ることに関するデータは世界価値観調査（2017–22 年）質問 56、111。
教育と自己利益については Ansell (2008a, 2008b, 2010). タラ戦争についての優れた要約は Kurlansky (2011).

第一部　民主主義

第1章　ウエストミンスター

イギリス憲法に関するイアン・マクリーンの著書は McLean (2010). イギリスの文脈での選挙制度の違いの分析は Hix, Johnston and McLean (2010).

第2章　民主主義とは何か

民主主義への支持のデータは世界価値観調査（2017-22 年）質問 238。シュンペーターの民主主義の定義は Schumpeter (2013, originally 1942).
民主主義国と専制国家の乳幼児死亡率、予防接種、識字率の違いの結果は Lake and Baum (2001). 教育への公的支出については Ansell (2010). 世界の初等教育制度の発展については Ansell and Lindvall (2021). 民主主義国で飢饉がまれであることは Sen (1982). 権威主義国の経済成長の成功と失敗については Rodrik (2000). 現在のコンセンサスでは民主主義は経済成長を直接的に高め、長期的には約 20%の成長をもたらすとされる。Acemoglu, Naidu, Restrepo and Robinson (2019) を参照。
女性の参政権についてはイギリスでは 1918 年に 30 歳以上の女性に参政権が与えられたが、選挙権年齢が 21 歳と男性と平等になったのは 1928 年。女性参政権への包括的で洞察に満ちた分析は Teele(2018). 古代アテネについては Carugati (2020). 民主主義の波についての古典的な説明は Huntington (1993) と Weyland (2014) も参照のこと。フクヤマの「歴史の終わり」の議論は Fukuyama (2006) にまとめられている。選挙権威主義については Morse (2012) と Levitsky and Way (2002) を参照。アメリカを含む民主主義を崩壊させるリスクについては Levitsky and Ziblatt (2018) を参照。

第3章　民主主義の罠

ジャン＝ジャック・ルソーは『社会契約論』2 巻で「一般意志」のアイデアを展開する。Rousseau (2018, originally 1762). 彼が一般意志を集団としての決定と見ていたか、それともそこに至る熟慮の過程と見ていたかは議論がある。Canon (2022) を参照。ポーランドのセイムとリベルム・ベトについては Ekiert (1998). より概括的な敗者の同意についてとスペイン人民戦線の事例は Anderson, Blais, Bowler, et al. (2005), p.

【ラ行】

【ワ行】

【英数字】

【カ行】

索引

【著者略歴】

ベン・アンセル (Ben Ansell)

オックスフォード大学ナフィールド・カレッジ教授（比較民主制度論）。ハーバード大学で博士号を取得後、ミネソタ大学で教鞭をとる。2013年に35歳でオックスフォード大学の正教授となる。2018年、当時最年少の一人として英国アカデミーのフェローに就任。彼の研究はタイムズ紙、ニューヨークタイムズ紙、英エコノミスト誌、BBC Radio 4のStart the Weekなどのメディアで広く取り上げられている。数百万ポンド（数億円）規模の欧州研究評議会（ERC）プロジェクト「富の不平等の政治（The Politics of Wealth Inequality）」の主任研究員であり、比較政治学で最も引用されている雑誌の共同編集者。受賞歴のある学術書を3冊執筆。本書は初の一般読者向けである。

【監訳者略歴】

砂原 庸介（すなはら・ようすけ）

1978年大阪生まれ。2001年東京大学教養学部卒業。2006年東京大学大学院総合文化研究科博士後期課程単位取得退学。現在神戸大学大学院法学研究科教授。博士(学術)。主な著書に『領域を超えない民主主義——地方政治における競争と民意』（東京大学出版会）、『地方政府の民主主義——財政資源の制約と地方政府の政策選択』（有斐閣、日本公共政策学会賞受賞）、『大阪——大都市は国家を超えるか』（中公新書、サントリー学芸賞受賞）『民主主義の条件』（東洋経済新報社）、『分裂と統合の日本政治——統治機構改革と政党システムの変容』（千倉書房、大佛次郎論壇賞受賞）、『新築がお好きですか?——日本における住宅と政治』（ミネルヴァ書房）など。

【訳者略歴】

工藤 博海（くどう・ひろみ）

一橋大学大学院社会学研究科博士課程中退。出版社勤務を経てフリー。

政治はなぜ失敗するのか

2024年4月30日　第1刷発行

著　者　ベン・アンセル

発行者　矢島和郎
発行所　株式会社 飛鳥新社
〒101-0003
東京都千代田区一ツ橋2-4-3　光文恒産ビル
電話 03-3263-7770（営業）　03-3263-7773（編集）
https://www.asukashinsha.co.jp
装　幀　bookwall

印刷・製本　中央精版印刷株式会社

ISBN978-4-86801-007-4

編集担当　工藤博海